U0516105

权威·前沿·原创

皮书系列为

“十二五”“十三五”国家重点图书出版规划项目

智库成果出版与传播平台

中国社会科学院创新工程学术出版资助项目

中国新媒体发展报告 No.12（2021）

ANNUAL REPORT ON THE DEVELOPMENT OF NEW MEDIA IN CHINA No.12 (2021)

中国社会科学院新闻与传播研究所
主　编 / 唐绪军　黄楚新
副主编 / 吴信训

社会科学文献出版社
SOCIAL SCIENCES ACADEMIC PRESS (CHINA)

图书在版编目(CIP)数据

中国新媒体发展报告. No. 12，2021 / 唐绪军，黄楚新主编. --北京：社会科学文献出版社，2021.7（2021.9 重印）
（新媒体蓝皮书）
ISBN 978-7-5201-8482-3

Ⅰ. ①中… Ⅱ. ①唐… ②黄… Ⅲ. ①传播媒介-发展-研究报告-中国-2021 Ⅳ. ①G219.2

中国版本图书馆 CIP 数据核字（2021）第 103356 号

新媒体蓝皮书
中国新媒体发展报告 No. 12（2021）

中国社会科学院新闻与传播研究所
主　　编 / 唐绪军　黄楚新
副 主 编 / 吴信训

出 版 人 / 王利民
组稿编辑 / 邓泳红
责任编辑 / 吴　敏

出　　版 / 社会科学文献出版社 · 皮书出版分社（010）59367127
地址：北京市北三环中路甲 29 号院华龙大厦　邮编：100029
网址：www. ssap. com. cn
发　　行 / 市场营销中心（010）59367081　59367083
印　　装 / 三河市东方印刷有限公司

规　　格 / 开 本：787mm × 1092mm　1/16
印 张：28.75　字 数：474 千字
版　　次 / 2021 年 7 月第 1 版　2021 年 9 月第 2 次印刷
书　　号 / ISBN 978-7-5201-8482-3
定　　价 / 128.00 元

本书如有印装质量问题，请与读者服务中心（010-59367028）联系

版权所有 翻印必究

“新媒体蓝皮书”编委会

委　　员　（以姓氏笔画为序）

方　勇　刘瑞生　严三九　宋小卫　闵大洪
吴信训　杨瑞明　孟　威　季为民　钟　瑛
殷　乐　钱莲生　唐绪军　黄楚新　彭　兰

协编单位　上海大学新闻传播学院

欲了解中国新媒体发展最新动态，请关注“新媒体蓝皮书”微信公众号，以及新媒体蓝皮书的官方微博新浪微博“@中国新媒体发展报告蓝皮书”。

主要编撰者简介

唐绪军 中国社会科学院新闻与传播研究所所长，研究员，所学术委员会主任，中国社会科学院大学新闻传播学院院长、教授、博士生导师，《新闻与传播研究》主编，中国记协第八届理事会常务理事、国家新闻出版总署报业专家顾问团顾问，享受政府特殊津贴。

黄楚新 中国社会科学院新媒体研究中心副主任兼秘书长，中国社会科学院新闻与传播研究所数字媒体研究室主任，研究员。中国社会科学院大学新闻传播学院副院长，教授，博士生导师。任国家广电总局媒体融合专家库专家，中国记协新媒体专业委员会委员，首都互联网协会新闻评议专业委员会评议员，《新闻与写作》《青年记者》《中国报业》《中国广播》等杂志学术顾问。已出版学术专著4部，包括《新媒体：融合与发展》《新媒体：微传播与融媒发展》等，在《新闻与传播研究》《国际新闻界》《现代传播》等杂志发表多篇学术论文。主持国家社科基金及中央网信办等多个科研项目。

吴信训 上海大学新闻传播学院教授，博士生导师。上海市社会科学创新研究基地（文化繁荣与新媒体发展研究方向）及上海发展战略研究所吴信训工作室首席专家，全国“十佳”广播电视理论工作者，享受政府特殊津贴，中国新闻史学会传媒经济与管理研究委员会名誉理事长。

摘　要

《中国新媒体发展报告 *No. 12*（2021）》是由中国社会科学院新闻与传播研究所主持编撰的关于新媒体发展的最新年度报告，分为总报告、热点篇、调查篇、传播篇和产业篇等五个部分，全面分析中国新媒体发展状况，解读新媒体发展趋势，总结新媒体发展问题，探析新媒体的深刻影响。

2020 年是我国“十三五”规划收官之年，也是 5G 技术快速发展、规模商用之年，以 5G、人工智能为代表的新一代信息技术在政策引导、行业需求、产业发展等因素驱动下，推动我国新媒体发展不断实现创新变革，新媒体发展蓬勃之势愈发凸显，新媒体产业格局与生态持续优化。2020 年，我国新媒体应用智能化水平显著提升，应用场景更加丰富，对社会生产生活的嵌入、渗透与影响更加深刻，新媒体社会服务能力显著增强，新媒体作为推进国家治理体系和治理能力现代化重要抓手的角色更加突出。

本书总报告全面概括了 2020 年以来，面对百年未有之大变局及新冠肺炎疫情的持续深刻影响，中国新媒体发展危中寻机、危中谋变。当前，我国网络和新媒体发展呈现出以下特点：2020 年以来，媒体融合发展进入全面发力、深化改革、构建体系的新阶段，推进媒体深度融合处于战略机遇期和关键窗口期。数字经济成为构建新发展格局的重要推动力，数字治理持续推动社会治理变革。互联网头部企业纷纷入局本地生活赛道，数字生活新服务成为发展热门。直播电商引领用户消费理念与生活方式改变，长视频与短视频博弈升级。文化贸易数字化发展势头强劲，互联网专业内容生产展现蓬勃生机，优质内容和品牌影响成为资本市场新宠。微经济多元化创新发展，线上线下消费边界不断融合，网络消费呈现个性化与分众化特点。Z 世代人群在网络社会中的重要性愈加突出，成为互联网市场与新媒体研究的关注重点。新媒体助力乡村振兴，城市形象新媒体传播方式方法不断创新，数字空间反垄断与版权保护成为全球性议题。

本书收入了全国研究新媒体的数十位著名专家学者撰写的分报告，深入剖析了县级融媒体中心及其舆论引导能力建设、数字报纸、在线教育、儿童文化产业、视听新媒体技术应用、直播电商、移动短视频、中视频、社交媒体用户行为、网络广告、新媒体版权、公民数字素养等重要议题，对新冠肺炎疫情背景下的谣言传播、舆论反转等进行了具体探讨，对数字化背景下的平台创作者群体进行了实证研究。

本书认为，2020 年以来，随着新媒体不断发展，一些问题不容忽视：媒体融合发展的创新性商业模式仍需探索，有关算法的中介作用仍需关注与讨论，互联网治理仍需强化，网络社会治理共同体建设仍待加强。

关键词： 新媒体　媒体融合　数字经济　微经济

目 录

Ⅰ 总报告

Ⅱ 热点篇

Ⅲ 调查篇

Ⅳ 传播篇

Ⅴ 产业篇

皮书数据库阅读**使用指南**

总报告

General Report

B.1 媒体深度融合：中国新媒体发展的新格局

唐绪军　黄楚新　王 丹*

摘　要：面对百年未有之大变局及新冠肺炎疫情的持续深刻影响，中国新媒体发展危中寻机、危中谋变。当前，我国网络和新媒体发展呈现出以下特点：2020年以来，媒体融合发展进入全面发力、深化改革、构建体系的新阶段，推进媒体深度融合处于战略机遇期和关键窗口期。数字经济成为构建新发展格局的重要推动力，数字治理持续推动社会治理变革。互联网头部企业纷纷入局本地生活赛道，数字生活新服务成为发展热门。直播电商引领用户消费理念与生活方式改变，长视频与短视频博弈升级。文化贸易数字化发展势头强劲，互联网专业内容生产展现蓬勃生机，优质内容和品牌方成为资本市

* 唐绪军，中国社会科学院新闻与传播研究所所长，研究员，所学术委员会主任，博士生导师；黄楚新，中国社会科学院新闻与传播研究所数字媒体研究室主任，研究员，博士生导师；王丹，中国外文局当代中国与世界研究院助理研究员。

场新宠。微经济多元化创新发展，线上线下消费边界不断融合，网络消费呈现个性化与分众化特点。Z 世代人群在网络社会中的重要性愈加突出，成为互联网市场与新媒体研究的关注重点。新媒体助力乡村振兴，城市形象新媒体传播方式方法不断创新，数字空间反垄断与版权保护成为全球性议题。随着新媒体不断发展，一些问题不容忽视：媒体融合发展的创新性商业模式仍需探索，有关算法的中介作用仍需关注与讨论，互联网治理仍需强化，网络社会治理共同体建设仍待加强。

关键词： 媒体深度融合 全媒体传播 数字经济 Z 世代 数字治理

一 总体概况与发展态势

（一）数字经济成为构建新发展格局的重要推动力

党的十九届五中全会通过的《中共中央关于制定国民经济和社会发展第十四个五年规划和二〇三五年远景目标的建议》提出，要加快构建以国内大循环为主体、国内国际双循环相互促进的新发展格局。① 这是把握未来发展主动权的战略性布局和先手棋，是新发展阶段要着力推动完成的重大历史任务，也是贯彻新发展理念的重大举措。② 数字经济是构建新发展格局的重要战略性力量，是在国内外环境局势下促进经济发展模式升级与质量提升、增强国家经济竞争力、促进国内外协同发展的重要引擎。

2020 年以来，新冠肺炎疫情的全球大流行使世界百年未有之大变局加速

① 《中共中央关于制定国民经济和社会发展第十四个五年规划和二〇三五年远景目标的建议》，http：//www. gov. cn/zhengce/2020 - 11/03/content_ 5556991. htm，2020 年 11 月 3 日。

② 习近平：《把握新发展阶段，贯彻新发展理念，构建新发展格局》，http：//www. qstheory. cn/dukan/qs/2021 - 04/30/c_ 1127390013. htm，2021 年 4 月 30 日。

变化，面对新国际局势和国内发展趋势，数字经济在疫情防控、复工复产和扩大消费中发挥了重要的科技先导、技术支撑、模式升级作用，成为连接各行业协同发展的纽带。发展数字经济有利于助推经济发展更加高效、更有质量、更可持续、更加安全，有利于促进世界经济繁荣发展。2020 年 11 月，习近平主席在亚太经合组织第二十七次领导人非正式会议上指出，中方提出倡议，推动各方分享数字技术抗疫和恢复经济的经验，倡导优化数字营商环境，激发市场主体活力，释放数字经济潜力，为亚太经济复苏注入新动力。① 根据《数字中国发展报告（2020 年）》，我国数字经济总量跃居世界第二，成为驱动经济高质量发展的关键力量。② 我国数字经济发展呈现出蓬勃活力，已经成为促进我国经济高质量发展的主要推动力，为世界数字经济发展提供了中国智慧。

我国注重通过顶层设计为数字经济发展提供方向性和战略性指引。2021 年政府工作报告指出，加快数字化发展，打造数字经济新优势，协同推进数字产业化和产业数字化转型。③ 十三届全国人大四次会议审议通过的“十四五”规划纲要提出，“加强关键数字技术创新应用，加快推动数字产业化，推进产业数字化转型，打造数字经济新优势”。④ 我国积极出台促进数字经济发展相关规划方案，构建与数字经济发展相适应的政策法规体系。比如，工业互联网专项工作组印发的《工业互联网创新发展行动计划（2021～2023 年）》，为在未来三年我国工业数字化转型的关键期，工业互联网解决深层次难点、痛点问题提供了政策引导。⑤

各地方也纷纷通过制定专项发展规划、行动规划、工作方案等形式，将数字经济发展放在促进经济发展的关键位置。2020 年 10 月，辽宁发布《辽宁省

① 《携手构建亚太命运共同体——在亚太经合组织第二十七次领导人非正式会议上的发言》，http：//www. gov. cn/gongbao/content/2020/content_ 5567740. htm，2020 年 11 月 20 日。

② 《我国数字经济总量跃居世界第二》，https：//m. gmw. cn/baijia/2021 －04/25/1302253995. html，2021 年 4 月 25 日。

③ 《政府工作报告——2021 年 3 月 5 日在第十三届全国人民代表大会第四次会议上》，http：//www. gov. cn/premier/2021 －03/12/content_ 5592671. htm，2021 年 3 月 12 日。

④ 《中华人民共和国国民经济和社会发展第十四个五年规划和 2035 年远景目标纲要》，http：//www. gov. cn/xinwen/2021 －03/13/content_ 5592681. htm，2021 年 3 月 13 日。

⑤ 《关于印发〈工业互联网创新发展行动计划（2021～2023 年）〉》的通知》http：//www. gov. cn/zhengce/zhengceku/2021 －01/13/content_ 5579519. htm，2021 年 1 月 13 日。

数字经济发展规划纲要》，推进 15 项重大工程，全面推动数字经济创新发展。[①] 2021 年 4 月，河南省人民政府办公厅印发《河南省推进新型基础设施建设行动计划（2021—2023 年)》，通过新基建为经济社会高质量发展提供重要的技术支撑力。[②] 2021 年 5 月，广州审议通过了《广州人工智能与数字经济试验区产业导则》，为做好产业融合与产业协同、建设全球数产融合标杆城市提供指引。[③]

在促进国内大循环方面，数字产业化、产业数字化、数字治理等数字经济发展内容直接推动产业融合，有利于打通堵点、补齐短板，提升供应、生产与消费的协同与平衡。在推动国内国际双循环相互促进方面，中国数字经济发展成就在全球数字经济发展浪潮中显示出中国力量。《中国数字经济发展白皮书》显示，2020 年我国数字经济规模达到 39.2 万亿元，占 GDP 比重为 38.6%，同比名义增长 9.7%。数字经济在国民经济中的地位进一步凸显。2020 年我国经济表现出较强的韧性，成为疫情冲击下全球唯一实现经济正增长的主要经济体。[④] 中国发挥数字经济发展优势，强化对外贸易，推动全球数字产业链形成与发展，构建全球数字经济体系。

（二）互联网治理强化专项整治和平台管理

2020 年，我国网络生态治理依然呈现严管严控的态势，针对个人信息保护、算法推荐、网络借贷等新型网络治理议题的专项治理进程加快、力度加大；针对网络企业强调平台切实履行管理责任，督促网络平台完善社区规则、建立生态台账等在日常管理中履行主体职责；针对互联网垄断等全球性议题密集采取相关举措，不断加大网络生态治理工作力度。

---

① 《〈辽宁省数字经济发展规划纲要〉发布》，http：//www. ln. gov. cn/ywdt/jrln/wzxx2018/202010/t20201019_ 3990323. html，2020 年 10 月 19 日。

② 《河南省人民政府办公厅关于印发河南省推进新型基础设施建设行动计划（2021—2023 年）的通知》，https：//www. henan. gov. cn/2021/04 - 12/2124639. html，2021 年 4 月 12 日。

③ 《〈广州人工智能与数字经济试验区产业导则〉审议通过　广州将建全球数产融合标杆城市》，http：//www. gz. gov. cn/gzszfcwhy/2021ngzszfcwhy/cwhy/2021n/5y/15j140ccwhy/xgbd/content/post_ 7275496. html，2021 年 5 月 11 日。

④ 《中国数字经济发展白皮书》，http：//www. caict. ac. cn/kxyj/qwfb/bps/202104/t20210423_374626. htm，2021 年 4 月 23 日。

互联网法律体系的不断完善为依法依规治理网络提供了根本保障。2020年6月，第十三届全国人大常委会第二十次会议对《中华人民共和国数据安全法（草案）》进行审议。该草案对数据活动主体的安全保护义务与责任、政务数据安全管理制度和开放利用规则等内容进行了规定。[①] 作为数据安全领域的基础性法律，这部法律的制定将为数据资源保护划好准绳。个人信息及隐私保护涉及每位网民的切身利益，是互联网治理中的重要命题。2021年1月起施行的《中华人民共和国民法典》对个人信息保护进行了规定。2021年4月29日，《个人信息保护法（草案二次审议稿）》正式发布征求意见，致力于综合运用民事、行政、刑事等手段保护数字时代的个人信息。[②] 2021年3月，国家广播电视总局发布了《关于公开征求〈中华人民共和国广播电视法（征求意见稿）〉意见的通知》，标志着我国首部广播电视法将诞生。网络时代的广播电视法不仅有利于规范广电行业行为，更是推动网络视听有序发展的法律。[③]

互联网反垄断是一个全球性的长期命题。欧美等国针对互联网巨头提出了诸多包括拆分、市场禁入等举措在内的方案，以限制科技巨头的反竞争行为。2020年10月，美国司法部对谷歌提起反垄断诉讼，指控谷歌非法利用市场垄断地位打压竞争对手。[④] 2020年12月，欧盟委员会公布了《数字服务法案》及《数字市场法案》草案，这是欧盟20年来在数字领域的首次重大立法，旨在遏制大型网络平台不正当竞争行为。[⑤] 2020年以来，我国互联网反垄断持续升级。2020年12月11日，中共中央政治局召开会议，要求强化反垄断和防止资本无序扩张。[⑥] 2021年1月，中办、国办印发的《建设高标准市场体系行动

---

① 《数据安全法草案在十三届全国人大常委会第二十次会议上提请审议》，http：//news. youth. cn/sz/202006/t20200628_ 12386689. htm，2020年6月28日。

② 《〈个人信息保护法（草案二次审议稿）〉公布并征求意见》，http：//www. cqlsw. net/legal/legislation/2021043036928. html，2021年4月30日。

③ 《国家广播电视总局关于公开征求〈中华人民共和国广播电视法（征求意见稿）〉意见的通知》，http：//www. nrta. gov. cn/art/2021/3/16/art_ 113_ 55407. html，2021年3月16日。

④ 《美司法部对谷歌提起反垄断诉讼　时机微妙引发政治联想》，http：//news. cyol. com/content/2020 - 10/23/content_ 18826141. htm，2020年10月23日。

⑤ 《欧盟出台史上最严监管法案　英国瞄准社交媒体》，https：//www. yicai. com/news/100879290. html，2020年12月16日。

⑥ 《中央政治局会议要求：强化反垄断和防止资本无序扩张》，https：//xw. qq. com/amphtml/20201211A0IFN700，2020年12月11日。

方案》提出全面完善公平竞争制度，强调推动完善平台企业垄断认定、数据收集使用管理、消费者权益保护等方面的法律规范。加强平台经济、共享经济等新业态领域反垄断和反不正当竞争规制。① 2021 年 3 月 5 日，国务院总理李克强在政府工作报告中指出，国家支持平台企业创新发展、增强国际竞争力，同时要依法规范发展。强化反垄断和防止资本无序扩张，坚决维护公平竞争市场环境。②

平台经济领域的反垄断是互联网反垄断中的重点和难点。2021 年 2 月 7 日，《国务院反垄断委员会关于平台经济领域的反垄断指南》发布，对“二选一”“大数据杀熟”等网络热点问题进行了明确，为加强监管提供了制度性规则。③ 2020 年 12 月，国家市场监督管理总局对阿里巴巴投资有限公司、阅文集团和深圳市丰巢网络技术有限公司各处以 50 万元人民币罚款的行政处罚。这 3 家企业未履行其依法申报股权收购的义务，均构成违法实施的经营者集中行为。这是我国开出的首张互联网反垄断罚单。④ 2021 年 4 月，国家市场总局根据《中华人民共和国反垄断法》相关法规，一口气开出 9 张行政处罚决定书，涉及腾讯、滴滴等多家互联网企业。⑤ 加强互联网反垄断治理有利于为中小企业参与网络市场竞争创造优质环境，营造良好的互联网产业生态。

针对网络新现象、新业态、新问题的专项治理反应速度加快、力度加大。受新冠肺炎疫情的影响，2020 年以来在线教育行业飞速发展，由此出现了种种乱象。2020 年 8 月，中央网信办、教育部启动涉未成年人网课平台专项整治，以解决涉未成年人网课平台突出问题，维护未成年人合法权益，促进网课平台规范有序发展。⑥ 2020 年 12 月，中央网信办、教育部联合印发《关于进

---

① 《中共中央办公厅　国务院办公厅印发〈建设高标准市场体系行动方案〉》，http：//www. gov. cn/zhengce/2021 -01/31/content_ 5583936. htm? trs =1，2021 年 1 月 31 日。

② 《政府工作报告：强化反垄断和防止资本无序扩张》，https：//www. thepaper. cn/news Detail_ forward_ 11566555，2021 年 3 月 5 日。

③ 《平台经济领域反垄断指南发布》，http：//www. gov. cn/xinwen/2021 - 02/07/content_ 5585764. htm，2021 年 2 月 7 日。

④ 《首张互联网反垄断罚单开出，向“野蛮生长”说不》，https：//view. inews. qq. com/w2/20201217A04IC800，2020 年 12 月 16 日。

⑤ 《腾讯等企业被罚 50 万元！9 起互联网领域经营者违法集中案处罚来了》，https：//www. cqcb. com/headline/2021 -04 -30/4084497_ pc. html，2021 年 4 月 30 日。

⑥ 《中央网信办、教育部联合启动涉未成年人网课平台专项整治》，http：//www. moe. gov. cn/jyb_ xwfb/s5147/202008/t20200810_ 477195. html，2020 年 8 月 8 日。

一步加强涉未成年人网课平台规范管理的通知》，其中明确对违法违规网课平台保持高压严打态势。① 网络消费贷近年来给网络金融市场带来隐患，特别是年轻群体因为网络贷款负债甚至走上歧途的事例时有发生。2021 年 3 月，银保监会、中央网信办等五部门联合印发了《关于进一步规范大学生互联网消费贷款监督管理工作的通知》，明确规定禁止小贷公司对大学生放贷等，进一步规范大学生互联网消费贷款监督管理。② 社交媒体的发展使非理性“饭圈”衍生的问题在网络空间愈发严重。2021 年，国家网信办部署开展“清朗”系列专项行动，把“饭圈”网络行为列入治理重点，规范粉丝群体网络行为，督导网络平台加强基础管理。

（三）数字中国建设高标准高质量推进

数字治理、数字生活、数字乡村、智慧城市等共同构成了数字中国建设的重要内容。数字治理包含利用数字技术进行经济社会治理、对数字技术发展规范治理、推动社会整体治理体系变革等多个层面含义。

在数字政府建设中，数字政务不断完善数据资源协同共享机制、构建政务服务事项网上办理服务体系、全链条加强政务信息管理，以数据链、服务链、管理链和产业链建设，取得了显著工作成效。根据《2020 联合国电子政务调查报告》，2020 年中国电子政务发展指数的全球排名与 2018 年相比提高了 20 个位次，中国在线服务指数的全球排名提升到第 9 位。③ 根据《国家数据资源调查报告（2020）》，截至 2020 年底，我国各级地方政府共上线 142 个数据开放平台，共开放有效数据集 98558 个，省级开放平台达到 20 个。④ 根据 CNNIC 发布的第 47 次《中国互联网络发展状况统计报告》，截至 2020 年 12 月，我国互联网政务服务用户规模达 8.43 亿，较 2020 年 3 月增长 1.50 亿，占网民整

---

① 《中央网信办、教育部建立未成年人网课平台长效治理机制》，https：//www.thepaper.cn/newsDetail_ forward_ 10265519，2020 年 12 月 4 日。

② 《中央网信办和中国银保监会等五部门联合发文进一步规范大学生互联网消费贷款监督管理》，https：//m.thepaper.cn/baijiahao_ 11766648，2021 年 3 月 18 日。

③ 《联合国发布 2020 电子政务调查报告：中国水平“非常高”》，http：//dsj.guizhou.gov.cn/xwzx/gnyw/202007/t20200731_ 62023998.html，2020 年 7 月 31 日。

④ 《中国信通院联合中国网络空间研究院发布〈国家数据资源调查报告（2020）〉》，https：//www.thepaper.cn/newsDetail_ forward_ 12400462，2021 年 4 月 26 日。

体的85.3%。[①] 2021年4月，第四届数字中国建设峰会开幕，为数字中国建设成果展示、政策发布、项目对接提供了平台。在数字政府的持续建设中，我国坚持对数字治理工作开展绩效评估与反馈，确保数字政务工作开展实效。根据《2020年政府网站和政务新媒体检查情况通报》，政务新媒体中的内容建设、日常管理、服务体验等亟待加强。[②]

智慧城市建设使普通居民享受到普惠便捷、优质高效的数字服务，共享信息化发展成果。基于智慧家居、智慧交通、智慧社区等，数字技术不断改变人们的居住环境、出行方式、生活理念等方方面面。数字生活促进信息惠民。2021年5月，我国确定北京、上海、广州、武汉、长沙、无锡等6个城市为智慧城市基础设施与智能网联汽车协同发展第一批试点城市。[③] 2021年，深圳计划新建7706根多功能智能杆，搭载了5G小型基站、温度传感、环境质量监测、充电桩等设备的智能杆，成为智慧城市信息数据收集的入口，运用在市政管理、交通治理、环境监测、应急管理、资讯发布等30多个不断延伸的应用场景中。[④] 在新冠疫苗接种工作中，设立数字化新冠疫苗接种点、应用“疫苗接种管理系统”，数字化推动新冠疫苗接种成为高效便捷的方式。

智慧城市建设同时带动城市资源整合协同，线上线下融合、数字文旅服务平台打造、城市文化资源数字化等举措有利于提高城市舒适度、科技度、美誉度，提升城市形象。2021年1月，上海正式发布《关于全面推进上海城市数字化转型的意见》，上海将重点推进11项数字生活标杆应用，覆盖了“衣食住行”等一批百姓日常需求。[⑤] 这些举措共同助力将上海打造为具有世界影响力的国际数字之都。

---

① 《CNNIC发布第47次〈中国互联网络发展状况统计报告〉》，http://www.cac.gov.cn/2021-02/03/c_1613923422728645.htm，2021年2月3日。

② 《2020年政府网站和政务新媒体检查情况通报》，http://www.gov.cn/zhengce/content/2020-12/16/content_5569781.htm，2020年12月16日。

③ 《智慧城市基础设施与智能网联汽车协同发展首批试点城市确定》，http://www.xinhuanet.com/politics/2021-05/07/c_1127418021.htm，2021年5月7日。

④ 《一根杆，撑起深圳智慧城市“入口”》，http://jb.sznews.com/PC/layout/202105/07/node_A05.html，2021年5月7日。

⑤ 《关于全面推进上海城市数字化转型的意见公布》，http://www.cac.gov.cn/2021-01/08/c_1611676479346954.htm，2021年1月8日。

数字技术为乡村振兴开新局，数字农业农村建设为农业生产、信息惠民、乡村治理等赋能。商务大数据监测显示，2020年全国农村网络零售额达1.79万亿元，同比增长8.9%。[①] 拼多多通过数字化和互联网技术让农产品“产供销”向“销供产”演进，将分散的农业产能和农产品需求在“云端”拼在一起，以销售端促进上游生产端的改进，推动农产品生产标准化和品牌化。2020年，该平台实现农产品上行2700亿元，规模同比翻倍。[②] 数字乡村建设是乡村振兴发展的方向。2020年9月，国家公布了首批国家数字乡村试点地区名单，率先进行农村信息化建设、乡村数字经济新业态、乡村治理新模式等探索。[③]

二　热门盘点与焦点透视

（一）媒体融合发展侧重自身能力提升与破圈化品牌建设

2020年以来，媒体融合发展有了方向性的转变，不再将视野局限于传媒领域，致力于实现媒体与业务间的“小融合”，而是将建设自有品牌、推动资源协同、提供商务服务、深化政务服务等作为提升融合发展的主要方向，拓展领域间的“大融合”。经过2014年以来的战略转型发展，媒体融合步入了全面发力、深化改革、构建体系的新阶段。媒体融合已经不仅关乎传统媒体的生存发展，更关乎社会舆论走向和中国的国际传播地位。[④] 在融合发展中，传统主流媒体仍居于主导地位，一方面加快传播方式转换、话语方式转变，坚持新闻报道的真实平衡客观，提升公信力、影响力和引导力，特别是在重大主题报道中发挥了信息供给与舆论引导的重要作用；另一方面不断加快品牌建设与体

① 《2020年全年网络零售市场发展情况》，http：//www.mofcom.gov.cn/article/i/jyjl/j/202101/20210103033716.shtml，2021年1月25日。

② 《拼多多董事长陈磊出席数字中国建设峰会发表演讲：数字农业最解“乡愁”》，https：//export.shobserver.com/baijiahao/html/362167.html，2021年4月26日。

③ 《关于国家数字乡村试点地区名单的公示》，http：//www.cac.gov.cn/2020－09/18/c_1601988147662407.htm，2020年9月18日。

④ 黄楚新：《2021，县级融媒体中心要在三个方面下功夫！》，https：//mp.weixin.qq.com/s/MSvPan5nv1rD－5HIpHd47g，2021年1月7日。

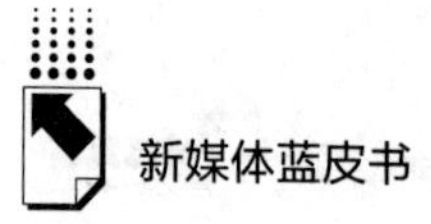

制机制创新，丰富运营与盈利模式，逐步提升市场竞争力。

2020 年，新冠肺炎疫情的全球大流行迫使人们的生活理念与方式迅速发生改变，促使公众对相关新闻信息的需求激增。有关疫情的信息集中出现了假新闻、网络谣言、偏激言论等。在疫情报道中，我国传统主流媒体发挥出新闻专业优势并凭借前期的融合发展积累，在特殊时期通过全媒体报道发挥了"强信心、聚民心、暖人心、筑同心"的作用。湖南卫视、重庆广电集团（总台）融媒体新闻中心等媒体因疫情期间的出色工作获得了"全国抗击新冠疫情先进集体"称号。①②

随着移动互联网传播渠道的不断拓展，"两微一号"成为媒体融合发展的主战场。媒体根据不同渠道的内容形式、传播特点与受众需求，在微博、微信及抖音号、快手号、微信视频号等组成的渠道阵营分类进行内容投放与运营。中国网络视听节目服务协会发布的《2020 中国网络视听发展研究报告》显示，截至 2020 年 6 月，短视频以人均单日 110 分钟的使用时长超越了即时通信。③短视频不仅成为用户休闲娱乐的平台，更在用户获取信息的方式上占据越来越高的比重。因此，短视频端建设正成为媒体融合发展的重点。2020 年，四川广播电视台旗下的"四川观察"抖音号运营成绩显著。被网友称为"到处观察"的四川观察账号设置了"观观爆料箱"投稿，并凭借高用户互动率、高更新频度、高热点关注度等得到了用户青睐。截至 2021 年 5 月 9 日，该账号拥有 4668.6 万粉丝，累计获赞量达 25.7 亿。在 2021 年全国两会报道中，人民网、央视新闻、新华网、环球时报、中国网直播等微信视频官方号通过开设"#2021 全国两会"视频话题，依托社交平台以视频方式报道两会。中国日报等媒体还通过微信视频号进行两会直播，方便用户在朋友圈全程看两会。除了运营方式和渠道的更新，媒体也在不断加快机制创新，全方位提升自身融合发展能力。上海报业集团建立了新媒体账号"退出"机制，定期评估各平台账

---

① 《湖南卫视荣获全国抗击新冠肺炎疫情先进集体称号》，http：//zixun. hunantv. com/hntv/20200908/1700539690. html，2020 年 9 月 8 日。

② 《重庆市荣获全国抗击新冠肺炎疫情先进集体名单》，https：//www. cqrb. cn/html/cqrb/2020 - 09/09/004/content_ 269905. htm，2020 年 9 月 9 日。

③ 《我国网络视听用户破 9 亿　短视频推动行业变革》，http：//media. people. com. cn/n1/2020/1012/c14677 - 31889151. html，2020 年 10 月 12 日。

号的传播率、到达率、阅读率，及时调整运营策略，以关停或停更观察等形式切实提升账号活力。①

全媒体品牌建设是媒体提升融合发展能力的关键。媒体数字品牌着重通过打造鲜明的新媒体产品来加深用户对媒体整体形象的感知力。例如，四川日报报业集团打造的封面新闻、广东广播电视台打造的触电新闻、成都传媒集团打造的红星新闻等差异化的产品形成了媒体的自有品牌标识。2020 年以来，布局 MCN（多频道网络）机构成为广电系统提高自我再生能力、打造新媒体生态的热门方式。以省级广电为代表的一批拥有强大影响力基础的媒体机构纷纷成立 MCN 机构，聚合优质内容生产者，并通过机制化的全流程配套运营机制，打造优质主播与账号，成为账号与平台间的中介与桥梁。2020 年以来，安徽广播电视台、江苏广播电视总台、天津海河传媒中心等广电机构通过与短视频平台合作的方式进行了 MCN 化改革。据不完全统计，全国已有近 30 家广电媒体成立了 MCN 机构。在 2020 年 10 月召开的中国新媒体发展年会上，会议专门设置了“年度全国广电十佳 MCN 机构”奖项，湖南娱乐 MCN、浙江广电布噜文化、江苏广电荔星传媒 MCN 等广电 MCN 机构入选。②

（二）推进媒体深度融合处于战略机遇期与关键窗口期

传统媒体在发展新媒体业务、调整组织机构、拓展渠道平台等方面进行了改革，向新媒体转型发展也成为媒体行业的自觉，取得了诸多成效，但是整体来看，媒体融合发展成效仍有待加强。在业务模式、人才平台、盈利方式、体系构建等方面，主流媒体的转型发展实践与国家要求、市场需求还有一定差距。如何实质性增强媒体融合发展的效果，提升主流媒体的微传播力、微引导力、微影响力、微感召力、微话语权成为当前传统媒体融合新媒体发展的重要命题。

2020 年以来，我国密集出台有关媒体融合发展的顶层规划，这是从制度层面为媒体融合发展提出了要求、提供了指引，也表明了媒体融合发展工作的

---

① 《上海报业集团加快媒体深度融合发展推进会暨 2021 年度工作会议举行》，https：//www.shobserver. com/staticsg/res/html/web/newsDetail. html？id = 344923，2021 年 2 月 26 日。

② 《2020 年度中国新媒体七大重磅榜单发布》，http：//news. ijntv. cn/jn/jnms/2020 - 10 - 19/637984. html，2020 年 10 月 19 日。

重要性和紧迫性。加快推进媒体深度融合发展是主流媒体新媒体建设的当务之急。2020 年 6 月，中央深改委审议通过《关于加快推进媒体深度融合发展的指导意见》，强调了深化机制改革、加大全媒体人才培养力度、构建主流舆论格局等内容；2020 年 10 月，党的十九届五中全会审议通过的《中共中央关于制定国民经济和社会发展第十四个五年规划和二〇三五年远景目标的建议》提出，“推进媒体深度融合，实施全媒体传播工程，做强新型主流媒体，建强用好县级融媒体中心”；[①] 同年 11 月，国家广电总局印发《关于加快推进广播电视媒体深度融合发展的意见》，具体部署了广电行业的媒体融合发展工作。[②]

综合考虑国家政策的指导、媒体市场的需求、融合发展的现状、网络发展的趋势等因素，主流媒体现阶段需要加快和加深融合发展，重点在建设新型主流媒体及建立全媒体传播体系上下功夫。建设新型主流媒体，就是要着力提升主流媒体在微传播领域的影响力和竞争力，一方面，内容产品在新媒体平台具有广泛的传播力，受到用户欢迎与信赖，信息观点具有引导力；另一方面，建设强大的新媒体平台和渠道，创新新媒体技术，运用市场规则运营盈利，具有市场竞争力。2020 年，国家广播电视总局创建了陕西、京津冀、江苏、湖南共 4 个广播电视媒体融合发展创新中心。[③] 从网络平台建设、区域协同发展、省市县贯通、产业链拓展等层面进行新型主流媒体建设探索。一些主流媒体集团不断深化体制机制改革，持续进行新型主流媒体建设。2020 年 5 月，上海报业集团与东方网启动联合重组改革，旨在通过业务融通与技术相通发挥合力。2020 年 11 月，广东省出版集团、南方出版传媒组建成立时代传媒集团，汇集旗下 1 报 12 刊，以优质项目带动建设新型主流财经媒体。[④]

构建全媒体传播体系，指的是在结构层面，全媒体建设纵向覆盖中央、省、市、县 4 级媒体；在运营层面，跨界融合，利用用户数据进行价值再生，

---

① 《中共中央关于制定国民经济和社会发展第十四个五年规划和二〇三五年远景目标的建议》，http：//www. gov. cn/zhengce/2020 - 11/03/content_ 5556991. htm，2020 年 11 月 3 日。

② 《国家广播电视总局印发〈关于加快推进广播电视媒体深度融合发展的意见〉的通知》，http：//www. nrta. gov. cn/art/2020/11/26/art_ 113_ 53991. html，2020 年 11 月 26 日。

③ 《广电总局媒体融合发展司发重磅报告！解读 2020 年广电媒体融合建设》，https：//xw. qq. com/cmsid/20210324A0EOC400，2021 年 3 月 24 日。

④ 《时代传媒集团揭牌成立》，https：//www. gdpg. com. cn/index. php? g = &m = article&a = index&id = 1103&cid = 8，2020 年 11 月 20 日。

实现“新闻+政务+服务+商务”多元化拓展；在管理层面，资源集约与整合，创新内容资源协同、运营与对接机制；在内容层面，坚持主流价值观塑造与引导，实现网上和网下一体发展、内宣外宣联动。湖南娱乐在推进深度融合发展中注重提升新媒体造血功能，通过打造开放式视频内容创作基地、内容生产管理系统、新媒体商业运营体系等不断完善全媒体传播体系。2020 年，湖南娱乐公司（频道）整体营收超过 1.5 亿元，同比增长 50%，其中新媒体业务在整个收入结构中占比超过 65%，同比增长超过 400%。[①] 2020 年 7 月，澎湃新闻发布了最新战略，为互联网内容行业提供包括素材、加工、审核、分发、版权交易等在内的一系列支持和服务，成为全链条内容生态服务商是其下一步发展的重要方向。[②]

（三）Z 世代和优质品牌内容方成为资本市场新宠

我国网络消费市场不断升级，新消费成为促进网络经济增长的新推动力。根据商务部数据，2020 年全年，实物商品网上零售额 9.8 万亿元，逆势增长 14.8%，占社会消费品零售总额比重达 24.9%，我国已连续 8 年成为全球第一大网络零售市场。[③] 线上新型消费呈现蓬勃发展势头，也展现出新特点。发展型消费、情感型消费、品质型消费是新消费的主要类型。用户新消费存在高度个性化和消费分化的特点，针对不同优先级的产品拥有不同等级的预算，比如同一用户会购买化妆品中单价较高的品类，也会在生活用品中抢购单价较低的品类。用户根据个人喜好对于不同类别的产品拥有较为个性化的等级排列，因此新消费呈现消费分化的特点。

Z 世代是数字技术的原住民，作为受网络技术深刻影响并生长条件相对优渥的一代，其消费理念与喜好已经成为市场关注与研究的重点。根据《2020 年 Z 世代洞察报告》，截至 2020 年 11 月，中国移动互联网 Z 世代活跃设备数

---

① 《湖南娱乐频道深入推进媒体融合，为专业频道变革破题》，https：//www.sohu.com/na/456622714_613537，2021 年 3 月 21 日。

② 《澎湃六周年：从互联网新型主流媒体到全链条内容生态服务商》，https：//m.thepaper.cn/newsDetail_forward_8381003，2020 年 7 月 22 日。

③ 《我国连续 8 年成为全球第一大网络零售市场》，http：//t.ynet.cn/baijia/30269523.html，2021 年 1 月 21 日。

近 3.25 亿，已成长为移动互联网网民中不折不扣的新势力。[①] 根据 CBNData 发布的《2020 Z 世代消费态度洞察报告》，我国 Z 世代开支达 4 万亿元人民币，约占全国家庭总开支的 13%，消费增速远超其他年龄层。[②] 对 Z 世代消费趋势的把握有利于引导消费品企业发展和投资者投资。2021 年春晚，洛天依登上央视舞台，主要在 Z 世代人群中大受欢迎的"虚拟偶像"进入主流视野成功"出圈"，显示出 Z 世代文化的主流化与资本化趋势。

Z 世代的亚文化"破圈"发展带动新消费市场繁荣，二次元、国风国潮、潮玩酷物、新健康等催生各领域新产品和平台得到市场认可，优质内容和品牌方成为资本市场的新宠。Z 经济展现出发展活力。潮玩文化的主流化发展催生了盲盒产品的迅速市场化。2020 年 12 月，"盲盒第一股"泡泡玛特在港交所上市。以潮玩盲盒为主打产品的泡泡玛特 2020 年营收达 25.13 亿元，同比增长 49.3%，累计销售超过 5000 万只潮流盲盒。[③] "万物皆可盲盒"，盲盒成为产品销售的一种新型热门方式。机票盲盒、服饰盲盒、食品盲盒、旅游盲盒等越来越多的产品入局盲盒赛道，盲盒经济崛起。

Z 世代对国风国潮、颜值正义、新健康等文化的推崇催生了一批新消费品牌，美妆、食品饮料、玩具、服饰是其中发展较为快速和集中的品类。元气森林、钟薛高、花西子、完美日记等一批新消费品牌成为网红，得到市场认可。一批具有市场影响力的产品型和内容型公司受到资本青睐。在新健康领域，Z 世代多为"成分党"，崇尚食品无添加，注重营养与健康。元气森林作为一款饮料，主打"0 糖 0 脂 0 卡"，这一定位符合年轻人群对身材的考虑及健康饮食的理念，因此尤其受到 Z 世代追捧。在 2020 年"双 11"活动中，元气森林同时居天猫和京东水饮品类销量第一的位置。[④] 根据《2021"颜值经济"新消费趋势报告》，有近六成年轻人对自己的容貌并不满意，为缓解颜值焦虑，奢

---

① 《QuestMobile2020"Z 世代"洞察报告》，https://www.thepaper.cn/newsDetail_forward_10758067，2021 年 1 月 13 日。

② 《2020 Z 世代消费态度洞察报告》，https://www.cbndata.com/report/2381/detail，2020 年 8 月 17 日。

③ 《2020 年泡泡玛特卖出 5000 万 + 潮玩，仅 Molly 就卖了 3.56 亿》，https://new.qq.com/omn/20210327/20210327A0AGAT00.html，2021 年 3 月 27 日。

④ 《国货逆袭霸榜　元气森林摘得双 11 水饮品类"双冠王"》，https://www.jiemian.com/article/5258675.html，2020 年 11 月 12 日。

侈品口红、香水和轻医美等已成为当代年轻人的新刚需。[①] 完美日记便凭借产品设计、网络营销、社群运营等方式打造“新国货品牌”。截至 2020 年 11 月 11 日 13 点 30 分，完美日记“双 11”累计销售额破 6 亿元，位居天猫彩妆类目第一。[②] 2020 年 11 月，完美日记母公司逸仙电商在美国纽交所挂牌上市，成为海外上市“国货美妆第一股”。[③]

（四）直播多元化、常态化、全民化发展

2020 年，直播行业仍处于黄金发展期。在新冠肺炎疫情的影响下，直播带货成为风口产业，营造了巨大的话题度和商业价值。截至 2020 年末，淘宝直播提供直播内容超过 10 万场，用户每天观看时长超过 50 万小时。2020 年淘宝直播带来的 GMV（商品交易总额）超过人民币 4000 亿元。[④] 2020 年以来，直播电商实现了跨越式发展。直播主播信任式的带货方式重塑了商品的营销模式和产业链，直播间带来的流量也使主播有了热度，具有了知名度和影响力，业务范围也更加多元。2021 年 2 月，主播薇娅作为 2021 年总台《春晚 GO 青春》的独家好物推荐官，将直播间带到了央视春晚。头部主播李佳琦的宠物狗也通过直播间的知名度接到美妆代言。

随着直播行业不断深化发展，作为内容生产传播机构的直播方不仅扮演着产品的推介角色，更改变了用户的消费理念和消费习惯，强化了用户关系，激活了组织圈层。直播带货演变为直播带品牌。用户通过直播提高了对不同产品的认知度，拓展了生活视野，使个人生活方式更加多元化，有利于提升生活品质。而用户对产品的需求促使主播反向对接产品的生产方和销售方，改变了产品的销售方式。而设置了固定时间开始的直播也使用户的生活方式改变，晚上观看一场直播成为很多用户消遣时间和自我放松的方式。

直播行业的迅速发展造就了直播常态化、全民化的趋势，“直播 +”场景

① 《CBNData& 新零售智库：2021 颜值经济新消费趋势报告》，http：//www.199it.com/archives/1230235.html，2021 年 4 月 13 日。

② 《完美日记“双 11”再登榜首，母公司逸仙电商赴美上市》，http：//finance.sina.com.cn/wm/2020-11-12/doc-iiznctke1137282.shtml，2020 年 11 月 12 日。

③ 《国货美妆完美日记母公司逸仙电商登陆纽交所》，http：//www.gd.chinanews.com/2020/2020-11-25/411183.shtml，2020 年 11 月 25 日。

④ 《2021 年度淘宝直播报告》，http：//www.199it.com/archives/1241375.html，2021 年 5 月 8 日。

也在不断拓展。除了直播带货外，旅游、相亲交友等一些注重线下体验的场景也入局直播赛道，直播下沉市场发展火热。据马蜂窝旅游网数据，疫情期间，马蜂窝平台上有97%的核心商家已经开通或打算开通旅游直播。[①] 2021年4月，花椒直播投资婚恋平台，打造视频直播交友社交平台。[②]

2020年以来，资本大量涌入直播电商赛道，带动直播产业生态不断升级。《2020年大文娱赛道投融资数据报告》显示，2020年直播赛道融资金额达到了393亿元，融资事件共计69起。[③] 直播行业的相关服务商也成为资本争相入局的对象。2020年8月，直播内容电商全生态服务商维妥科技完成了千万级pre-A轮融资。[④] 2021年3月，头部明星直播IP整合运营商银河众星宣布完成数千万A轮融资，下一步将为持续深耕电商直播领域提供服务。[⑤]

直播行业得到了政府和社会的重视，相关管理政策的密集出台为规范行业发展提供了准则，相关直播基地的建设和人才界定管理拓展了行业发展空间。政府与直播平台形成了良好互动，政府通过监管推动业态向好发展。2021年2月，国家七部门联合发布《关于加强网络直播规范管理工作的指导意见》，对网络打赏行为、主播账号分类分级管理等具体问题进行了规范。[⑥] 2021年5月，《网络交易监督管理办法》实施，对直播带货视频保存年限等进行了规定。[⑦] 2020年6月，人民日报新媒体、人民日报智慧媒体研究院发起成立了直播电商研究基地，通过研究各大电商平台、主播等数据，助力行业发展。人民

① 《马蜂窝郑迅：马蜂窝97%的核心商家已经开通或打算开通旅游直播》，https：//xw. qq. com/amphtml/20200808A0QKXM00，2020年8月8日。

② 《花椒直播投资婚恋平台　视频直播交友成潮流》，https：//www. 163. com/dy/article/G8P9TOMC0514R9KQ. html，2021年4月29日。

③ 《2020年文娱直播融资总额达393亿　直播电商同比增长1500%》，https：//www. chinaz. com/news/1223839. shtml，2021年2月9日。

④ 《赋能万亿直播电商市场数据化，维妥科技获千万级pre-A轮融资》，https：//baijiahao. baidu. com/s？id=1695707225544081798&wfr=spider&for=pc，2021年3月31日。

⑤ 《头部明星直播IP整合运营商银河众星获数千万A轮融资》，http：//finance. sina. com. cn/stock/stockzmt/2021-03-19/doc-ikkntiam5408188. shtml，2021年3月19日。

⑥ 《国家七部门联合发布〈关于加强网络直播规范管理工作的指导意见〉》，http：//www. cac. gov. cn/2021-02/09/c_1614442843810295. htm，2021年2月9日。

⑦ 《“直播带货”视频至少保存三年　〈网络交易监督管理办法〉亮点详解》，https：//www. thepaper. cn/newsDetail_forward_12524679，2021年5月4日。

日报客户端同时上线了“全国直播电商投诉平台”。[①] 2020 年 7 月，人力资源和社会保障部联合市场监管总局、国家统计局等发布了包括“互联网营销师”在内的 9 个新职业。[②]

（五）长短视频博弈升级

网络视频赛道特别是短视频产品仍然显示出蓬勃的发展活力，凭借着出色的用户数量、时长等指标数据，带来了巨大的商业价值和社会价值。根据第 47 次《中国互联网络发展状况统计报告》，网络视频（短视频）用户规模进一步增长，截至 2020 年 12 月共 9. 27 亿，较 2020 年 3 月增长 7633 万，占网民整体的 93. 7%，其中，短视频用户规模 8. 73 亿。[③] 2020 年，中国互联网视频广告收入规模约为 904 亿元，较上年增长了 64. 91%。其中短视频广告独占鳌头，增幅达 106%，远超长视频广告 25% 的增幅。[④]

2020 年，微信短视频强势发展，为以抖音、快手为两大头部平台的短视频赛道增加了新的产品方向与业务想象空间。2020 年 6 月，微信视频号日活跃用户数量超过 2 亿。[⑤] 背靠微信庞大的用户流量，视频号用户量增长迅速，并在产品初期就通过连接公众号、小程序、支付体系等打造生态闭环。与抖音、快手模式侧重点不同，微信视频号通过“熟人社交”和“私域流量”，使普通人拥有了视频分享场地。微信的超高使用频次带动视频号快速养成用户观看、互动习惯。2021 年 4 月，视频号面向 MCN 机构上线机构管理平台，方便主播管理直播数据，进一步扩充了视频号直播流量生态。微信视频号具有强劲的发展动力，对改变现有短视频赛道格局具有冲击力。

---

① 《首个直播电商研究基地成立，全国投诉平台同步上线》，https：//www. thepaper. cn/newsDetail_ forward_ 7882497，2020 年 6 月 17 日。

② 《人力资源社会保障部、市场监管总局、国家统计局联合发布区块链工程技术人员等 9 个新职业》，http：//www. mohrss. gov. cn/SYrlzyhshbzb/dongtaixinwen/buneiyaowen/202007/t20200706_ 378513. html，2020 年 7 月 6 日。

③ 《CNNIC：中国网络视频（含短视频）用户规模达 9. 27 亿》，https：//www. lanjinger. com/d/152533，2021 年 2 月 3 日。

④ 《2020 年中国互联网营销市场规模突破万亿，短视频广告收入翻番》，https：//m. 21jingji. com/article/20210115/herald/edfa5d935cbdd840db787c489e33efe5. html，2021 年 1 月 15 日。

⑤ 《短视频行业报告：2020 年 6 月微信视频号日活超过 2 亿》，http：//vr. sina. com. cn/news/report/2020 - 08 - 31/doc - iivhuipp1651794. shtml，2020 年 8 月 31 日。

2020年，抖音和快手依然稳坐短视频赛道头两把交椅。根据《2020抖音数据报告》，截至2020年8月，包括抖音火山版在内，抖音日活已经突破6亿，成为用户分享生活与获取信息的重要平台。[①] 2021年2月，快手成功在香港交易所挂牌上市，中国短视频第一股诞生。[②] 与社交媒体相比，短视频平台具有24小时在场感与陪伴感，用户可以随时随地刷到新鲜、感兴趣的视频内容。同时，依托直播、连麦等功能，用户与主播形成实时互动，具有较强的参与感。而算法推荐也可形成用户间的情感共振，有利于激活用户与群体的关系。

2020年以来，长短视频间的博弈有所升级。随着用户在短视频平台时长的增加，利用短视频对长视频进行导流成为一种有效的营销手段。长视频通过在短视频平台进行话题设置、剧集混剪、主演互动等，可以大大提升用户对其内容的关注度和想看度，提升长视频热度，引导用户收看完整的长视频。在短视频平台开设官方账号进行宣传也成为电影、电视剧的一种热门营销手段。同时，一些短视频影视账号凭借原作品的流量和粉丝，对长视频的"二次剪辑"和连续更新来积累粉丝"养号"，从而为账号直播、电商导流变现。短视频对原作品的"二次剪辑"也引发了有关版权问题的讨论。

版权问题一直是网络视频领域的关键议题。短视频内容制作的便利性、分发特点和监管难度使短视频侵权成为制约平台发展的一大因素。根据《2020中国网络短视频版权监测报告》2019年1月至2020年10月对超过1000万件短视频的监测，独家原创作者被侵权率高达92.9%。[③] 2021年4月，首例短视频模板著作权侵权案在杭州互联网法院一审宣判。[④] 针对短视频侵权，业内长视频平台通过主动联动的方式推动治理进程。2021年4月8日，优酷、芒果TV、爱奇艺等10家机构代表共同签署并发表《网络版权保护与创新"马栏山

---

① 《2020抖音数据报告：日活跃用户破6亿　日均视频搜索次数破4亿》，http://www.techweb.com.cn/it/2021-01-05/2819534.shtml，2021年1月5日。

② 《快手上市首日大涨近200%，创始人宿华身家达227亿美元，一年增近7倍》，https://m.sohu.com/a/448926646_237556/，2021年2月5日。

③ 《独家短视频原创作者被侵权率超九成》，http://www.chinanews.com/sh/2020/12-08/9356663.shtml，2020年12月8日。

④ 《首例短视频模板著作权侵权案一审宣判：被告侵权判赔6万》，https://m.thepaper.cn/newsDetail_forward_12352931?ivk_sa=1023197a，2021年4月23日。

宣言”》，倡议为行业及创作者提供版权保护的土壤。[①] 4月23日，腾讯视频、爱奇艺、优酷、芒果TV等国内超70家影视传媒单位，以及超500位艺人发布了倡议书，再度呼吁国家对短视频平台推送的版权内容进行合规管理。[②] 尽管推动视频版权保护是必由之路，但如何防止因保护资本利益而损害创作环境引发舆论热议。

三　传播分析与影响解读

（一）高新科技加速改变网络生态与传统业态

习近平总书记指出，构建新发展格局最本质的特征是实现高水平的自立自强。网络信息技术更迭快速，这要求我国应快速提升高新技术自主研发与应用推广能力，利用高新科技提升效率与生产力，同时提升信息技术的普惠性，提升用户的获得感、幸福感、安全感。

2020年，新型基础设施建设进一步铺开，为数字化转型提供重要支撑。当前，我国建成了全球规模最大的光纤网络和4G网络，5G商用全面提速，已建成的5G基站将近72万个，5G终端连接数超过2亿，中国IPV6的规模部署成效非常明显。[③] 2020年6月，我国北斗三号全球卫星导航系统最后一颗组网卫星成功发射，至此北斗三号全球卫星导航系统星座部署完成。[④] 在前沿科技领域，我国在量子科技、区块链、人工智能等领域不断取得突破。2021年5月，中国成功立项2项区块链国际标准。人工智能不断与实体经济深度融合，智能经济不断发展。国家相继出台了《关于深化新一代信息技术与制造业融合发展的指导意见》《国家新一代人工智能标准体系建设指南》等政策，大力

---

① 《用更多版权IP丰沛温暖心灵　〈马栏山版权宣言〉发布》，https：//www.thepaper.cn/newsDetail_ forward_ 12116342，2021年4月8日。

② 《超500位艺人联署，5条倡议杜绝短视频内容侵权》，https：//new.qq.com/rain/a/20210425A07NQ800，2021年4月25日。

③ 《网信办杨小伟：我国建成全球规模最大的光纤网络和4G网络》，http：//finance.sina.com.cn/tech/2021－03－19/doc－ikkntiam5421173.shtml，2021年3月19日。

④ 《北斗三号全球卫星导航系统星座部署全面完成》，http：//paper.people.com.cn/rmrb/html/2020－06/24/nw.D110000renmrb_ 20200624_ 1－01.htm，2020年6月24日。

支持网络科技创新发展。

在媒体领域，高新技术的应用推动传媒组织机构与业务模式更新，媒体业态发生改变。2020 年 5 月，由中国 12 家省级主流新媒体作为首批成员单位组建的全国首个区块链新闻编辑部在云端正式成立，此举是媒体通过云端平台实现跨机构、跨地区融合发展的探索。① 在 2021 年的全国两会报道中，5G 技术赋能媒体报道。比如，新华社推出的“5G 沉浸式多地跨屏访谈”新闻产品，利用 5G 技术可以实现与代表委员的全实景、真跨屏采访，进一步拓展了采访空间，提升了报道效果。

媒体通过与高科技公司联合创办实验室等形式走在技术研发与应用的前端，探索适用于媒体领域的新技术应用。上海报业集团与华为合作启动“使能计划”，联合成立创新实验室，探索在 ICT 基础设施、公有化和媒体传播等领域的全面深化合作。东方网与高校机构合作成立了人工智能媒体创新联合实验室和区块链媒体应用联合实验室，从版权领域实际需求和区块链技术实践出发，开展“东方链”建设，加强媒体内容监管能力建设。② 在广电领域，高新技术的影响更为深刻。2020 年 11 月，国家广电总局印发《广播电视技术迭代实施方案（2020—2022 年）》，推动广播电视和网络视听流程再造、体系重构。③ 2021 年 4 月，中央广播电视总台发布《8K 超高清大屏幕系统视音频技术要求》，为 8K 超高清大屏幕系统的建设、应用、测试和运行维护提供技术规范，加快推动国内超高清产业应用落地。④

（二）新媒体成为提升城市形象的重要推手

城市作为国家形象构建的重要主体，在展示国家形象、传播中国声音方面具有重要作用。与国家形象相比，塑造城市形象的元素和抓手更加具体、生动

① 《全国首个区块链新闻编辑部正式成立，由 12 省市主流新媒体联合组建》，https：//www. 01caijing. com/article/263700. htm，2020 年 5 月 20 日。

② 《上海报业集团加快媒体深度融合发展推进会暨 2021 年度工作会议举行》，https：//www. shobserver. com/staticsg/res/html/web/newsDetail. html? id =344923，2021 年 2 月 26 日。

③ 《国家广播电视总局办公厅关于印发〈广播电视技术迭代实施方案（2020—2022 年）〉的通知》，http：//www. nrta. gov. cn/art/2020/12/7/art_ 113_ 54117. html，2020 年 12 月 7 日。

④ 《中央广播电视总台 8K 超高清电视公共服务平台启动建设》，http：//www. chinanews. com/cul/2021/05 -07/9472223. shtml，2021 年 5 月 7 日。

和鲜活。新媒体的发展使城市形象的方向更加多元、渠道更加丰富、方式更加多样、效果更加突出。把握住新媒体发展机遇、提升城市形象成为我国城市形象建设的重要课题。

打造数字化城市形象成为我国许多城市“十四五”时期的重要规划。2020年底，上海市公布了《关于全面推进上海城市数字化转型的意见》，全力打造具有世界影响力的国际数字之都。[①]“十四五”时期，北京市将努力建成全球数字经济标杆城市。[②] 2021年5月，广州市审议通过了《广州人工智能与数字经济试验区产业导则》，明确广州将建设全球数产融合标杆城市。[③] 移动互联时代，我国许多城市将构建数字化形象作为城市形象的重要一面，提升城市形象的时代性、全球性与科技感。

我国网红城市的形成便是城市把握互联网发展机遇、延伸城市形象建设触角的产物。根据抖音发布的《2021抖音五一数据报告》，重庆首次成为抖音打卡数量最多的城市，超过上海、深圳和苏州。重庆万盛奥陶纪旅游度假区成为五一假期抖音获赞量最多的景点，引发线下旅游打卡热潮。[④] 而城市通过打造“主流网红”成为“城市面孔”“城市代言人”的形式有利于以网络流量带动线下流量，以城市网络知名度的增强反哺城市形象提升。2020年，藏族小伙丁真凭借一段短视频走红网络，随后他通过担任四川省甘孜藏族自治州理塘县旅游大使、在微博上发布“家在四川”等推介内容为家乡代言。网络剧集《隐秘的角落》的全网热播，使电视剧取景地湛江老街成为网络热门讨论地点和线下热门打卡地点，提升了广东湛江的知名度。网红李子柒与柳州螺蛳粉厂进行合作，使螺蛳粉成为2020年名副其实的网红食品，提升了广西柳州的城市形象。数据显示，2020年柳州螺蛳粉的销售收入达110亿元，配套及衍生

① 《关于全面推进上海城市数字化转型的意见公布》，http：//www.cac.gov.cn/2021－01/08/c_1611676479346954.htm，2021年1月8日。

② 《北京：“十四五”时期将努力建设全球数字经济标杆城市》，https：//m.thepaper.cn/baijiahao_10758108，2021年1月12日。

③ 《〈广州人工智能与数字经济试验区产业导则〉审议通过　广州将建全球数产融合标杆城市》，http：//www.gz.gov.cn/gzszfcwhy/2021ngzszfcwhy/cwhy/2021n/5y/15j140ccwhy/xgbd/content/post_7275496.html，2021年5月11日。

④ 《抖音发布五一数据报告　重庆成最热门旅游城市》，http：//cq.cnr.cn/pp/20210506/t20210506_525479736.shtml，2021年5月6日。

产品销售收入为130亿元，袋装网络销量高达11亿袋。[①] 2021年5月，柳州市发布了《柳州螺蛳粉产业发展规划2021～2025（征求意见稿）》，全力做实做优做强螺蛳粉产业，[②] 螺蛳粉成为代表柳州形象的一张名片。

新媒体手段也成为城市提升知名度、影响力和美誉度的重要方式。重庆市在国内率先成立了国际传播中心，以专门的机构运营方式拓展城市声音传播半径。重庆国际传播中心通过国外新媒体博主讲重庆故事等方式展示重庆形象，在国内外取得了良好的传播效果。2021年3月，三星堆最新考古成果揭晓。四川利用重大事件节点，通过制作四川方言电音歌曲MV《我怎么这么好看（三星堆文物版）》并在新媒体平台播出等方式，传播好四川声音。

（三）数字合作与网络空间国际治理共识亟待凝聚

2020年，受到"单边主义"和新冠肺炎疫情的持续影响，国际网络空间治理与合作面临严峻考验。随着数字经济全球化发展不断深入，国内外网络安全形势严峻。2020年4月，号称"世界上最安全的在线备份"云备份提供商SOS，发生了超大规模数据泄露事件。[③] 2020年5月，委内瑞拉国家电网干线遭到攻击，造成全国大面积停电。[④] 2020年6月，日本汽车制造商本田的全球业务受到"勒索软件"攻击，造成全球多地业务陷入停顿。[⑤] 2021年5月，位于美国东部的燃油输送大动脉因遭黑客发动的"勒索软件"袭击而停摆，结果造成大西洋沿岸多地出现了"油荒"。[⑥] 国内方面，根据国家信息中心联合瑞星公司共同发布的《2020年中国网络安全报告》，2020年瑞星"云安全"

---

① 《2021年中国螺蛳粉行业市场现状及市场规模预测分析》，https：//baijiahao. baidu. com/s? id=1699062070464998728&wfr=spider&for=pc，2021年5月7日。

② 《〈柳州螺蛳粉产业发展规划2021～2025（征求意见稿）〉公开征求意见》，http：//swj. liuzhou. gov. cn/xwzx/swdt/202105/t20210511_ 2728916. shtml，2021年5月11日。

③ 《"世界最安全的在线备份"提供商遭数据泄露》，https：//3g. 163. com/dy/article_ cambrian/F9I2OC6R0511CPOJ. html，2020年4月6日。

④ 《委内瑞拉国家电网干线遭攻击　全国大面积停电》，https：//baijiahao. baidu. com/s? id=1665919341972623335&wfr=spider&for=pc，2020年5月6日。

⑤ 《本田遭勒索软件攻击，暂停生产并关闭办公室》，https：//www. sohu. com/a/400875572_ 114837，2020年6月10日。

⑥ 《国际观察：黑客"掐断"美国燃油管道　网络安全问题亟待解决》，https：//baijiahao. baidu. com/s? id=1699536603583421136&wfr=spider&for=pc，2021年5月12日。

系统共截获病毒样本总量1.48亿个，病毒感染次数3.52亿次，病毒总体数量比2019年同期上涨43.71%，病毒以信息窃取、资费消耗、流氓行为、恶意扣费等类型为主。①

中国主张加强网络空间国际交流与合作，发展共同推进、安全共同维护、治理共同参与、成果共同分享，构建网络空间命运共同体。② 2020年11月，世界互联网大会·互联网发展论坛召开，国家主席习近平向论坛致贺信。习近平指出，中国愿同世界各国一道，把握信息革命历史机遇，培育创新发展新动能，开创数字合作新局面，打造网络安全新格局，构建网络空间命运共同体，携手创造人类更加美好的未来。世界互联网大会组委会发布了《携手构建网络空间命运共同体行动倡议》，就如何在网络空间加强团结协作、维护公平正义、共享数字红利，把网络空间建设成为造福全人类的发展共同体、安全共同体、责任共同体、利益共同体提出了具体做法，为网络空间国际治理提出了中国方案。③

数字技术的全行业应用及全球化发展使数字合作成为网络空间国际合作与治理的新议题。2020年9月，国务委员兼外长王毅在"全球数字治理研讨会"上发表主旨讲话，表示中国建设性参与联合国、二十国集团、金砖国家、东盟地区论坛等多边平台的数据安全讨论，致力于为加强全球数字治理贡献中国智慧。中国发起了《全球数据安全倡议》，呼吁制定全球数据安全规则，推动全球数字经济合作。④ 2021年1月，第一次中国—东盟数字部长会议召开，推进了中国与东盟在数字发展和监管政策、数字防疫抗疫和数字创新、数字安全等方面的交流与合作。⑤ 网络空间国际治理与数字合作不仅是大国技术博弈，更

---

① 《国家信息中心联合瑞星公司共同发布〈2020年中国网络安全报告〉》，http://vr.sina.com.cn/news/hz/2021-01-14/doc-ikftpnnx7050145.shtml，2021年1月14日。

② 《世界互联网大会组委会发布〈携手构建网络空间命运共同体行动倡议〉》，http://www.cac.gov.cn/2020-11/18/c_1607269080744230.htm，2020年11月18日。

③ 《习近平向世界互联网大会·互联网发展论坛致贺信》，http://www.wicwuzhen.cn/web20/information/release/202011/t20201123_21711555.shtml，2020年11月23日。

④ 《全球数据安全倡议：制定全球数据安全规则，推动全球数字经济合作》，https://www.163.com/dy/article/FN7CJD910531NZK9.html，2020年9月23日。

⑤ 《刘烈宏出席第一次中国—东盟数字部长会议》，https://www.miit.gov.cn/jgsj/gjs/gzdt/art/2021/art_b5215556c17e4cc09230e8661ce2ed5e.html，2021年1月22日。

是国家间实力与话语权的较量。中国坚持通过对话与协商妥善处理与各国网络关系，依托高质量共建“一带一路”与相关国家分享网络治理经验，推进全球互联网治理体系变革。

四　未来展望与政策建议

（一）十大未来展望

1. 数字经济在构建新发展格局中持续发挥重要推动作用

数字经济在我国 GDP 中的比重呈上升趋势，数字经济全球化不断深入推动国内国际双循环相互促进。新传播技术催生宅经济、闲置经济、小众经济等微经济模式展现出蓬勃发展活力。

2. 数字生活新服务成为发展热门

2020 年，互联网头部企业纷纷入局本地生活赛道，数字生活新服务将带来网络行业发展红利。2021 年以来，生鲜电商赛道共发生融资事件 8 起，融资总额达到 81.89 亿元。① 艾媒咨询发布的数据显示，2021 年生鲜电商市场规模预计将达 3117.4 亿元，2023 年将超 8000 亿元。② 抖音、快手等短视频平台也纷纷布局本地生活服务电商发展。微信、支付宝等移动端纷纷加码服务搜索，搜服务将成为未来热门应用。

3. 互联网金融生态构建兼顾安全与创新

规范互联网平台企业从事金融业务行为、维护互联网金融秩序一直是互联网金融监管的重点。维护互联网金融市场的安全为进行互联网金融交易行为提供环境保障。2021 年 5 月，数字人民币接入支付宝，数字人民币打通支付宝渠道将扩展用户的数字人民币使用场景，提升用户支付体验。

4. 新媒体生态催生新传播方式

算法推荐催生兴趣传播方式的兴起，而以社交机器人等智能传播产品为载

---

① 《十年 463 亿资本进场　生鲜电商抢占“第一股”》，https：//t. ynet. cn/baijia/30654493. html，2021 年 4 月 15 日。

② 《生鲜电商行业数据分析：2021 年中国生鲜电商市场规模将达 3117.4 亿元》，https：//www. iimedia. cn/c1061/77073. html，2021 年 2 月 22 日。

体的智能传播正成为一种新型的传播形态。中央广播电视总台记者王冰冰的走红展现出形象传播、颜值传播的流量吸引力。新媒体形态的不断变迁及信息传播的人本特性使高审美导向、具有故事性的网络内容更易受到用户关注，内容传播类型不断创新。

5. 平台企业探索可持续社会价值创新

2021 年 3 月，北京字节跳动发布 2020 年企业社会责任报告。报告显示，字节跳动旗下公益寻人项目“头条寻人”在 5 年的时间里，已经成功帮助 15346 个家庭实现了团圆梦。[①] 2021 年 4 月，腾讯提出“可持续社会价值创新”战略，并宣布将为此首期投入 500 亿元，设立“可持续社会价值事业部”，推动战略落地。[②] 平台企业不断发挥科技能力，强化公共化属性，为解决社会问题、促进社会发展提供具体方案。平台企业作为组织，与国家组织的交集愈加密切，发挥社会价值导向的作用愈加重要。

6. 网络安全兼顾严管严控与产业发展

尽管国内外网络安全发展均面临严峻形势，但是在坚持严管严控的同时，我国网络安全产业呈现出发展活力。根据《2020 年中国网络安全产业统计报告》，到 2023 年底，中国网络安全市场规模将突破千亿元。[③] 目前我国从事网络安全相关业务的企业数量超过 3000 家，[④] 新兴安全与服务内容成为行业发展风口。

7. 互联网群体研究成为新媒体研究热点

针对网络群体的不同特点，相关研究选题呈现出差异化。针对老年等弱势群体面临数字化浪潮时遇到的挑战，学界开展研究旨在推动缩小城乡数字鸿沟、代际数字鸿沟等问题，确保各个群体人民共享信息化成果。针对作为主要网络消费主体的 Z 世代和中产人群，其消费心理与习惯成为研究热点。

---

① 《“头条寻人”5 年帮助 15346 个家庭团圆，字节跳动发布 2020 年社会责任报告》，https：//www. 163. com/news/article/G60Q8L340001 9OH3. html，2021 年 3 月 26 日。

② 《马化腾：首期投入 500 亿，可持续社会价值创新究竟是什么?》，https：//tech. qq. com/a/20210422/005650. htm，2021 年 4 月 22 日。

③ 《2020 年中国网络安全产业统计报告》，http：//whsia. org. cn/index. php/InfoCenter/detail/cname/tzgg/id/2957. html，2020 年 7 月 1 日。

④ 《2020 年网络安全产业规模预计超 1700 亿元》，https：//baijiahao. baidu. com/s? id = 1684870341521799285&wfr = spider&for = pc，2020 年 12 月 1 日。

8. 新媒体创意劳动为个人及行业赋能

新媒体行业灵活的工作特点催生“副业经济”。短视频主播、博主、UP主等成为很多网民的第二职业。而新媒体的创意劳动特点有利于激活主体的创新能力和创造力，主体在增加收入的同时也会通过自我能力挖掘获得成就感与满足感。新媒体造就的一些新兴职业如视频模板师、新零售人才、新电商人才等丰富了职业类型，有利于培育社会新生态。

9. 文化贸易数字化发展势头强劲

借着歌舞节目《唐宫夜宴》，河南卫视春晚成功出圈，显示出文化的强大号召力和影响力。2021 年以来，景区雪糕、文创雪糕的火热销售离不开社交媒体传播的影响力。文化 IP 具有流量吸引力、强变现能力和产品衍生力。大力发展数字文化产业，推动新型文化业态高质量发展，有利于盘活文旅相关资源，提升中华文化的国际影响力。

10. 数字合作与治理共同体建设迫在眉睫

构建数字合作与治理共同体是构建网络命运共同体的重要内容。随着数字技术的不断发展，国家间的数字交往愈加频繁和深入。不同国家间要加强技术合作，共同提升网络先进性；加强数字应用合作，共同完善数字技术应用场景；加强互信合作，共同维护网络安全；加强数字治理合作，实现发展与治理的有机平衡。

（二）八大政策建议

2021 年是中国共产党成立 100 周年，是实施“十四五”规划、开启全面建设社会主义现代化国家新征程的第一年。把握住发展机遇、在构建新发展格局上实现跨越式发展是当前我国新媒体发展的任务。随着世界格局的变化、疫情形势的发展、传播格局的演变，我国新媒体要在世界信息交往新格局中优先发展、优化发展。因此，我们提出以下政策建议。

第一，大力发挥数字经济在构建新发展格局中的作用，创新推进数字中国与新型智慧城市建设，利用新媒体助力乡村振兴。

第二，加强人工智能、量子科技、区块链等前沿信息技术在媒体传播领域的研究应用，切实保障个人信息与国家数据安全，不断提升城市与国家新媒体形象。

第三，持续推进媒体深度融合发展，深化主流媒体体制机制改革，加快建设新型主流媒体与全媒体传播体系，优化县级融媒体中心建设，积极探索媒体融合发展的创新性商业模式，加快建设性新闻实践。

第四，做大做强数字文化企业，探索数字遗产处理问题，营造有利于“耳朵经济”发展的良好内容生态，规范与发展网络垂直内容市场，推进知识普惠。

第五，注重研究算法的中介作用，发挥算法治理在数字治理中的积极作用，强化反垄断和防止资本无序扩张，注重合理有序进行版权开发与保护，注重数字普惠和数字公平，携手打造开放、公平、公正、非歧视的数字发展环境。

第六，规范直播与短视频黄金赛道的发展，加大社群与私域流量运营比重，完善短视频评价体系，探索直播出海发展，适度推进中国互联网公司的全球本土化，关注兴趣电商、近场电商等新型电商模式，鼓励平台企业在公益性和社会性方面发挥表率作用，促进更多互联网企业可持续发展。

第七，加强新媒体人才的投入、培养与储备，做好新增新闻传播学专业的学科建设，提升用户个人数据素养等媒介素养。

第八，赋予构建网络空间命运共同体新内涵、新意义，深化互联网治理的国际交往与合作，高质量推进数字丝路建设，构建全球数字治理规则，打造数字合作与治理共同体、数字生态共同体。

参考文献

唐绪军：《推进城市形象的国际传播能力建设》，http：//news. cssn. cn/zx/bwyc/202009/t20200903_ 5178223. shtml，2020 年 9 月 3 日。

黄楚新、许可：《展望 2021：传媒业发展十大关键词》，《中国广播》2021 年第 3 期。

热点篇

Hot Topics

B.2

重大公共卫生事件中网络谣言传播模型构建与信息治理

——基于新型冠状病毒肺炎的谣言分析*

匡文波**

摘　要：新型冠状病毒肺炎全球蔓延，成为当今世界各国所共同面对的重大公共卫生事件。在病毒传播的同时，网络上各类谣言也如流行病一般快速扩散，引发“信息疫情”。本报告以“新冠肺炎”相关网络谣言为研究样本，构建新的谣言传播模型：R（谣言）= I（事件的重要性）×A（事件的模糊性）×E（公众情绪）/L（公众媒介素养），实证验证谣言传播模型的合理性，并提出网络谣言信息治理对策，为今后的研究提供一定参考。

* 本文为中国人民大学“双一流”建设马克思主义新闻观创新研究成果“算法环境下新闻生产创新案例研究”（项目编号：MXG202009）的阶段性研究成果。

** 匡文波，中国人民大学新闻学院教授、博士生导师，中国人民大学新闻与社会发展研究中心研究员。

关键词： 公共卫生事件 谣言传播模型 信息治理

新型冠状病毒肺炎的暴发与传播，已逐渐演化为一场全球性灾难。疫情的发展牵动着公众神经，各类信息的传播也煽动着公众情绪。2020 年 2 月 13 日，世界卫生组织（WHO）全球传染病防范主任西尔维·白里安（Sylvie Briand）在关于新冠病毒疫情创新研究会议中提出了“信息疫情”（infodemic）的概念，即“信息（information）＋流行病（epidemic）”。信息疫情是指当信息泛滥时，在网络上散布着大量有关疫情的信息，真假难辨，人们无法获取到可靠的信息来源和正确的指导，进而引发恐慌、焦虑状态，特别是有害信息的过度传播甚至可能对人们的健康产生威胁。因此，在抗击疫情的同时，还需要寻求有效办法阻断“信息疫情”的发生及其可能产生的影响。

基于此，本报告以“新冠肺炎疫情”相关网络谣言作为研究样本，从理论方面全新构建了在重大突发公共卫生事件中的网络谣言传播模型；通过深度访谈，对模型中的影响因素进行了初步考察；运用调查问卷法收集数据，对模型中的影响因素进行了进一步实证检验；并基于谣言传播模型，提出了重大突发公共卫生事件时网络谣言信息的治理策略，具有一定的学术和社会价值，为今后的相关研究提供了参考。

一　国外谣言研究现状

对于谣言的学术研究，最早可追溯到第二次世界大战时，Knapp 系统收集和分析了约 1000 个有关战争的谣言[①]。谣言研究集中于社会学和心理学领域。之后，对于谣言的研究受到学界的广泛重视，并逐渐从对战争谣言的分析转向对政治、公共卫生事件、自然灾害等方面谣言的社会影响的分析。

随着互联网的发展，信息传播越来越迅速，对于谣言的研究也成为社会学、心理学、传播学等学科研究所共同关注的重要话题，并逐渐由定性研究转

---

① Knapp, R. H., “A Psychology of Rumor, Public Opinion Quarterly,” *Public Opinion Quarterly*, Vol. 8, No. 1, 1944, pp. 22－37.

向定量研究，形成跨学科研究的状况。如今，为了有效减小网络虚假信息传播所可能带来的严重影响，不同学科领域的学者们重点关注谣言传播的治理（谣言的检测和识别）以及谣言信息扩散的影响因素等问题。

（一）网络谣言检测与识别的研究

对于谣言检测和识别的研究，主要基于两种方法。第一种，基于对真实社交网络的拓扑特性与谣言传播特征之间的耦合关系的分析，更准确地了解谣言传播过程。此类研究主要通过自然语言处理、社会网络分析以及机器学习等技术方法，对所爬取的谣言信息进行分析，提取相关特征，并应用到谣言识别过程中。第二种，基于计算机技术模拟仿真模型构建，研究谣言的演变及传播扩散机制。其中，包括应用最为广泛的 SIR 模型及 SIS 模型、SEIR 模型等，以及基于互联网的复杂网络而提出的小世界网络和无标度模型，推动了谣言研究的发展①。其中，检测和识别社交网络中有影响力的传播者，进而引导和控制谣言的传播，成为新的研究热点。

（二）有关谣言传播的影响因素研究

近些年来，西方传播学者开始关注谣言扩散的内在因素。特别是有大量研究针对埃博拉病毒、H1N1 病毒、Zika 病毒等突发公共卫生事件，分析以 Twitter 和 Facebook 为代表的社交媒体平台上相关谣言传播的影响因素，总结传播规律、特征及扩散方式，从传播学、社会学、心理学角度探讨如何抑制谣言传播。例如有研究对 2010 年海地地震的 Twitter 推文进行分析，发现在极端情况下，焦虑和信息模糊是影响谣言传播的关键变量②。Pezzo 等使用多层建模分析两个实验数据，探讨公众对谣言的信任水平和焦虑之间的关系。研究发现，信任对影响谣言传播的效果较强，而焦虑在影响谣言传播方面效

---

① Wang, Z., Zhao, H., & Nie, H., "Bibliometric Analysis of Rumor Propagation Research Through Web of Science from 1989 to 2019," *Journal of Statistical Physics*, Vol. 178, No. 2, 2020, pp. 532 – 551.

② Oh, O., Kwon, K. H., & Rao, H. R., "An Exploration of Social Media in Extreme Events: Rumor Theory and Twitter during the Haiti Earthquake," *In Icis*, Vol. 231, 2010, pp. 7332 – 7336.

果较低①。Kilhoe 等通过实验法收集数据，验证了生气的参与者更容易接受引起愤怒的谣言，也就是说当公众情绪与谣言所引发的情绪相一致时，会加速谣言的传播②。可见，情绪成为影响谣言传播的重要因素，并且公众对于谣言信息的信任会对其传播产生较大影响。

综上所述，基于网络的社交媒体不只是信息传播的载体，人们也可以通过和利用社交媒体评估公众对公共卫生问题和突发事件的看法，以便更好地关注在突发事件中，公众所关注的内容和引发的情绪，从而调整在线传播策略以及抑制谣言传播。因此，谣言产生和传播的内在影响因素是当今研究的热点话题。与此同时，当前研究更加关注具体事件和不同社交网络平台的差异性，以及个体差异、情绪等内在心理因素对谣言传播的影响。

二　重大公共卫生事件中网络谣言传播模型的构建

本报告基于传播学视角，分析影响谣言传播的关键因素，并尝试构建重大突发公共卫生事件中网络谣言的传播模型。

（一）谣言传播公式的演进

在谣言传播的研究中，由美国心理学家奥尔波特和波斯特曼于 1947 年提出的谣言传播模型被广泛使用③，即谣言（Rumor）= 事件的重要性（importance）×事件的模糊性（ambiguity）。荷兰学者克罗斯（A. Chorus）在公式中引入批判意识（critical sense），认为谣言的传播会受到接收者的影响④，即公众个人的相关知识素养与谣言的传播成反比。

---

① Pezzo, M. V., & Beckstead, J. W., "A Multilevel Analysis of Rumor Transmission: Effects of Anxiety and Belief in Two Field Experiments," *Basic and Applied Social Psychology*, Vol. 28, No. 1, 2006, pp. 91 - 100.

② Na, K., Garrett, R. K., & Slater, M. D., "Rumor Acceptance during Public Health Crises: Testing the Emotional Congruence Hypothesis," *Journal of Health Communication*, Vol. 23, No. 8, 2018, pp. 791 - 799.

③ Allport, G. W., Postman, L., *The Psychology of Rumor*. New York: Henry Holt, 1947, p. X.

④ Chorus, A., "The Basic Law of Rumor," *Journal of Abnormal and Social Psychology*, Vol. 48, No. 2, 1953, pp. 313 - 314.

之后，情绪因素被纳入谣言传播研究。Anthony 通过实验法发现，焦虑程度越高的人越容易传播谣言；越相信谣言的人越易频繁传播谣言；事件的重要性对谣言传播有影响①。Rosnow 等认为，谣言的产生和传播是由个人焦虑、普遍的不确定性、轻信和事件结果相关参与等共同决定的，且其中个人焦虑对谣言的传播影响最大②。

随着传播环境的不断变化，新媒体时代，谣言的传播方式也发生了重大变革。王灿发通过对突发公共事件的谣言传播的分析发现，公众判断能力和环境指数（包括传播环境和政治环境，其中政治环境由政治刺激指数和政治透明度组成）也是影响谣言传播的重要变量③。有学者以"'7·23'甬温线高铁事故"为例，提出事件的重要性、事件的模糊性与信息的不对称性均是构成谣言传播的重要因素④。之后，吴建等在前人研究的基础上，提出了一个更为复杂的谣言传播公式，认为不确定性、涉入感、重要性、刺激性和新闻价值及媒介因素正向影响谣言传播，而批判意识、透明度、管控力度与谣言传播呈现负相关⑤。王倩等以微博上关于东北虎致游客死亡事件的谣言为例进行实证分析，认为谣言传播与事件的重要性、模糊性、传播者影响力及公众批判能力有关⑥。

以上研究大多从经验角度总结了谣言传播的影响因素，一方面缺乏在特定情境下的具体分析，另一方面也较少有对公式的进一步实证检验。同时，相比于其他事件，公共卫生事件所引发的谣言对公众的影响是巨大的。因此，有必要在这一具体情境之下，对谣言传播的影响因素进行深入探讨。

（二）谣言传播的影响因素

通过对谣言公式演进的梳理发现，以往研究均认为事件的重要性和事件的

① Anthony, S. , "Anxiety and Rumor," *Journal of Social Psychology*, Vol. 89, No. 1, 1973, pp. 91 - 98.

② Rosnow, R. L. , "Inside Rumor: A Personal Journey," *American Psychologist*, Vol. 46, No. 5, 1991, p. 484.

③ 王灿发：《突发公共事件的谣言传播模式建构及消解》，《现代传播》2010 年第 6 期。

④ 匡文波、郭育丰：《微博时代下谣言的传播与消解——以"7·23"甬温线高铁事故为例》，《国际新闻界》2012 年第 2 期。

⑤ 吴建、马超：《谣言传播公式溯源、修正与发展》，《新闻界》2015 年第 13 期。

⑥ 王倩、于风：《奥尔波特和波斯特曼谣言公式的改进及其验证：基于东北虎致游客伤亡事件的新浪微博谣言分析》，《国际新闻界》2017 年第 11 期。

模糊性为谣言传播的重要影响因素，但对于公式中的其他影响因素却未形成统一认识。本报告综合以往谣言传播相关研究结论，在重大公共卫生事件发生的具体情境下，提出公众情绪因素以及媒介素养因素也与谣言的传播密切相关的初步研究假设。

1. 公众情绪对谣言传播的影响

近年来，研究认为情绪对信息的传播具有积极影响，但在不同的事件和情境下，积极或消极情绪对信息转发的影响有较大差异。例如，有学者通过对无关特定主题的不同语言的推文转发量的分析发现，消极情绪会使信息传播得更快①。有学者通过对7000万条微博文本数据的分析发现，含有愤怒情绪的信息比其他信息传播得更快②。相反，有学者发现，在不同的情境下，可能积极情绪反而更容易被传播③。

在早期的谣言传播研究中，学者们较多地关注焦虑与谣言传播的关系，却忽视了其他情绪的作用。研究发现，谣言传播者的情绪能够影响受众的情绪，通过影响受众对信息的转发意愿，进而对传播效果产生影响④。有研究通过对新冠肺炎疫情期间的相关微博分析发现，公众的负面情绪（包括焦虑、抑郁、愤怒）以及对社会危机的敏感性增加⑤。情绪甚至被认为可以直接影响公众的决策判断⑥。总之，谣言传播的同时也扩散了情绪，接收者感知到的情绪也会影响信息的传播。

综上，笔者认为，当研究具体情境之下的谣言传播影响因素时，将公众情绪因素综合纳入考量范围是十分必要的。

---

① Ferrara，E.，& Yang，Z.，“Quantifying the Effect of Sentiment on Information Diffusion in Social Media，” *Peer J Computer Science*，Vol. 1，2015，p. e26.

② Fan，R.，Xu，K.，& Zhao，J.，“Higher Contagion and Weaker Ties Mean Anger Spreads Faster than Joy in Social Media，” *arXiv preprint arXiv*：1608. 03656，2016.

③ Berger，J.，& Milkman，K. L.，“What Makes Online Content Viral?” *Journal of Marketing Research*，Vol. 49，No. 2，2012，pp. 192 - 205.

④ 赖胜强、唐雪梅：《信息情绪性对网络谣言传播的影响研究》，《情报杂志》2016年第1期。

⑤ Li，S.，Wang，Y.，Xue，J.，Zhao，N.，& Zhu，T.，“The Impact of COVID - 19 Epidemic Declaration on Psychological Consequences：A Study on Active Weibo Users，” *International Journal of Environmental Research and Public Health*，Vol. 17，No. 6，2020，p. 2032.

⑥ Clore，G. L.，Schwarz，N.，& Conway，M.，“Affective Causes and Consequences of Social Information Processing，” 1994.

2. 媒介素养对谣言传播的影响

从信息传播者的个体层面来看，以往谣言研究中仅关注了公众的批判意识，认为若公众具有一定的批判能力，就能够有效辨识信息真伪，从而抑制谣言的传播。但是，随着互联网的兴起，各种媒介层出不穷，公众已处在高度信息化的时代，面临着大量的挑战，包括信息过载、信息茧房、虚假信息泛滥等。同时，以往研究也认为公众对于信息的信任会促使谣言的传播。因此，在研究谣言传播问题时，当前若仅考虑公众的批判意识是不足以解释在新媒介环境下的具体信息传播行为的。

新媒体时代，当研究谣言传播时公众的媒介接触、选择、使用、评估和利用均需要被纳入考量，即媒介素养。媒介素养（Media Literacy）被认为是传统素养能力的延伸，也是公众接触、选择、使用媒介的素质和修养①。随着技术的发展，网络已渗透到人们的生活中，不同领域的学者均关注到网络时代的媒介素养问题。在传播学研究中，学者们从不同角度对媒介素养进行了划分，但其共同点都是关注受众对媒介本身的理解，包括对媒介的选择及信息的解读、认知、批判、评价、利用、创造等综合能力。

综上，笔者认为，媒介素养是有效抑制谣言传播的因素，即当公众媒介素养越高，其传播谣言的可能性越低。

（三）重大公共卫生事件中网络谣言传播模型的初步构建

笔者尝试以奥尔波特和波斯特曼谣言公式为基础，在保留原有事件的重要性、事件的模糊性两个基本变量之下，结合以上学者研究结论，从中提取公众情绪因素以及媒介素养因素，对公式进行合理改进，包含宏观和微观层面的因素，在一定程度上有效推动谣言传播研究的理论发展。

本报告在当前媒介环境下，结合此次新冠肺炎疫情期间的相关谣言状况，提出在重大突发公共卫生事件中网络谣言传播模型：

$$R(Rumor) = I(Importance) \times A(Ambiguity) \times E(Emotion) / L(Literacy)$$

$$谣言 = 事件的重要性 \times 事件的模糊性 \times 公众情绪 / 公众媒介素养$$

---

① Leavis, F. R., & Thompson, D., *Culture and Environment: The Training of Critical Awareness*, Chatto & Windus, 1950.

该模型说明谣言的扩散受到事件的重要性、事件的模糊性以及公众情绪的正向影响，公众的媒介素养会反向抑制谣言的传播。在此次新冠肺炎疫情背景下，对每一个谣言传播的影响因素进行详细说明，具体如下。

第一，健康问题与每个人的生命安全紧密相关。2020 年 1 月 31 日，世界卫生组织（WHO）将此次暴发的新型冠状病毒肺炎（COVID－19）认定为国际公共卫生紧急事件（PHEIC）。这是自《国际卫生条例（2005）》生效以来，世界卫生组织所认定的第六次国际公共卫生紧急事件，其重要性不言而喻。疫情全球蔓延，成为全球人民需要共同面对的挑战。

第二，事件的模糊性包含两方面内容，即官方信息不透明和科学信息的未知不确定性。首先，在疫情暴发之初，有关部门并未及时公开官方信息，导致公众对病毒相关信息的猜测，即增强了信息的模糊性，使各类谣言在社交媒体平台上迅速传播。另外，由于人类对于突发的新型病毒的未知，在科学上也需要时间进行验证，且无法在短时间内准确了解和说明病毒的特征、传播方式、预防方法等信息。这种因对未知事物的不确定性所带来的信息模糊，也会让公众更加敏感，容易被看似真实的信息所吸引而迅速转发扩散。

第三，谣言传播与公众情绪密切相关。在此次新冠肺炎疫情中，影响最大的就是公众情绪，包括恐慌、焦虑、恐惧、愤怒等负面情绪。心理学认为，恐慌等负面情绪的产生主要源自人们对危险的未知和不确定。当个体健康可能遇到威胁的时候，人们往往缺乏足够的信息，而此时情感的满足则成为信息不足的补偿。在此次疫情全球蔓延下，公众的个体情绪和集体情绪均发生改变。人类存在喜怒哀乐等基本的情绪状态。而负面情绪的传播比正面情绪更容易①。当公众情绪与谣言所表述的情绪相一致时，这类谣言传播效果更好，也更容易被扩散②。

第四，媒介素养包含对信息的获取和解读、对内容的批判意识、基本科学素养、信息辨别能力等方面。谣言信息是否具有可信度，很大程度上依赖于接

---

① 隋岩、李燕：《论群体传播时代个人情绪的社会化传播》，《现代传播》（中国传媒大学学报）2012 年第 12 期。

② Na, K., Garrett, R. K., & Slater, M. D., "Rumor Acceptance during Public Health Crises: Testing the Emotional Congruence Hypothesis," *Journal of Health Communication*, Vol. 23, No. 8, 2018, pp. 791－799.

收者对传递者的信任程度[①]。之前研究发现，公众对不同媒介的信任度不同，其中对于微信传播信息的信任度明显高于其他渠道[②]。微信的强关系使得用户更加愿意相信其所看到的消息，也更容易促使情绪之间的传递，进而引起共鸣。因此，在网络信息爆炸时代，人们每日接收的信息更加多元化，需要具备在纷繁的信息中辨别信息的能力。特别是在面对重大公共卫生事件时，公众若具有较好的媒介素养，就能够选择合理的渠道获取和解读信息，具备理性的判别信息真假的能力和质疑能力，不盲目地被动接受媒介信息的影响，形成批判性思维，从而产生对抗虚假信息的“抗体”。

综上所述，本报告认为谣言的传播受到事件的重要性、事件的模糊性、公众情绪的正向影响，与公众的媒介素养成反比。

三　探索性定性研究：谣言传播模型的初步验证

为全面验证本报告所提出的谣言传播模型的合理性，下文运用深度访谈法对谣言传播模型中的影响因素进行初步探索性定性研究。

因为模型中涉及公众情绪等与心理活动相关的变量，本报告选择半结构的一对一深度访谈。该方法能够消除被访者顾虑，便于受访者更真实地表达自己的想法，能够较好地对受访者真实心理活动和感受进行把握。同时，以一种客观的、对等的访问态度，与受访者进行平等的交流、充分的情感互动，这样能保障访谈所获取信息的真实性和深刻性。

我们选择了北京、武汉、广州 3 个城市的用户作为访谈对象，每个城市选择 10 名，共 30 名受访者。所有访谈都是通过语音、微信视频、电话等方式进行并录音，访谈时间主要集中在 2020 年 3 月 1 日至 3 月 31 日，每位受访者交流时间为 30 分钟左右。参与者的年龄跨度为 30～64 岁，平均年龄 38 岁。女性 15 人，男性 15 人。主要目的是通过访谈，获取原始资料，围绕公众在此次公共卫生事件发生时的心理状态，是否转发过谣言、虚假信息，对于信息的转发以及自身对看到信息的判断依据、理解及心理变化等方面进行全面了解和记录。

---

① Pendleton, S. C. , “Rumor Research Revisited and Expanded,” *Language & Communication*, 1998.

② 匡文波：《中国微信发展的量化研究》，《国际新闻界》2014 年第 5 期。

通过访谈我们有如下发现。

第一，新冠肺炎疫情作为全球面临的重大公共卫生事件，受到了特别重视，所访谈对象均表示每日都会特别关注疫情相关的最新消息，且大部分人选择通过社交媒体获取信息、谈论疫情的发展。

第二，在疫情下，访谈中绝大多数被访者表示，恐惧、害怕、焦虑和无聊成为这一阶段的主要心理状态，它们也是在访谈中被提及次数最多的关键词。一方面是对疫情的发展感到焦虑和恐慌，另一方面也受到微信、微博上各类信息的影响而产生负面情绪。在访谈中多个被访者提到，印象最深刻的是“双黄连可抑制新冠病毒”的谣言。这则看似对病毒治疗充满期望的信息，背后隐藏的是公众对病毒的焦虑、担忧，从而因受情绪的影响而转发，也因缺乏对科学术语的准确理解而传播信息，最终引发抢购事件。

第三，被访谈者表示，经常通过微信等社交媒体平台向家人和朋友转发新冠肺炎疫情相关信息，同时也获得大量的信息，相互转发的情况较多，但较少亲自核实信息的真伪；对于大部分微信群中所传递的信息，会抱有“宁可信其有”的心态而转发给更多的人，特别是家人和朋友，主要是出于善意的提醒和关心。以微信为代表的社交媒体具有强关系，用户之间相互分享信息形成的强信任感，使谣言在群内的传播更加容易，从而加速了信息的传播。特别是在小范围的群体传播中，对自己重要的家人、朋友成为重要的信息来源，也成为最容易获得信任的主体。

同时，相对来说，青年群体在批判思维、科学概念、媒介素养等方面有一定优势。大数据时代，人们获取信息的途径非常广泛，鱼龙混杂的信息环境和大量的网络信息噪声也对公众在选择媒介、接触媒介和运用媒介、信息辨别能力等方面提出更高的要求。这就需要人们理性地处理信息，应具有基本科学常识和批判能力，避免发生盲目跟风行为。

总之，通过以上访谈可知，谣言的传播受到心理因素的影响，特别是当个体健康可能遇到严重威胁时，人们往往缺乏足够的信息，而此时情感的满足成为对信息不足的补偿。谣言则因在信息未知情况下能够让人们获取对事态控制的权力感而更易被传播。若人们具有一定的媒介素养，则能够减少虚假信息的转发。深度访谈的结论也初步定性地证明本报告所提出的网络谣言传播影响因素模型的合理性。

四　检验性实证研究：谣言传播模型的进一步验证

为了弥补深度访谈样本量小可能存在的不足，以及实证验证谣言传播模型的科学性和有效性，本研究拟通过网络发放调查问卷的方式收集数据，进一步验证和分析模型中影响因素与谣言传播之间的关系。

（一）数据来源

本研究运用问卷星平台编辑问卷，并在其样本库中投放和回收问卷；利用方便抽样和滚雪球抽样法，在微信平台发放和收集问卷。在正式发放调查问卷前，首先进行预调查，共发放 25 份问卷。通过初步对问卷的信度和效度进行分析可得，结果较为理想，对部分题项表述进行明确和修正后，开始正式发放问卷。正式调查时间为 2020 年 6 月 24 日至 12 月 31 日，最终回收样本 1017 份。在去除未完成问卷、不合格以及回答时间过短的问卷后，共获得有效样本 923 份，有效样本率约为 90.75%。问卷包含人口统计学变量（年龄、性别、学历）、媒介素养（媒介使用、媒介可信度、信息评估与使用）、公众情绪因素等方面的测量，以探讨变量与谣言传播之间的关系。

（二）变量的测量

根据本研究所提出的在重大突发公共卫生事件下的新谣言传播模型，即 $R = I \times A \times E/L$，我们需要对公式中所提到的影响因素的测量指标和方法进行界定。

1. 事件的重要性与模糊性因素

首先，新冠肺炎疫情的重要性是不言而喻的，它是 2020 年全球最大卫生事件，得到了前所未有的关注，且伴随着大量谣言的产生。可见其本身满足重要性特征。其次，事件的模糊性也因病毒的未知而需要全新的科学探索，但目前对病毒仍然知之甚少。因此，该公共卫生事件也满足模糊性条件。综上，事件重要性和模糊性被认为是谣言传播的重要指标，在此不再进行赘述和论证。本研究的重点是对所提出的两个新变量——公众情绪和媒介素养与谣言转发之间的相关性进行探讨。

2. 公众情绪因素

通过以上深度访谈结论，提取被访者多次提到的在疫情期间的情绪，特别

是会引发信息传播行为的信息情绪，包括焦虑（28 次）、恐慌（24 次）、期望（19 次）、无聊（13 次）、愤怒（11 次）等五种。通过调查问卷能够更广泛地了解公众在疫情期间的主要情绪特征，同时调查被访者内心的不同情绪对信息转发的影响。题项用以反向考察在疫情下，公众情绪对信息转发行为的影响（如“当看到疫情信息让我感知焦虑时，我会转发”等）。采用李克特五级量表，1 = 非常不符合，5 = 非常符合。最后求得测量题项的平均值来构建公众情绪因素指标（M = 3.617，SD = 0.680）。

3. 媒介因素

当前，社交媒体成为人们获取信息的主要途径。人们对媒介的信任程度深刻影响着公众对信息的判断。因此，本研究分别从媒介使用频率、媒介的可信度、用户的媒介素养三方面进行调查。在媒介使用频率方面关注了微信、微博、电视、广播、报纸等五个媒介的信息获取渠道；同时考察用户对以上五个媒介渠道的可信度评估，对媒介可信度进行排序。

对于用户在疫情下的媒介素养测量，本研究在已有媒介素养测量量表的基础上进行了改进。媒介素养的测量包含 5 个题项（如“我能够熟练使用媒介寻找资料判断信息的可信度”“我具有基本科学常识对信息进行判断”“我能够评估我转发的疫情相关信息对他人可能造成的影响”等），采用李克特五级量表，1 = 非常不符合，5 = 非常符合。指标构建方法是取题项数值的平均值记为公众媒介素养情况（M = 3.859，SD = 0.623）。

4. 谣言的转发

本研究考察疫情期间相关谣言和信息的转发情况。一方面，考察用户转发疫情相关信息的频率，以了解公众的信息转发行为。另一方面，辟谣行为一定发生在谣言传播之后，而公众在转发信息时，并不知道信息的真伪。因此，我们通过调查用户转发的信息中有多少之后被认定为谣言信息的频率来确定公众是否转发过谣言。采用李克特五级量表，1 = 非常少，5 = 非常多。指标构建方法是将两个题项数值的平均值记为谣言转发情况（M = 3.900，SD = 0.675）。

（三）数据分析方法

本研究采用 SPSS 24.0 对数据进行分析。首先，对问卷的信度和效度进行分析以及描述性统计；其次，对变量之间进行相关性分析以验证因素之间的相关关系；最后，对变量进行回归分析以验证因素之间的因果关系。

通过分析，整体问卷的信度 Cronbach's α 系数为 0.76，大于 0.7，说明问卷量表的信度较好。本研究的 KMO 样本测度为 0.734，Bartlett 球形检验的卡方统计值显著性为 0.000，说明问卷的效度良好。

五　研究结论

（一）描述性统计分析

1. 人口统计学变量

人口统计学变量包含性别、年龄、学历和地域。受访者性别分布较为平均；年龄分布以 19~29 岁、30~39 岁年龄段为主，占比 76%，无 18 岁及以下受访者；受教育程度以本科学历层次为主，占比 69%。

表 1　人口统计学特征描述性统计（N=923）

单位：人，%

变量	选项	人数	比例
性　别	男	468	50.7
	女	455	49.3
年　龄	18 岁及以下	0	0
	19~29 岁	338	36.6
	30~39 岁	364	39.4
	40~49 岁	156	16.9
	50~59 岁	39	4.2
	60 岁及以上	26	2.8
教育程度	高中及以下	39	4.2
	大专	156	16.9
	本科	637	69.0
	研究生及以上	91	9.9

2. 公众情绪因素

问卷调查发现，在疫情期间，公众的整体情绪以焦虑（79.41%）、恐慌（68.79%）、无聊（66.31%）为主；其中能够引发公众焦虑（83.6%）、期望

（75.4%）和愤怒（71.3%）的信息最容易被转发。其中，带有期望情绪的信息也是因人们对病毒治疗、控制方法等的渴望而被传播，是对焦虑、恐慌、紧张等情绪的转化。总体来说，负面情绪成为在公共卫生事件下最容易激发用户转发的主要情绪。

该指标的 Cronbach's α 系数值为 0.712。KMO 值为 0.7，Bartlett 的球形度检验显著性水平为 0.000，表明数据适合做因子分析。通过因子分析，共析出 1 个因子，主因子解释方差占比 57.326%。各题项测量指标的因子负荷均大于 0.5。

3. 媒介因素

调查发现，在疫情期间，公众对于微信（81.3%）和微博（79.6%）等新媒体的使用频率显著高于传统媒体［电视（68.4%）、广播（16.7%）、报纸（9.2%）］。而对于媒介的信任度方面，调查排序显示，公众对于微博（3.51）和微信（3.37）的信任度平均分高于其他媒介［电视（2.96）、广播（2.28）、报纸（1.58）］。可见，相比于传统媒体，新媒体成为公众获取信息的主要途径，且具有较高的公众信任度。

该指标的 Cronbach's α 系数值为 0.745，KMO 值为 0.742，Bartlett 的球形度检验显著性水平为 0.000，表明数据适合做因子分析。通过因子分析，共析出 1 个因子，主因子解释方差占比 49.915%，各题项测量指标的因子负荷均大于 0.6。

（二）公众情绪与谣言传播的相关分析

通过对公众情绪测量的数据处理后，得到在新冠肺炎疫情下，不同情绪激发公众信息转发行为的变量，并探究和检验公众负面情绪与谣言转发行为之间的相关性。

如表 2 所示，公众情绪与谣言传播之间的 Pearson 相关性为 0.604，显著性（双侧）值为 0.000（$p<0.01$），说明两个变量高度正相关。数值结果也证明了公众情绪与谣言传播之间呈现正相关关系。

（三）媒介素养与谣言传播的相关分析

通过对媒介素养数值处理可得到公众媒介素养综合数值，通过 SPSS 相关性分析探讨公众媒介素养与谣言传播之间的相关性。

表 2　公众情绪与谣言传播变量的相关性分析

项目		公众情绪	谣言传播
公众情绪	Pearson 相关性	1	0.604**
	显著性(双侧)		0.000
	N	923	923
谣言传播	Pearson 相关性	0.604**	1
	显著性(双侧)	0.000	
	N	923	923

注："**"表示在 0.01 水平上（双侧）相关性显著。

如表 3 所示，公众媒介素养与谣言传播之间的 Pearson 相关性为 -0.366，显著性（双侧）值为 0.001（$p<0.01$），说明两个变量中度负相关。数值结果证明，公众媒介素养与谣言传播之间呈现负向相关关系。

表 3　公众媒介素养与谣言传播变量的相关性分析

项目		公众媒介素养	谣言传播
公众媒介素养	Pearson 相关性	1	-0.366**
	显著性(双侧)		0.001
	N	923	923
谣言传播	Pearson 相关性	-0.366**	1
	显著性(双侧)	0.001	
	N	923	923

注："**"表示在 0.01 水平上（双侧）相关性显著。

（四）模型变量的回归分析

本研究通过回归分析，探究人口统计学特征、公众情绪、公众媒介素养与谣言传播变量之间的因果关系（见表 4）。

模型 1 体现了人口统计学变量对谣言传播的影响。结果显示，变量中年龄（$B=0.251$，$p<0.001$）对谣言传播呈现出显著正向相关，即随着年龄的增长，转发谣言的可能性增加。而性别（$B=0.061$，$p=0.057$）和教育程度（$B=-0.003$，$p=0.914$）对谣言转发不具有显著影响。

模型2体现了在人口统计学特征不变的情况下，加入公众情绪变量，对谣言传播的影响。数据显示，公众情绪（B=0.608，p<0.001）对谣言传播表现为在0.1%的水平上呈现显著正向相关，即信息引发公众情绪会促进谣言的转发。

模型3加入公众媒介素养因素，分析对谣言传播的影响。数据显示，公众媒介素养（B=-0.374，p<0.001）对谣言传播表现为在0.1%的水平上呈现显著负向相关，即当公众具有较高媒介素养时，在一定程度上会抑制谣言的传播。

模型4将公众情绪因素及媒介素养因素纳入测量，分析对谣言传播的影响。数据显示，公众情绪（B=0.56，p<0.001）对谣言传播呈现显著正向相关，且影响作用较大；而公众媒介素养（B=-0.092，p<0.01）呈现负向影响。可见，在谣言传播中，公众情绪因素对谣言传播正向作用大于公众媒介素养对于谣言的抑制作用。

表4　模型变量之间的回归分析

变量	因变量（谣言传播）			
	模型1	模型2	模型3	模型4
	Beta(S.E.)	Beta(S.E.)	Beta(S.E.)	Beta(S.E.)
性别	0.061(0.043)	0.159(0.035)***	0.09(0.04)**	0.158(0.034)***
年龄	0.251(0.022)***	0.157(0.018)***	0.253(0.02)***	0.165(0.018)***
教育程度	-0.003	0.05(0.027)	-0.008(0.031)	-0.046(0.027)
公众情绪		0.608(0.026)***		0.56(0.03)***
公众媒介素养			-0.374(0.034)***	-0.092(0.033)**
R^2	0.067	0.418	0.206	0.424
调整后的R^2	0.064	0.416	0.203	0.421
F值	22.052***	164.915***	59.634***	135.154***

注："*"表示p<0.05，"**"表示p<0.01，"***"表示p<0.001。

综上，本研究在深度访谈初步验证后，进一步通过调查问卷收集数据，并进行统计分析。最终，实证结论支持本研究假设，本报告所提出的谣言传播公式成立，即事件的重要性、事件的模糊性、公众情绪是促进谣言传播的重要因素，而公众媒介素养能够抑制谣言传播。

六　重大突发公共卫生事件中网络谣言的治理之策

（一）官方信息公开透明，建立公众信任

一般情况下，人们会更愿意选择相信权威和官方所发布的信息，但是若从正规官方渠道得不到其所关注事件的合理连贯的解释，则人们会根据自身经验和掌握的其他任何信息而构建对事件的解释。

面对突发公共卫生事件，如果政府能够及早提供信息、给予公众警示，可能在疾病防控和谣言防控上均会产生良好效果。不要低估公众对于事实的接受能力，真实的信息反而使其更容易接受；而隐瞒只会带来无尽的恐慌、焦虑情绪。当人们充分暴露在各种信息之中时，就愈加不会受到情绪的影响，反而逐渐回归理性。这就需要媒体、官方机构、政府组织对信息公开透明，及早公布真相，才能够逐渐建立起公众信任。主动真实地回应公众所关注的问题，才是治理谣言之根本。

（二）权威媒体发挥作用，稳定公众情绪

当重大疫情发生时，如果媒体的报道量增加 10 倍，则可能会导致感染人数约减少 33.5%①。可见，媒体在重大事件发生时扮演着重要的角色。但是针对此次疫情，权威媒体的相关报道严重滞后。直到钟南山院士指出病毒能够人传人后，才得到媒体的重视。同时，媒体报道立场应保持客观，而不只是为了吸引眼球而传播所谓的“好”消息。例如，权威媒体所发布的双黄连事件使双黄连一时遭到疯抢。早期的初步发现被当作抑制病毒的积极消息而传播。科学研究需要时间进行大量的实验，而权威媒体本意可能是让公众了解到对于治疗病毒有新进展，迎合公众心理，但是反而造成了严重后果，给公众带来恐慌焦虑，造成社会影响。

因此，媒体在发布信息时，需要准确把握传播内容和传播时间，发挥应有

---

① Kim, L., Fast, S. M., Markuzon, N., “Incorporating Media Data into a Model of Infectious Disease Transmission,” *PLOS ONE*, Vol. 14, No. 2, 2019, p. e0197646.

作用，稳定公众情绪。官方媒体要讲究传播的内容，在重大事件发生时，陈述事实，公开信息，稳定公众情绪。同时，应在报道中避免使用高深晦涩的词语，以及容易引起公众误解的词语。

（三）培养公众媒介素养，增强批判思维

突发公共卫生事件的发生是偶然的，而公众的媒介素养与批判意识的养成则需要长时间的培养，公众的健康科学素养仍需要提升。因此，需要正确引导和开展相关科普活动，增进公众对疫情的认知。提高公众的媒介素养，需要构建包括政府、媒体、学校、家庭和个人在内的完整的教育体系。

一般情况下，受到足够良好教育的公众是具有一定的基本科学素养、自我判断能力和批判精神的。但是在突发事件发生时，人们的理性有可能会被感性情绪所替代，在恐慌之下，难免无法做出理性的判断，表现出盲从，进而加速了谣言在家庭群、朋友圈等的传播。这种行为在一定程度上与疫情暴发后的公众情绪相关。因此，一方面需要注重培养公众的科学素养，媒体在科普时应运用公众能够准确理解的较为直白的语言；另一方面，媒体在报道时需要注意措辞，尽量不要引起公众的误解。

（四）讲究辟谣方式方法，提升辟谣效果

虽然对于每一条谣言都进行回应是不切实际的，但是造成严重影响的虚假信息应及时被修正，以降低其社会影响。然而，辟谣是一门艺术，也是阻断和消解谣言的重要策略。相较于谣言，辟谣更具有可控性。多项研究发现，谣言的传播速度快、效果好。而辟谣信息的发布则缺乏关注和转发，传播效果一般。因此，辟谣更应该讲究效果。通过对谣言为何被迅速传播的原因进行分析，其结论也可以被借鉴和应用在辟谣方式的选择上。有研究发现，辟谣时针对信息采用双面信息策略，即承认谣言中正确的部分的同时，纠正不正确的部分，能够有效地提升辟谣信息的传播效果①。除此之外，谣言能够较好地迎合公众心理，通过情绪渲染激发信任，这也对辟谣方式的选择有一定启示意义。

---

① 刘中刚：《双面信息对辟谣效果的影响及辟谣者可信度的调节作用》，《新闻与传播研究》2017 年第 11 期。

（五）技术预测谣言传播，降低负面影响

利用计算机技术对网络谣言的扩散情况进行预测，能够及时有效地降低虚假信息对社会的影响。目前，基于人工智能技术等可以有效地提早筛选出可能会产生的谣言，有针对性地在早期阻止虚假信息的传播。

在本报告所提出的谣言传播公式中，公众情绪成为谣言传播的重要影响因素。谣言在一定程度上被传播，主要依靠其所表述的情绪与公众情绪相一致而获得认同感，进而被更多地转发。因此，通过大数据情感分析和机器学习技术，识别在社交媒体平台上发布的内容文本，进行观点、情绪的分析和挖掘，计算和预测出疑似谣言的文本，从而提早判断可能出现的情感倾向，以及时进行辟谣，降低虚假信息的传播率。此外，当前公众主要依赖互联网主动搜寻相关信息，因此可以积极利用搜索引擎进行引导，将相关辟谣信息置顶，引导公众进入官方网站，增加公众信息获取的准确性。

参考文献

王灿发：《突发公共事件的谣言传播模式建构及消解》，《现代传播》2010 年第 6 期。

匡文波、郭育丰：《微博时代下谣言的传播与消解——以“7·23”甬温线高铁事故为例》，《国际新闻界》2012 年第 2 期。

吴建、马超：《谣言传播公式溯源、修正与发展》，《新闻界》2015 年第 13 期。

王倩、于风：《奥尔波特和波斯特曼谣言公式的改进及其验证：基于东北虎致游客伤亡事件的新浪微博谣言分析》，《国际新闻界》2017 年第 11 期。

刘中刚：《双面信息对辟谣效果的影响及辟谣者可信度的调节作用》，《新闻与传播研究》2017 年第 11 期。

B.3

2020年中国媒体融合发展报告

黄楚新　许 可*

摘　要： 2020年，我国媒体融合在政策导向和新冠肺炎疫情的影响下进入全面转型与深度融合的攻坚阶段。本年度的媒体融合发展，制度创新成为亮点，县级融媒迭代升级，媒体智能化、直播泛在化成为常态，组织结构调整推进集约发展，跨界融合布局形成规模效应。但是体制机制束缚、融合差距逐渐明显，商业平台压缩发展空间，互联网乱象治理任重道远。未来的媒体发展数字化、智能化是主要趋势，媒体融合将在政策引导、内容科技、数字转型、供需结构及社会治理等多维视角中谋求创新。

关键词： 媒体融合　政策导向　新冠肺炎疫情　县级融媒体中心

2020 年 12 月，国家语言资源检测与研究中心发布“2020 年度中国媒体十大新词语”，其中“新冠肺炎疫情”成为中国主流媒体关注的焦点，新冠肺炎疫情成为媒体融合的社会背景，各级各类媒体积极谋划，主动对新冠肺炎疫情进行全方位报道和多角度呈现，媒体融合在疫情防控常态化中出现了新应用、新模式和新业态。2020 年的媒体融合，不再局限于传媒行业本身，而是更多地参与经济社会发展。媒体融合以主流舆论回应社会关切，以技术支撑打造新

* 黄楚新，中国社会科学院新媒体研究中心副主任、秘书长，中国社会科学院新闻与传播研究所数字媒体研究室主任，研究员，中国社会科学院大学新闻传播学院副院长，教授，博士生导师，研究方向为新媒体、媒体融合；许可，中国社会科学院大学新闻传播学院博士研究生，研究方向为新媒体、媒体融合。

型主流媒体，以四级布局构建全媒体传播体系，以产业布局推动经济发展，以数字转型促进智慧城市建设，以多元服务助力社会治理。媒体融合在推进国家治理体系和治理能力现代化进程中的建设性作用愈发凸显。

一　媒体融合的发展状况与热点聚焦

2020 年，媒体融合政策导向更加强化，县级融媒体中心进入建成验收和提质增效阶段。技术驱动催生了媒体智能化的新动向，新冠肺炎疫情也加速了直播行业的泛在化，由此也带来了行业人才结构的多元与规范。传媒边界不断消解，媒体跨界融合的产业结构也从单纯的经营转向多元的服务。

（一）国家政策系统布局，制度创新成为重要特征

2020 年，有关媒体融合的政策文件不断发布，从中央到行业，从现状到规划，媒体融合的制度创新持续推进。继 2014 年发布《关于推动传统媒体和新兴媒体融合发展的指导意见》之后，2020 年 9 月 26 日中办、国办印发的《关于加快推进媒体深度融合发展的意见》成为年度最为重要的政策文件。从六年前的“推动”到“加快推进”、从“融合发展”到“深度融合发展”，中国的媒体融合进程在国家战略层面实现了新的跨越；2020 年 10 月 29 日，党的十九届五中全会通过的《中共中央关于制定国民经济和社会发展第十四个五年规划和二〇三五年远景目标的建议》中明确提出“推进媒体深度融合，实施全媒体传播工程，做强新型主流媒体，建强用好县级融媒体中心”。① 从“十三五”时期到“十四五”时期，中国的媒体融合政策具有延续性和连贯性，从指导到深入再到未来规划，制度创新成为本年度媒体融合发展中的重要特征。

在中央政策的影响下，传媒领域各行业也开始加强顶层设计，从行业发展的角度衔接国家政策布局。2020 年 11 月 26 日，国家广播电视总局印发《关于加快推进广播电视媒体深度融合发展的意见》，从目标任务、新型主流媒体、用户需求、内容供给、技术引领、体制机制改革、人才队伍建设、管理创

① 《中共中央关于制定国民经济和社会发展第十四个五年规划和二〇三五年远景目标的建议》，新华网，2020 年 11 月 3 日。

新以及组织保障等方面提出更为具体细化的指导意见。针对广播电视行业，“智慧广电”成为媒体融合战略的实现路径，2020 年 1 月全国广电工作会议提出建设“智慧广电”工程，推动广电媒体深度融合发展，这为当下及未来智慧媒体奠定了发展基调。

值得关注的是，2020 年中国媒体融合更进一步突出了“党对媒体的领导”作用。2020 年 10 月 30 日中共中央举行首场新闻发布会，介绍和解读中共十九届五中全会精神，标志着中共中央新闻发布制度的建立，这区别于传统政府新闻发布制度，体现的是中国共产党在媒体深度融合时代不断提高媒体领导力。在制度创新的基础上，“学习强国”学习平台 2020 年开设“地市平台”“县级融媒”等多种频道，央媒、行业媒体、机关企事业单位、高校、地方媒体和社会机构均开通强国号或平台，商城、视频会议、云盘、应用、运动等服务广泛拓展，“学习强国”不仅是中共中央宣传部主管的重要阵地，更成为社会思想文化与多元服务广泛聚合的平台。中国共产党不断适应全媒体时代趋势，加强制度、平台和机制的多方面创新，从媒体领导力转变为新媒体领导力，党对媒体的领导愈发规范化和系统化。①

在政策布局、制度创新的基础上，媒体融合的理念创新成为众多媒体谋求发展的思路先导。中央广播电视总台提出以打造国际一流新型主流媒体为发展目标，光明日报社提出以“领域性媒体”打造“服务型媒体”，科技日报社提出由智能媒体向智库媒体转型。2020 年 9 月，习近平总书记在湖南考察马栏山视频文创产业园时提出“文化和科技融合”。传媒产业作为文化产业的重要组成部分，近年来已经成为文化产业创新的强势力量。习总书记的重要指示不仅为文化产业发展指明了方向，也为当下媒体深度融合进程提供了思维先导。人民日报社率先提出内容科技战略，上海广播电视台提出“文化 + 科技”深度融合，上海报业集团提出以“文化 +”产业品牌拓展发展空间。2020 年 10 月，封面传媒发布智媒云 4.0 版，打造“科技 + 传媒 + 文化”模式为媒体融合提供解决方案。对于媒体融合发展而言，“内容 + 科技”这一战略动向是未来发展方向，利用新闻生产的内容优势，结合新兴科技力量，能够在技术与市场的影响下实现创新突破。

---

① 黄楚新:《论中国共产党的媒体领导力》,《甘肃社会科学》2019 年第 4 期。

（二）县级融媒提质增效，业务拓展助力社会治理

县级融媒体中心作为政策驱动的基层融合实践，成为近两年的热点话题，2020 年是中宣部提出的基本实现县级融媒体中心全国全覆盖目标的收官之年。截至 2020 年底，全国各省份的县级融媒体中心已经基本实现挂牌，近三十个省份的省级云平台也纷纷建成，机构覆盖和平台支撑的目标基本实现。县级融媒体中心逐渐从机构整合、平台搭建的基础建设阶段转向协同创新、服务升级和社会治理的提质增效发展阶段，可以说县级融媒体中心建设正在从 1.0 版过渡到 2.0 版。

在机构覆盖的基础上，技术平台支撑仍然是县级融媒体中心发展的典型趋势。在各省级云平台建设的基础上，中央级媒体的平台支撑与服务模式也为县级融媒体中心发展提供支持。2020 年 7 月学习强国平台上线县级融媒专区，县级融媒体中心形成了新华社“县级融媒体专线”、中央广播电视总台“全国县级融媒体智慧平台”和人民日报社“全国党媒信息公共平台”及学习强国平台“县级融媒专区”等多维度的中央级媒体服务支撑体系，中央级主流媒体从内容生产、技术维护、平台供应、传播分发等层面为全国县级媒体融合发展提供了全方位服务保障。

与此同时，2020 年各省开始组织县级融媒体中心验收工作。公开资料显示，安徽、江苏、山东、江西、四川、广西、云南、海南、黑龙江、湖南等多个省份均开展了验收工作，而验收标准大部分以 2019 年国家发布的建设标准作为考核衡量指标，为县级融媒体中心建成后下一阶段高质量发展提供了支持。同时，为确保有序规范开展工作，2020 年内蒙古、四川、江苏、安徽、浙江、河北、贵州等省份陆续开展了县级融媒体中心的互联网新闻信息服务许可工作，进一步提高了县级融媒体中心在互联网信息服务、网络舆论引导、网络平台建设等方面的业务水平，县级融媒体中心将发展为网络综合治理体系中的重要平台。

通过网络信息服务发挥主流舆论阵地作用，县级融媒体中心在 2020 年的新冠肺炎疫情中积极主动作为，及时传递疫情信息、普及疫情防控知识，搭建综合服务平台、积极引导服务群众。湖北广电长江云作为省级云平台，统筹整合全省媒体资源，实现信息同步转发；开通义诊户主系统，为市民提供线上问

诊服务；做好网络舆情监测、开辟网上辟谣平台等全面助力疫情防控工作。河北武强融媒体中心创新利用农村“大喇叭”将疫情信息广泛传播，打通战疫宣传“最后一公里”。此外，县级融媒体中心积极运用短视频等新媒体平台，截至2020年7月3日，500余个区县融媒体抖音号共发布7000余条“战疫”相关短视频，累计播放量900亿次。[①] 县级融媒体中心助力疫情防控的案例不胜枚举，信息传播、引导舆论、提供服务，其承担起了基层信息枢纽在重大突发公共卫生事件中的社会责任。

伴随国家治理体系和治理能力现代化在基层延伸，县级融媒体中心不断参与基层社会治理。县级融媒体中心、新时代文明实践中心等多中心融合成为2020年县级媒体融合发展的一大亮点。北京市在全市范围内提出加快区级融媒体中心、新时代文明实践中心和政务服务中心“三个中心”的贯通建设；江西分宜县实现融媒体中心、新时代文明实践中心、志愿服务中心“三中心”融合，以“画屏分宜”客户端为主体开展多种活动；厦门海沧区融媒体中心与新时代文明实践中心形成线上线下联动模式，形成了文明实践、大型活动、新闻宣传相互连通的工作格局。全国范围内此类案例还有很多，同属于宣传思想工作的不同领域，融媒体中心和新时代文明实践中心的结合有利于推动媒体深度融合中网络文明建设的高质量发展。

（三）人工智能逐步落地，技术动能驱动传媒变革

5G、人工智能、大数据、云计算等新兴技术在发展中不断嵌入媒体融合进程，逐步成为媒体创新的重要驱动要素。特别是2020年新冠肺炎疫情暴发，技术激发了媒体的数字化、智能化转向，出现了许多媒体融合新业态、新模式。技术赋能媒体融合，不断推进媒体在内容生产、表达创新、产业结构及社会治理等方面广泛拓展。

2020年3月，国家工信部向五家运营商印发《关于推动5G加快发展的通知》，要求加快5G网络建设、丰富技术应用场景等。在媒体融合领域，广播电视与5G技术应用更为紧密。中央广播电视总台将传统技术布局升级为

---

① 张志安、姚尧：《重大公共事件报道与传播视觉化探索——2020中国新闻业年度观察报告》，《新闻界》2021年第1期。

“5G+4K/8K+AI”战略布局，2020年春晚以“5G+8K/4K/VR”的创新应用实现了场景拓展，2020年5月中央广播电视总台成功进行了国内首次5G+8K超高清内容制作与传输，真正开始在5G带动下进行视频内容的迭代升级。同时，继“央视频”之后，“云听”成为中央广播电视总台在2020年推出的又一国家级5G新媒体平台，两大自主可控平台的搭建巩固了视听资源优势。此外，新华社在两会期间推出5G全息异地系列访谈，人民日报社推出“5G+AR”采访眼镜、“5G+AI”模式打造智慧平台，中国移动与中国广电以5G共建共享打造“网络+内容”生态，湖北广电长江云在新冠肺炎疫情中首次运用中国广电5G信号直播新闻发布会，湖南广电5G智慧电台运用AI技术实现一键生成。

人工智能成为推进媒体智能化的重要技术，不断提高媒体内容生产效率、创新内容表达形式。两会期间，人民日报社推出“智能云剪辑师”、中央广播电视总台推出“AI云剪辑”功能、中国网推出“AI内容辅助生产平台”，提高了新闻内容的生产效率；新华社则推出全球首位3D版人工智能合成主播“新小微”、央视网也联合百度智能云推出AI主播产品“小智”，创新了新闻播报与分发的场景式、沉浸式、互动式体验。在疫情影响下，2020年两会凭借媒介技术实现了“云”上互动，人民日报社《两会5G云连线》、人民网《两会云客厅》、新华社《两会云问答》、人民政协报社和光明日报社联合推出的“全国两会云访谈”、广州日报社“云桌会”、山西日报社“两会云访谈”以及新华报业的《代表委员Vlog》等都是通过视频连线、云访谈、云直播的形式实现了新闻创新，这种“云”相见的背后是5G通信技术以及智能高清传输技术相互作用的结果。

我们看到，在各类媒介技术不断进步的同时，技术要素间不是彼此孤立的，而是相互结合推进融合进程，5G、人工智能等多种技术的合作与叠加成为媒体融合技术应用的新趋势。在智能技术变革新闻生产流程的基础上，中央级主流媒体充分利用技术打造智能媒体生态，“人工智能+媒体”成为发展动向。2020年12月，人民日报社“创作大脑”上线，与新华社“媒体大脑MAGIC”形成鲜明对比，两者既有相同点又有各自特性，但都是利用智能技术提供媒体智能化综合服务或解决方案，媒体的智能化发展也逐步从内容生产智能化转向传媒结构智能化、产业布局智能化。

（四）直播形式不断创新，助力疫情防控与脱贫攻坚

新冠肺炎疫情影响下，物理空间的隔绝催生了在线“非接触经济”兴起，“直播+”模式成为其中的重要组成部分，电商、旅游、教育、培训、商务、扶贫等直播场景不断拓展，直播经济也成为扩大内需、助推内循环的新引擎。

从市场环境看，我国直播用户规模迅速增长，直播市场规模不断扩大，直播经济成为新业态。CNNIC 数据显示，“截至 2020 年 12 月，我国网络直播用户规模达6.17 亿，占网民整体的62.4%”①，据商务部数据统计，2020 年上半年全国直播电商超 1000 万场。“直播+电商”作为直播经济的传统模式也出现了新形式。电商平台谋求转型升级，淘宝直播将入口转移至首屏、独立 App 运用，实施“村播计划”等形式；快手、抖音等在 2020 年开始全方位直播带货，“直播+短视频”成为新趋势；微信 2020 年在企业微信发布“群直播”功能，助力疫情期间经济复苏。

媒体深度融合进程中，“直播+媒体”成为媒体创新内容表达、聚合资源、承担社会责任的做法。2020 年初，以“央视频”开启武汉火神山、雷神山建设过程“慢直播”为开端，后来又 24 小时不间断直播标志性景点见证武汉的重启。“直播”逐渐成为媒体融合创新的常规动作，2020 年 1 月，人民视频开设了全国第一档疫情网络直播节目《人民战疫》，“联动直播平台 251 家，近 7 亿观看量，单期最高播放量 2000 万，疫情期间总计直播 386 场”。② 此外，人民日报社新媒体举办“百对战疫新人云集体婚礼”直播活动，光明网利用“5G+直播”开展“紫禁之巅”北京中轴线申遗活动直播、护航高考云直播，新华社推出 VR 高清直播“丈量”珠峰全过程。各大主流媒体通过 5G、VR 等新技术创新直播形式，增强用户观看体验，以“直播+”创新表达方式，坚守主流舆论阵地，传播主流社会价值。

此外，“直播+公益”也是 2020 年各类媒体在疫情防控与脱贫攻坚中的创新模式。央视推出“谢谢你为湖北拼单”公益直播，利用“小朱配琦”“谁都无法祖蓝我夏丹”等明星、主播的带动效应助力湖北经济复苏；人民日报

---

① 中国互联网络信息中心：第 47 次《中国互联网络发展状况统计报告》，2021 年 2 月 3 日。

② 曹为鹏：《人民战“疫”：5G 融媒共享直播》，《中国新闻出版广电报》2020 年 3 月 17 日。

社推出“为鄂下单”系列公益直播带货活动，新华社推出“市长带你看湖北”直播活动。在脱贫攻坚行动中，各类媒体也纷纷采用直播带货形式，以县级融媒体中心为主体，邀请领导干部借助网络平台进行“带货”，为脱贫攻坚提供媒体服务。“直播＋媒体”成为媒体融合发展的创新路径，从中央级媒体到县级融媒体、从疫情慢直播到直播带货助力脱贫攻坚，直播逐渐成为一种媒体融合发展的常态，“直播＋”模式带来的直播媒介化、产业化、泛在化趋势日益凸显。

（五）组织结构集约发展，全媒体人才结构趋向合理

2020 年，媒体之间及媒体内部的组织结构调整继续推进。各类媒体积极适应深度融合环境，不断优化内部结构，集约发展提高资源整合力度。

地市级媒体中的“广电＋报业”已经成为重要的机构融合方式。2020 年，汕头经济特区报和汕头广播电视台整合组建了汕头融媒体集团，整合各自系统内的各类平台优化资源配置；上海报业集团与东方网联合重组，同样是利用内容、技术等优势资源推进协同创新；福建广播影视集团旗下的东南卫视与海峡卫视合并成立卫视中心、广东时代周报与广东新周刊杂志合并组建广东时代传媒集团、陕西广播电视台和陕西广播电视集团合并组建陕西广电融媒体集团。此外，媒体内部的结构调整也是重要动向，浙江广电集团整合内部资源成立融媒体新闻中心；《新京报》于 2021 年起改为“周五刊”，报纸内部只剩 7 人，其余全部转型新媒体；《北京广播电视报》从 2021 年开始转型休刊，全面转型新媒体平台。2020 年 9 月，腾讯微博正式停止运营。这些案例都是媒体在战略结构调整中坚持资源集约、结构合理、差异发展和协同高效原则的体现，避免媒体资源浪费、不断提高生产效率、优化组织结构。

在优化组织结构的基础上，2020 年媒体融合发展中人才队伍及职业构成逐步规范。《关于加快推进媒体深度融合发展的意见》提出要“大力培养全媒体人才”，上海报业集团研究制订《上报集团关于加强全媒体人才队伍建设的实施意见》，探索全媒体时代人才队伍建设和职业发展路径。2020 年人社部发布新职业，“全媒体运营师”纳入其中，“互联网营销师”中增设“直播销售员”。“全媒体运营师”的职业定义是“综合利用各种媒介技术和渠道，采用数据分析、创意策划等方式，从事对信息进行加工、匹配、分发、传播、反馈

等工作的人员”。[①] 由此，传媒从业者有了准入门槛、从业规范和职业称谓，不仅有助于提高媒体从业者的社会地位和职业认同，更激发了传媒行业的内生动力，推进传媒变革。

2020 年直播经济兴起以来，短视频、直播、互联网等成为媒体职业拓展的重要平台，“直播销售员”的职业定位及时而准确。与国家职业标准相衔接，2020 年 6 月，浙江发布了《直播电商人才培养和评价规范》，这是我国第一个直播领域中关于从业人员的行业标准，对职业技能水平进行划分，并提出评价体系。从国家职业体系的认可到地方行业规范的约束，有助于规避直播行业乱象、提高从业者职业水平。

（六）跨界融合持续推进，资源聚合形成规模效应

深度融合中，媒体边界逐渐模糊，产业形态更加多元，跨界融合成为常态。不同媒介形态之间的跨介质融合、不同媒体组织间的跨机构融合、不同产业形态间的跨产业融合，都属于媒体跨界融合的主要模式。2020 年，媒体跨界融合在新冠肺炎疫情、国家战略及媒介技术的多重影响下呈现出新特征。

体制机制创新下的跨平台合作。2020 年，传统媒体与商业平台呈现出合作、共建、共享的趋势。北京广电与京东合作利用数字化优势开展视听直播生态产业，浙江、云南、黑龙江等广电机构均与字节跳动合作成立新媒体产业孵化园，山东广电、辽宁广电与快手签约合作，湖南广电与百度地图共同打造 5G 智慧电台，四川广电与百度合作以“四川观察”为依托开展合作。在跨平台合作中，布局 MCN 机构成为媒体市场化运营的尝试，山西广电与字节跳动合作成立广电 MCN 机构，江苏广电与快手合作推进 MCN 建设、广东网络广播电视台与科技公司共建广东广电 MCN、安徽广电与第三方机构合作成立安徽网红经济产业基地、内蒙古网信办支持成立“爱上内蒙古”正能量网红孵化基地。媒体的内容资源、平台的技术和资本优势、网红经济的带动效应实现了三方互补，有利于传统媒体输出优质内容、创新变现能力，实现媒体融合的运营模式创新。

---

① 《人力资源社会保障部办公厅　市场监管总局办公厅　统计局办公室关于发布智能制造工程技术人员等职业信息的通知》，中华人民共和国人力资源和社会保障部网，2020 年 2 月 25 日。

疫情影响与战略驱动下的跨地域拓展。湖北广电在新冠肺炎疫情期间充分探索跨地域之间的媒体融合。2020 年 1 月，联合全国 24 个省份的多家媒体机构推出《战“疫”集结号》充分共享疫情信息；2020 年 5 月，又联合 12 个省市的媒体机构组成了全国首家区块链新闻编辑部。媒体跨地域拓展以共建、共享、共赢为特征，实现了信息内容的高效聚合和转型升级中抱团取暖。在跨地域拓展中，传统的一家媒体为主体联合多家媒体的形式被突破，新趋势是区域内的多家媒体机构开始共同合作建立融合模式。长三角地区的上海、浙江、江苏、安徽广电局签署战略合作协议推进长三角网络视听一体化发展；中国（京津冀）广播电视媒体融合发展创新中心获批成立，《京津冀新视听战略合作协议》签署，京津冀三地广电机构将以横向联合、纵向联动的形式布局区域特色视听格局，借力国家战略加快推进媒体深度融合。

市场下行压力下的跨产业布局。产业融合背景下的媒体跨界融合，单一的广告盈利模式已难以适应市场变化，媒体以内容资源为主体，“媒体 +”集合了电商、旅游、地产、金融、教育、资本等产业要素，聚合资源实现盈利模式创新。2020 年的产业跨界融合是在疫情影响经济下行压力下传媒突围的重要路径。“媒体 + 教育”模式中，河南日报社与河南大学共建的河南大学民生学院转设为河南开封科技传媒学院，新华报业与作业帮打造教育平台；“媒体 + 旅游”模式中，疫情期间众多旅游景区、文博场馆与媒体合作开启云旅游、重庆日报社《健康人报》开发文旅康养产业；“媒体 + 文创”模式中，羊城晚报打造羊城创意产业园，成立艺术研究院、教育研究院等开展多元文化活动，以传媒产业优势拓展文化产业版图。

此外，县级融媒体也在迭代升级中通过尝试“媒体 +”来提高自身造血能力。江西分宜融媒体中心成立融美公司开展旅游、晚会、会展等活动，业务收入达 1500 万元；浙江安吉新闻集团以“新闻 + 应用”为主要方向，开发“爱安吉”App 中多元化的热门应用，基于公共服务和产业经营，总收入突破 2.6 亿元。“媒体 +”模式通过聚合资源延伸产业链条实现多元盈利。

二　媒体融合的存在问题及困境挑战

媒体融合持续推进，虽然取得了许多新成果和新成绩，但也存在许多现实问题。体制机制改革不彻底、互联网思维应用不到位、过分强调技术作用、盈利模式创新困难等，都成为媒体深度融合中面临的挑战。

（一）体制束缚：改革创新乏力，关停并转渐成常态

媒体深度融合中需要解决的核心问题是体制机制改革，没有适应全媒体传播体系的组织架构和运行体系，媒体就不能实现真正的转型。2020 年 7 月，浙江卫视全面推广工作室制，并利用项目制调整内部体制机制，目的在于激发人才活力，推进改革创新。但我们看到，尽管媒体在体制机制方面做了许多尝试，却很少触及核心领域，大部分都只是涉及内容生产或经营管理的具体维度。事业与企业长期并存，行政壁垒阻碍创新步伐，绩效考核方式与人才晋升体系都存在问题。此外，传统媒体及从业者的发展观念也在某种程度上影响了改革进程，互联网发展中的用户、数据、产品、技术、平台、垂直等多维思考方式并未被科学地运用到媒体融合实践。

缺少科学创新的体制机制、滞后于市场需求变化的发展思维，影响的是媒体战略调整和结构布局，必将导致媒体的生存空间逐渐萎缩。报业、广电等关停并转现象近年来成为常态。公开资料显示，包括《本溪晚报》《北方时报》《城市快报》《武汉晨报》《成都晚报》《遵义晚报》等在内的三十余家报纸休刊或停刊；在广电领域，包括湖南广电时尚频道、浙江广电影视娱乐频道、厦门广电少儿生活频道、广东广电珠江电影频道、西藏广电经济生活服务频道等在内的十余家频道停播。移动互联网时代，关停并转现象出现的原因包括：一是媒体主动转型变革的力度不足或选择道路错误，二是短视频等新兴商业平台的冲击，三是基于丰富的媒介资源用户需求逐渐变化，四是技术升级带来的媒体形态革新。因此，许多传统媒体未能抓住媒体融合的契机进而实现转型升级，而是以关停并转收场，在传媒下行压力下这种现象将会继续存在。

（二）融合差距：纵向联动不畅，横向对比差距明显

媒体融合国家战略实施多年，虽然取得了许多创新性、变革性成就，也涌现了许多典型代表和突出模式，但从媒体融合的整体布局看，各级各类媒体之间的差距仍在进一步加大。

从纵向维度看，中央提出的四级融合发展布局并未真正形成，媒体融合的

纵向联动、统筹协调水平较低。一是中央级主流媒体领先，虽然以新华社、人民日报社、中央广播电视总台为旗舰的“三大央媒”代表了媒体深度融合的发展方向，但其凭借的是顶级内容优势、技术优势和资金支持，其发展模式很难成为省级、市级、县级媒体效仿的模板，协同带动作用发挥依然不明显。二是省级媒体平台建设的同质化，各省纷纷建立了区域内的省级云平台，统筹省内媒体资源实现共建共享，但其技术来源大部分依靠第三方技术公司。三是地市级媒体融合空心化，虽然近年来出现了湖州、绍兴、嘉兴、鄂州、珠海等发展较为典型的地市级融合案例，但受到省、县两级媒体融合的空间压缩，又缺少国家政策和资金扶持，大部分地市级媒体融合仍处在自我摸索阶段，亟须顶层设计支持和技术资金扶持。四是县级融媒建设盲目化，虽然当前已经形成了长兴、农安、项城、分宜、玉门等经典模式，且在探索“媒体 +”的模式中取得了显著成就，但大部分县级融媒体中心并未形成贴近本土实际、用户策略下沉及自我造血的可持续发展模式。“截至 2019 年底，我国共有县级行政区划单位 2846 个”①，如何在如此庞大的县级区域推进媒体融合向纵深发展，探索出个性化的发展模式仍然是一个艰巨的问题。

从横向维度看，地区间差距逐步拉大。不同区域间发展程度不同，从多年的媒体融合实践看，当前东部地区媒体融合发展水平明显高于西部地区，长三角地区优于珠三角地区。区域内协调带动作用不够明显，京津冀协同发展作为国家战略，交通一体化发展迅速，但媒体融合一体化进程较为滞后，较天津、河北而言，北京地区媒体融合水平仍然处于领先地位，北京的优势效能在媒体融合一体化进程中需要进一步发挥。

（三）平台博弈：平台优势明显，传统媒体依然被动

经过多年的发展，媒体融合已经不再是媒体内部传统媒体和新兴媒体的竞争，而是传媒行业中媒体与平台的博弈，商业平台凭借技术优势和互联网思维在数字时代占据优势，主流媒体与商业平台之间的差距逐步加大。

媒体平台化和平台媒体化成为新趋势，媒体希望通过传统优势的内容资源打造吸引用户的平台。中央级媒体中的“央视频”“云听”以自主可控平台为

① 《2019 年民政事业发展统计公报》，中华人民共和国民政部网，2020 年 9 月 8 日。

目标，但省、市、县级媒体在平台发展中由于技术、资金甚至体制等原因缺乏自主权，成功打造自主可控的技术平台、采编平台或服务平台的案例屈指可数，大部分仍然采用技术引进、购买服务或平台合作的形式。而在相互发展中，主流媒体入驻商业平台却成为常态，如各类媒体入驻抖音、快手、今日头条、百家号等，原本属于媒体独家生产的内容却通过商业平台来传播和吸引用户，而自建的客户端等平台无人问津，在这个过程中用户逐渐流失。

2020 年短视频平台广泛布局电商直播。抖音在 2020 年 9 月推出“主播带货总动员”等系列活动，话题总播放量突破了 11 亿次；快手发布的《2020 快手年度内容报告》显示，截至 2020 年 9 月 30 日快手共开展直播近 14 亿场。如此庞大的用户群体说明在当前的媒介环境下商业平台与传统媒体相比依然具有明显优势。抖音、快手等商业平台在运营机制、互联网思维、用户策略、算法智能推荐技术以及互动机制等方面具有广泛优势，能够充分将社会最广泛的用户迅速吸纳到自己的平台上来。传统媒体强势的内容优势却并未在平台博弈中充分发挥并转化为生产力要素，传统媒体应该思考的是如何在与商业平台共存博弈中找到符合自身发展的转型之路。

（四）治理困境：行业乱象频出，网络治理亟待加强

网络已经成为媒体融合发展的主要空间，网络蓬勃发展下也存在诸多内容、传播、平台、版权等行业乱象，特别是 2020 年短视频、直播的广泛兴起对于网络空间治理又提出了新要求。

《网络信息内容生态治理规定》自 2020 年 3 月 1 日起施行，对内容生产者、内容服务平台、内容服务使用者、行业组织等网络信息内容传播的主体进行具体规范。但是，与传统媒体严格把关内容不同的是，互联网平台在内容把关上缺乏专业的团队与必要的审核，内容乱象依然发生。凤凰网因刊发非规范来源的新闻被约谈，百度因为 App 中存在过多“标题党”等违规内容被约谈，新浪也因为热搜榜和热门话题榜被约谈并要求整改。

伴随直播经济兴起，2020 年的网络直播行业也出现了许多违规问题，国家网信办等八部门联合开展网络直播行业专项整治行动、深入推进网络直播行业专项整治和规范管理，但行业负面信息依然频发。2020 年 11 月 20 日，中消协发布《“双 11”消费维权舆情分析报告》，其中“直播带货”类负面信息

334083 条[①]，汪涵、李雪琴、李佳琦等直播带货“翻车”被点名。这背后是行业主体良莠不齐、内容把关不严、制造噱头、虚假宣传、数据造假、伦理缺失等负面效应。

为推进直播行业健康发展，2020 年 11 月国家相关部门陆续发布了《关于加强网络直播营销活动监管的指导意见》《互联网直播营销信息内容服务管理规定》《关于加强网络秀场直播和电商直播管理的通知》等政策文件。但当下及未来的直播电商监管制度规范体系仍然需要进一步健全，治理力度也需要不断加大。在网络治理中，网络直播只是其中的一个方向，当前的网络空间需要形成共建共治共享的网络综合治理体系，规范网络传播秩序，加强网络生态治理，为媒体融合发展营造良好的网络环境。

三　媒体融合的对策建议与趋势展望

“十四五”时期，媒体融合将真正进入深水区，新型主流媒体、全媒体传播体系将是媒体融合的长期目标。媒体融合不是目的，而是一个持续创新的过程，各级各类媒体应该利用政策规划、完善体制机制、坚持用管并重、推广智能技术、调整供需结构、充分整合资源、提高服务水平，因势而谋、应势而动、顺势而为，不断提高自身的传播力、引导力、影响力和公信力。

（一）利用政策规划，推进新型主流媒体建设

2020 年是“十四五”规划的关键之年，也是未来媒体深度融合的规划布局之年。通过梳理全国 31 个省份的“十四五”规划和 2035 年远景目标建议发现，其文本均涉及媒体深度融合的内容。在中央规划建议的基础上，各省区市均结合本区域特点和媒体融合现状，提出了“十四五”时期媒体深度融合的具体规划。“县级融媒体中心”“新型主流媒体”“全媒体传播工程”等热词出现频率最高，在融合进程上许多省份将其纳入未来发展方向，在融合力度上也多为强调“推进”“建强用好”“做大做强”（见图 1）。

在政策规划的基础上，我国媒体融合主管部门也从行业发展的角度出发，

---

① 《“双 11”消费维权舆情分析报告》，中国消费者协会官网，2020 年 11 月 20 日。

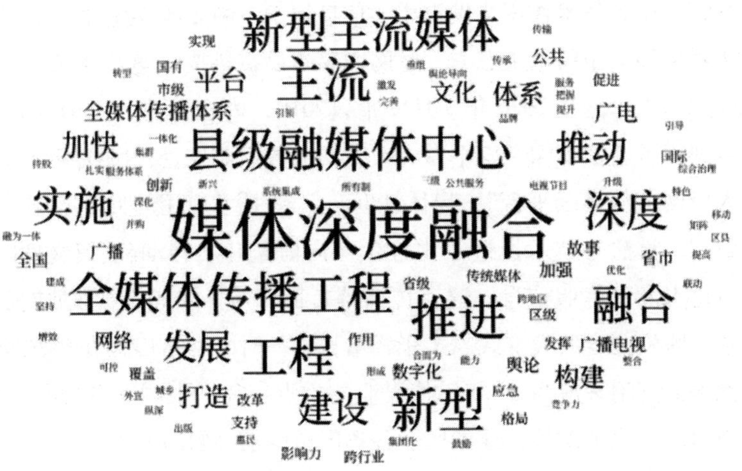

图1　中央及各省区市“十四五”规划和2035年远景目标建议中关于媒体融合内容的词云分析

部署相关工作，为媒体融合发展提供平台与支持。2020年，国家广播电视总局批复成立了湖北、陕西、京津冀、江苏、湖南等五家中国广播电视媒体融合发展创新中心，积极探索媒体融合在内容、技术、平台、终端、管理及服务等方面的创新发展模式。对于传统媒体而言，充分借力、参与、融入这类规划举措，有助于实现媒体融合的跨越式发展。

2021年3月12日，十三届全国人大四次会议批准了“十四五”规划和2035年远景目标纲要，“推进媒体深度融合，做强新型主流媒体”作为传媒行业未来五年及长远目标将助力国家提高公共文化服务水平。① 中国的媒体融合发展是政策逻辑强力驱动下的媒体转型，媒体融合需要达到的目标是以全媒体传播工程，打造新型主流媒体，最终构建起全媒体传播体系。

（二）坚持内容为本，建设和规范双管齐下

媒体深度融合中，内容建设应该是最为本质的部分，而内容主体的范围也在不断拓展，政策、机制、技术甚至经营最终的落脚点都是内容。在互联网内

---

① 《（两会受权发布）中华人民共和国国民经济和社会发展第十四个五年规划和2035年远景目标纲要》，新华网客户端，2021年3月12日。

容建设与管理中，技术作用愈发重要。信息技术不断影响媒体内容生产、传播方式、传媒格局甚至舆论生态，互联网内容建设在科技驱动下出现了许多新应用、新模式。人民网在2020年3月发布《2019，内容科技（ConTech）元年》白皮书，列举了新浪新闻智媒平台、人民网大数据监控、人民在线区块链版权保护、人民网“媒体云平台”、媒体“5G+”等技术应用的具体案例。①

大数据、算法等技术推进了内容生产向海量化、移动化、智能化方向发展，同时也引发了虚假信息、谣言传播等负面影响。2020年新冠肺炎疫情的暴发导致互联网内容的裂变式、扩张式增长，一时间网络信息真假难辨、良莠不齐，网络谣言治理成为2020年传媒业的重点工作。中国互联网联合辟谣平台开设新冠肺炎疫情防控辟谣专区、各省区市网信办纷纷开设辟谣平台，百度App设置“疫情辟谣”专题、今日头条设置鉴真辟谣专区、微博“全国辟谣平台”等进一步发挥作用……网络谣言治理形成了政府、媒体、平台、组织、用户多维共治的基本格局，辟谣平台的建立进一步推进网络辟谣机制逐步完善，未来的网络谣言治理将在大数据、人工智能等技术的驱动下效率进一步提高。

网络谣言生成机制的背后是互联网内容把关工作的缺失，未来应针对互联网内容加强审核把关，推进智能化审核体系建设。人民网近年来提出“互联网内容风险防控”概念，凭借主流媒体强势的审核把关优势开展第三方内容审核业务，实现“机器+人工”的网络内容审核模式。主流媒体以外，今日头条截至2020年底已经在全国8个城市建立了内容质量中心，成立内容审核团队。网络空间多样化发展的进程中，内容审核管理建设的规范化、体系化势在必行。

李克强总理在2021年《政府工作报告》中提出，“加强互联网内容建设与管理，发展积极健康的网络文化”。② 全媒体传播体系中的内容建设已经基本从早期的线下过渡到线上，互联网内容日益丰富，同时其负面效应和弊端层出不穷，管理与约束亟待加强。因此，未来的互联网内容发展应从“建”和“管”两方面入手，从内容生产、审核、传播、反馈、监管等全方位布局，积极构建互联网综合治理体系。

---

① 《人民网发布〈2019，内容科技（ConTech）元年〉白皮书》，人民网，2020年3月27日。

② 《（两会受权发布）政府工作报告》，新华网，2021年3月12日。

（三）推进数字转型，提高媒体智能传播水平

新基建、人工智能、5G、大数据、云计算等技术的创新应用将更深层次、更广领域嵌入媒体融合进程，由此将带动媒体融合朝着数字化、智能化方向深入推进。

“新基建”从总体布局和基础设施的角度为传媒业的技术应用提供了基础，互联网企业首先开始布局“新基建”，推动产业创新。2020 年，腾讯宣布未来五年投入 5000 亿元用于新基建布局、百度提出“AI 新基建”重点建设百度智能云、阿里重点将云计算作为核心技术研发方向。同时，主流媒体也纷纷与技术公司合作布局“新基建”领域。2020 年，人民网与中国联通合作，在大数据、人工智能、5G 新应用等“新基建”领域开发智能应用，共建“智媒平台”；中央广播电视总台与中国移动合作成立 5G 超高清视音频传播中心，加快广电内容数字化转型。此外，区块链技术应用也进一步规划落地。2020 年 11 月，国家广电总局发布了《广播电视和网络视听区块链技术应用白皮书(2020)》，从总体应用、内容审核、县级融媒体、智慧广电应用场景、内容版权管理、监测监管等方面提出具体规划①，将技术应用细化到基础层、核心层、服务层和应用层，探索“区块链 + 融媒体”应用落地，为区块链技术推动媒体融合发展提供了方向。

从媒体融合角度，人工智能、大数据、区块链等这些重点项目是媒体自身在短期内无法实现自主建设的，媒体的新基建步伐相对互联网企业较为滞后，媒体应从实际出发，以技术合作的形式与互联网平台或技术公司广泛开展合作，用数字化的技术动能不断推进自身的深度融合发展。媒体智能化作为微观层面的技术支撑，而数字媒体则是中观层面的机构建设，智能传播则是宏观层面的生态体系。未来，媒体融合的主体将逐渐从融媒体向智媒体拓展，传媒业也将形成以技术广泛应用为代表的智能传播生态格局。

（四）调整供需结构，实现盈利模式转型升级

2020 年 12 月 11 日，中共中央政治局召开会议分析研究 2021 年经济工作：

① 《国家广播电视总局办公厅关于印发区块链技术应用系列白皮书的通知》，2020 年 11 月 6 日。

“要扭住供给侧结构性改革，同时注重需求侧改革，形成需求牵引供给、供给创造需求的更高水平动态平衡”。① 传媒业中，内容生产与服务属于供给侧，而社会用户则处于需求侧。媒体融合发展中重视内容生产流程重构、内容产品爆款打造以及传播渠道多元拓展，但最终决定传播效果成功与否的关键则是用户需求是否被满足，媒体是否能真正引导舆论。《关于加快推进媒体深度融合发展的意见》也提出要推进内容供给侧结构性改革，专注质量、扩大产能，提升传播效果。从未来经济发展的整体环境出发，传媒业仍然要积极发力内容生产，但应该更加注重用户需求，做好用户市场调研、用户需求分析，将传播效果评估前置。

供需结构调整的目的是解决媒体融合盈利模式转型这一痛点，2020 年“新闻 + 政务服务商务”运营模式成为各级媒体在媒体融合实践中的选择。央视网以“网上展馆”“云数智”等全媒服务产品服务政府、社会和用户；北京卫视与京东合作开展端午旅游综艺直播，以“直播 + 旅游 + 商品”的形式为用户提供内容、商品、休闲等多样化服务；四川日报社推出“四川云”2.0 打造数据共享平台、智能融媒平台和社会治理平台；苏州广电在拓展政务、服务的过程中与政府合作打造移动 App 融入智慧城市建设；浙江省的杭州、宁波等地传统媒体以媒体服务参与城市大脑建设，宁波甬派传媒与其他公司联合组建了宁波大数据投资发展有限公司，负责投资、建设及运营宁波城市大脑，以多元化、系统化、智慧化的数据支撑与服务打造“宁波数投”模式。媒体利用数据资源和技术优势，以内容生产拓展非多元化的跨界融合，打造数字经济新引擎将成为媒体融合拓展盈利模式的目标。

2020 年 11 月，中国文化产业投资母基金由中宣部和财政部发起设立，目标规模 500 亿元，首期已募集 317 亿元。基金主要投向新闻信息服务、媒体融合发展、数字化文化新业态等文化产业核心领域，推进文化产业结构调整，增加优秀文化产业供给。这对于媒体融合来说是重大利好，在供需结构调整中媒体应该充分利用好政策、资金和技术的支持，不断提升传媒产业的数字化水平。

（五）提高服务水平，健全助力社会治理功能

党的十九届四中全会开启了国家治理体系和治理能力现代化的新阶段，作

① 《中共中央政治局召开会议　习近平主持》，新华网，2020 年 12 月 11 日。

为多元主体的媒体而言，应该以全方位视角和多元化服务助力社会治理创新。

2020 年 12 月,《法治社会建设实施纲要（2020—2025 年）》中提出要“健全媒体公益普法制度，引导报社、电台、电视台、网站、融媒体中心等媒体自觉履行普法责任”。① 推动社会层面增强法治观念应该成为媒体参与法治建设的重要内容。法治宣传教育需要传播媒介和传播环境，媒体应充分发挥新闻宣传、文化传播等服务功能助力法治社会建设。

媒体参与社会治理是在国家治理体系、社会治理布局中的细化和延伸。媒体应逐步参与基层社会治理、智慧城市建设和乡村振兴战略，将信息服务拓展到政务服务、民生服务乃至智库服务等多维度。广播电视领域推动的“智慧广电乡村工程”从服务数字经济、数字政府和乡村振兴的角度，开展村务公开、应急广播、网络视听、媒体平台等建设，将媒体服务社会功能下沉到“最后一公里”。未来的媒体融合将在全媒体传播体系建设中更加强化服务功能和社会参与。我国社会的网络化进程不断加快，未来网络综合治理体系将逐步形成，而提高网络综合治理能力也是媒体的责任所在。社会多元协同是网络综合治理的必然选择，媒体作为其中的重要主体，在探索媒体深度融合的过程中要通过实践来强化融合深度，通过服务来拓展融合广度。

参考文献

黄楚新、许可：《媒体转型新趋势：融合、智能、跨界》，《青年记者》2020 年第 36 期。

黄楚新、刘美忆：《2020 年县级融媒体中心建设现状、问题及趋势》，《新闻与写作》2021 年第 1 期。

李明德、赵琛：《新媒体时代“四力”的突围与跨越——基于“十三五”时期中国新媒体发展的几个焦点》，《编辑之友》2021 年第 1 期。

① 《中共中央印发〈法治社会建设实施纲要（2020—2025 年）〉》，新华网，2020 年 12 月 7 日。

B.4
全国县级融媒体中心舆论引导能力建设研究报告*

刘建华　卢剑锋**

摘　要：本报告对县级融媒体中心基层舆论引导能力建设的现状进行了总结和梳理，重点对3家有代表性的县级融媒体中心进行了剖析，研究如何提升县级融媒体中心的基层舆论引导力，如何更好地发挥县级融媒体中心这个平台的作用，实现上情下达与下情上达，推动县域经济社会发展，指出了县级融媒体中心基层舆论引导力建设的问题与困境，提出了加强县级融媒体中心基层舆论引导力建设的方法和路径。

关键词：县级融媒体中心　舆论引导力　本地化创新

扎实抓好县级融媒体中心舆论引导力建设，既是引导群众、服务群众的重要抓手，也是巩固壮大主流思想舆论阵地，做大做强主流舆论，推动媒体融合向纵深发展的重要途径，是新形势下宣传思想工作的重要使命和任务。2018 年以来，全国各地县级融媒体中心建设如火如荼，县级融媒体中心成为基层舆论引导力建设体系的重要推动者，并从各个方面积极提升自身的基层舆论引导力。

---

* 本文系中国新闻出版研究院重点课题“全国县级融媒体中心基层舆论引导能力建设典型案例研究报告”的部分成果，课题编号：2020 - Y - Y - CM - 03。曾花萍、王虹、李增军等同志对本文也有贡献。

** 刘建华，中国新闻出版研究院研究员，博士，主要研究方向为新闻舆情理论、媒体融合、书法符号传播与文化产业；卢剑锋，中国新闻出版研究院副研究员，主要研究方向是传媒管理与新媒体。

一 县级融媒体中心基层舆论引导力建设的现状

目前，全国县级融媒体中心主要从以下方面开展舆论引导工作，并取得了较好的成效。

（一）及时宣传和准确解读党的理论路线、方针政策及上级各级党委、政府精神

首先，作为我国意识形态工作和思想宣传工作的前沿阵地，县级融媒体中心坚持党的领导，贯彻党性原则，一以贯之地传播党的思想路线和政策部署，正确解读各级党委、政府的精神，把党的理论路线方针政策和重大决策部署分析好、宣传好、阐释好、落实好，确保政策及时和顺利落地。其次，做好重大主题宣传的策划和报道，围绕政府中心工作和热点议题进行报道策划。最后，尊重新闻传播规律，创新传播手段和话语方式，注重贴近性，让群众入耳、入眼、入心，力求提高传播效果，充分发挥舆论引导和旗帜引领的作用。比如，长兴传媒集团精心打造的“掌心长兴”App，做好短视频、H5、融合直播等多样化的新媒体产品，用新媒体渠道来开展主题宣传，让新媒体平台成为基层舆论引导的主阵地。

（二）讲述本地老百姓生产生活故事

作为县域媒体的县级融媒体守土一方，充分凸显地域接近性，多角度、多形式报道本地老百姓的生产生活，围绕社会主义核心价值观鲜活呈现好故事、好人物、好画面，切实发挥县级融媒体的教育、引导功能，真正做到公众到哪里，舆论引导就延伸到哪里。作为党的基层媒体，近年来，县级报纸不断拓展内容的深度和广度，通过优质内容吸引用户，打造精品民生栏目。长兴传媒集团的民生栏目《小彤热线》，与百姓生活息息相关，关注本地百姓生产生活，获评浙江省新闻名牌专栏，深受本地受众的欢迎。

（三）在重大危机事件和突发性事件中承担媒体职责，筑牢舆论宣传阵地

首先，确保在重大事件和突发事件中第一时间发声，及时准确报道信息，

提供公共信息服务。在2020年初新冠肺炎疫情暴发时，浏阳市融媒体中心第一时间传达省市县有关疫情防控的指示精神，把党委、政府的周密部署和积极努力及时传达到一线；第一时间播报浏阳疫情形势及防控情况，及时辟谣假消息，并发布最权威信息。其次，牢牢把握正确舆论导向，做好正面宣传，提供舆论支持和引导。洪湖市融媒体中心重点宣传防控典型，聚焦坚守抗疫一线的工作人员，通过榜样的力量，感动身边人，凝聚人心，鼓舞士气，为打赢疫情防控攻坚战营造了良好的舆论氛围。最后，强化媒体舆论监督，成为解决问题的推动器，为事件顺利解决起到建设性的积极作用。在新冠肺炎疫情报道中，长兴传媒集团直击一线问题，通过内参、监督报道等，反映卡口查车不查人、产业链复工进度不一等问题，协助相关部门做好监督工作。

（四）外宣传播强化本区域公众认同，形成凝聚力、向心力

首先，做好对外宣传和网络宣传的主题策划，通过全媒体联动、专版专栏深度报道形成县域一方的公众认同感。比如，分宜县融媒体中心积极和分宜县各单位、乡镇、社区对接了解挖掘“分宜人的故事”，并制定相关宣传方案。如“天南地北分宜人”主题宣传活动，通过宣传分宜人在外地创业的酸甜苦辣，侧面反映外地创业环境，以此推动分宜县创业环境的优化。其次，在重大事件中唱响本县声音，积极向中央级、省级主流媒体推送本地优秀新闻作品，树立本县良好形象，展现凝聚力和向心力。长兴传媒集团在抗击新冠肺炎疫情中，不断挖掘基层战“疫”一线的典型经验和感人故事，其中图片专题《探秘“新冠”病毒检测实验室》分别在学习强国、《人民日报》等国家级主流媒体刊发。最后，增进国际媒体间的合作，做好国际上的对外宣传。加大对外宣传力度，利用优势渠道和优势资源做好国际上的对外宣传，提升县域在国际上的知名度，树立良好的国际形象，增强县级融媒体中心的国际传播力。

二　县级融媒体中心舆论引导力建设实证研究

（一）江西省共青城市融媒体中心舆论引导实证研究

2016年12月，共青城原电视台和报社深入融合组建了共青城市融媒体中

心，虽然成立时间较短，但中心在舆论引导服务方面创新实干，上接“天线”、下接“地气”，做好了引导群众、服务群众的文章，特别是面对疫情和防汛两个“一级响应”，取得了显著成效。

1. 让党的“好声音”飞入寻常百姓家，正确引导舆论

共青城市融媒体中心依托电视、报纸、网站、两微两端等 10 个平台，即时传播党中央、国务院以及省市授权发布的各类重要新闻，及时准确有效地传递党和国家声音，打通信息传播的“最后一公里”，确保党的路线方针政策和决策部署家喻户晓。2020 年疫情期间，中心及时开设专题专栏全面立体报道全国、全省和全市疫情防控的相关情况，共青城新闻网发稿 2500 余条、官方微信 500 多条、微博 9000 多条，每日共青城和共青城融媒体 App 发稿 2 万多条、报纸 500 多条、电视台 450 多条。同时多个平台之间实现互动，让网端和手机端信息动态及时地发布，让群众及时掌握防疫知识，群众若有疑问也可和各媒体平台互动，编辑记者及时回应群众关切，深受百姓关注和喜欢。同时注重舆论引导，针对人民群众中出现的过激语言甚至是谣言，中心及时发布疫情信息，正确引导人民群众，取得了良好的舆论氛围。

2. 打通服务群众“最后一公里”，引导的同时做好服务

共青城市融媒体中心还通过新闻宣传做好政务、民生等服务。疫情防控相持中期，中心一方面大力宣传疫情防控知识，另一方面积极回应民生关切，与其他部门一起联动协调解决民生问题，如菜价问题、防护物资短缺问题等，稳定了民心。在疫情防控和复工后期，积极为企业用工、农产品销售做新闻宣传服务。比如《共青城：企业复工复产措施好、劲头足》《“一对一　点对点”，助力企业复工复产》《江西共青城复工复产走进“春天里”》《共青城 28 条“硬核”政策助企复工复产》等，采取“新媒体”宣传模式，以微信、微博、App、抖音等为载体，讲述一线故事、反映一线声音。一批精品爆款抢占朋友圈、抖音圈，推送的新媒体作品入围江西省热搜榜，《最美手势》《羽绒厂变成防护服厂》等阅读量 300 多万，抖音号推送的《不愿在家隔离的人》《节水护水》等作品阅读量超过 400 万，微信公众号推送的《该抓！疫情期间集聚打麻将》《一周四次上新闻联播》《关好门，今晚有大动作》等阅读量超过 10 万。

3. 建立舆情监测机制，奏响新闻舆论宣传“最强音”

中心建立了网络舆情专班，落实分管领导，值班人员 24 小时在线带班、值班。在疫情防控期间，派出专人在市新型冠状病毒感染肺炎防控工作领导小组集中办公，日常信息一日三报，紧急情况随时报送，确保信息联络畅通、应急反应及时。建立了与公安网警、卫健委等部门的沟通协调、联动处置机制，及时开展应急处置，特别是对编造、散布引发民众恐慌等谣言类、煽动性信息的，第一时间予以严肃处理。同时，将监测到的信息第一时间反映至市联防联控办公室，第一时间将正面宣传、主流声音进行最大限度推送，正视听、清本源、破谣言，确保主流宣传强劲有力。疫情防控期间，累计处置网络舆情 20 起，完成疫情防控舆情专报 54 期。

4. 加强外宣，内外联动筑牢舆论“主阵地”

共青城市融媒体中心坚持内宣外宣并重，采用“请进来、走出去”的方式，主动对接央媒、省市主流媒体，全力讲好“共青故事”，传播好“共青声音”。2020 年疫情期间，中心在人民日报、新华社、中央广播电视总台、江西日报、江西卫视等中央、省级媒体上稿 63 篇；省级报刊网站及其新媒体学习强国江西平台等上稿 178 篇；中心制作推送的新媒体作品有 17 个入围省热搜榜，阅读数 100 万级以上作品有 5 个，阅读数 50 万级作品有 12 个，微信公众号阅读数 10 万级作品有 5 个。在决战决胜脱贫攻坚上，中心积极邀请中央、省市媒体采访报道共青城脱贫攻坚的工作举措和经验成果，紧盯典型事例、典型人物，深度策划、总结提炼，2020 年以来在中央级、省级媒体上稿 183 篇。强大的外宣舆论造势，形成了共青城立体外宣“大格局”，全面展示共青城市整体形象，对增进外界对共青城的了解发挥了积极的作用。

（二）云南省陆良县融媒体中心舆论引导实证研究

2019 年 3 月 26 日，陆良县融媒体中心正式挂牌成立，按照习近平总书记的重要指示精神，结合陆良实际，以壮大和强化县域舆论阵地安全为着力点，整合县域内党刊、电视台、电台等机构力量，探索增强自身造血功能，不断提升新闻宣传水平和舆论引导能力。

1. 构建媒体宣传矩阵，打造党的主张的直通车

陆良县融媒体中心始终坚持党对新闻工作的领导，坚持党管新闻宣传工

作，教育引导中心广大党员干部坚持全面从严治党，以党章为根本遵循，把党的政治建设摆在首位，思想建党和制度治党同向发力，统筹推进党的各项建设，让中央、省、市、县的各类会议精神传达到人民群众心间。2019 年以来通过策划开设《壮丽 70 年　奋斗新时代》《决战脱贫攻坚　决胜全面小康》等专栏，策划开展国庆节高唱国歌直播、爱国歌曲快闪等活动，一方面宣传爱国主义精神，另一方面通过中心总动员全员参与直播，练就了快速反应的直播技能和本领，推进媒体适应新发展。

特别是在近年来的脱贫攻坚战中，中心从领导到党员干部职工深入脱贫攻坚一线入村入户，广泛开展联系户入户走访，宣传落实好党和国家的精准扶贫政策。同时，广泛收集脱贫攻坚战中的先进典型和新闻线索，深入宣传报道，《刘凯斌：创业路上有花香》《农民喜欢的白条》《残疾夫妻深山战贫记》等报道在新华网上刊播，单条新闻在短时间内浏览量超过 100 万。

2. 完善坚持正确导向的舆论引导工作机制，确保正确的舆论导向

中心把讲政治放在首位，严把内容生产的入口关和新闻发布的出口关，坚持以正面宣传为主，唱响时代主旋律。严把内容生产的入口关：一是把政治性强、责任心强的党员干部调整到新闻采访一线，加强内容生产队伍建设；二是内容生产超前谋划，结合各个时期的宣传重点，安排新闻采访；三是注重采访前的策划，对所报选题进行采访前的讨论和策划；四是做到一采多写，结合广播电视、报纸杂志和新媒体优势，实现一次采集多次分发，对政治性强、重要性强的稿件实行通稿制。严把新闻发布的出口关：制定完善并实施了新闻发布“三审三校”制度，每一条新闻的发布都严格执行该制度，记者完成采写任务后对稿件一审一校，再由编辑部编辑二审二校，编审后排版上传到中心领导审稿群，由中心领导和分管领导按编审权限对稿件进行严格把关，也就是三审三校，最终终审一键分发。通过落实“三审三校”制度，杜绝了虚假新闻、不实新闻的产生。

3. 讲好百姓生活故事，唱响主旋律，弘扬正能量

融媒体中心的职责是引导群众、服务群众，群众在哪里，舆论宣传的阵地就在哪里，只有坚持以人民为中心，走进人民群众心间，讲好百姓生活故事，才能让我们的宣传阵地立于不败之地。2020 年，中心记者采写的《残疾夫妻深山战贫记》，讲述了陆良县板桥镇大桥村委会残疾小伙王先正暗下决心立志

脱贫的故事，他在党的脱贫政策扶持下和妻子亚树芬自力更生、自强不息，在深山里种洋芋，最后光荣脱贫"摘帽"，还被评为"最美家庭"。报道以记者亲见、亲闻、亲为的采访经历和故事，分享最真实的故事与感悟，受到社会的广泛关注和回应，同时也传递着人民决战决胜脱贫攻坚的决心和人民对美好生活的向往。对人民群体关心的热点、难点问题，向主管部门请示报告并做好新闻调查，及时回应群众关切，以鲜活生动的讲故事的方式展现本地老百姓的真实生活，深入一线跟踪报道，用正确的舆论引导人、服务人、感化人，掌握舆论斗争主动权，更好地维护意识形态安全和政治安全。

4. 快速反应迅速应对重大社会危机和突发事件，为应对危机和应急处理赢得时间

面对2020年初突如其来的新冠肺炎疫情，陆良县融媒体中心"响应快、冲锋快、引导快"，第一时间吹响了"战疫"宣传的号角。大年初一全员到岗，进入"战时状态"，第一时间冲锋在前，深入疫情防控一线，开展疫情防控宣传报道，及时、准确、公开、透明地发布疫情和防控工作信息，把疫情防控新闻舆论宣传工作的领导权、管理权、话语权牢牢掌握在手中。中心各平台统一开设《万众一心、众志成城、防控疫情》专栏专题专页，通过各平台多渠道发布陆良县防控"新型冠状病毒肺炎"倡议书，获得点击量51.5148万次，制作的防控疫情知识方言抖音短视频单条浏览量突破360万次；同时，陆良电视台、陆良广播电台滚动播出相关公益广告、标语368余条次。《科学有序　复工复产稳步推进——云南省陆良县劳务输出和蔬菜外供稳步推进》《多地开通复工专列　帮助务工人员安全返岗——千里陪护，云南陆良专车点对点护送劳务输出人员安全返岗》分别在CCTV－1《晚间新闻》、CCTV－13《东方时空》栏目播放。另外，还利用新建好的指挥中心，加大网络舆情实时监测力度，及时处置不良舆情，正面回应社会关切，在全社会营造众志成城、抗击疫情的良好社会氛围。陆良融媒体中心正确引导舆论，坚决维护社会稳定，体现了媒体在重大危机事件和突发事件中的社会责任与担当。

（三）甘肃省玉门市融媒体中心舆论引导实证研究

玉门市融媒体中心于2018年12月18日挂牌成立，践行了"新闻＋政务＋应用服务"的融媒体建设思路，建成"一中心四系统＋爱玉门App"的

云计算媒体融合共享平台，在内容制作、分发传播、用户服务、技术支撑、生态建设以及运行管理等方面的智慧化发展协同推进，智慧融媒发展的广度、深度显著增强，并在此基础上，不断加强基层舆论引导力建设。

1. 强化舆论宣传，让中央精神家喻户晓

做好基层舆论引导宣传，更好地引导群众，是县级融媒体中心建设的根本目标。在中央精神政策宣传方面，玉门市融媒体中心不断加强和改进宣传方式，充分发挥各媒体间融合和聚合的共振效应，不断提高新闻信息生产、传播、影响和服务能力，让中央精神、政策家喻户晓、深入人心。以精准扶贫工作为例，玉门市融媒体中心根据电视、广播、网络新媒体等各平台传播特点和受众群体，编播、开设了一批有亮点、有温度的新闻稿件、专题栏目以及精神解读访谈节目。在电视、广播宣传方面，开设《精准扶贫政策解读》访谈栏目，邀请精准扶贫工作领导小组工作人员走进演播室，通过“政策问答”“现场对话”的形式，解读中央、省委、酒泉及市委相关精准扶贫重大政策文件精神。在爱玉门 App、微信、微博等网络新媒体宣传方面，先后设计宣传图片百余个，开设“决战决胜脱贫攻坚”专栏 10 余个，剪辑精彩的节目瞬间，添加本土元素，以轻松娱乐、喜闻乐见的形式在抖音、今日头条等平台发布。融合智能化技术，在爱玉门 App 实现阿里云 AI 机器人播报新闻。同步播出电视广播相关精准扶贫新闻、专题、政策解读、访谈节目，并及时上传到人民号、新甘肃、央视新闻等媒体平台，以及全市区域内政务媒体、自媒体平台联合推送，区域内外媒体平台形成矩阵宣传。

2. 强化内容生产，讲好玉门故事

无论是多么强大的传播平台还是多么先进的传播方式，传播的信息价值始终没有变。玉门融媒体中心运用融媒体平台，聚焦“凡人微事”真善美，做精百集系列纪实节目《玉门人 · 玉门事》，讲好玉门人自己的故事，弘扬主旋律，凝聚起强大的正能量。开设《民声问政》《百姓有话说》《随手拍》等融媒体互动监督栏目，用户可将手机拍摄的图片、视频、文字同步到平台，也可爆料生活中闹心、烦心的事，融媒体中心指定专人负责核实后交由玉门市委办、政府办分发到各职能部门进行处理，记者全程跟踪记录问题解决情况，最大限度帮助群众的诉求得到妥善处理。广播与新媒体同步播发《悦读时光》全民互动专栏，邀请全市读书和诵读爱好者参与节目录制，倡导全民阅读。同时打响短视频快闪品牌，《书记为企业家打伞》短视频一经发布，点击量当日突破500万次，《疯狂审改》《丝路明珠·油城玉门》《玉门改革开放40年》等短视频快闪的最高点击量达400万次，成为县域媒体提升影响力的主打产品之一。开发“发现”短视频板块，为区域内群众提供短视频制作、发布平台，让每个人都能成为信息的提供者、传播者，实现全民传播、互动传播。另外，玉门融媒体中心积极融入全省“一张网”，对接新甘肃云平台，实现了指令上传下达、云稿库、权威推荐等功能，开通中央、省市官方媒体账号，上载本地重大新闻事件报道、特色宣传片和短视频，打通了中央、省市媒体传播“最后一公里”。

3. 强化应急宣传，提升舆论引导力

2020年春节，面对突如其来的疫情，玉门市融媒体中心全体采编人员取消休假，全部返岗。新闻记者不惧危险奔赴一线，用镜头和文字记录玉门市疫情防控相关情况，后期编辑24小时轮班值岗，及时制作新闻信息、公益广告、防疫政策和知识解读，技术人员深入各乡镇巡视广播电视基站信号、广播设备运行情况，确保设备正常运行。融媒体中心通过全媒体平台，及时向群众公布疫情动态，以及市委的重要决策部署、倡议和各类防控信息等，让群众实时了解疫情的最新情况。特别是防控工作中，市融媒体中心充分利用覆盖全市各街道、社区、乡镇的1200个“村村响”应急广播系统全天候播报防控知识，引导广大群众加强自我防护、不听信和传播谣言，形成群防群治的强大合力，“大喇叭”在这场防疫宣传战中成为强有力的“生力军”。

融媒体中心还开展“助力复工复产”送纸杯等地面推广活动，为23家餐饮服务企业赠送纸杯，开办《韵味》《人间四月天》两个小众专栏，采编、制作“记者战役”“请罩顾好自己”“战风沙抗疫情坚守岗位，不打烊”等短视频和作品，这些作品在爱玉门App、微信、微博、抖音等网络媒体推出后，点击量超百万次，生动地展现了玉门市疫情防控工作人员的作风和形象，鼓舞了各界人民战胜疫情的信心和斗志。

三　提高县级融媒体中心舆论引导能力的路径

整体而言，目前全国县级融媒体中心舆论引导能力建设面临如下急需

解决的问题。一是融媒体传播效果不理想；二是从相加到相融，融的深度还不够；三是基层乡镇、部门协作联动不够；四是融合媒体内容创新乏力，舆论引导能力不足；五是融媒体人才紧缺；六是技术落后限制了融合的进程；七是产业培育难，运行资金紧张。县级融媒体中心建设不仅仅是媒体自身整合的工作，更重要的是通过媒体融合的建构过程，使基层新闻宣传系统功能发生根本性的变化。笔者认为，要解决这些问题主要应把握以下几个方面。

（一）坚持政治引领，牢牢把握话语权和主动权

县级融媒体中心作为党的喉舌、舆论引导的主阵地，要牢牢把握舆论引导的主动权、话语权和领导权。坚持正能量是总要求，管得住是硬任务，用得好是真本事，从意识形态阵地安全、政治安全的高度和角度，加强组织领导，强化“一把手工程”。顺应时代发展，加强传播手段，创新话语方式，倾听群众呼声，根据县委、县政府重点工作，围绕中心，服务大局，大胆探索改革，优化栏目设置，依据“领导重视、群众关心、普遍存在”的原则，选题上至县级主要领导的重大活动、下至普通老百姓的生活日常，让电视栏目做强做活做出影响力，真正体现习近平总书记提出的“阵地是意识形态工作的基本依托，群众在哪里，宣传思想工作的重点就在哪里”。

（二）坚持人才引领，紧抓人才这一关键要素

县级融媒体中心“高端人才引不来、骨干人才留不住、一般人才干不了”是普遍存在的“硬伤”。县级融媒体中心既要事业留人、感情留人，又要待遇留人，通过吸引一批优秀的新媒体内容生产、技术运维、管理经营人才，选优配强团队人才；加快全媒体、复合型、专业化的培训培养，坚持自身学习研讨培养、请进来深度培训和送出去学习提升；强化人员编制扩容配备，采取事业单位选调和面向社会招聘的办法，注入新鲜血液。

最关键的是，要深化柔性留才引才工作机制，出台骨干业务技术人才特殊津贴政策，健全人才激励机制。结合融媒体开放共享的功能，按照“不为所有、只为所用”的柔性引才理念，建立“网络用才”薪酬制度，提高专业技术人才比重。同时，县级融媒体中心必须消除目前媒体内部工作人员多重身

份、多重考核带来的分配不公、管理不善等弊端，推行 P/M 序列管理，实行以岗位与能力定薪、按业绩和贡献付薪。

（三）坚持内容和服务的本地化创新，注重上级精神基层具体化、外地经验本地化、本地探索特色化

坚持正确政治方向和以人民为中心的工作导向，坚持采编经营两分开，通过公司运作方式，主动贴近本地市场，开展各类文化、演艺、商务、会展、节庆等活动，与各乡镇、单位、行业联合开办专栏等打通线上线下、提升造血功能，实现社会效益和经济效益的双赢。加强与基层的联系，在乡镇及县直部门建立通联站，加强通讯员培训培养，延伸触角，畅通信息渠道，选拔优秀人才。与商业平台合作，开展微信定点投放、抖音快手直播等，增强四力，提升新媒体平台的覆盖面、知名度。

（四）加强顶层设计，以政策扶持确立建设融媒体中心战略导向

县级融媒体中心建设是一个非常庞大与繁杂的系统工程，与机构改革紧密相关，与大手笔整合县域资源紧密相关，若无法有效整合数据，“服务群众”功能就存在顶层设计的短板。消除“信息孤岛”，整合共享各部门各自掌握的数据资源，面临的困难更多在于行政层面。因此，各级政府应该把融媒体中心建设作为“一把手项目”，研究成立县域媒体融合理事机构，具体负责全县信息化、智慧化建设方案制定、审核和执行监督，形成市委领导、政府主导、政策引导、商榷一致的媒体融合推动机制。

（五）深化移动优先战略，打造新媒体传播矩阵，立足分众传播建设全媒体传播体系

推进全员转型移动端，以客户端作为首发平台，全员参与客户端运维推广，推动融媒体中心全面转型、全面融合。以微博、微信公众号为主的新媒体平台各自有不同的受众群体，要充分利用现有新媒体平台已经汇聚起来的各类受众群体的优势，以融媒体中心为统领，建设新媒体传播矩阵。同时，在整合的过程中要注重保留行业部门专业性媒体的特性，形成大众化新闻、权威性发布内容由融媒体中心负责生产，专业化内容继续由乡镇、部门负责生产的分工

负责机制。

县市一级农村人口以及城市老龄化人口数量大，这一群体对移动终端和互联网的使用率相比发达城市还有差距，广播、电视等传统媒体受众还占据一定比例。要建立以融媒体中心为龙头，统领广播、电视、网站及各类新媒体的全媒体传播体系，使县域内新闻媒体覆盖更多的群众，形成更大的传播力和影响力。

（六）创新内容，提高创作质量，线上线下营造良好的舆论氛围

运用好县级融媒体平台，及时发布县委、县政府的重大活动、重要决策部署信息。发布推送的内容，注重涉及本县人民群众的工作、学习、生产、生活等方面，编发群众喜闻乐见的身边人、身边事，加大“原创”文章创作力度。照顾每个层面受众的多方面需求，还可以推送文化、法律、健康等方面内容。推进全媒体原创内容生产，以短视频为突破口，突出主题主线、突出家国情怀、突出群众参与，多出精品、多出爆款，生产音频、视频、网络直播等全媒化产品。创新创作一些适合融媒体时代播发的短视频、快闪等文艺作品，提高其可看性和关注度。

（七）坚持互联网思维和用户思维开展服务功能融合

利用融媒体平台将政务服务、生活服务整合集中、高度集成是提高群众对党和政府工作满意度的重要举措，更是融媒体平台凝聚群众的重要手段。

要按照互联网思维开展服务功能融合工作，应有选择性地进行服务功能融合，重点融合辖区群众有刚性需求，且不与微信、支付宝、携程等主流 App 已融合的服务功能形成竞争的信息服务功能。

按照用户思维做精做优服务功能。要立足用户需求、用户思维、用户习惯融合服务功能，坚持融合成熟一项推出一项，逐步增加服务功能的数量和种类，在为群众提供优质服务的同时，增强融媒体平台的用户黏性，增加受众数量。对功能不完善、用户体验差的信息服务平台应暂停或延后融合进度，在全面优化改进后再融合推出。同时，行政审批和监管治理也应成为县级融媒体建设的一部分。县级融媒体中心要实现政务服务、民生服务、党建服务和文化服务等，为打造智慧社区、智慧城市、美丽乡村做出贡献。

（八）横向融合县级平台，实现舆论引导上的同频共振，提升主流舆论引导力

横向融合县级平台方面，甘肃省县级融媒体中心建设模式可供借鉴。2019年末，甘肃省69个县级融媒体中心全部入驻“新甘肃云”，在全国率先打造了省级唯一的技术平台，实现了“平台统一、技术统一、数据统一、资源共享”的核心目标，“全省一张网，全省一盘棋”的建设理念变成现实，形成了“省带县”融媒体建设新模式。这种整合模式可以统筹全省所有县（区）的县级融媒体中心，通过统一平台做到重要信息一键发布、有关要求一键传达，从而实现全平台发布内容的可管可控。在重大报道或突发事件报道中，可以联合县级融媒体中心实现协同作战、同频共振，让党的声音传播得更广泛、更深入。

2020年新冠肺炎疫情暴发后，陕西广播电视台启动省市县三级融媒体中心协作机制，激活107个县级融媒体中心，在省融媒体中心统一调度下，多平台联动，构建立体式、全覆盖的宣传网络。可见，在重大突发事件中，横向融合县级平台对提升主流舆论引导力的作用更为凸显。

参考文献

李潇：《县级融媒体的发展策略探索》，《传媒论坛》2019年第11期。

谢新洲、黄杨：《我国县级融媒体建设的现状与问题》，《中国记者》2018年第10期。

孙海苗：《县级融媒体中心人才队伍建设探析》，《中国新闻出版广电报》2019年10月29日。

杨瑾：《县级融媒体中心建设策略分析》，《中国报业》2019年第10期。

郑保卫、张喆喆：《县级融媒体中心建设：成效·问题·对策》，《中国出版》2019年第8期。

B.5

中国公民数字素养研究报告

欧阳日辉　杜文彬*

摘　要：数字社会中，数字素养不仅是公民的核心素养之一，也是发展数字经济的重要内容，还是提升国家核心竞争力不可或缺的一环，得到各国政府高度重视。本报告提出，我国公民数字素养培育处于起步阶段，2016年以后数字素养得到各方重视，特别是在新冠肺炎疫情期间提升加速，但是不同地区不同人群的数字素养差距大，城乡居民数字素养差距大。在数字中国发展战略背景下，我国政府需尽快构建符合国情的数字素养发展框架，政府需要加强数字素养"软投入"以弥合不同人群之间的数字鸿沟，数字素养教育需全面渗透现有教学体系，积极鼓励企业参与数字素养资源及平台建设等。

关键词：数字素养　数字经济　媒介素养

一　我国数字素养发展情况

以数字产业化、产业数字化、数字化治理、数据价值化"四化"① 为特征的数字经济时代正加速到来，数字社会所带来的全新生产力和生产关系将对人类

* 欧阳日辉，博士，教授，中央财经大学中国互联网经济研究院副院长、桂林旅游学院数字经济研究院院长，主要研究领域为数字经济、金融科技、数字商务；杜文彬，桂林旅游学院商学院讲师，主要研究领域为电子商务、视觉营销、视觉文化。

① 中国信息通信研究院在《中国数字经济发展白皮书（2020）》中提出数字经济"四化"框架，包括数字产业化、产业数字化、数字化治理、数据价值化。

的生活、工作方式进行新一轮改造。“数字素养”是在数字经济时代公民所应具备的核心素养之一，既是适应数字社会的需要，也是公民生存的基本技能。“十四五”发展规划纲要提出，“加强全民数字技能教育和培训，普及提升公民数字素养”。培育和提升我国公民数字素养，成为未来一项重要的工作。

（一）数字素养概念

数字素养概念多与数字社会、数字经济等概念相关，出现较晚。1997 年美国学者保罗·基尔斯特（Paul Gilster）出版了《数字素养》一书，对在互联网大行其道的年代，人们对待数字信息需要具备什么样的素养及能力进行了详细阐述。他没有给出明确的定义，但认为数字素养主要包括获取、理解与整合数字信息的能力，具体包括网络搜索、超文本阅读、数字信息批判与整合等技能。他将数字素养描述为对数字时代信息的使用与理解，并强调了数字技术作为“基本生活技能”的重要性①。2004 年，约拉姆·艾希特－阿尔卡莱（Yoram Eshet-Alkalai）提出数字素养包括图片—图像素养、再创造素养、分支素养、信息素养、社会—情感素养、实时思考技能六大框架②，该框架得到了学界的普遍认可。

已有文献表明，数字素养是从其他素养中提取出的新概念，是一个多维的概念，需要一个综合测量指标，是数字经济时代人最核心的能力，是不可或缺的“生存技能”。国内学者更多的是研究媒介素养、网络素养和信息素养，国内针对数字素养研究最早的文献是在 2006 年出现，直到 2011 年相关研究成果都较少，2012 年后发文增多，尤其是 2015 年以后相关研究文献数量增长明显③。

素养作为公民应有的重要品质，其内涵多元丰富。“数字素养并不是关乎掌握设备的操作技能，而是涉及 21 世纪受过教育的人应该是一个什么样的人的大问题。”④ 本报告认为，数字素养是数字社会对人类提出的新能力要求，

① Gilster P.，*Digital Literacy*，Wiley Computer Pub.，New York，1997.

② Eshet-Alkalai Y.，“Digital Literacy：A Conceptual Framework for Survival Skills in the Digital Era，” *Jl. of Educational Multimedia and Hypermedia 2004*，13（1），pp. 93 - 106.

③ 朱红艳、蒋鑫：《国内数字素养研究综述》，《图书馆工作与研究》2019 年第 8 期。

④ 马克·布朗、肖俊洪：《数字素养的挑战——从有限的技能到批判性思维方式的跨越》，《中国远程教育》（综合版）2018 年第 4 期。

是人们在数字化生存中所具有的综合品质或达到的发展程度，是在数字环境中人们在工作和生活中的若干技能与行为的复杂集合。数字素养表现为能够熟练应用各项数字技能，在“虚拟”与“现实”世界中对海量数据进行收集、评估、整理和利用，进而创造性生产知识，并具备批判精神与判断能力的基本生存技能和行为。

（二）我国公民数字素养总体情况

我国公民数字素养总体水平偏低，但由于国家逐渐重视，信息化基础设施建设迅猛，数字化生活持续渗透，国民数字素养正在步入快速提升时期。

信息化基础设施建设为数字素养的提高提供了保障。“十三五”期间，得益于我国网络信息化基础设施的普及和完善，累计开通 5G 基站 71.8 万个，5G 手机终端连接数突破 2 亿户，拥有全球规模最大的光纤和 4G 网络，有 1 亿户家庭拥有了千兆光纤覆盖，乡村通 4G 和光纤上网比例均超过 99.9%。截至 2020 年底，我国固定宽带家庭普及率达 96%，移动宽带用户普及率达 108%①，位居世界前列。我国教育信息化建设提升师生的数字素养。2013 年，教育部提出《关于实施全国中小学教师信息技术应用能力提升工程的意见》，对促进中小学教师应用信息技术融入教学有重要作用。截至 2020 年底，我国已实现《国家中长期教育改革和发展规划纲要（2010～2020 年）》所提出的发展目标，正从教育信息化 1.0 向 2.0 迈进。《教育信息化 2.0 行动计划》明确，到 2022 年基本实现“三全两高一大”的发展目标，这将进一步提高师生信息素养。

2020 年新冠肺炎疫情进一步推进了教育的信息化、网络化进程，在校学生的数字素养提升较快。疫情期间，在线教育快速发展，截至 2020 年 12 月，我国在线教育用户数达到 3.42 亿，虽然较疫情初期（2020 年 3 月前后）有所回落，但相比 2019 年同期仍然增长 1.09 亿（见图 1）。受此影响，在线教育行业的规模亦迅猛发展。2020 年 1～10 月，我国在线教育企业新增 8.2 万家，新增占比在整个教育行业中达 17.3%。2020 年 1～11 月，在线教育行业共披露融资事件 89 起，融资金额共计约 388 亿元，同比增长 256.8%②。

---

① 数据来源《国新办举行“十三五”工业通信业发展成就新闻发布会》，2020 年 10 月 23 日。

② 据中国互联网络信息中心（CNNIC）发布的第 47 次《中国互联网络发展状况统计报告》。

图1　2016 年 12 月至 2020 年 12 月在线教育用户规模及使用率

资料来源：据中国互联网络信息中心发布的第 47 次《中国互联网络发展状况统计报告》。

我国传统产业数字化转型加快促使相关领域的工作人员数字素养有效提升。《2020 年中国在线办公行业“战疫”专题数据监测报告》显示，2020 年 2 月复工后，我国超过 1800 万家企业采用线上办公模式。截至 2020 年 12 月，我国远程办公用户规模达到 3.46 亿。企业微信用户数从 2019 年底的 6000 万增长到 2020 年底的 4 亿；钉钉企业组织数超过 1700 万①。受疫情影响，中国在线办公需求显著提升，在线办公习惯及平台生态基本形成（见图 2）。

数字生活快速普及成为提升公民数字素养的主要渠道。电子商务、网络娱乐、外卖、共享出行、网络直播等数字化生活方式，推动了消费者的数字素养提升。截至 2020 年 12 月，我国网络购物用户规模达到 7.82 亿，占网民整体的 79.1%，占全国人口的 55.86%；网络视频（含短视频）用户规模达到 9.27 亿，占整体网民的 93.7%；网络直播用户达到 6.17 亿，占整体网民的 62.4%②。

总体而言，我国公民数字素养处于较低水平。目前，没有大型的面向全国

① 据中国互联网络信息中心发布的第 47 次《中国互联网络发展状况统计报告》。

② 据中国互联网络信息中心发布的第 47 次《中国互联网络发展状况统计报告》。

表1　2020年中国疫情期间在线办公企业对外开放资源情况（部分）

企业	产品	开放时间	开放资源
腾讯	腾讯会议、腾讯文档、企业微信	疫情期间	开放300人不限时会议功能;免费开放会员、单文档在线编辑人数200人;支持万人群300人音视频会议
阿里巴巴	钉钉、阿里云	疫情期间	发布健康管理功能,支持在家办公的全套免费解决方案;提供疫情管理、在家办公、在线问诊、在线教育系统免费搭建
华为	华为云 WeLink	1月25日至6月1日	提供1000人以内账号使用及100方不限时长视频会议,同时提供健康打卡、卡云云空间、任务管理、智能语音等
字节跳动	飞书	3年免费	在线音视频会议;随时语音触达线上办公室;团队共享智能日历;在线文档与表格制作;企业专属云存储空间;双因素安全服务与合规支持等
二六三	263视频会议	疫情期间	绿色通道开通使用远程办公、视频会议及数学直播课堂
蓝凌软件	蓝凌智能OA+抗疫管理平台	疫情期间	政府部门、医疗机构、湖北省企业等可申请免费使用,提供在线办公、疫情管理等服务
齐心集团	好视通	疫情期间	免费提供支持500人在线的云视频会议,帮助医疗、教育、应急、防灾等政府部门以及企业解决远程沟通协作的紧急需求问题
金山办公	WPS+云办公	1月25日至5月1日	免费开放云办公协作版,功能包括全文检索,800G存储空间及200人企业人数

资料来源：艾媒报告中心：《疫情下，中国在线办公行业动态、发展难题及趋势分析》，2020年4月。

的调查研究，中国社会科学院信息化研究中心课题组借鉴联合国教科文组织2018年发布的《全球数字素养框架》，结合我国国情和调研可行性，对城乡居民数字素养水平展开评估。调查发现，我国居民平均数字素养得分仅有43.6分（100分满分），总体处于“不合格”状态。在所有评估项目中，受访者在专业领域数字化应用能力、数字内容创建能力、数字化协作、电脑使用等多个方面的得分比例较低。上述能力是当前我国居民在数字素养方面迫切需要提升的短板。①

① 《全面推进乡村振兴，需弥合城乡“数字素养鸿沟”》，http://m.cnr.cn/finance/20210312/t20210312_525434633.html，2021年3月12日。

表 2　我国城乡居民数字素养总体情况

《全球数字素养框架》提出的能力域	问卷评估项目	受访者单题平均得分	单题得分比例（得分/满分）	单项能力评价
0. 设备与软件操作	智能手机使用	4.6	66.1%	★★★
	电脑使用	3.4	42.5%	★★
1. 信息真实性判别	信息真实性判别	3.2	67.2%	★★★☆
2. 沟通与协作	数字化协作	5.1	34.5%	★★
3. 数字内容创建	数字内容创建能力	2.7	27.1%	★☆
4. 数字安全	数字安全意识	2.3	46.6%	★★☆
5. 问题解决	普遍故障处理能力	2.2	45.0%	★★
6. 职业相关能力	专业领域数字化应用能力	2.5	25.8%	★☆
（综合多个能力域）	手机工具价值开发	5.0	50.9%	★★☆
（综合多个能力域）	电脑工具价值开发	6.6	44.2%	★★
—	数字化增收能力	6.0	40.3%	★★
各题总得分		43.6		

资料来源：《全面推进乡村振兴，需弥合城乡“数字素养鸿沟”》，http：//m. cnr. cn/finance/20210312/t20210312_ 525434633. html，2021 年 3 月 12 日。

数字素养得分与年龄整体呈现倒“U”形关系。最高得分人群为伴随互联网成长的“90 后”（21～30 岁），其次为“80 后”（31～40 岁）、“00 后”（20 岁及以下）。伴随受访者年龄的增大，其数字素养得分逐步下降。老年人正遭遇“数字鸿沟”，折射出加快数字服务适老化的紧迫性。

（三）我国未成年人数字素养情况

我国未成年人的整体数字接入水平非常高，与发达国家基本持平。“Z 世代”的未成年人作为数字社会的“原住民”，是未来数字社会的构建者和主要参与者。随着移动互联网、即时通信、智能手机和平板电脑等产品的渗透，我国未成年人互联网使用已相当普及，城乡未成年人的数字差距进一步弥合。调查显示，截至 2019 年 12 月，我国未成年网民规模为 1.75 亿，未成年人互联网普及率达到了 93.1%，高出全国平均水平近 30 个百分点①；未成年网民的

① 数值计算基于中国互联网络信息中心发布的《2019 年全国未成年人互联网使用情况研究报告》及第 45 次《中国互联网络发展状况统计报告》得出。但是，两次报告截止时间不同，前者为 2019 年 12 月，后者为 2020 年 3 月。

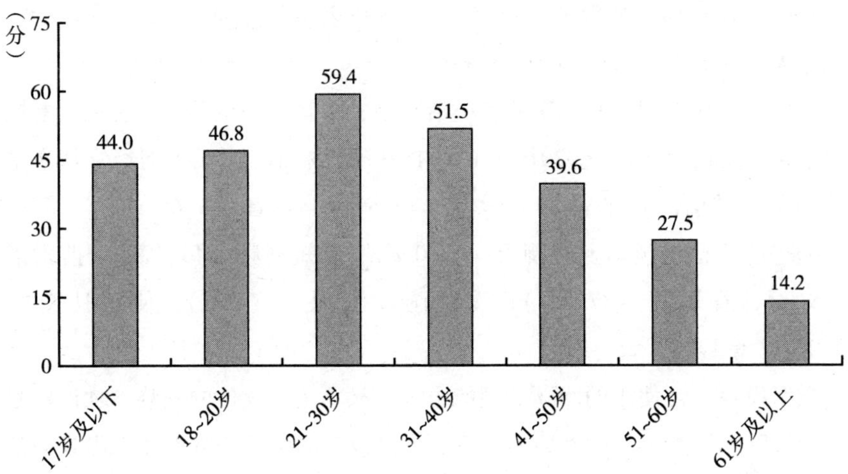

图2　不同年龄段数字素养得分

资料来源：《全面推进乡村振兴，需弥合城乡"数字素养鸿沟"》，http：//m. cnr. cn/finance/20210312/t20210312_ 525434633. html，2021 年 3 月 12 日。

上网设备拥有比例达到了 74%，手机拥有比例达到了 63. 6%，平板电脑拥有率也达到了 24%；城镇未成年人互联网普及率达到 93. 9%，农村未成年人达到 90. 3%，两群体的差异较 2018 年的 5. 4 个百分点下降至 3. 6 个百分点①。与国外相比，截至 2018 年 12 月，美国 3 ~ 18 岁未成年人互联网接入率为 94%②，截至 2019 年 12 月韩国 3 ~ 19 岁未成年人互联网普及率为 95. 6%③，可见我国未成年人互联网接入率已与发达国家差距很小。

未成年人对互联网的认知正向积极。《2019 年全国未成年人互联网使用情况研究报告》发现，未成年人认为互联网主要是：认识世界的窗口（67. 1%）、日常学习的助手（66. 1%）、娱乐放松的途径（59. 3%）、便利生活的工具

① 共青团中央维护青少年权益部、中国互联网络信息中心（CNNIC）：《2019 年全国未成年人互联网使用情况研究报告》，http：//news. k618. cn/roll/202005/t20200513_ 18013196. html，2020 年 5 月 13 日。

② NCES，"Children's Internet Access at Home，" https：//nces. ed. gov/programs/coe/indicator_cch. asp，2021 - 03 - 17.

③ Statista，Internet Usage Rate in South Korea from 2013 to 2019，by Age Group，https：//www. statista. com/statistics/226740/age - composition - of - internet - users - in - south - korea/，2021 - 03 - 17.

(53.1%)、认识朋友的渠道(36.5%)、自我表达的空间(18.8%)[①]。可见,未成年人对互联网有自己的认知和态度。

未成年人在上网经常从事的各类活动中,听音乐、玩游戏、聊天、看视频等娱乐化应用占比较高[②]。2019年的调查发现,未成年网民上网经常从事的各类活动中,排前三位的是网上学习(89.6%)、听音乐(65.9%)、玩游戏(61.0%)。其他还包括上网聊天(58.0%)、看短视频(46.2%)、搜索信息(44.9%)、看视频(37.5%)、看动画或漫画(33.2%)、使用社交网站(32.0%)等[③]。

数字设备日常使用的问题处理能力也彰显不足。软件的安装、软件权限设置、个人隐私设置、上网参数的设置、上网设备的维护等方面体现出我国基础教育的弱势,仅有25.7%的未成年人表示学校有专门课程教授上网技能。调查显示,大学生中有超过66%的人不了解计算机系统、数据等的安全设置,有超过51%的学生不知道防火墙的全部功能。许多学生的个人电脑同时安装多款病毒软件、盗版软件,CPU占用率高,频繁死机等情况经常出现[④]。

未成年人对数字信息的管理水平偏低。结合众多国家数字素养框架内容来看,对于数字信息的获取能力将决定数字素养的高层次能力,如知识的创造、问题的解决、数字技术的创造性应用等。在用于学习目的时,部分人也局限于作业答案的查询和课程资料搜索,而在信息的整理、分析、评估等中高层应用方面还有较大提升空间。比如,对搜索引擎的高级使用、对于专业信息数据库的使用、对个人知识信息库的建立、全方位应用数字技术解决专业问题等都还十分有限。而这些数字信息的管理能力直接关乎数字素养水平向高等级水平的迈进。

---

① 共青团中央维护青少年权益部、中国互联网络信息中心(CNNIC):《2019年全国未成年人互联网使用情况研究报告》,http://news.k618.cn/roll/202005/t20200513_18013196.html,2020年5月13日。

② 王佑镁、杨晓兰、胡玮、王娟:《从数字素养到数字能力:概念流变、构成要素与整合模型》,《远程教育杂志》2013年第3期,第24~29页。

③ 共青团中央维护青少年权益部、中国互联网络信息中心(CNNIC):《2019年全国未成年人互联网使用情况研究报告》,http://news.k618.cn/roll/202005/t20200513_18013196.html,2020年5月13日。

④ 王媛:《黑龙江省大学生数字素养调查报告》,黑龙江大学硕士学位论文,2017。

总体来说，我国未成年人网络素养教育体系需要进一步完善。调查显示，65.6%的未成年网民主要通过摸索来学习上网技能，通过学校学习获得上网技能的为25.7%。目前的网络素养教育尚未形成统一、标准的教学体系，网络操作技能、网络防沉迷知识、自护意识和能力需要加强。

（四）中老年人数字素养情况

我国中老年群体积极拥抱数字化生活。报告显示，到2022年前后，中国65岁以上人口将占总人口的14%，实现向老龄化社会的转变①。另据 Quest Mobile 公布，截至2020年5月，中国50岁以上的"银发人群"移动设备活跃用户规模超过1亿②，增速远高于其他年龄段人群，是移动网民重要增量来源。截至2020年12月，50岁及以上的网民群体占比，由2020年3月的16.9%提升至26.3%，互联网进一步向中老年群体渗透③。

乡村中老年人群体成为我国数字素养水平洼地。我国数字素养水平在不同地区、年龄的人群中分布极为不均衡。总体分布规律为城市高于乡村、年轻人高于中老年人。综合来看，乡村中老年人群体的数字素养水平最低。这一现象与我国的社会文化传统有关，也与经济发展水平及教育资源的分布不均等因素有关。数据显示，60岁及以上老年人数字素养得分仅为14.2分，低于全国平均分29.4分；50~60岁中老年人数字素养得分为27.5分，低于全国平均分16.1分④，所以，中老年群体的数字素养处于严重"不及格"状态。

线上线下融合的生活方式也逐步被老年人所接受。2017年，在京东平台上中老年人群消费能力增长迅速，同比提高78%⑤，老年人的消费潜能巨大。

---

① 数据来源：中国发展研究基金会《中国发展报告2020：中国人口老龄化的发展趋势和政策》，2020。

② 数据来源：《QuestMobile银发人群洞察报告》，2019年3月5日。

③ 共青团中央维护青少年权益部、中国互联网络信息中心（CNNIC）：《2019年全国未成年人互联网使用情况研究报告》，http://news.k618.cn/roll/202005/t20200513_18013196.html，2020年5月13日。

④ 数据来源：中国社会科学院信息化研究中心《乡村振兴战略背景下中国乡村数字素养调查分析报告》，2021。

⑤ 数据来源：京东战略研究院与中国国际电子商务中心内贸信息中心联合发布《老年网络消费发展报告》，2018年3月1日。

饿了么公布的“银发族”消费数据显示，2019 年老年外卖订餐增长近 10 倍，是使用团购优惠券购买足疗按摩、休闲娱乐、健身房等服务的主要群体。2020 年的新冠肺炎疫情，加速了中老年人群体拥抱数字生活的进程。疫情期间，60 岁及以上的老龄人口“触网”同比增速较整体水平高出 29.7%①。2020 年第三季度老年群体在手淘月活跃度同比增速远超其他年龄阶段，高出整体人群 29.7%。老年人数字商务消费三年复合增长率达到 20.9%，疫情期间线上消费增速仅次于“00 后”②。

在线社交及在线娱乐是体现中老年数字素养的重要领域。消费娱乐需求驱使中老年人自发走进数字生活。即时通信工具成为中老年人重要的表达情感与家人及朋友进行维系的社交互动平台。微信是带动中老年人融入数字社会的重要渠道，近半数（49.6%）的老者已经接入微信③。如从手机等数字设备的使用到各种软件的安装、再到搜索自己所需的信息等，甚至部分中老年人开始使用摄影及摄像功能制作自己的数字内容用于分享和社交目的。这些知识和技能使得中老年人群体在数字接入设备的使用上迈上了更高的台阶。

二 我国数字素养发展特点

（一）2016年以后我国国民数字素养提升加速

2015 年，中国实施“互联网 +”行动计划，推进“数字中国”建设，推动网络经济创新发展。2015 年中国上网人数历史性地突破了人口的半数（互联网普及率达到 50.3%），中国国家顶级域名“.CN”成为全球注册保有量第一的国家和地区顶级域名（ccTLD），中国网页数量首次突破 2000 亿④。2016 年以来，随着国家政策的大力扶持，从电子政务、电子商务、在线教育到在线

---

① 数据来源：阿里巴巴《老年人数字生活报告》，2020 年 10 月 23 日。

② 刘一：《阿里发布〈老年人数字生活报告〉：别让老年人在数字时代掉队》，http://www.xinhuanet.com/tech/2020-10/23/c_1126649338.htm，2021 年 3 月 7 日。

③ 数据来源：腾讯研究院《吾老之域：老年人微信生活与家庭微信反哺》，2018。

④ 中国互联网络信息中心：第 37 次《中国互联网络发展状况统计报告》，2016 年 1 月。

社交和娱乐等生活的方方面面，数字生活持续向传统生活渗透，人民深刻体会到了数字经济社会能够带给每个人的切身利益和好处。无论是每个人的自身发展需求的内在动力，还是社会环境改变的外在压力，都促使整体国民的数字素养水平快速提升。

（二）2020年新冠肺炎疫情对提升数字素养影响大

新冠肺炎疫情成为公民数字素养提升的催化剂。2020 年，新冠肺炎疫情居家隔离期间，在线办公、在线教育、在线政务、在线医疗等业务的广泛开展，成为大众数字素养提升的“强化课”。疫情逼迫企业完成办公在线化、数字化、常态化，在线办公在疫情的影响下快速发展成为工作常态。疫情促使在线教育提前进入了快车道，在线课堂的授课形式被师生所接受，在线教育推动教师和学生的数字素养提升。“防疫健康码”成为人们的“数字身份证”，健康码的使用对全民数字素养的提升起到了巨大的推动作用。全国一体化政务平台推出的“防疫健康码”累计申领近 9 亿人，截至 2020 年底使用人次超过 400 亿①；健康码相关适应老年人功能已覆盖全国至少 3000 万老年人群体②。

（三）不同地区不同人群数字素养差距大

我国人口基数大，社会地理环境条件复杂，致使公民数字素养差距较大。我国网络基础设施飞速发展，4G 覆盖率世界领先，用户已超全国 98% 的人口，但仍然存在硬件无法通达的那“2%”地区。疫情期间各类学校开展在线授课，然而却出现了大山里爷爷为孙女搭帐篷学习、内蒙古草原的牧民女儿骑马找信号等事件。由于年龄、职业、收入、文化背景、教育环境等条件的区别，这种“软差异”将是数字素养教育的“硬骨头”。软差异在这里指不同地区人们对同一事物的理解程度存在差异，这些差异将会导致“知识沟”的出现③，而且“知识沟”在数字社会可能会被进一步放大。

---

① 中国互联网络信息中心：第 47 次《中国互联网络发展状况统计报告》，2021。

② 温婧：《腾讯助力上线适老健康码方案，部分地区春运已启用》，https：//kd. youth. cn/a/rgEVBGLwrdgm5dW，2021。

③ 韦路、张明新：《第三道数字鸿沟：互联网上的知识沟》，《新闻与传播研究》2006 年第 4 期。

（四）城乡居民数字素养差距大

由于历史原因，城乡差距在较长时期将会存在①。在数字社会，除了居民收入差距、教育差距、医疗差距等传统的城乡差距之外，数字素养正在成为新的城乡居民差距。调查显示，我国城乡居民的数字素养差距达到了37.5个百分点的高位。城乡居民得分差距较大的5项依次为数字安全意识、电脑使用、数字化增收能力、电脑工具价值开发、手机工具价值开发，差值依次为43.2个、31.7个、27.7个、25.6个、23.8个百分点。差距最小的两项为数字内容创建能力、专业领域数字化应用能力。② 城乡居民数字素养的差距会生产新的数字鸿沟，进一步拉大城乡差距。或者说，新时代城乡数字鸿沟不再是基础设施差距带来的接入沟，更多地表现为数字素养差距带来对智能设备的使用沟和数字技能的知识沟。

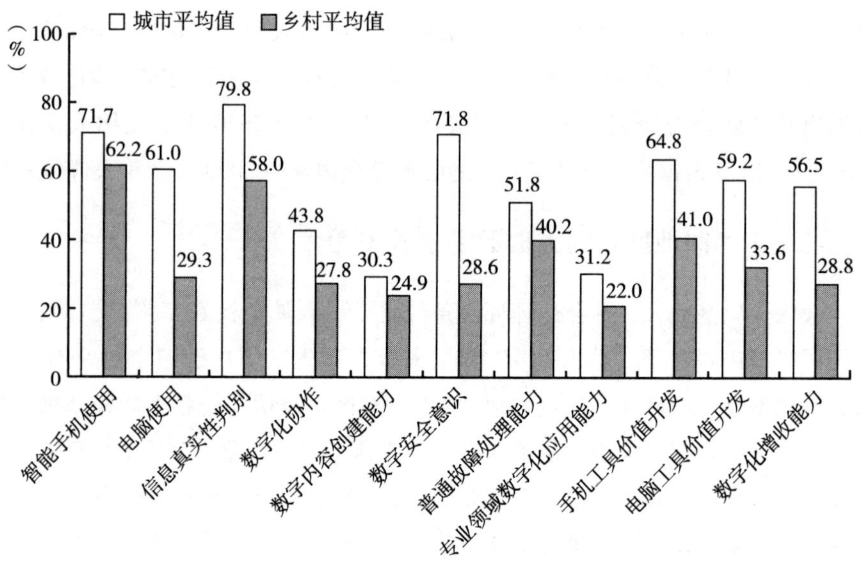

图3　城乡居民数字素养差异

资料来源：《全面推进乡村振兴，需弥合城乡“数字素养鸿沟”》，http：//m.cnr.cn/finance/20210312/t20210312_ 525434633.html，2021年3月12日。

① 根据国家统计局公布的数据，我国居民收入的基尼系数2003年为0.479，2018年为0.491，2014年为0.469。北京师范大学经济与工商管理学院教授李实认为，未来几年我国基尼系数将在0.45～0.5波动。

② 数据来源：中国社会科学院信息化研究中心《乡村振兴战略背景下中国乡村数字素养调查分析报告》，2021。

（五）我国政府逐步重视国民数字素养

政府逐步重视公民数字素养培育，并对提升国民数字素养做出了部署。《普通高中信息技术课程标准（2017 版）》提出，要全面提升学生的信息素养，帮助学生成为数字化时代的合格中国公民。2018 年我国发展改革委员会印发了《关于发展数字经济稳定并扩大就业的指导意见》，指出“到 2025 年，伴随数字经济不断壮大，国民数字素养达到发达国家平均水平”。这是我国第一次在官方文件中给出公民数字素养发展的明确目标。在此之前，政府部门大多使用信息素养概念，比如，2018 年颁布的《教育信息化 2.0 行动计划》提出“全面提升师生信息素养”。2019 年《数字乡村发展战略纲要》明确提出，到 2035 年，城乡“数字鸿沟”大幅缩小，农民数字化素养显著提升。2021 年 3 月，“十四五”规范纲要明确要求，“加强全民数字技能教育和培训，普及提升公民数字素养。加快信息无障碍建设，帮助老年人、残疾人等共享数字生活”。

三　目前我国数字素养所存在的问题

（一）数字素养教育起步晚、水平低

相对于西方发达国家，我国公民数字素养相对落后的重要原因是起步晚。一方面，我国数字素养教育在历史连续性上存在断裂。不同于西方国家在数字素养之前具备了扎实的基础，人们对于数字素养的认知水平和接受度较高。而我国在数字素养教育发展链条中缺失了若干重要环节，如公民媒介素养、网络素养、信息素养等相关教育一直没有得到应有的重视，从而导致对数字素养认识不足。另一方面，我国在信息素养教育中存在“重硬”“轻软”的现象，即硬件建设普及率高，但硬件的应用广度和深度都远远不够，致使相同教育层次的公民在数字素养水平方面与发达国家公民相比处于劣势。另外，我国公立图书馆在数字素养教育方面没有起到强支撑作用。与发达国家相比，我国公民对公共图书馆的利用率不高，而国际图联则认为提高公民数字素养应是图书馆的核心服务之一。

（二）官方缺乏数字素养发展评估指导框架

大多数发达国家和地区已推出符合本国国情的数字素养发展框架，但我国的数字素养发展评估框架还迟迟没有推出。一是我国学界对于“数字素养”的相关研究还比较薄弱。对概念的内涵认识模糊，导致对数字素养独立价值预估偏低。对国外的现状研究较多，对国内的研究较少。亟须学界理清概念内涵，为框架推出打下理论基础。二是目前对于数字素养教育的实践行动呈现零散分布、无组织状态，还远远没有形成成熟的教育实践体系，从而在实践一线还无法反馈过多有价值、符合国情的数字素养发展框架建设建议。

（三）学校教育中数字素养教育流于形式

数字素养教育在现行教育体系中处于边缘化境地。首先，我国教育的应试化倾向使得数字素养教育的相关内容被“主课”排挤。其次，对数字素养概念的模糊导致教育实施过程中没有很好地区分数字素养、计算机素养、网络素养、信息素养的相关内容，存在以偏概全的现象。再次，在高校数字素养课程的开展多由图书馆负责，而图书馆不属于直接教学部门，在抽调人员进行培训时会力不从心。如笔者调研广西桂林某高校，全校在校生 1 万多人，2015 年至今参与过数字素养相关培训的学生仅 1000 多人次，图书馆反映师资紧缺是大问题。最后，国内的数字素养教育普遍层次较浅，整体设计上缺乏层次性、逻辑性，没有很好地与专业及实际应用相结合。在教育形式上多是传统的课程、讲座、培训，缺乏形式上的创新，在内容上多是从技术入手，也缺乏重要的评价体系供参考。

（四）老年人和特殊人群数字素养提升难度大

对于老年人和特殊人群的数字素养提升难度主要体现在三个层面：首先是终端层面。老年人和特殊人群在终端设备使用方面与其他人群存在差异，如老年人对屏幕的特殊要求、盲人所使用的特殊上网设备等。其次是应用层面。目前的各类软硬件的功能及逻辑设计都以大众人群为主体，软硬件设计的适老化考虑不足，一些看似简单的操作对于老年人来说可能就是一大难题。特殊人群使用智能手机，虽然操作系统 iOS 和 Android 都内置有特殊人群应用模式，但是大多数应用 App 没有很好地针对特殊人群进行优化，或单独提供相应的应用模式，使得他们在使用上存在一定障碍。最后是认知层面。老年人出生、成长在传统社会、经济环境下，他们的思维“固化”，难以适应数字社会的新思维。如互联网上的碎片化信息、虚假信息、超文本信息都使得中老年群体在阅读、理解、评判上的表现低于现实环境。

四　弥合公民数字鸿沟、提升全民数字素养

实现数字化转型和建设数字中国是我国“十四五”规划的重要内容。全民提升数字素养是实现这一目标的关键。

（一）政府需尽快出台数字素养发展评估指导框架

政府出台中国特色的数字素养发展评估框架迫在眉睫。在数字经济全球化浪潮下，提升公民数字素养是提高我国综合竞争力的首要条件。信息技术的迅猛进步、劳动力市场的需求变革等因素都催生公民对数字素养教育的巨大渴求。我国数字素养发展框架的构建应积极从以下三方面考虑。

首先，积极吸取西方国家框架制定过程的宝贵经验。如在联合国教科文组织给出的数字素养发展框架基础上，总结西方发达国家数字素养框架研究及实践的经验，分析现有各框架的优缺点，考虑各框架对我国的适用度，取众家之长为我所用。

其次，充分考虑我国实际情况和未来发展需要，构建中国特色的数字素养发展框架系统。框架的推出还需与相应的评测工具、认证指标体系建设、相关政策法规、教育课程体系建设等配合，需在全国范围广泛调研，调动教育者、实践者、管理者、公民等多方主体积极参与，多方反馈，促进框架系统的尽快出台。

最后，多元化因地制宜地推出相应层面的子框架及相关测评工具以面向多样主体，促进公民数字素养的全面平等发展。如欧盟曾针对普通消费者、教育工作者、政府人员等推出相应的数字素养框架。

（二）加强数字素养“软投入”，缩小人群之间数字素养差异

在数字素养“硬投入”已经具备一定基础后，因文化、人口、教育等复

杂因素所导致的数字素养差距只有依靠“软投入”才能有效消除，重视培养能使数字技术为我所用的能力，实现社会的包容性增长。软投入可从以下几个方面进行。

首先，社区应成为数字素养教育的先锋兵。社区工作将承担“软投入”的重担，因社区是直接面对每一位活生生的公民，是工作的“最后一公里”。公民具体而多样的数字素养需求直接体现在社区工作者面前，需要社区能应用“差异化”的工作思路解决每一位公民“差异化”的数字素养需求。

其次，图书馆应逐渐变为普及公民数字素养教育的主阵地。近年来，各地政府大力投入图书馆建设，纷纷建设省市级大型图书馆、社区小型图书馆以及流动图书角等，以及随着终身学习社会的到来，人们对图书馆的使用频度和深度必会加大，这些都为公民的素质提高奠定了良好基础。图书馆需在此基础上“为用户提供层次化、个性化的培养方式，帮助用户融入数字环境、提高数字素养和技能”。

再次，学界在加强相关理论研究的同时，需注重基于中国现实的实证研究。国内存在地区差异、城乡差距、人口差异等特殊国情，亟须学界展开面向不同地区、不同人群的数字素养实证研究，以期为后续教育实践提供参考。

最后，数字生活适老化、特殊化设计是提升中老年、特殊群体数字素养的关键。适老化、特殊化设计是指在数字社会环境中充分考虑中老年人文化背景、知识背景、身体条件、行动特点等作为数字产品的开发、设计，以及相关软硬件设计等的前提条件，以满足中老年人、特殊群体的数字生活需要。

（三）全面纳入教学环节，渗透进其他课程

数字素养作为数字社会公民的基本素养和能力，非一门课、一次讲座能够获得显著效果的，需在现有教学实践环节全面渗透，应体现出“润物细无声”的效果。首先，在教学体系的各层次教育中皆应增加独立课程的数量，提高课程内容质量，从课程设计、实施到考核各环节都要确保切实有效免于形式。其次，将数字素质教育纳入学生整体知识结构的构建之中，融入其他课程，提高应用数字技能解决问题的能力。再次，在高等教育阶段，高校应将数字素养的内涵如获取数字信息、数字交流、创建数字内容、数字安全等能力分层次设计

融入不同年级之中，并应进一步依据不同专业需求进行优化[①]。最后，在社会教育阶段应针对公民的不同背景情况，展开形式多样、不同层次的数字素养教育，促进全民终身学习的普及。

（四）鼓励扶持企业积极参与提升公民数字素养建设

在政府全力推行普惠的公民数字素养教育时，应调动社会力量，尤其是数字素养利益相关企业积极投入数字素养教育的资源及平台建设。企业有偿数字素养教育是有效的差异化补充。根据欧美等国家的发展经验，企业提供有偿数字素养教育服务能够形成除政府、学校、图书馆、社区之外的重要补充。因为在普惠公益性的数字素养教育之外，必然还有一些公民会提出较高的或者较特殊的数字素养诉求，这就需要社会上的企业能够针对这部分人群有的放矢地提供有偿服务。此外，这些新的诉求将成为未来政府数字素养框架改进的重要参考依据，极具社会价值。

数字素养的发展是细致入微的工作，政府、教育、公益机构、社区、企业的全方位参与，可以保证最大化地普惠到每一位公民。正如美国所形成的数字素养培养体系，以政府为政策主导及提供资金扶持，高校、图书馆及博物馆成为理论研究阵地及无偿提供数字素养培养的主阵地普惠大众，而行业企业则成为政府、高校所未及之地的有力补充。

参考文献

马克·布朗、肖俊洪：《数字素养的挑战——从有限的技能到批判性思维方式的跨越》，《中国远程教育》（综合版）2018 年第 4 期。

王佑镁、杨晓兰、胡玮、王娟：《从数字素养到数字能力：概念流变、构成要素与整合模型》，《远程教育杂志》2013 年第 3 期。

许欢尚：《美国、欧洲、日本、中国数字素养培养模式发展述评》，《图书情报工作》2017 年第 16 期。

中国信息通信研究院：《中国数字经济发展白皮书（2020）》，2020。

① 黄燕：《大学生数字素养的现状分析及培养路径》，《思想理论教育》2015 年第 3 期。

B.6

移动互联网时代舆情反转特点及对策研究

——以 2020 年国内反转舆情为例

狄多华　朱昱熹*

摘　要：近几年互联网快速发展，网络舆情反转现象层出不穷、屡见不鲜。本报告以2020年反转舆情案例为样本进行统计分析，复盘剖析新媒体时代网络舆情反转的深层原因和发生机制，特别对舆情发生、反转和澄清各阶段的特点进行研究，并由此提出“政府、平台、媒体以及网民多方参与、多元互动、协同治理”的网络舆情治理策略，从而营造风清气正的网络舆论空间。

关键词：反转舆情　互联网　治理

一　2020年反转舆情概况

回顾2020年舆论场，“反转”已成为网络舆情的关键词之一。本报告基于对2020年反转舆情案例样本的统计分析，复盘、剖析新媒体时代网络舆情反转的深层原因和发生机制，特别对舆情发生、反转和澄清各阶段的特点进行研究，进而探讨网络舆情治理策略。

---

* 狄多华，中央网信办互联网舆情中心副主任、一级巡视员，主要研究方向为网络传播、互联网舆情等；朱昱熹，中共中央宣传部文艺局干部，主要研究方向为文化艺术领域宣传、网络舆情。

（一）反转舆情的概念界定

目前学术界对“反转舆情”的概念尚无统一的定论。与之相关的概念有“反转新闻”“逆转新闻”。黄楚新、王丹定义该类新闻为：“媒体对于同一件新闻事件的报道，随着后期媒体不断地深入挖掘，所报道的新闻事实往相反方向转变，受众的立场也随之发生两极化转变的新闻传播现象”。[①] 陆雪莉提出“反转新闻”即报道在传播中出现真假转换，舆论也经历颠转的变化。[②] 综合来看，多数学者认为“反转/逆转新闻”必须包括新闻事件本身的反转和继而引起的受众态度反转两个要素。在本研究中，我们使用“反转舆情”而不是“反转新闻”或者“虚假新闻”，是因为反转舆情包括且不止于虚假新闻事件本身，它的核心更侧重于整个舆情事件的演变过程，特别是“受众态度”的反转与平息。

新闻事件本身的反转在实践层面也有不同的表现：一是新闻事实完全捏造，在有了新的事实信息后导致舆情反转；二是新闻本身没有虚假成分，但不全面客观，在增加了新的审视角度或者重要信息后，公众的观点产生了改变，进而导致舆情反转。

反转舆情的发展主要经历首发阶段、发酵阶段、反转阶段与平息阶段四个阶段。通过分析统计反转舆情案例可将其分为两类，一类是随着新闻事实澄清与真相解构，反转平息的过程，多是由警方辟谣、官方纠偏构成；另一类是从事件本身看，可能当事人自己主动散布虚假信息，操控网军，直至被迫挖出真相。

（二）2020年反转舆情概况

本次研究委托专业舆情公司——擎盾公司通过专业手段进行了数据抓取，选取2020年引发舆论热议的16例舆情反转事件作为样本，从首发媒体、传播平台、网络水军与意见领袖、热点议题、反转方式、政府角色与主流媒体态度等多方面对传播规律进行分析。

---

① 黄楚新、王丹：《逆转新闻的成因及应对策略——从媒介素养的视角分析》，《新闻与写作》2015年第10期。

② 陆雪莉：《反转新闻的叙事框架和传播影响》，《新闻记者》2016年第10期。

1. 首发媒体

反转舆情具有动态发展与周期性的特点，在不同阶段随着新闻状态的不同呈现从暗流期到沸点期，再从波动期发展到平息期。导致反转舆情出现的主要原因是暗流期的新闻首发出现了问题。本研究将着重关注反转舆情的首发情况，如发布渠道、首发失实情况等。目前学界大多把媒体分为自媒体和大众媒体。自媒体概念源于美国，指利用电子科技手段，将信息传达给不特定人群的私人化、平民化、自主化的媒介。① 大众媒体即大众传播媒体，是指拥有大量的受众，受某个机构（报社、电台等）的控制，采用某种技术手段（印刷、广播、放映等）复制和传播信息的媒介。②

从表1可见，2020年反转舆情首发在自媒体上的数量是10起，首发在大众媒体上的数量是6起。

表1　2020年反转舆情事件统计

序号	名称	首发媒体	类型
1	鲍毓明“性侵养女”事件	澎湃新闻	大众媒体
2	“原阳舆情”暴发的背后:县城普遍畏惧记者如虎	每日经济新闻	
3	杭州女子失踪案	钱江晚报	
4	大学生偷外卖事件	江苏电视台	
5	浙江高考满分作文风波	澎湃新闻	
6	腾讯控诉老干妈拖欠千万广告费闹“乌龙”	每日经济新闻	
7	南通护士于鑫慧事件	微信公众号	自媒体
8	永城取缔房产中介	微博	
9	杭州女子被造谣出轨快递员事件	朋友圈、微信群	
10	网约车连闯红灯救人,患儿家属却拒作证	看看新闻	
11	广州教师刘某体罚学生致吐血事件	个人微博账号	
12	苟晶举报事件	个人微博账号	
13	成都大学党委书记毛洪涛留绝笔信后自杀	朋友圈	
14	罗冠军事件	个人微博账号	
15	游客喂动物吃口罩事件	个人微博账号	
16	辛巴直播带货舆情反转	个人抖音账号	

① 石磊：《小众自媒体传播方式探究》，《新媒体研究》2017年第24期，第13~14页。

② 顾明远：《教育大辞典》，上海教育出版社，1998，第230页。

根据对 2013 ~2019 年国内反转新闻首发媒体的统计，大众媒体与自媒体两者占比基本持平，这种情况在 2020 年发生了变化。据 2020 年反转舆情首发媒体统计，自媒体约占比 62%，高于大众媒体的 38%，究其原因，主要有三点。第一，自 2019 年起，融媒体建设进入快速增长期，第五代移动通信技术（5G）加强网络部署与设备建设推进，短视频平台积极开拓下沉市场，成为互联网发展新风口。中国互联网络信息中心（CNNIC）发布的第 47 次《中国互联网络发展状况统计报告》指出，截至 2020 年 12 月我国网民规模达 9.89 亿，使用手机上网的人数比例达 99.7%，由此可推断自媒体的使用者、关注者增多。第二，2020 年新冠肺炎疫情导致的出行不便进一步推动了互联网应用创新，在促使网民规模扩大的基础上，增强了公众通过移动网络接收信息的主动性，也降低了信息传播的成本与难度。每个人都能够第一时间发布和接收信息，自媒体成为传播的一大主体。第三，传媒监管负责单位加大了对问题突出的大众媒体的查处力度，坚决整治涉新闻违法违规行为，着力净化了大众新闻舆论环境。因此，2020 年的反转舆情首发更多源自自媒体，并引发公众广泛议论。

从表 2 可见 2020 年 16 起反转舆情事件中有 14 例新闻存在严重失实情况，9 起报道失实原因是当事人故意隐瞒，如鲍毓明“性侵养女”事件中，女主人公韩婷婷存在年龄故意改小造假问题，“广州教师刘某体罚学生致吐血事件”的小学生家长即发帖人涉嫌捏造事实，并雇请人员进行网络炒作。上述调查也说明，首发失实是造成舆情反转的重要原因。

2. 发酵平台

经统计，16 起反转舆情事件的发酵平台都是微博、微信公众号等自媒体平台。自媒体平台具有交互性强、平台门槛低、新闻实效性强、新闻把关人机制作用有限的特性，在传播过程中，受众能够即时对事件发表意见并表达态度，助力公共事件的进一步传播与情绪蔓延。同时，自媒体平台日益圈层化、垂直化，能够将新闻传播给不同群体用户，触及社会各行各业的人员，以文字、图片、视频为传播载体的方式也满足了受众各自的阅读偏好，推动舆情进入大众视野。

3. 网络水军与意见领袖

在反转舆情的发酵过程中，网络水军与意见领袖的参与往往起到推波助澜

表 2　2020 年反转舆情事件首发媒体失实统计

序号	名称	首发媒体	失实原因
1	鲍毓明“性侵养女”事件	是	当事人故意隐瞒
2	“原阳舆情”暴发的背后:县城普遍畏惧记者如虎	是	当事人故意隐瞒
3	杭州女子失踪案	是	当事人故意隐瞒
4	大学生偷外卖事件	是	信息源释放不足
5	浙江高考满分作文风波	否	无
6	腾讯控诉老干妈拖欠千万广告费闹“乌龙”	是	其他原因
7	南通护士于鑫慧事件	是	当事人故意隐瞒
8	永城取缔房产中介	是	当事人故意隐瞒
9	杭州女子被造谣出轨快递员事件	是	当事人故意隐瞒
10	网约车连闯红灯救人,患儿家属却拒作证	是	当事人隐瞒
11	广州教师刘某体罚学生致吐血事件	是	当事人故意隐瞒
12	苟晶举报事件	是	当事人故意隐瞒
13	成都大学党委书记毛洪涛留绝笔信后自杀	是	其他原因
14	罗冠军事件	是	当事人故意隐瞒
15	游客喂动物吃口罩事件	是	信息源释放不足
16	辛巴直播带货舆情反转	否	无

的作用。网络水军常与网络暴力、虚假信息、造谣传谣等相关联，滥用会破坏网络舆论秩序。而在网民情绪裹挟下，一方面，意见领袖的作用被弱化；另一方面，意见领袖通过发布未经证实的信息，带偏、误导舆论，加剧了群体撕裂。

4. 热点议题

反转舆情的议题往往具有较强的话题性，能够与公众的特定情绪相契合。对现实生活长期的压抑和不满情绪奠定了心理基础，而反转舆情利用敏感身份和特定情景剥离事实，从而引发对立效果，引起舆论爆发。目前，热点议题以社会、法治、教育类新闻为主。例如，2020 年 5 月，网络上“取缔市场所有房产中介，以官方平台取代并将收取服务费”事件和苟晶举报事件则分别是法治和教育类新闻。

5. 报道方式呈现刻板印象

新闻中的刻板印象是记者对报道事实产生先入为主的印象，忽略个体差异，从而使报道标签化，内容出现偏差。当前不少媒体遵循“流量为王”，为了获取高阅读量以及快速抢占市场，在未查清事情全貌的前提下以偏概全，通过刻板印象的报道引发舆论讨论，导致了舆论频频反转。常见报道中的刻板印象包括不文明旅游行为、动物保护等。例如，2020 年 8 月 31 日，一段“喂动物吃口罩”的视频冲上微博热搜。在行车记录仪的视频中，一只马鹿将头伸进一辆小轿车中，随后叼出一个蓝色口罩并咀嚼起来。两名工作人员及时赶到，从动物口中拿出了口罩。网友配文说明该游客未按规定投喂导致出现危险情况，由此引发不少网友的愤怒。后经警方和动物园人员调查发现，视频仅截取一部分，事实是马鹿将头伸进车窗内将口罩叼出，并非游客有意投喂。

6. 反转方式

反转方式在舆情反转中处于关键地位，根据舆情反转主导方的不同，反转方式可分为以下四类。在表 1 的反转舆情事件中，政府或职能部门介入澄清式反转共 7 起，媒体主导生产式反转共 5 起，公众参与互助式反转与当事方披露真相式反转各 2 起。

（1）政府或职能部门介入澄清式反转

这类反转方式一般经由政府或职能部门组织调查小组，进行事实查明。例如，2020 年 7 月 5 日，浙江报案人许某某称爱人半夜失踪，引发网友广泛讨论。后专案组案件侦办取得重大突破，失踪女子已遇害，其丈夫许某某有重大作案嫌疑。2020 年，政府或职能部门介入澄清式反转数量增加，而且速度越来越快。“游客喂动物吃口罩事件”从曝出到大兴公安通报真相仅历时 2 天，广州教师刘某体罚学生致吐血事件从 5 月 30 日曝出到广州白云警方官方微博 5 月 31 日凌晨通报，仅仅 24 小时，展现了政府部门越来越快的反应速度。

（2）媒体主导生产式反转

这类反转方式一般是媒体借助专业的采访团队、成熟的运营机制对事情真相进行抽丝剥茧的调查。例如，2020 年 12 月 8 日，广东东莞网约车司机艾先生连闯三个红灯将突发疾病的婴儿乘客送医，为此他面临驾照被扣 18 分并吊销的处罚。交警表示撤销处罚需提供相关的医院证明，网传聊天截图显示，婴儿家属拒绝作证，称闯红灯跟他没关系，引起了网友的热烈讨论。后央视新闻从医院处了解到此事系乌龙，是因为护士给错电话所致，拒绝作证的并非患儿家属一家。目前，真实的乘客和司机已见面沟通，确认了此事是误会，对艾先生表示歉意和感谢。

（3）公众参与互助式反转

在反转舆情愈演愈烈的2020年，公众日益成熟理性，不少网民借助专业知识参与公共讨论。例如，2020年11月初，一名消费者质疑网红主播辛巴直播售卖的燕窝存在质量问题。辛巴拒不承认，舆情出现反转。11月19日，“职业打假人”王海提供了检测报告，显示辛巴直播间所售燕窝“唾液酸”含量仅有0.014克，并推断该款产品的每份工业成本不超过1元。在舆论的压力下，11月27日，辛巴发布致歉信，表示团队未能甄别出产品信息存在夸大宣传的内容，确有疏漏，并决定担责。

（4）当事方披露真相式反转

这类反转方式一般是当事方由于舆论发酵主动披露事件真相。例如，2020年6月29日，中国裁判文书网的公开信息显示，原告深圳市腾讯计算机系统有限公司（以下简称“腾讯”）诉被告贵阳南明老干妈风味食品销售有限公司、贵阳南明老干妈风味食品有限责任公司（以下简称“老干妈”）服务合同纠纷一案中，广东深圳南山区人民法院认为，原告的申请符合法律规定，裁定查封、冻结被告名下价值1624.06万元的银行存款或查封、扣押其等值的其他财产。当日晚间，老干妈通过其官方微信发布正式声明称，公司从未与腾讯公司或授权他人与腾讯公司就“老干妈”品牌签署《联合市场推广合作协议》，且从未与腾讯公司进行过任何商业合作。7月1日，贵阳市公安局双龙分局发布通报称，经初步查明，系犯罪嫌疑人曹某、刘某利、郑某君伪造老干妈公司印章，冒充该公司市场经营部经理，与腾讯公司签订合作协议。其目的是获取腾讯公司在推广活动中配套赠送的网络游戏礼包码，之后通过互联网倒卖非法获取经济利益。最终腾讯与老干妈握手言和，厘清误解。

二　2020年反转舆情的产生原因

（一）社会转型

当前我国正处于社会转型的过渡时期，面临着特殊的历史问题。这场社会转型是一场空前的整体变革，必然会打破现有利益格局，重组信息结构。在这

场冲突中，不可避免地出现触及道德底线的行为。旧观念被抛弃、新观念发展不够成熟，因此大众容易迷失其中。随着改革的推进与经济的发展，人们对于财富的追求更胜以往，社会贫富差距不断加大，资源分布不均衡以及地区发展不平衡等问题，都是反转舆情频繁上演的深层原因。在舆论反转的报道中，职业道德较低的媒体从业人员将这些问题反复提及并激化，进一步引发舆论动荡。

身处转型期的大众普遍面临着来自求学、工作、购房、医疗、养老等各方面的压力，常陷入对未来的迷茫与焦虑中，导致心态失衡。普遍的失衡心态又进一步促使对社会不公感与信任危机的产生，最终表现在社会的方方面面，如医患冲突、人情冷漠等。当这些情绪难以在现实中释放时，便会在网络中爆发。网络为人们的现实情绪积累提供了释放场所，自媒体的时效性与隐蔽性进一步扩散了公众的不良情绪。[①] 不少反转舆情前期吸引眼球就是由于涉及社会转型的矛盾冲突，人们的失衡情绪得到释放，客观上推动了反转舆情的后续发展。

（二）技术发展

互联网技术的发展打破了人们在空间上的限制，使得信息能够迅速广泛传播，为反转舆情的诞生提供了温床。

中国互联网技术近年来迅猛发展，网民规模由2006年底的1.37亿增长至2020年底的9.89亿。人数增长的同时，网络信息的产生与传播告别了初期点对面的单向传播形式，呈现出双向去中心化特点，每个人都能够作为网络信息的生产者与转播者。正如麦克卢汉提出的，“讯息内容不重要，媒介手段才重要”[②]。

网络建设的发展给人们的衣食住行方式都带来了巨大变革，网民能够使用手机获取信息与处理事务。一方面，新闻的时效性得到了进一步提高，但获取最新消息的同时，也伴随着其真实性的折扣；另一方面，网络的发展使得媒体的技术门槛降低，真实社会中的每个人都能够化身记者实时记录所见所闻，传

① 余红、李瑞芳：《互联网时代网络舆论发生机制研究》，华中科技大学出版社，2016。

② 〔加〕马歇尔·麦克卢汉：《媒介即按摩》，何道宽译，机械工业出版社，2006。

播网络信息。网民的文化素养参差不齐，在制作新闻与传播信息的过程中助推了反转舆情的发生。

目前，随着5G技术的逐步落地，各类政策文件也相继出台，媒体行业将在多方面迎来新的变革。

（三）心理因素

1. 群体极化

反转舆情往往会经历发生、发酵、反转与平息四个阶段，在此过程中，公众舆论通常出现分化，并有走向极端的趋势。① 从群众心理角度考察有利于我们更好地研究这种现象的诞生。综观反转新闻案例，可以发现，舆论总是伴随着事件的反转被推向高潮。其中，越是能够迎合大众心理、贴近大众生活的事件越能受到公众的集中关注。当人的心理平衡被打破时，会采取一定行动进行心理补偿。② 当符合大众的议题产生时，具有相似心理的网民会迅速集结，并逐渐发展吸纳成员，最终形成主流舆论。在这个过程中，他们通过发表消极悲观的网络言论释放紧张压力，最终达到心理平衡。因此，广泛发表言论的公众正是反转舆情狂潮产生的推手。

2. 过度娱乐

现实生活中的人们面临着社会各方面的压力，互联网正是他们释放压力、寻找快乐的平台。近年来反转舆情不断发生，当面对争议较大的新闻时，一部分人的第一反应是发表“坐等反转”等戏谑评论，满怀娱乐心态和看热闹心理。一方面，这些恶搞性的表达有利于网民舒缓压抑情绪，但另一方面可能产生“娱乐至死”的现象，给新闻亲历者带来心理伤害。

3. 从众心理

从众心理是个人的判断认知受到外界群体的影响而表现出符合公众认知的行为。③ 在大众意见是正确的前提下，从众心理是可取的，但盲目随大流则不

---

① 乐媛：《互联网“极化现象”研究综述》，《新闻爱好者》2010年第8期。

② 余红、李瑞芳：《互联网时代网络舆论发生机制研究》，华中科技大学出版社，2016。

③ 韩运荣：《舆论反转的成因及治理——通过新闻反转的对比分析》，《人民论坛》2019年第30期。

妥。从众心理网络会导致优势意见的疾呼与劣势意见的沉默。[①] 即使是在具有隐蔽性的网络世界，如果发表的意见与当前主流观点不一致，就会受到大众的抨击甚至辱骂。因此，一部分网民会对自己与主流相左的意见保持沉默，形成沉默的螺旋，被动导致从众心理的产生，也使网络舆论呈现出一边倒的趋势。网络平台赋予每个人相同的话语权，但从众心理依然对网民表达想法产生影响。

4. 信息茧房

后真相时代背景下，互联网的发展赋予更多普通人进行表达的权利与途径，但也产生回声室效应并引发信息茧房。回声室效应在媒体上是指在一个相对封闭的环境中，一些意见相近的声音不断重复，并以夸张或其他扭曲形式重复，令处于相对封闭环境中的大多数人认为这些扭曲的故事就是事实的全部。后真相时代下，人们只关注自己感兴趣的信息，久而久之将自己桎梏于狭小圈层，形成认知上的“茧房”。

5. 刻板印象

当给一个群体贴标签时，也会对群体中的个人产生标签印象。因此，刻板印象在帮助人们快速获取关键信息、节省时间成本的同时，也会让人产生偏见，忽略个体差异。[②] 而我们正生活在一个标签泛滥的网络时代里，我们会下意识认为女性、老人、劳动者处于弱势地位，当出现相关形象的新闻时，便会先入为主、预设立场。受刻板印象影响的人往往易出言不逊，对事件当事人进行不分青红皂白的网络攻击，不利于事件的妥善解决。

部分职业道德较低的媒体从业者也深受刻板印象的影响，在不了解事件全貌的情况下便根据新闻线索进行立场预判，发布不负责任的报道，导致反转舆情的发生，不仅对新闻当事人带来影响，还破坏了公众对媒体的信任。

（四）媒体失责

在大众媒体时代，大众媒体多遵循从业职业道德，力求新闻报道的真实性

---

① 郭庆光：《传播学教程》，中国人民大学出版社，1999。

② 张晓鹏：《探析网络舆论反转的发展特点及其影响——以榆林产妇跳楼案为例》，《新闻爱好者》2020 年第 12 期。

与客观性，塑造起良好的形象与公信力。然而，随着互联网时代的来临，在媒体融合的浪潮中，多家纸媒受到新媒体冲击，面临严峻的生存困境。网络时代带来的另一影响是信息竞争的加剧，由于传播载体的限制，大众媒体在时效性方面远弱于新媒体。[①] 因此，为了快速抢占市场，吸引流量，部分大众媒体在未经信息核实的前提下便发布新闻，成为反转舆情诞生地。

受益于互联网的发展，新媒体的从业门槛较大众媒体较低，因此从业人员中有的缺乏专业背景，职业道德素养较低，为了博得新闻首发往往会急于发布不辨真假的新闻，使得事件真相更加难以查清。有一些责任感较弱的自媒体，为了吸引流量与关注度会主动编造负面虚假新闻，导致反转舆情频频发生。

随着改革的深入，媒体行业告别了政府财政拨款，迎来了自负盈亏的市场经济阶段。为了追求利益最大化，部分媒体逐渐放松了对自己的要求，主动降低作品质量，去迎合市场口味。这一点在新媒体上表现得尤为突出，部分自媒体为了获得高点击量与曝光度，主动创作低俗、煽情、消极或是争议性较大的新闻，吸引社会高关注度。甚至在新闻反转后，媒体能够收获更多的围观热度与经济收益。

大众传播时代，新闻的发布需要经过编辑的重重审核与把关，在一定程度上保证了新闻稿件的高质量与权威性。网络时代的发展给这种把关制度带来了冲击，大众媒体在与新媒体角逐新闻首发的过程中逐渐抛弃了把关制度，参与到未知真假的新闻素材的发布与转发中，为反转舆情频频发生推波助澜。[②] 而新媒体得益于发布信息更加高效及时，更是主动模糊对新闻信息的审核过程，再加上从业者媒体素养不足，缺乏对素材真实性的判断能力，助力了反转舆情的诞生。

（五）网民素养

我国网民数量庞大，涵盖了社会各层次人群。当一个敏感新闻被发布时，尽管一部分理性的群体能够保持良好的心态，主动等待深层信息的发掘，但大

---

① 雷跃捷、司丽：《“反转新闻”视角下新闻真实性再探》，《青年记者》2019 年第 15 期。

② 谢沁露：《“后真相”与“真相后”：反转新闻的“把关缺失”及反思》，《传媒》2020 年第 21 期。

部分网民受限于教育程度与人生阅历，会发布偏激的评论甚至做出违法的非理性行为。当理智的网民在报道初期保持沉默，便会放纵非理性声音的放大，继而裹挟更多相似意见形成舆论，最终占据主流。网民素养的不足归根于转型期的社会人群对现实压力的发泄，他们借助于敏感新闻释放不满情绪，很少考虑新闻背后的真相，这样的人是反转舆情的主要传播者。

（六）监管缺位

媒体从业者与普通网友媒介素养不足推动反转舆情产生，同时相关监管部门的缺位也是反转舆情越来越多的原因。互联网技术快速发展，相关法律规范的出台速度远远赶不上网络行为的发展变化。目前，我国尚未出台正式的《新闻法》，对于移动客户端内容的立法规范更是存在大片空白。由于不需要承担相应责任，这在一定程度上纵容了反转舆情的产生与发展。综观2020年反转舆情案例，发布虚假新闻、炒作公众情绪的媒体或个人在收获高点击量与关注度后，并未被相关部门追责。这种违法成本低、收益高的现象使得部分媒体人愈加猖狂大胆，甚至开始试探法律底线。此外，在虚假新闻点燃舆论后，相关部门的回应速度较为滞后，使得新闻真相不能在关注度最高时被查清，由此产生的不良影响未能被完全消除。

三　2020年反转舆情的影响

（一）正面影响

1. 推动寻求真相

受碎片化生活方式的影响，如今人们接收信息也表现出片面化特征。近几年愈演愈烈的反转舆情使得更多网民主动行使监督权，大量爆发的舆论刺激了媒体与相关部门深入调查公共事件，最终在一次次反转中逐渐找到新闻真相。

2. 重塑媒体地位

自媒体的发展对大众媒体的地位产生了巨大冲击，但是受限于专业背景不足与职业道德缺失，其新闻质量不高与真实性较弱。因此，公众多寄希望于坚守新闻专业主义的大众媒体，希望它们能发挥专业能力优势，多方取证后查明事件真相，还原事件全貌。此外，大众媒体的介入会让社会讨论理性化，发挥意见领袖作用，这有助于重塑大众媒体的地位与形象。

3. 反思网络情绪

舆论的频频反转对参与舆论交锋的网友具有教育意义。近年来，反转舆情是对公众情绪的一次次消耗，越来越多的网友已经从情绪挑拨的虚假新闻中清醒，不再盲目跟风发泄情绪，而是变得冷静理性，甚至能够站在对立的两方地位上思考。相信在未来，网民能够更加理性地释放情绪，提高自身网络道德素养。

4. 揭示社会矛盾

反转舆情一般为社会热点问题，能够引发较为广泛的社会关注。反转舆情源自社会发展变革中的主要矛盾，当引起舆论浪潮时，也是公众在行使监督权。当这些矛盾得到全民的讨论并最终被解决时，则人民行使了话语权，促使相关社会矛盾得到缓解。

（二）负面影响

1. 滋生网络谣言

不论是片面报道还是虚假新闻，都会滋生网络谣言。真实性是新闻报道的基础，反转舆情的愈演愈烈会导致整个网络世界真假混杂，网络谣言泛滥，最终破坏整个互联网的生态环境。① 此外，反转舆情滋生出的谣言会对新闻当事人造成二次伤害。

2. 损害媒体公信

由于从业环境的复杂化，我国的媒体行业已出现了道德滑坡现象。大众媒体曾经通过其专业性与制度性树立了公信力与权威性，② 而互联网时代，部分媒体以牺牲新闻质量换取高关注度，当报道几经反转真相浮现时，参与热议的网友会产生被愚弄的感觉，因此对媒体报道都采取不信任的态度，媒体的公信力受到损害。

3. 浪费社会资源

所谓“造谣一张嘴，辟谣跑断腿”，反转舆情最初的诞生可能很容易，但

---

① 刘洋、王超群：《反转新闻的叙事框架及其负面效应》，《青年记者》2018 年第 18 期。

② 樊淑琴：《网络热点事件中反转新闻的负效应及对策》，《新闻爱好者》2017 年第 5 期。

后续为了查明事情的真相往往需要媒体和相关部门投入一定人力、物力，在这一过程中不可避免地会将处理其他问题的资源进行转移，造成了社会资源的浪费。

4. 透支公众信任

一方面，反转舆情的反复出现会透支公众对媒体的信任；另一方面，反转舆情的频发也是其背后社会矛盾的重提，久而久之则会导致矛盾的进一步加深与群体情绪的迅速蔓延，为下一次舆情爆发埋下隐患，最终导致整个社会的信任危机以及不稳定。

四 对策建议

（一）政府角度

政府应当从监管层面、新闻报道与舆论层面加强引导。

监管层面上，应当健全网络信息传播的法律法规，将管理触角延伸到网络媒体及平台上，使得各种类型的信息传播都能够有法可依，从源头上对虚假新闻进行约束，减少反转舆情的产生。① 新闻报道层面上，应当建立相应的追责制度，当网络媒体或者平台发布的不实信息造成较大影响时，需要对其进行追责。舆情治理层面上，政府应当提前介入舆情管理，建立舆情监测系统，梳理潜在风险点，形成预案，提高舆情态势感知能力，加强对舆论的引导能力，在关注度高的新闻中主动发声，及时澄清真相，把握舆论主动性。补齐制度短板，平衡各方利益，切实把握社会矛盾的焦点和问题，从源头平衡社会情感。

（二）平台角度

1. 提高准入门槛

作为反转舆情发酵的起点，以互联网为媒介的微博、短视频、新闻客户端等网络平台应意识到自身反转舆情发源地的地位，主动承担起遏制反转舆情产生的责任。在媒体网络身份认证方面，应当进一步提高准入门槛。

① 胡大海、董庆文：《也谈反转新闻的成因与防治》，《中国记者》2017 年第 12 期。

比如媒体单位认证应当有线下实体办公地址与相应资质证明等，媒体从业人员个人认证应该具有一定新闻相关教育背景，同时必须通过线上职业道德测试。

2. 保持谨慎态度

作为信息交流的媒介平台，网络上不可避免有高关注度的敏感新闻产生，并逐渐引发舆论浪潮。对于此类情绪感染迅速、传播力巨大的新闻，平台工作者应当保持清醒认识与中立谨慎态度，可以官方身份设置在新闻发布源头提醒公众保持冷静，并在真相报道后进行引导，比如微博平台的官方“蓝贴条”提醒。为了暂时的流量红利对反转新闻推波助澜，在真相揭露后最终损害的还是平台自身的公信力与形象。

3. 加强审核力度

新闻报道出现偏差和反转舆情的产生不可避免，这就对平台的审核机制提出了更高要求。平台应当加强对发布内容的审核力度，减少“标题党”“审丑文化”等低俗内容的发布与推广。在事实真相不明晰时，减少对具有争议性与情绪煽动性的新闻内容引流。对于让平台自身产生负面影响的反转舆情，平台可以根据影响程度采取禁言、销号等方式进行惩戒，从而让媒体工作者产生敬畏，维护平台公信力。

（三）媒体角度

1. 坚守新闻志向

移动互联网时代的到来增强了媒体行业间的竞争，但无论传统媒体还是新媒体都应承担起社会责任。① 2016 年 11 月 7 日，习近平总书记在会见中国新闻奖、长江韬奋奖获奖者代表时谈及新闻舆论工作，并对新闻工作者提出 4 点希望：要坚持正确政治方向，坚持正确舆论导向，坚持正确新闻志向，坚持正确工作取向。提高职业道德素养、坚守新闻志向是新时代党和人民对新闻工作者提出的新要求。新闻工作者应当主动恪守新闻专业主义，追求报道的真实、客观与公正，摒弃浮躁心态，不为一时的关注度降低对内容的要求，从源头减少反转舆情的产生。

---

① 王明好：《“反转新闻”中的媒体责任与公信力构建》，《中国广播电视学刊》2020 年第 2 期。

2. 加强责任意识

新闻作为一类特殊的文化载体，将对大众的世界观与价值观产生深远影响，因此绝不能以普通文化商品的眼光看待。当媒体部门采用市场经济逻辑来理解新闻时，目的在于吸引流量的反转舆情就会泛滥开来。因此，媒体部门应当加强自身责任意识，认清身负全民价值观引导的重任，对媒体从业者开展新闻志向教育与职业道德教育，积极引导部门内部新闻价值观建设，强调新闻自律。报道应当遵循客观、真实的原则，引导积极向上的社会舆论，传播正能量。

3. 强化把关意识

从源头把控反转舆情的产生，除了遏制反转新闻的写作，在新闻进入公众视野前加强对稿件的把关也是一项重要措施。各大媒体的编辑应当保持质疑精神，加强对稿件内容真实性的审核与对细节的求证，避免主观偏向、言辞偏激、内容低俗的新闻报道流出，从而树立品牌威信与影响力。自媒体从业者应当主动遵守网络信息传播规范，为传播行为负责，积极考证发布新闻信息的真实性与全面性。

（四）公众角度

公众作为反转舆情信息的传播方与接收方，是反转舆情的主要参与方。公众应当提高网络素养与理性思维，加强对新闻信息的甄别能力。正所谓，流言止于智者，当面对敏感话题时应当主动发表理智言论，避免偏激舆论一边倒。此外，公众应当保持良好素质，不肆意发表攻击性言论，积极传播正能量内容，对网络言行负责。

参考文献

石焱、刘冲：《逆转新闻的成因及应对策略》，《青年记者》2014 年第 12 期。

向超：《国内反转新闻现象研究——以 2013～2019 年反转新闻为例》，《新闻研究导刊》2020 年第 11 期。

刘勇、冉含笑：《主流媒体在反转新闻中的社会责任探析——基于对 2013 年以来反转新闻案例的分析》，《新闻传播》2018 年第 5 期。

余红、李瑞芳：《互联网时代网络舆论发生机制研究》，华中科技大学出版社，2016。

中国互联网络信息中心：第 47 次《中国互联网络发展状况统计报告》，2021 年 2 月 3 日。

B.7
2020年中国互联网舆论场分析报告

刘鹏飞　曲晓程　杨卫娜*

摘　要：极不平凡的2020年，新冠肺炎疫情催生数字时代到来。互联网舆论场格局多元分层，主流宏观叙事奠定主基调，线上线下一体治理和内宣外宣联动成为趋势。民生、企业和国际舆情增多，短视频直播成舆情源头，科学话语受到重视，数字政府和政务新媒体、企业数字化转型和新就业形态助推数字中国建设，数据安全、数字鸿沟和国际传播有待突破。

关键词：舆论　数字政府　数据安全

2020年是极不平凡的一年，新冠肺炎疫情的暴发催生了众多传统产业的数字化变革，上云、上线成为发展必需。数字变革的现实要求互联网平台服务加速发展，互联网渗透日常生活的程度进一步加深，数字孪生城市的框架开始构成，人们的注意力更加集中于互联网舆论场。

表1为2020年度互联网舆论场热点事件热度排行。

* 刘鹏飞，人民在线副总编辑，人民网新媒体智库主任，研究方向为网络舆情、新媒体传播和危机管理；曲晓程，人民网新媒体智库研究员，研究方向为群体心理、亚文化研究、融媒体；杨卫娜，人民在线研究部主任、人民网新媒体智库研究员，研究方向为网络治理、国际舆情、跨文化传播。

表 1　2020 年度互联网舆论场热点事件热度排行

序号	事件	新闻	论坛	报刊	微博	微信	App	热度
1	国内新冠肺炎疫情防控	22450524	1621638	1064134	2787738	16947618	8994346	97.27
2	脱贫攻坚和全面建成小康社会	7222261	568936	556801	1983524	6052782	2639129	80.90
3	南方多地持续暴雨及洪水	352098	62573	11385	76713	441771	180433	49.81
4	“地摊”经济和社区小店话题	220103	73257	5526	114696	397478	130857	48.96
5	嫦娥五号、天问一号、北斗等科技工程	296873	46787	14784	116834	230441	143379	48.55
6	民法典颁布实施引发热议	181561	7193	6999	37312	422432	106241	48.39
7	香港国安法颁布实施	304596	45574	8525	133142	175093	123994	48.28
8	多家互联网企业涉嫌垄断被调查和通报	219544	21895	4112	27622	308372	106884	47.99
9	互联网公司社区团购风潮引发争议	208560	61060	4195	70517	149917	100453	47.35
10	“凡尔赛文学”“内卷”等引热议	102969	10357	1280	264344	152091	51890	47.29
11	瑞幸咖啡财务造假被处罚事件	168602	15848	1197	30650	63263	64028	46.26
12	美国对华为、TikTok等企业实施限制	99457	8138	703	8107	124437	43886	46.04
13	明星催热代孕话题引发争议	12976	2387	99	167675	11225	8492	45.46
14	山东高考冒名顶替系列案件	39822	6257	608	33714	67608	27329	45.43
15	张玉环杀人案再审改判无罪	14902	1319	341	120670	25495	10743	45.36
16	中国银行原油宝事件	53960	7934	275	25636	31684	21668	45.26
17	山东栖霞金矿爆炸事故	35815	568	1018	18796	18196	25917	45.04
18	“家长退群”引发家校关系讨论	18655	849	517	2434	38230	10742	44.94

续表

序号	事件	新闻	论坛	报刊	微博	微信	App	热度
19	“大胃王”吃播下架与拒绝餐饮浪费	10150	1994	656	1978	13545	4956	44.72
20	“华商很难”“回归中国”等自媒体乱象整治	7419	369	115	939	4711	3707	44.64

注：舆情热度由新闻、论坛、报刊、微信、微博、客户端的信息量加权得出；舆情热度 = 新闻 ×0.2 + 论坛 ×0.1 + 报刊 ×0.25 + 微信 ×0.2 + 微博 ×0.15 + App ×0.1。

资料来源：人民网舆情数据中心，人民在线众云大数据平台。

一　互联网舆论场热点事件传播特征

人民网舆情数据中心根据舆情热度指数整理出 2020 年 2 月至 2021 年 1 月排名前 600 的热点事件，并根据热点事件的类型详细分成 24 种类别。从数量来说，涉及“新冠肺炎”的热点事件数量最多，涉及社会安全、企业舆情分别列第二、三位，其后是城市管理、网络治理、社会心态等（见图 1）。按网络热度排名，位列前五的事件类型依次为新冠肺炎、国际舆情、网络治理、新经济和自然灾害。

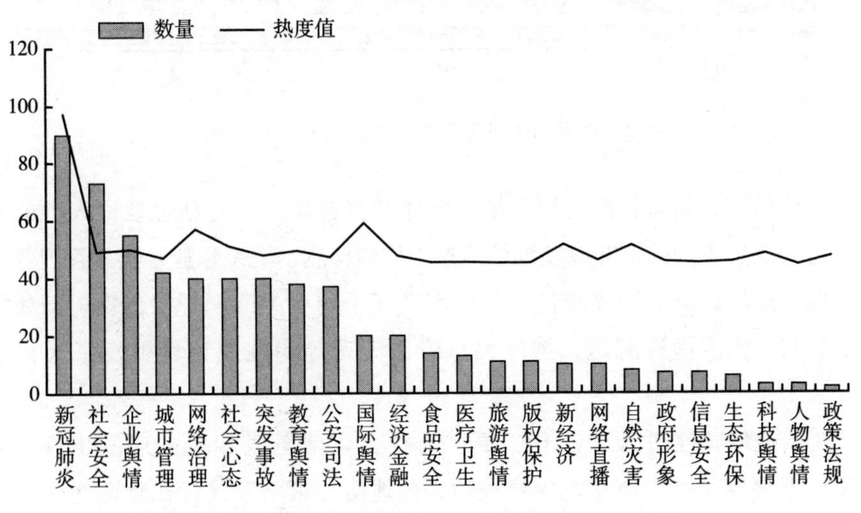

图 1　舆论场热点事件类型与热度分布（n = 600）

（一）疫情防控治理范围不断“跨界”

2020 年新冠肺炎疫情来袭，疫情防控工作在舆论场上始终吸引着社会最广泛的注意力，其影响范围以公共卫生领域为中心跨界扩散。人民网舆情数据中心整理了过去一年内讨论热度较高的 90 件新冠肺炎疫情相关热点事件，发现其跨界领域涵盖城市管理、社会心态、公安司法、网络谣言、社会安全等（见图 2）。

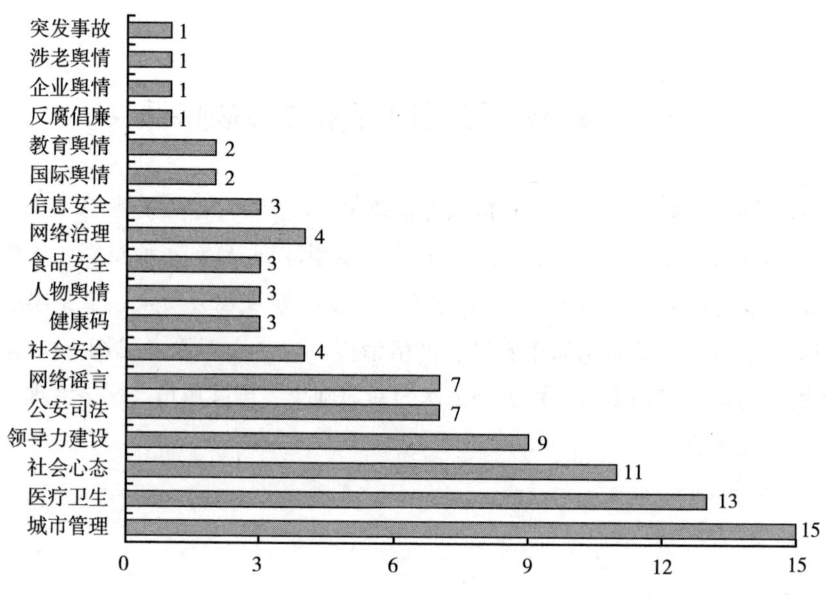

图 2　新冠肺炎类型事件跨领域分布（n = 90）

具体而言，新冠肺炎疫情早期，媒体的报道集中于对新冠确诊人数的通报、公共卫生管理的追踪以及疫情防控中核酸检测、消杀作业、药品管理等方面。随着地域影响范围逐步扩大，城市管理中的有关问题开始出现，例如封城、解封、生活物资配送、健康码、跨省流动等均在舆论场引发了大量的讨论。

随着疫情防控进入常态化，更多与社会生活息息相关的问题出现。如 2020 年秋冬季始，多地暴发零星疫情，各地防控策略差异性比较话题引发一些讨论，但从总体上看，对疫情防控措施展现出的高度期待是舆论的普遍特征之一。

由于疫情防控所涉及的社会治理领域多元且复杂，在舆情处置中，联合调查组在舆论场中的作用成效较为显著。例如在李文亮医生事件、武汉女子监狱刑满释放人员黄某英离汉进京事件等事件中，均派出了调查组进行深入调查处置。疫情防控工作中，建立有效的信息发布和舆情联动处置机制至关重要。

（二）主流宏观叙事奠定舆论主基调

2020 年互联网舆论场始终贯穿着疫情防控、经济复工复产、“六稳”、“六保”、脱贫攻坚、全面小康等话题的讨论。经过艰苦的努力，年初疫情暴发带来的阴霾逐渐消散，国内各项工作取得巨大成效，国内亿万网民也在话题中流露出更多的信心和正能量。在这个过程中，主流媒体发挥着舆论中流砥柱的作用。

从国家规划层面来看，2021 年将迎来“十四五”规划开局之年，我国立足新发展阶段、贯彻新发展理念、构建新发展格局，以推动高质量发展。在主流媒体话题中，“十四五”、科技创新、乡村振兴、粮食安全、碳达峰和碳中和、民生保障、国家安全、老龄化和生育率等逐渐成为热点关键词，财政政策和货币政策等宏观经济话题亦受关注。

从民生经济角度来看，“互联网 + 扶贫”成为卓有成效的新模式。在 2020 年 3 月 6 日召开的决战决胜脱贫攻坚座谈会上，习近平总书记指出，“利用互联网拓宽销售渠道，多渠道解决农产品卖难问题”。4 月 8 日武汉“解封”，一场网络直播受到广泛关注。这场直播在武汉、恩施等地同时开播，地方领导干部联手电商平台，变身主播吆喝带货，全国人民纷纷“搭把手”，掀起为“鄂货”下单热潮。此外，央媒推出的短视频和直播带货也广受瞩目。继朱广权与李佳琦组成“小朱配琦”为湖北带货超过 4000 万元之后，央视主播欧阳夏丹与王祖蓝组队，以超 6000 万元的带货额，为恢复地方经济做出贡献。

从对外关系来看，随着我国综合国力稳步提升，对外政治、经济、文化等领域交往日益深入。新冠肺炎疫情防控国际合作、“一带一路”、全球经济复苏、北京冬奥会筹备、自主科技创新、气候变化等成为主流媒体对外传播的主要议题。

（三）数字化政务服务赋能民生福祉

社会民生方面，社保、医疗、就业、养老等与群众生活密切相关的话题是舆论场的重要组成部分，例如医疗防护物品短缺、粮食安全、物价上涨、复工复产中的梗阻与复苏等。2020 年 4 月，中共中央政治局召开会议，在重申“六稳”的同时，首次提出“六保”。

受新冠肺炎疫情的影响，全民隔离在家导致诸多实体业务开办受阻，为了保障民生服务通畅，各级政府或主动搭建防控指挥系统，或携手科技企业，提升自身云办公的政府服务能力。

近年来，我国数字政府的建设虽然已经有骨架，但数据资源供给不充分、应用不平衡的现象依旧显著。有不少地方运用新技术打通了传统共享模式较难实现的壁垒，如北京、深圳、杭州等地运用区块链布局政务领域，均取得了良好的效果。①

在新冠肺炎疫情防控中，各类政务新媒体协同联动，搭建信息发布矩阵，通过微博平台的扩散效应，积极主动地对网络信息进行引导和治理，极大程度保障了网民的知情权，对助力疫情防控和维护社会稳定起到了重要作用。②

同时，我国政务新媒体经过十多年发展，已经形成规模效应。据统计，截至 2020 年 12 月，我国互联网政务服务用户规模达 8.43 亿，较 2020 年 3 月增长 21.6%，占网民整体的 85.3%。

“十四五”时期，我国蓬勃成长的政务新媒体矩阵和政务平台将更好地发挥开放、动态、协同传播的特性，结合自身特征、优势和目标，把握倾听群众声音、平等对话、真诚为群众服务的核心价值，发挥信息公开、舆论引导、治理创新、政群互动的重要桥梁和纽带作用。

各地各级政府“一网通办”“异地可办”“跨区通办”渐成趋势，新技术为“互联网 +”政务服务和社会治理的延伸插上翅膀。随着我国网民基数不断扩大，移动支付、电子身份证、远程办公等实现了让数据和信息多跑路，让

---

① 人民网舆情数据中心：《2020 中国政府数字治理指数评估报告》，http://yuqing.people.com.cn/n1/2020/1116/c209043-31932399.html，2020 年 11 月 16 日。

② 人民网舆情数据中心：《2020 年政务微博影响力报告》，人民网舆情频道，2021 年 1 月 25 日。

群众少跑腿。越来越多的网民逐渐接受、信任数字政务，这为其长足发展提供了深厚的土壤。

未来，随着5G、物联网、大数据和人工智能等新技术等在政务新媒体领域多实施、多运用，“互联网+政务服务”场景将进一步提升政务信息服务和社会管理水平，不断增进数字民生福祉。

（四）线上线下一体治理日渐趋合

从地域分布看，报告整理出事件量排前20的区域，涉及互联网的跨区域事件数量最多，其次分别为湖北、北京、江苏、四川等地（见图3）。

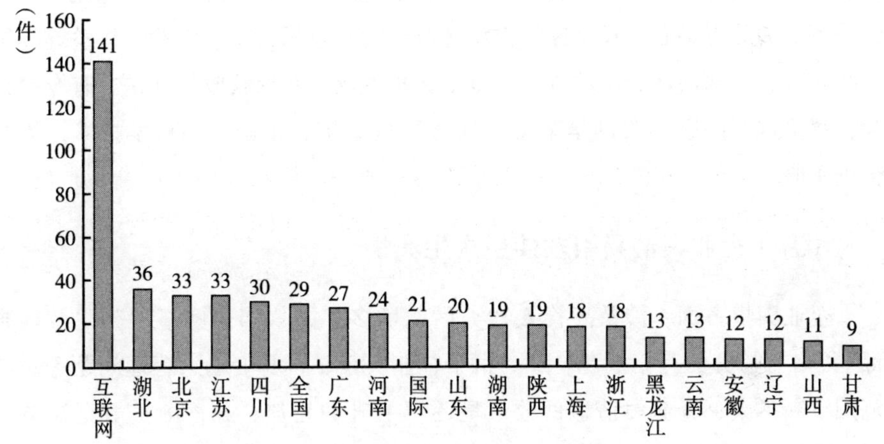

图3　热点事件地域分类前20地区

注：将部分事件归到互联网领域，指的是出现跨越多个行政区域，主要通过互联网传播的事件。

在当前的网络社会治理中，舆情事件的影响特征具有跨时间性、跨地域性，随着移动互联网的发展，网民群体规模扩大，跨空间性的特征愈加明显，突出体现在以下三个方面。

第一，线下行为上网，影响扩散引发网络大讨论。例如在“清华学姐”事件中，清华大学女生在多个社交媒体平台公开男生的姓名等信息，称其性骚扰并要让其“社会性死亡”，该线下事件上网引发网友对男生的讨伐。后经监控视频证实是男生的书包无意触碰，事件出现反转，而因隐私信息曝光带来的人肉搜索与网络暴力，伤害影响持久且长尾。有媒体评论称，针对网络暴力等行为，各平台既要立足当下抓好整治，更要着眼长远，在建章立制、明确规则、加大惩罚力度上下功夫，不给网络暴力以生存的空间。①

第二，线上争论推动线下现实治理。群体性事件影响扩散，尤其体现在粉丝群体中。粉丝群体冲突事件中，先在社交媒体平台爆发“口水战”互相攻击，进而上升到平台治理和现实社会治理层面。某校教师组织学生为娱乐明星“应援”，该事件上传网络引发热议，教育部门立刻采取措施，明令禁止教师将饭圈文化带进校园。

第三，新冠肺炎疫情的暴发加快了智慧城市建设步伐，互联网公司介入日常生活的程度加深。随着各行业开启“线上复工”，云办公、无人配送、社区团购等成为热点话题，反垄断、网络金融监管、直播带货、消费者权益等问题接踵而来，更深层次引申出算法伦理、数据垄断、数字税收等问题。有专家认为，解决这些问题的关键是坚持“向善”的原则，正确运用科学技术，为社会进步服务。②

（五）企业舆情易引发伴生次生舆情

企业舆情方面，涉及高管人物类话题增多，如“当当网事件”“游族投毒”“格力与美的互相指责”等。由于企业决策、自身变动、管理问题等影响范围不断扩大，企业舆情事件数量呈逐步上升的趋势，并逐渐扩散至经营合规、数据安全、劳工权益等。

具体来说，数据安全方面多涉及用户隐私，进而引发用户对于隐私泄露的质疑。随着移动互联网的发展，用户的安全防护意识显著提高，尤其在生活上云的情况下，互联网平台介入日常生活的程度日益加深，人们在数据隐私保护方面更加敏感。

劳工权益方面，职场中被聚焦的“996”等话题热度上升。网易、华为出现辞退员工事件，拼多多一员工加班后猝死，以及部分行业高管的发言，都引

① 《煽动粉丝互撕？这样的网络暴力必须整治》，微信公众号“人民日报评论”，2021年2月5日。

② 张占斌：《数字经济赋能国家治理——数字社会发展与治理丛书〈数字经济〉简评》，中共中央党校（国家行政学院）网，2020年8月7日。

发讨论。互联网从业者、快递员、外卖送货员等新职业引发了新经济与新职业平衡关系的讨论，例如，《人物》公众号发布《外卖骑手，困在系统里》一文，指出外卖骑手在外卖平台系统与数据驱动下的生存现状，引发全网热议。

据《工人日报》报道，2019年至今，我国38个新职业被陆续公布，但新经济、新职业和新型劳动关系在法律地位、权益保护方面仍待完善。对此，有专家建议，通过政策法规以及推动广泛的社会对话，界定新就业形态和就业市场的交易规则，明确平台企业、消费者、劳动者在平台中的权利义务边界。①

二　移动互联网舆论生态格局加速形成

（一）短视频与直播成舆情重要信息源

短视频、直播平台等成为不可忽视的舆情发源地。人民网舆情数据中心统计显示（见图4），600件热点事件中，排除由媒体首发曝光外，其余热点事件中61%来自微博，微博依旧是舆情事件重要的发酵池。而不可忽视的是，9%的舆情事件发酵于短视频、直播平台，如“青岛崂山区核酸检测采样时三名外国人现场插队”“雪乡景区烤肠15元一根”等事件均来自网民拍摄的短视频爆料，“仝卓自曝往届生改应届生”等事件则来自直播平台。

（二）推进政务短视频直播服务成共识

2020年受疫情影响，线上办公进程加快，在疫情防控和复工复产背景下，直播成为不少行业转型的关键，政务直播也加速发展。

抖音、快手、B站、知乎等平台政务直播百花齐放。尤其是借助抖音、快手等短视频平台，政务直播的内涵和外延不断丰富，除了传统的政府资讯发布类、问政类直播，政务直播的类型更是延伸到销售、执法、招聘等领域。“直播+”赋能政务时代正式开启，带有高度互动属性的新空间交往模式大大激发公众参与网络社会治理的热情。

---

① 张成刚：《促进新职业规范发展　为产业升级奠定人才基础》，《工人日报》2021年2月22日。

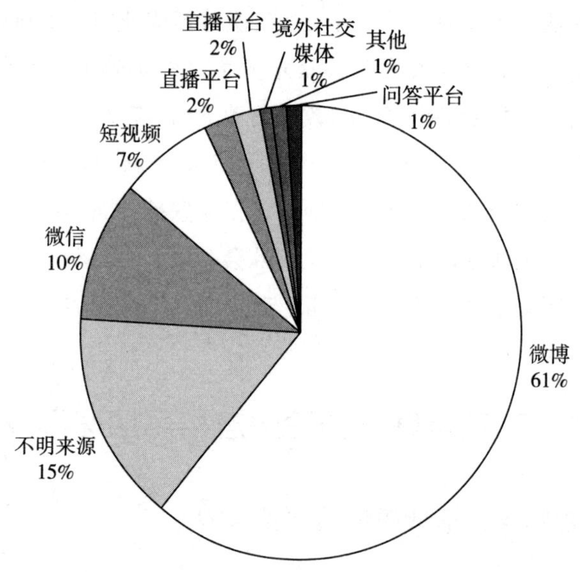

图 4　热点事件信息源分布（排除由媒体曝光事件）

政务直播在迅猛发展的同时，也引发了诸如忽视政务新媒体平台属性的差异、政务服务策略缺乏因地制宜和精准定位、直播媒介素养认知不足、官员直播带货滋生新的形式主义等一系列问题。如何利用好短视频、直播这一民意“富矿”，提升利用新兴媒介政务服务的水平，成为各级各地政府的新考验。

（三）网络热词破圈层传播和泛化使用

2020 年，网络热词层出不穷。“凡尔赛”“内卷”“打工人”“尾款人”“不讲武德”等，成为现象级传播热点，也表现出新特征。

一是热词呈现破圈层传播趋势。例如“凡尔赛文学”本属于小范围的圈层文化，最初仅由部分微博网民及豆瓣平台中的“凡尔赛研习小组”进行传播，目的是嘲讽社交媒体上那些“想用‘朴实无华’的预期来表达高人一等感觉”的人。而后经部分微博意见领袖传播，“凡尔赛文学”一词开始迅速流行，不少网民自发地开始进行模仿与传播。

二是“审丑”“借梗”流量炒作引反思。网络热词通常自带流量，具备传播范围广、传播速度快的特性。2020 年 9 月下旬，“秋天的第一杯奶茶”突然登上热搜，刷爆网络，商业嗅觉灵敏的人更是在第一时间抢注这个热搜词对应的公司和域名。商业营销推波助澜，蹭热点事件层出不穷。

“不讲武德”“耗子尾汁”这一类词语也延续了类似的传播路径，“浑元形意太极拳掌门人”马保国被发起挑战后通过短视频进行回应，其发言中的方言梗被网民关注，后来在 B 站、微博、微信、抖音、快手等平台引发各类娱乐化演绎。

11 月 27 日，人民日报客户端评论指出，无论平台还是资本，蹭热点、找卖点的前提都是遵循公序良俗，是正确的价值观，否则就会沦为浅薄而拙劣的商业游戏。文章称，应马上停止为“丑行”“闹剧”提供传播渠道，呼吁有关部门对互联网平台落实社会责任情况加强监管。[①] 北京日报客户端也在对“流量”市场进行调查后提出，不能任由“审丑”“毒流量”肆意发展。[②]

三是热词泛化使用导致新语境舆情。以热词“内卷”为例，“内卷”本是一个人类学术语，这个概念被引申为描述一个社会或组织既无突变式发展而只是在一个简单层次上自我重复。现在，“内卷”则意味着白热化的竞争，人们在方方面面拼尽全力，挤占他人的生存空间，造成精神内耗和浪费。舆论场中“内卷”的使用场景被不断扩大，被应用至职场、教育、家庭、婚恋，乃至行业发展和经济整体运行态势，网民纷纷感慨“万物皆可内卷”。

四是网络热词背后隐含新的社会心态。网络热词已经成为一种引人注目的社会现象和文化存在，成为一种情绪表达，其影响越来越难以忽视。2020 年的热词中，不少都带有群体自嘲的性质。比如，“打工人”“尾款人”等是职场人表达的黑色幽默，内核是苦中作乐。清华大学社会学系副教授严飞分析认为，“打工人”不是一种对抗的符号，而是一种戏谑的姿态。通过这种姿态，“打工人”能消解自己身上的重负。[③]

---

① 秦川：《马保国闹剧，该立刻收场了》，人民日报客户端评论，2020 年 11 月 28 日。

② 李松林、魏婧：《是谁让“马保国”在流量江湖大行其道?》，北京日报客户端，2020 年 11 月 30 日。

③ 徐悦东：《“打工人”“摸鱼学”“职场 PUA”，工作如何勾勒了我们的生活》，新京报网，2020 年 12 月 17 日。

（四）健康话题提升科技医疗专业话语

2020年以来，新冠肺炎疫情的暴发进一步提升了公众对医疗健康话题的关注度，科学专业类话语在舆论场中受到更多重视。艾瑞咨询的《2021年国民运动健康洞察报告》显示，疫情后人们对自身健康现状的总体满意度下降，且健康焦虑感逐渐增强。进入后疫情时期，人们的健康意识逐渐增强，且更愿意为健康买单。①

2020年抗疫期间，医学专家和科学家群体发言受到更多关注。人民网舆情数据中心副主任单学刚认为，突发公共卫生事件往往突破公众的知识储备和常识认知，容易产生惶恐、疑虑等情绪，在应急宣传中顺势加强科普宣传工作，采取形式多样、易于接受的方式，普及科学知识，增加公众的正确认知，以缓解其心理压力，及时消除社会恐慌心理，是具有长远意义的。

中国经济体制改革研究会常务理事祝华新认为，舆论引导常常基于“理性人”假设，相信受众可以被逻辑推理所说服。但公共卫生危机的威胁性与不确定性，极易诱发恐慌情绪。而移动互联网的广泛传播、社区封闭式管理容易导致应激反应。这时候，需要透明而充分的信息供给，需要来自医学专业而不仅仅是政府的权威声音，破解公众的不确定性和无力感，安抚社会集体焦虑。②

（五）移动互联网发展下的数字鸿沟现象

2021年2月3日，据中国互联网络信息中心（CNNIC）发布的第47次《中国互联网络发展状况统计报告》，截至2020年12月，我国网民规模达9.89亿，手机网民规模达9.86亿，互联网普及率达70.4%。其中，40岁以下网民超过50%，学生网民最多，占比为21.0%。网民增长的主体从青年群体向未成年群体和老年群体转化的趋势日渐明显。截至2020年12月，我国已有近2.6亿“银发网民”（50岁以上）。

虽然网民中“一老一小”即低龄和高龄人群比例都有所增长，但在2020

---

① 艾瑞咨询：《2021年国民运动健康洞察报告》，2021年2月5日。

② 祝华新：《舆论场上的张文宏现象》，财新网，2021年2月9日。

年初，“老人不会使用健康码”“无健康码徒步千里”“被公共汽车抛下的人”等事件仍引发关注。对于很多老年人来说，智能设备并未提高他们的生活质量，数字鸿沟现象仍存在。

据调查，老年人宁可选择只能打电话、发短信的“老年机”，也不愿选择智能手机，其原因有担心移动支付安全、网络谣言诈骗、隐私泄露、价格较高、操作复杂和功能设计不适应等。

清华大学人因与工效学教授饶培伦认为，在老年社会的基础设施建设上，中国与日本、西方国家还有很大距离。有报告称，随着中国“互联网+”和“银发”浪潮的同步到来，老年人面临的数字鸿沟变得更宽、更深。数字成果惠及更多群体成为舆论的共同期待，对此，国务院、全国老龄办等已出台专门的政策措施，各地交通枢纽和公共设施都增加了绿色通道和特殊服务措施。

（六）涉外话题和国际舆情波及面扩大

涉外舆情事件中的网民参与达到了新的热度。以往涉外事件的讨论主要发生在外籍人口集中的发达城市，随着新媒体的发展，华中、西南等地区网民对涉外事件的关注热情持续高涨。在成都美领馆关闭事件中，百度指数显示华中、西南地区与东部沿海省份的热度相近。

2020年以来，崂山“外国人插队”“英国洋女婿回上海拒绝集中隔离”“澳大利亚籍女子不戴口罩在小区内跑步”等多起涉外籍人士舆情，波及地区广、舆情热度高、声音庞杂，其关注量与讨论度远超一般事件。同时，不少国际新闻也成为国内网民热议的对象。例如，2020年初美股的四次熔断不禁让人直呼“活久见”，韩国“N号房”事件也引发了一场有关人身安全的大讨论。

有关互联网企业、金融市场等领域的国际话题增多。在中美贸易话题和国际关系背景下，华为、TikTok、WeChat等来自中国的企业面临美国抵制，引发大量讨论；在新冠肺炎疫情防控中，国内整体控制稳定，因此外来人员和海关货物的检验检疫话题就备受关注。

在涉外话题中，也出现一些网络乱象。比如，从“华商很难”到“回归中国”，自媒体“爱国主义”生意经误导舆论，渲染狭隘民族主义。《疫情之下的××国，店铺关门歇业，华人有家难回，××国华商太难了!!》多种版本迭出；“某某渴望回归中国”“某国为何从中国独立出去”式“谣言式爽文”在网络上广为流传，大肆渲染与制造海外疫情恐慌情绪。

有评论认为，疫情对世界各国造成严重伤害，理应全球团结抗疫，不能纵容造谣的自媒体兴风作浪，肆意挑逗民族情绪、败坏国际形象、挑拨国际关系等。对类似文章和账号，应采取“零容忍”的态度，坚决依法予以打击和处罚。①

三　网络舆论场热点预判与对策

（一）互联网平台监管和市场治理将加强

2020年以来，互联网反垄断的呼声不断加强。1月，国家市场监管总局就《〈反垄断法〉修订草案》向社会公开征求意见。11月10日，市场监管总局又发布了《关于平台经济领域的反垄断指南（征求意见稿）》，对电商平台“二选一”、大数据“杀熟”等行为明文禁止。日前召开的中央经济工作会议则明确提出要强化反垄断和防止资本无序扩张。会议还强调，反垄断、反不正当竞争，是完善社会主义市场经济体制、推动高质量发展的内在要求。

近年来，P2P暴雷、网络集资诈骗、网络借贷广告等乱象多有出现，互联网金融引发社会争议，影响社会稳定。金融风险具有隐蔽性、传染性、广泛性和突发性特点。互联网企业运用信息技术和数据优势进入金融领域会产生更大的资源聚合效应，相应的风险因素也可能被放大。层出不穷的网络借贷产品、洗脑广告等引导年轻人过度和超前消费，此行为开始受到质疑。借“空姐和穷光棍的贷款爱情”、农民工段子土味借贷广告等引导互联网贷款，360金融、京东金融等陷入舆论漩涡。

各大互联网巨头和资本市场在抢占购物、打车、外卖等热点领域后，纷纷投入社区团购，菜篮子几乎成为互联网风口。《人民日报》评论称：“别只惦

① 江德斌：《从“华商很难”到“回归中国”，自媒体的“血馒头”要吃到几时?》，红网，2020年4月17日。

记着几捆白菜、几斤水果的流量，科技创新的星辰大海、未来的无限可能性，其实更令人心潮澎湃。”①

（二）疫情背景下的新就业形态加速发展

近年来，随着网络基础设施不断改善，互联网普及率进一步提升。“互联网+”迅猛发展，传统产业不断转型升级，与互联网和新经济有关的新职业、新产业也层出不穷，如人工智能工程师、电子竞技运营师、线上装修师、新媒体运营专员、网络写手等。2020年2月25日，人力资源社会保障部、市场监管总局与国家统计局联合向社会发布了16个新职业。6月28日，三部门又发布了9个新职业信息，还调整变更了7个职业信息。

2020年，消费、餐饮、文旅、娱乐、航空、交通等行业受新冠肺炎疫情影响严重，国家出台了很多政策，如“六保”“六稳”等，疫情防控和经济复工复产提上日程。而同时，不少新就业形态则呈现新的增长态势，互联网共享经济、零工经济等蓬勃发展。网约车司机、快递员、网约配送员（外卖骑手）、网络主播、全媒体运营师等增长较快。

近年，互联网新职业涌现，媒体机构努力发挥行业作用。人民网人民在线与人社部国培网合作推出了全媒体运营师、直播销售员证书培训。同时，申报成为教育部“1+X”证书制度试点的职业教育培训评价组织，申报并开始开展舆情监测与分析、媒体融合运营、互联网内容风控审核等三类证书培训，为互联网内容建设培养更多人才。

（三）加快互联网新生代数字鸿沟的弥合

随着脱贫攻坚战的胜利，网络扶贫取得实质性进展，贫困地区非网民加速触网。网络扶智方面，学校联网加快，在线教育加速推广；城乡信息服务方面，远程医疗、智慧政务、网络金融应用和扶贫信息体系加速发展。我国农村地区网络基础设施逐步完善，智能移动终端价格门槛低，应用普及率提高。这些成绩，对促进城乡地区不同人群接入互联网、缩小互联网信息化数字鸿沟和

---

① 常盛：《“社区团购”争议背后，是对互联网巨头科技创新的更多期待》，《人民日报》2020年12月11日。

知识鸿沟具有重要意义。在"十四五"时期，我国城乡信息化发展不平衡、不充分的矛盾将进一步得以解决。

为进一步推动解决老年人在运用智能技术方面遇到的困难，让老年人更好地共享信息化发展成果，2020年11月15日，国务院办公厅制定和印发《关于切实解决老年人运用智能技术困难实施方案》。2020年底，工信部印发《互联网应用适老化及无障碍改造专项行动方案》，提出开展互联网主要行业网站及老年人、残疾人常用移动互联网应用的适老化及无障碍改造，首批优先推动115家网站、43个App进行改造。2020年12月28日，交通运输部、国家卫生健康委等七部门发布了《关于切实解决老年人运用智能技术困难便利老年人日常交通出行的通知》等政策文件。

近年，一些智能厂商和平台也对"衰老"问题做出了反应。例如华为、小米等手机厂商相继推出了简易模式、老年模式、亲情守护模式，支持图标和文字放大、语音读屏等功能。远程守护功能能让监控人远程删掉垃圾短信、终止诱骗支付，更好地保护老年人财产安全。电视应用"奇异果TV"推出"AI长辈模式"，包括远程子女代登录、子女代支付等；360IoT部门推出了专门针对老年人的开机视频教程。在未来一段时期，维护老年人数字权益、提高老年群体的互联网使用体验会成为新趋势。

（四）数字政府和企业数字化转型加快

2020年6月30日，习近平总书记主持召开中央全面深化改革委员会第十四次会议，审议通过了《关于加快推进媒体深度融合发展的指导意见》，提出"加快构建网上网下一体、内宣外宣联动的主流舆论格局"。

截至2020年12月，我国互联网政务服务用户规模达8.43亿，较2020年3月增长1.50亿，占网民整体的85.3%。2020年，党中央、国务院大力推进数字政府建设，切实提升群众与企业的满意度、幸福感和获得感，为扎实做好"六稳"工作，全面落实"六保"任务提供在线政务服务支撑，我国数字政务加快迈入全球领先行列。

2020年以来，各类政府机构积极推进政务服务线上化，服务种类及人次均有显著提升；各地区政府"一网通办""异地可办""跨区通办"渐成趋势，"掌上办""指尖办"逐步成为政务服务标配，营商环境不断优化。人民网舆情数据中心报告显示，政府数字治理能力较强的省份主要集中在东部地区，前五名分别为北京、浙江、广东、上海和江苏；中部地区如四川、安徽、河南、湖北发展较快；山东、天津、福建也进入较为领先的行列；中西部地区有多个省份呈现加速发展状态。我国正在经历从单一电子政务到数字治理的转型，并在疫情防控和复工复产中发挥着重要的作用。①

新冠肺炎疫情全球大流行，基于大数据的数字化管控技术在疫情防控领域发挥了重要作用，加速了数字社会智能化治理时代的到来。为了进一步提升政府数字治理能力，一是要坚持与时俱进，提升干部数字素养和数字领导力；二是要以人为本，弥合数字鸿沟，营造数字友好型智慧社会；三是要推进社会治理生态体系变革，构筑共建共治共享的数字综合治理新生态；四是要织紧信息安全网络，树立大数据标准和城市智慧防线。②

在企业发展方面，数字经济是以数字化信息作为关键生产要素、由数字技术驱动的新型经济形态。联合国发布的《2019 年数字经济报告》指出，中国目前已成为全球最大的数字经济体与世界数字经济的领导国家。中国信通院的数据也显示，2005～2019 年，我国数字经济增加值规模由 2.6 万亿元增至 35.8 万亿元，占 GDP 比重高达36.2%。预计到2025 年我国数字经济规模将达到60 万亿元，成为我国社会经济的重要组成部分。

2020 年4 月11 日，国家发改委、中央网信办印发《关于推进“上云用数赋智”行动培育新经济发展方案》，提出要以企业数字化转型为主线、以“上云用数赋智”为重点突破口，加快推进产业数字化与数字产业化步伐。9 月19 日，国务院国资委颁布了《关于加快推进国有企业数字化转型工作的通知》，为加快推进国有企业数字化转型相关工作规划了明确发展路径。

2020 年，我国各地企业都在加快数字化转型升级。人民网舆情数据中心认为，企业数字化转型正进入加速发展期，围绕“产业数字化、数字产业化、数字化管理、数据价值化”，以“上云用数赋智”为重点突破口，拓展数字经济与企业各领域融合的广度和深度，使国资监管数字化、智能化水平持续提

① 人民网舆情数据中心：《2020 中国政府数字治理指数评估报告》，http：//yuqing.people.com.cn/n1/2020/1116/c209043－31932399.html，2020 年11 月16 日。

② 刘鹏飞：《顺应新趋势　促进“数智化”治理》，《群众》2021 年第2 期。

升，打造一批数字化示范项目，形成一批有影响力的数字化产业，使数字经济规模和质量逐年提升。①

（五）数字化治理和数据隐私安全保护

新冠肺炎疫情暴发以来，数据的采集、储存、分析和应用都进入一个新的阶段，中国社会真正进入了“大数据时代”。当前，国内对于互联网信息新技术深度应用的期待与规制并存。

在抗击疫情过程中，5G、大数据、区块链、人工智能、云计算等技术加快应用于社会治理全方面。远程医疗、在线教育等飞速发展；通过大数据追踪查找密接触和次密接人员；火车站、机场、学校等场所采用“5G＋热成像”技术，快速完成大量人员的测温及体温监控，实现高效疫情防控；无人机、无人仓、无人车等形成的“智慧物流”形态在解决“最后一公里”配送上展现出丰富的应用场景潜力。

在技术应用、打造智慧社会的进程中，担忧声音渐起。疫情以来，个人信息被过度采集、信息泄露等事件层出不穷，大数据运用与隐私保护成为持续在舆论场热议的话题。有市民反映东莞有公厕需要人脸识别设备免费取纸，担心个人信息泄露；苏州“苏城码”App曾上线全国首创的“苏城文明码”，拟通过“一人一码”构筑文明积分的方式，刻画出每位苏州市民文明程度的“个性画像”，也引发担忧。

2021年初，在北京、上海等地的流调报告中，采用了“只提地点不提人”的形式，赢得舆论赞赏。这一思路变化的背后，不仅是对隐私保护问题的重视，也是技术理性与治理温情相结合手段的尝试，更是对数字社会精细化、人性化治理的积极探索。

在大数据时代，在保障国家安全和个人、企业数据安全的前提下，允许不同主权间的数据流通是未来的发展趋势。可借鉴数据保护相关法律条例对数据合法流动提供制度保障，如中国《网络安全法》、欧盟《通用数据保护条例》、英国《数据保护法案》、德国《联邦数据保护法》等，为数字社会发展保驾护

---

① 《国有企业如何走好数字化转型之路——数字经济中的“广州经验”》，人民网舆情频道，2020年12月29日。

航。据了解，全国人大常委会已将《个人信息保护法》《数据安全法》等列入立法计划。

2020 年 6 月 19 日，人民数据联合中国经济体制改革研究会互联网与新经济专业委员会发布了《大数据应用和权益保护研究报告》，提出了大数据与用户/公民权益保护的 12 条原则，即合法原则、最小范围原则、授权原则、必要原则、明示原则、划定界限原则、封存销毁原则、可追溯原则、被遗忘原则、隐私安全原则、保护开发者原则、大数据出境原则。

（六）把握新形势构建对外传播新格局

2020 年，线下国际交往虽然放缓，涉外舆情事件却不断增多，网民逐渐成为涉外舆情发酵推动者，如“李子柒视频被韩国人举报下架”事件从开始到反转，网民都发挥了挖掘信息的重要作用。

同时，外媒涉华歪曲报道引发民间质疑。2021 年初，BBC 发布带有意识形态偏见的涉华假新闻事件，中国外交部多次点名批评，民间也掀起一阵 BBC 新闻制造模仿潮流。B 站、微博上大量博主模仿 BBC 拍摄短视频进行反讽，揭露 BBC 涉华新闻里的舆论误导手法，例如断章取义、移花接木，使用言语误导受访者，采用“阴间滤镜”等。面对西方媒体的歪曲报道，中国网民和读者已经具有一定的免疫能力，但国际传播方面总体仍处于弱势，需要长期努力，不断提升新闻事实的专业传播能力，积极构建 21 世纪的国际传播新格局。

此外，跨文化传播供需关系和结构也将出现调整。2021 年 2 月，上海警方通报侦破一起侵犯影视作品著作权案，“人人影视字幕组”被查，受到舆论关注。一直以来，各类字幕组的版权争议不断，同时，字幕组也帮助不少网民便捷了解海外文化，获得网民的喜爱。如何完善体制机制和政策体系，推动海内外优质资源的流动，丰富国际传播内容，成为跨文化交流中重要而紧迫的课题。

不少现象也说明，在跨文化交流中，民众对大量优质内容的文化需求是非常旺盛的，而供给侧严重不足，需要在文化产品、传播、人才、法律、政策等方面守正创新、扩大投入。文化机构、媒体、高校、企业、组织、个人等多元主体，应该为促进国际交往和文化交流开拓新空间，不断加厚中外文明交流互鉴的文化土壤。

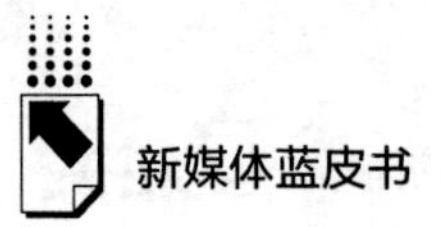

参考文献

人民网舆情数据中心：《2020 年政务微博影响力报告》，2021 年 1 月 25 日。

单学刚：《论突发公共卫生事件的应急宣传》，《中国报业》2020 年第 3 期。

刘鹏飞、翟薇、吴汉华：《新冠肺炎疫情中的新闻发布与舆论引导》，《青年记者》2020 年第 15 期。

人民网舆情数据中心：《互联网平台“直播 +”赋能研究报告》，2020 年 8 月 7 日。

B.8

2020年网络强国战略下的中国社会治理发展报告

侯 锷*

摘 要： 2020年，新冠肺炎疫情下的国家治理体系和治理能力经受住了一次“大考”。在抗疫斗争取得重大战略成果的同时，习近平总书记也多次强调，“既有经验，也有教训。要放眼长远，总结经验教训，加快补齐治理体系的短板和弱项”。本报告就2020年疫情“加试”背景下，以党政机关为主体的政务新媒体在线履职和实践社会治理创新的前沿探索动态，以及相关表现、案例和数据进行了实证性分析和评议阐述。同时，报告以网络强国战略思想为理论标尺，就当前政务新媒体在实践中普遍性脱离网络群众路线，陷入“自我边缘化”和“内卷化”等现象，提出政务新媒体开展自我革命、完善顶层设计，并建立党政官方主导下符合政务特质和人民期待的政务新媒体综合评价指标与绩效管理体系等发展建议。

关键词： 网络强国战略 社会治理 国家治理体系 治理能力现代化 政务新媒体

* 侯锷，博士，中国传媒大学媒介与公共事务研究院高级研究员，主要研究方向为政务新媒体、网络强国战略与治国理政。

一　网络强国战略在2020年的实践与发展态势

（一）新冠抗“疫”极大推进网络社会融合，“在线社会”兴起

2020 年，新媒体新技术新应用在我国抵御新冠肺炎疫情、疫情常态化防控，以及后疫情时代复工复学复产等方面显示出强大力量，对打赢疫情防控阻击战起到了关键作用。从疫情背后的另一个角度看，一个“在线的中国社会”正在加速兴起。

中国互联网络信息中心（CNNIC）发布的第 47 次《中国互联网络发展状况统计报告》相关数据显示，疫情暴发至今，全国一体化政务服务平台推出的“防疫健康码”，让累计 9 亿人在全国绝大部分地区实现了“一码通行”，在线教育、在线医疗的用户规模分别达到 3.42 亿、2.15 亿，占网民整体的 34.6%、21.7%，为我国疫情防控和复工复产，并成为全球唯一实现经济正增长的主要经济体，国内生产总值首度突破百万亿元，以及圆满完成脱贫攻坚任务等做出了重要贡献。2020 年，党中央、国务院大力推进数字政府建设，截至 2020 年 12 月，我国互联网政务服务用户规模达 8.43 亿，较 2020 年 3 月增长 1.50 亿，占网民整体的 85.3%。① 各类政府机构积极推进政务服务线上化，服务种类及人次均有显著提升；各地区各级政府“一网通办”“异地可办”“跨区通办”渐成趋势，“掌上办”“指尖办”逐步成为政务服务标配，营商环境不断优化，社会治理和服务效能不断提高。

（二）“网络强国”从战略思想到国家全面战略目标的“落地”

网络强国战略思想，作为习近平新时代中国特色社会主义思想的重要组成部分，是中国特色社会主义治网之道的科学总结和理论升华，是引领我国网络和信息化事业发展的思想指南和行动遵循。② 通过系统梳理党的十八大以来网

---

① 中国互联网络信息中心：第 47 次《中国互联网络发展状况统计报告》，中国网信网，http://www.cac.gov.cn/2021-02/03/c_1613923423079314.htm，2021 年 2 月 3 日。

② 《习近平总书记引领推动网络强国战略综述：朝着建设网络强国目标不懈努力》，《人民日报》2017 年 12 月 2 日，第 1 版。

络强国战略关于“社会治理”的关键论述，我们不难发现，网络空间不仅是实现以新技术新应用带动政府“数据化”信息服务的一个应用空间，更是以传播方式和理念创新实现社会治理“社会化”的一个重要治理平台。

2020年，网络强国战略在各个领域继续写入国家发展纲要和相关规范性文件而分解落地。

1. “网络强国”写入国民经济和社会发展第十四个五年规划和二〇三五年远景目标

2020年10月26～29日，中国共产党第十九届中央委员会第五次全体会议审议通过了《中共中央关于制定国民经济和社会发展第十四个五年规划和二〇三五年远景目标的建议》，再次明确提出要“坚定不移”地建设“网络强国”①。2021年3月5日，国务院总理李克强向第十三届全国人民代表大会第四次会议作《政府工作报告》，就“2021年重点工作”进一步明确要求，作出“大力推行‘互联网+监管’”，“加大5G网络和千兆光网建设力度，丰富应用场景，加强网络安全、数据安全和个人信息保护”，“建设信息网络等新型基础设施”，“运用好‘互联网+’，推进线上线下更广更深融合”，“加强互联网内容建设和管理，发展积极健康的网络文化”等政府工作部署。②

2. 在网络强国战略指导下国家相关制度建设层面的表现

2020年9月26日，中共中央办公厅、国务院办公厅印发了《关于加快推进媒体深度融合发展的意见》，再次强调“坚持正能量是总要求、管得住是硬道理、用得好是真本事”，探索建立“新闻+政务服务商务”的运营模式。

2020年7～10月，国务院办公厅政府信息与政务公开办公室对各地区、各部门政府网站和政务新媒体及相关监管工作进行了检查。2020年12月16日，国务院办公厅政府信息与政务公开办公室公布了《2020年政府网站和政务新媒体检查情况通报》。

针对我国老龄网民规模快速增长，而不少老年人在出行、就医、消费等日常生活中面临日益凸显的“数字鸿沟”问题，国家多部门“适老网政”出台

① 《中共中央关于制定国民经济和社会发展第十四个五年规划和二〇三五年远景目标的建议》，《人民日报》2020年11月4日。

② 《政府工作报告——2021年3月5日在第十三届全国人民代表大会第四次会议上》，中国政府网，http://www.gov.cn/premier/2021-03/12/content_5592671.htm，2021年3月12日。

密集。2020 年 9 月 11 日，国家工业和信息化部、中国残疾人联合会印发《关于推进信息无障碍的指导意见》（工信部联信管〔2020〕146 号）。2020 年 11 月 15 日，国务院办公厅印发《关于切实解决老年人运用智能技术困难实施方案的通知》（国办发〔2020〕45 号）。2020 年 12 月 24 日，工业和信息化部印发关于《互联网应用适老化及无障碍改造专项行动方案》的通知（工信部信管〔2020〕200 号）。

2020 年 12 月 21 日，在继"政府信息公开""党务公开"之后，根据《中华人民共和国政府信息公开条例》有关规定，国务院办公厅印发《公共企事业单位信息公开规定制定办法》的通知。作为一项细分社会公共信息领域的公开制度，是我国全面政务公开工作的又一项重大制度发展创新。

此外，中共中央和国务院在 2020 年度出台的有关文件中，写入"新媒体"的共 11 件，其中具体明文到"微博"的 2 件、"微信"的 8 件。

二 2020年网络强国战略下党政机关利用新媒体在线履职、创新社会治理实践的多元路径

2020 年，全国党政机构多条战线积极探索在网络强国战略思想指导下的社会治理，显现党委网信、政府、检察院、融媒体中心、网络社会组织等多维度立体主导、多序列协同推进、多职能担当参与的治理路径新格局。无论是以宁夏网信"@问政银川"和"@天津交警"为典型代表的党委、政府直接在线履职，还是以"@新疆检察"为典型代表的检察院职能在线关切社会民生、以"法治监督"协调党政的间接介入，或是以"@马鞍山发布"为典型代表的融媒体中心来弥合政民、衔接供需，或是以"江苏自媒体联盟"为典型代表的网络社会组织以社会主义核心价值观理性动员引导，均体现了"以人民为中心"的网络强国战略在"媒介执政"①"融合治理体系"②"媒体深度融合发展""网络群众路线"等多领域的最新治理方法

① 侯锷：《2018 年网络强国战略下中国社会治理发展报告》，载唐绪军、黄楚新主编《新媒体蓝皮书：中国新媒体发展报告（2019）》，社会科学文献出版社，2019。

② 侯锷：《2019 年网络强国战略下中国社会治理发展报告》，载唐绪军、黄楚新主编《新媒体蓝皮书：中国新媒体发展报告（2020）》，社会科学文献出版社，2020。

论实践成果。

以下，本报告对上述2020年网络中国的社会治理最佳实践分别予以阐述。

（一）党委网信职能主导下以疏通民意渠道为目的的督导治理路径——以中共宁夏银川市委网信办“@问政银川”政务微博矩阵为例

2020年，受疫情影响，宁夏回族自治区银川市线上政务舆情总量较2019年剧增53.38%，银川政务微博矩阵全年在线转办各类民生诉求事项共计19903件，办结19588件，办结率达到98.42%，再创历史新高（见表1）。其中，共受理涉疫情相关投诉5974件，办结5974件，办结率达到100.00%，占全年总体网络政务舆情的30%。这一系列数据表明，银川市政务微博矩阵经受住了前所未有的重大考验，也显现出银川十年锤炼的政务新媒体科学发展理念和运营机制能够在关键时刻发挥制度优势，打赢防范化解重大风险的攻坚战。

表1　2012～2020年银川市政务微博矩阵服务社会治理的绩效数据

年度	线上受理			线下治理
	受理事项（件）	办结量（件）	办结率（%）	信访总量（较上一年度）
2012	15781	14046	89.01	整体下降12%
2013	24769	23324	94.17	整体下降14%
2014	21805	20644	94.68	整体下降15%
2015	30281	29373	97.00	整体下降13%
2016	25196	23936	94.99	整体下降15.4%
2017	19109	18566	97.16	总批次下降18.9% 总人数下降39.8%
2018	17832	17487	98.06	总批次上升7.62% 总人次下降29.02%
2019	12976	12547	96.69	总件次下降7.9% 总人次下降11.9%
2020	19903	19588	98.42	总件次下降27.2% 总人次下降51.7%

注：数据截至2020年12月31日。

资料来源：中国传媒大学媒介与公共事务研究院政务新媒体实验室（GovLab）。

疫情期间，中共银川市委网信办以政务微博矩阵“@问政银川”为龙头，坚持需求引领，围绕公众需要，立足政府职能，整体协同、响应迅速，在“有呼必应”的政民互动中积极协调政府职能部门，以线下解决实际问题引导网上舆论，构建清朗网络空间。经由“网民依法表达—网信跟进督办—政府依法履职—微博政务公示—网友围观评议”的“善治”路径循环，2020年银川市的线下治理保持了平稳态势和社会稳定局面，较2019年信访总件次继续下降27.2%、总人次下降51.7%。银川基于新媒体共建共治共享的“社会治理共同体”不断强化，实现网络社会与现实社会“融合治理体系和治理能力现代化”的水平以及银川市民网友的获得感、幸福感、安全感稳步“双赢”提升。

（二）政府职能部门直接在线履职下的政务服务治理路径——以天津市公安交通管理局官方微博“@天津交警”为例

天津市公安交通管理局自2014年7月开通运营“@天津交警”微博平台至今，初步形成了由74个三级账号构成的政务新媒体微博矩阵体系。2020年，天津交警受理的涉警涉交通安全类诉求事项数量33751件，连续4年以年均97.34%的速度在增长（见表2）。与此同时，天津交警在人员、资金等保持现状的基础上，持续加大矩阵线上线下的互动联动和执法力度，提升对网友诉求关切的回应服务和办理效率，办结网友诉求事项的数量和办结率也分别实现了年均增速92.09%、95.41%。

表2　2016～2020年天津交警政务微博矩阵服务社会治理的绩效数据

单位：件，%

年度	线上受理			线下治理		
	受理事项	办结量	办结率	信访总量（同比下降）	死亡交通事故案发数（同比下降）	交通事故死亡人数（同比下降）
2016	2846	2828	99.40	2.0	6.8	6.5
2017	3852	3821	99.20	4.2	7.9	7.8
2018	12505	11856	94.81	8.5	8.9	8.2
2019	22048	20372	92.40	11.8	8.8	8.6
2020	33751	30788	91.22	13.5	9.2	9.0

注：数据截至2020年12月31日。

资料来源：中国传媒大学媒介与公共事务研究院政务新媒体实验室（GovLab）。

中国传媒大学政务新媒体实验室调研数据显示，自2016年以来，天津交警线下信访总量呈现年均8%的递减态势，2020年下降幅度达到13.5%的新高；死亡交通事故的案发数持续实现年均8.32%的下降，2020年下降9.2%，创历史新高；交通事故死亡人数实现了年均8.02%的负增长，2020年为9.0%，同创历史新纪录。2020年，天津交警让线上线下的“宣传即治理成效、治理即宣传动员”相得益彰，而线上警民联动，又更好更充分地让交通治理走上了发动群众、组织群众、依靠群众的网络群众路线。网友的积极参与和天津交警的在线履职，既壮大了基层交管巡查执法的社会力量，又推进了基层交通治理创新，提升了建设更高质量“平安天津”的治理体系和治理能力现代化水平。

（三）检察职能主导下以“法治监督”协调“党—政—民”三维互动的治理路径——以“@新疆检察”政务微博矩阵为例

2020年，新疆维吾尔自治区人民检察院以“@新疆检察”微博为抓手，依托全疆119家检察机关微博账号组成的三级政务微博矩阵，以高度的政治自觉、法治自觉和检察自觉主动担当作为，以法治监督的视角准确切入检察在线职能，线上受理网民的涉疆涉法诉求，线下沟通协调涉案责任主体单位依法办事，促进相关法律正确实施，有效维护了网民合法权益。2020年，“@新疆检察”在线受理和协调网民的涉法事项891件，受新冠肺炎疫情下的社会因素影响，较2019年暴增150.28%（见表3）。

表3　2015~2020年新疆检察政务微博矩阵服务社会治理的绩效数据

单位：件，%

年度	线上受理		
	受理事项	办结量	办结率
2015	109	109	100.0
2016	25	25	100.0
2017	189	189	100.0
2018	234	219	93.6
2019	356	356	100.0
2020	891	826	92.7

注：数据截至2020年12月31日。

资料来源：中国传媒大学媒介与公共事务研究院政务新媒体实验室（GovLab）。

同时，“@新疆检察”在线“接单”回应网民诉求，进而线下以非正式司法文书方式“转告”给相关党政机关的互动传播方式，相似却又不同于当前全国检察机关在诉前程序向有关单位出具“检察建议书”的司法建议制度。它以一种更加柔性而不失检察威严的“温馨提示”方式，实际履行了严谨意义上“法治监督”的检察职能，同样达到了依法、依职能督促有关部门“重视”并正确实施法律，有效预防和化解社会矛盾，促进社会和谐稳定的法治监督效果。而其基于互联网的互动回应，既让网民群众感受到了检察力量与法治氛围的存在，也极大地提升了网民依法从业、依法维权、依法办事的法治意识和法治素养。“@新疆检察”利用新媒体关切民情、互动党政、传播法治的新颖实践，从某种意义上，开创并丰富了在既有诉前程序的“检察建议书”之前，再次前置化的一次“检察关注”业务流程再造，扩大并实现了政治效果、社会效果、法律效果和舆论效果的统一。

特别是在2020年7月抗疫的新疆局部阵地上，“@新疆检察”紧扣“民心”，以网友在线反馈的问题为导向主动介入，积极督导各级检察院提供法律帮助、疏导社会情绪，联动当地政府、纾困民生难题，维护网民合法权益、稳定社会心理秩序，扎实办好了特殊时期新疆人民群众的操心事、烦心事、揪心事。在每一个网友的“@”回应中让“四大检察”变成具体可感、可触、可见的法治行动，网友称赞他们是“新疆最暖官博”，在互动对话中能够真切感受到与新疆检察机关“只隔着一个屏幕的距离”。①

（四）融媒体中心主导下的协调政民供需路径——以中共安徽省马鞍山市委宣传部领导下的融媒体“@马鞍山发布”为例

2020年，“@马鞍山发布”② 作为以党委宣传部门为主管的报业融媒体中心，引领和协调政府业务职能部门，在线响应、接纳和办理民意诉求，在非行政建制权属和机构隶属的组织间沟通下，整合马鞍山市362家政务微博开展党、政、媒通力合作，实现了马鞍山市社会治理体系和治理能力的稳健探索。

---

① 《老百姓有问题总想“@”它》，《检察日报》2020年9月14日。

② 注：“@马鞍山发布”认证信息为安徽省马鞍山市委宣传新闻发布官方微博，现由马鞍山日报社受权代运维。

自2012年8月“@马鞍山发布”正式上线至2020年的8年实践中，“@马鞍山发布”扮演了市民网友与政府职能部门间互动沟通的桥梁角色。2020年，“@马鞍山发布”积极互动和服务政民，取得了城市与社会治理的新成就，在线受理网民诉求事项5132件，较上年度增长75.33%；办结事项4947件，办结率96.39%，再创历史新高（见表4）。

“@马鞍山发布”作为一种以融媒体业务模式嵌入社会治理，并被网民广为认同接纳和被实践验证行之有效的创新路径，对于当前加快推进和构建媒体深度融合发展新格局，在顶层设计的理念“破冰”和功能性目标路径的“突围”上，具有现实的样本参照价值和借鉴意义。

表4　2017～2020年“@马鞍山发布”政务微博服务社会治理的绩效数据

单位：件，%

年度	受理事项	办理事项	办结率
2017	684	653	95.47
2018	1863	1795	96.34
2019	2927	2819	96.31
2020	5132	4947	96.39

注：数据截至2020年12月31日。

资料来源：中国传媒大学媒介与公共事务研究院政务新媒体实验室（GovLab）。

（五）网络社会组织以社会主义核心价值观和民意口碑导向动员下的治理催化路径——以江苏自媒体联盟的实践为例

2020年，江苏自媒体联盟作为一个网络社会组织，在利用新媒体互动协同政务新媒体探索社会治理创新引领方面表现亮眼。江苏自媒体联盟是在江苏省委网信办指导下，作为江苏省互联网行业联合会网络社群专业委员会成员单位，并由江苏省内37家具有一定影响力的自媒体发起，于2018年11月正式成立。2020年，江苏自媒体联盟理事长何春银微博在线发出倡议，“让我们共同给为人民服务的政务新媒体点赞，送上好口碑，同时也给不为人民服务的政务新媒体点倒赞、送上差口碑”。此一倡议迅速得到了包括江苏网友在内的全网响应支持。

江苏自媒体联盟这种既坚持正确的政治方向、舆论导向和价值取向，又充分发挥作为官方背景的网络社会组织代言民意的社会力量担当，本质上是一种理性的以社会主义核心价值观，动员民意积极参与社会治理的公益行动，也显现出其独立于官方体制进行“民意倒逼”和舆论纠偏的一种积极社会协同。截至2021年2月底，江苏自媒体联盟创建的同名超级话题“#江苏自媒体联盟#”阅读已经超6亿，倡议发起的“#政务新媒体口碑榜#”话题阅读634.7万、网友参与讨论近6000条，“#为互动的政务微博点赞#”话题阅读3363万、讨论1.1万。

三　对网络强国战略下中国社会治理的不足观察与相关建议

回顾2020年互联网新媒体平台上党政主体的治理表现，与线下治理相比，依然存在不足和突出问题，需要进一步重视和面对。

（一）政务新媒体在国家治理体系和治理能力方面的表现不足

1. 线上线下脱节、网络空间治理“风险变量”趋于反弹

“使用与满足”理论将受众看作是有着特定“需求”的个人，并把受众接触媒介的活动看作是基于个性化诉求和特定需求动机来“使用”媒介，从而使受众的需求得以“满足”的过程。这也与习近平总书记对媒体深度融合发展作出“正能量是总要求，管得住是硬道理，用得好是真本事”① 的重要论述完全一致，关键落脚点在于“用”。对应政务新媒体，使用与满足的实际行为发生需要两个条件，一是媒介接触的可能性，即网民在网络社交活动的平台空间表达利益诉求时，必须能够便捷地查找到对应职能的政务主体账号，否则他们会转而向网络舆论的江湖力量寻求“炒作”施压；二是政务主体的媒介印象，即网民通过对政务新媒体能否积极倾听、及时互动回应关切以满足诉求的体验式效能评价，由此形成并建立起对政务新媒体形象和公信力的媒介印象。体验评价积极良好则凝心聚力，并将可能的“风险变量”转化为政民同心的

① 习近平：《加快推动媒体融合发展　构建全媒体传播格局》，《求是》2019年第6期。

“事业增量”，反之亦然。

2020年新冠肺炎疫情期间，人际社交的物理空间被阻断和隔离，让基于网络交互的补偿性社交成为必然和常态，这也为党委、政府提供了疫情之下不便召开政府新闻发布会等工作的空间机遇。然而在实践中，一方面疫情之下全民网聚新媒体，政务新媒体成为政府线上组织和动员全民抗疫的“前沿阵地”。而另一方面，据调研，政务新媒体在一些基层领导的偏颇认知和要求下，却在以“为线下抗‘疫’让路”为由“退避三舍”。譬如，在疫情初期，微博平台于2020年1月29日开通“#肺炎患者求助#”超级话题。2020年2月4日，微博再次联动武汉地方政府和“@央视新闻”“@人民日报”开通“肺炎患者求助专区”，用以接收武汉地区新冠肺炎患者及家属的求助信息并反馈给相关政府部门。然而据中国传媒大学政务新媒体实验室全程动态追踪监测该话题的传播互动，除新浪微博平台和“@央视新闻”“@人民日报”等央媒与网友紧密沟通、核实信息、对接服务外，互动信息流中，全国17.74万新浪政务微博①无一例政务主体直接在线回应网民求助诉求。

同时，从2020年政务新媒体普遍性的网络政务行为表现来看，以传统媒体的单向宣传机制来运营社会化互动传播的新媒体，片面追求“原创发布”的信息存在“仪式感”和完成发布指标，而漠视网民“@”呼叫、不与网民互动等违背新媒体传播规律的失当行为较为普遍。更有甚者，某些政务新媒体直接关闭了互动评论和私信交流的权限，网友表达诉求反遭政务官方账号“拉黑”等舆论风波也时有发生。宣传与业务“两张皮”、线下与线上脱节、形式主义、官僚主义、虚假政绩成为政务新媒体公信力的“杀手”，导致网络空间政民分化背后的“风险变量”出现反弹。

2.政务新媒体脱离群众后的“自我边缘化”趋势加剧

2020年底，中国传媒大学政务新媒体实验室选取某地市级官方政务微博集群，对其现状活跃度进行了专项普查。统计数据显示，在检索可视普查到的现存全部1033个官方认证微博账号中（见图1），以其政务微博在1个月内（含）有内容更新（不区分原创与转发）即视为“正常状态”的，占比仅

① 据2021年3月17日，“2020政务V影响力峰会”新浪微博官方发布的统计数据。

48.31%；3个月内（含）① 未更新的81个，占比7.84%；1年内（含）未更新的79个，占比7.65%；2年内（含）未更新的104个，占比10.07%；3年及以上未更新的账号270个，占比26.14%。累计3个月及以上未更新的“无生命力”的账号占总量的51.69%。

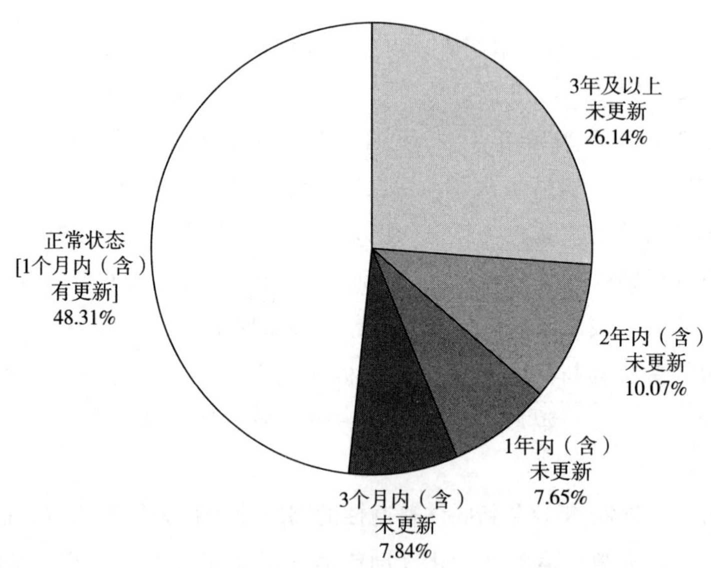

图1　某地市级现存官方认证政务微博账号活跃度状态普查

注：普查统计时间为2020年12月28～31日，最后复查数据截至2021年1月31日。

资料来源：中国传媒大学政务新媒体实验室（GovLab）。

政务新媒体生而为民。然而在本报告的在线调研过程中，有网友表示，政务新媒体已经“自我社会性死亡”，一方面是大量的政务新媒体注销后“再也找不到了”，另一方面就是对既存的账号表达诉求后“呼而不应”“没指望也不指望了”“我已经取消了不少政务微博的关注”。同时，2020年，政务新媒体以数据为导向的蹭流量、追热点、讨巧成为娱乐明星的“粉丝后援团”等现象依然较为普遍。以上这些调研数据及网民观点背后所

① 此段相关统计数据在分阶统计周期区间内，不向前包含。比如，“3年及以上未更新”数据，起点为以未更新满第3年开始向后统计，不重叠包括1～2年内未更新的账号数据。

隐含的警示信息即当前政务新媒体显现出脱离群众和“自我边缘化”、失信于民的趋势风险。

3. 政务新媒体陷入“空转”后的“内卷化”现象

“内卷”（involution）现象一般用来解释一些“有增长、无发展”“习惯固化”“路径守旧”“难以突破”等问题，① 最早由美国人类学家吉尔茨在其著作《农业内卷化：印度尼西亚的生态变化过程》中提出。根据吉尔茨的定义，“内卷化”是指一种社会或文化模式在某一发展阶段达到一种确定的形式后，便停滞不前或无法转化为另一种高级模式的内部非理性竞争现象。2020 年的政务新媒体陷入了“空转”的“内卷化”现象。中国传媒大学政务新媒体调研发现，主要表现在：一方面，现存的政务新媒体的“僵尸化”趋势仍在加剧，同时，既存更新状态下的政务新媒体为了流量数据榜单的竞争排名，加大了对法人媒体报道的社会新闻、其他区域政务新媒体的属地政务公开信息，甚至自媒体娱乐作品的“搬运式发布”力度，造成严重的同质化信息过载；另一方面，由于缺失了政民互动，为了投机榜单刷取传播数据，政务账号间又“默契”形成了内容空洞的“寒暄式互动”“打卡式互动”等虚无互动乱象。另据调研，一些单位每天以行政命令在各个群组内向基层下达“转发指标任务”，并要求截屏汇报、纸版打印、装订归卷等形式主义，在内部形成了严重的精神内耗和资源浪费。在“正能量信息短缺症”“数据焦虑恐慌症”“信息焦虑合并症”“信息疲劳综合症”等综合“病症”之下，大量网民取消对政务新媒体的关注，而政务新媒体则形成了内部群体性的“闭环狂欢”。由此，政务新媒体陷入了一种“内卷化”的“自我空转”状态，和“不断抽打自己的陀螺式的死循环”。②

（二）对网络强国战略下政务新媒体发展的相关建议

1. 政务新媒体亟待一场脱胎换骨的自我革命

媒体深度融合发展，新媒体让党政、媒体与社会三者间的传播关系和互动

---

① 白瑾：《打破党建方式“内卷化”的怪圈》，《人民论坛》2020 年 3 月（下）。

② 王芊霓：《人类学家项飙谈内卷：一种不允许失败和退出的竞争》，澎湃新闻，https：//www. thepaper. cn/newsDetail_ forward_ 9648585。

路径发生了深度变革（见图2）。政务新媒体的核心功能应用是政民互动，在“时代是出卷人，我们是答卷人，人民是阅卷人”① 的执政逻辑下，民意的网络化表达，正是一条条具体化、个案化、场景化设置的考评“为人民服务”的“初心考卷”。从这个意义来看，党政主体的“政务新媒体”不是“媒体”。而当前最迫切需要解决的是，党委、政府作为执政和行政主体，在上网拥有了新媒体赋予的独立话语权力后，如何直接在线互动人民，以对话和服务实现网络强国战略下的社会治理能力提升。能否赢得人心，让“旗帜”牢牢且高高地飘扬在“民心”这一最大的网络意识形态阵地，这是政务新媒体站在实现“两个一百年”奋斗目标的历史交汇点上面临的一场“大考”。

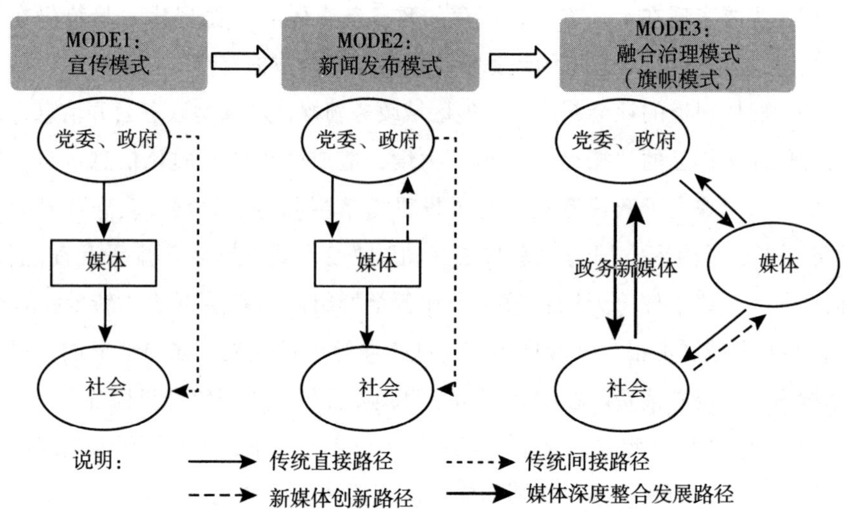

图2　媒体深度融合发展下的政务新媒体“旗帜”模式

因此，当前的政务新媒体亟待一场脱胎换骨的自我革命。遵循新媒体传播规律，摒弃主观主义和教条僵化下的生搬硬套，确立正确发展导向、矫正盲从行为偏差，以正视问题的自觉和勇气，拿起批评和自我批评的武器，刀刃向内、激浊扬清，走好网上群众路线，真正“让互联网成为我们同群众交流沟通的新平台，成为了解群众、贴近群众、为群众排忧解难的新途径，成为发扬

① 《习近平：以时不我待只争朝夕的精神投入工作　开创新时代中国特色社会主义事业新局面》，《人民日报》2018年1月6日。

人民民主、接受人民监督的新渠道"①，从而避免在新的历史时期犯战略性、颠覆性错误，② 不断推进党在互联网环境继续长期执政的自我革命。

2. 政务新媒体的顶层设计亟待系统完善解决，刻不容缓

尽管在本报告"2020 年网络强国战略下党政机关利用新媒体在线履职、创新社会治理实践的多元路径创新"中的五家单位实践案例和治理效能令人欣慰，但是现实中其在当下的政务新媒体群体中却处于"非主流"地位，甚至在近年本报告所曾经示例解读过的"@辽宁交通""@湖南公安""@成都服务"等最佳实践账号也是昙花一现，已悄然退出公众视野。政务互动的行为失当、人事异动后的人走政息、偏颇的领导意志、上级"统一规范"下的错误指导等主客观原因，迫使其为民服务的"情怀"不再而"掉队"。但是归根结底，顶层设计缺失仍然是关键核心所在。因此，政务新媒体的角色功能与定位、组织矩阵运行管理制度、政务与多元主体互动和意见反馈的业务流转机制等都亟待自上而下体制性地完善和解决。

3. 建立中央统领、官方主导、符合政务特质和人民期待的政务新媒体综合评价指标和绩效管理体系

当前我国政务新媒体的发展，仍然基于十年前学步期以"新的媒体"为认知和定位的说文解字式的表义理解，传播力唯转发数据、引导力唯发稿数量、影响力唯粉丝多少，公信力也是"自夸颜色好"，而不是来自目标受众的体验式满意度评价。尤其是在实践中，对于现实体制内界别区隔的党委、政府、军队、人大、政协、法院、检察院、官方群团组织、国资央企等主体未做分门别类，统编泛称为"政务新媒体"。用一套仿效媒体的评价标准体系来衡量不同"兵种"的应有交通，显失合理公正，且这一"指挥棒"始终在各媒介所属的商业平台站方。流量导向甚至流量"注水"取巧逢迎的乱象，已误导了政务新媒体的治理功能与服务社会价值的正确发挥与客观评估。此外，多年来政务新媒体由商业平台企业来主持评优并颁授奖项的做法也备受舆论质疑和社会争议。

---

① 《习近平：在全国网络安全和信息化会议上的讲话》，2018 年 4 月 20 日。

② 2018 年 1 月 5 日，中共中央总书记、国家主席、中央军委主席习近平在新进中央委员会的委员、候补委员和省部级主要领导干部学习贯彻习近平新时代中国特色社会主义思想和党的十九大精神研讨班开班式上的重要讲话。

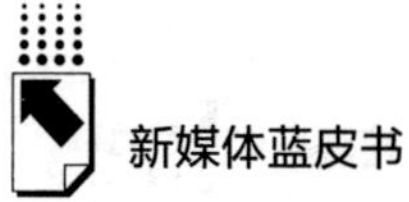

因此，对政务新媒体发展的评价激励管理权责，应尽快回归并纳入由中央统筹领导、官方主导顶层设计的党政机关绩效管理系统，建立起对应职能序列特质、符合网民社会期待、确保政务新媒体健康有序发展的综合评价体系和绩效考核与管理机制。

当前，距离国务院办公厅在《关于推进政务新媒体健康有序发展的意见》（国办发〔2018〕123 号）中确立的目标——“到 2022 年，建成以中国政府网政务新媒体为龙头，整体协同、响应迅速的政务新媒体矩阵体系，全面提升政务新媒体传播力、引导力、影响力、公信力，打造一批优质精品账号，建设更加权威的信息发布和解读回应平台、更加便捷的政民互动和办事服务平台，形成全国政务新媒体规范发展、创新发展、融合发展新格局”还有一年的时间。要顺利兑现这一面向人民的庄重承诺，首先需要真正回归“以人民为中心”的初心并遵循科学的媒介规律，要让政务新媒体真正获得人民群众满意的体验和认可，并经得起社会治理实践和历史的检验。

参考文献

《习近平谈治国理政》（第二卷），外文出版社，2017。

《习近平谈治国理政》（第三卷），外文出版社，2020。

《习近平关于防范风险挑战、应对突发事件论述摘编》，中央文献出版社，2020。

《习近平关于网络强国论述摘编》，中央文献出版社，2021。

唐绪军主编《中国新媒体发展报告（2020）》，社会科学文献出版社，2020。

侯锷主编《中国政务新媒体（微博）年鉴·（2009～2018）》，社会科学文献出版社，2019。

调查篇

Investigation Reports

B.9

2020年中国直播电商发展报告*

刘友芝　李行芩**

摘　要：2020年初，新冠肺炎疫情下的“宅经济”与政府的政策扶持，成为直播电商的发展契机，直播电商行业发展呈现新特征：布局直播电商业务的平台类型多样化，流量头部化与私域化趋势并存；主播类型更为多元化，商家自播常态化。然而，行业蓬勃发展也面临诸多问题与困境，主播素质参差不齐，直播营销同质化、虚假宣传与带货不实；多数商家实际获益不大，难以持续维系；商品质量难保障、售后服务差，用户维权难。未来的直播电商行业，需要政策、平台、商家、MCN与主播、消费者等各方市场参与者，理性规范化与精细实效化发展。

---

* 本研究属于国家社科基金项目“以资本运营推动传统媒体与新兴媒体产业融合一体化发展研究”的阶段性研究成果（项目编号15BXW018）。

** 刘友芝，武汉大学新闻与传播学院教授，研究方向为新媒体、媒体融合；李行芩，武汉大学新闻与传播学院硕士研究生，研究方向为新媒体、媒体融合。

关键词： 直播电商 头部化 私域化 规范化 精细化

2016年，随着4G技术及移动端的普及，蘑菇街正式上线直播，中国直播电商由此启航。五年来，直播电商经历了萌芽期、起步期、成长期、爆发期四个阶段。在萌芽期，电商平台开启“直播+内容+电商”模式，旨在降低拉新成本，增强用户黏性。蘑菇街、淘宝、京东等平台先后上线直播购物功能。在起步期，多元化是一个重要特征，主播身份多元化，直播的主力军从明星和网络红人逐渐拓展到素人；直播品类多元化，穿搭、美食、美妆等商品应有尽有；行业角色多元化，专业的MCN机构应运而生，通过整合资源，发挥内容创意集群效应。在成长期，社交内容平台纷纷入局，直播成为流量变现的新窗口。作为短视频社交平台，抖音和快手汇聚的粉丝流量成为直播电商变现的肥沃土壤。2018年，抖音和快手分别上线直播店铺入口，正式进军直播电商市场。

2019年，我国直播电商行业进入“万物皆可播”的发展元年，直播电商由此进入爆发期。2020年初，新冠肺炎疫情下的“宅经济”，又为直播电商提供了“乘胜追击”的发展机会。在我国疫情防控取得重大成效后，随之而来的“618”“双十一”等购物狂欢节中，直播电商均表现不俗。然而在行业高速发展的背后，痛点也逐渐浮出水面，商品质量、数据真实性等问题层出不穷，直播电商未来如何持续健康发展成为行业关注的重点。因此，本报告从2020年直播电商发展的总体现状与特征、问题困境入手，全面系统研究，并探讨其发展趋势和具体对策。

一 总体现状与特征

（一）新背景与总体现状

1. 疫情之下直播电商的二次爆发

2020年初，新冠肺炎疫情突如其来，商家线下经营成为现实难题。直播电商以低成本、高转化率等优势备受商家青睐，成为2020年我国发展最为迅猛的互联网应用之一。2020 年 3 月 21 日，淘宝直播开启首个“直播购物节”，1 万个线下门店集体开播。超过 50% 的天猫商家在直播卖货，启动门店直播的商家多了 5 倍，做直播的导购多了 10 倍，并以每周翻倍的速度持续壮大。当月淘宝站内直播场次 175 万，环比增长 17 倍①。2020 年上半年国内电商直播超过 1000 万次，活跃主播数超过 40 万，观看人次超过 500 亿②。

2. “双十一”等购物狂欢节，为行业发展“添柴加火”

进入 2020 年下半年，直播电商收获的关注度不断攀升，同时其市场规模持续扩大。截至 2020 年 12 月，电商直播用户规模达 3. 88 亿，占直播用户规模的 62. 9%，占网购用户规模的 49. 6%③。根据商务部 2020 年 12 月发布的监测数据，2020 年 1 ~ 11 月我国电商直播场次突破 2000 万④，这主要受益于“双十一”等购物狂欢节进一步的“添柴加火”。2020 年的天猫“双十一”，淘宝直播继续保持了高速增长，将近 3 亿用户涌入直播间，相较于 2019 年的 200 亿元淘宝直播 GMV，同比翻一番以上⑤。淘宝凭借着在电商领域积累的经验，已成为直播电商行业的“领头羊”，其高速发展为直播电商市场扩大规模、完善业态提供可能性。

3. 直播电商，万亿市场的蓄势待发

艾媒咨询数据显示，2017 ~ 2019 年，直播电商市场规模一直保持较高增长水平，年均同比增速超过 200%。预计 2020 年底，中国直播电商市场规模将达 9610 亿元，2021 年将突破万亿元关口（见图 1）。⑥

（二）主要特征

与 2019 年相比，2020 年我国直播电商总体市场规模翻番，除了特殊背景

① 招商证券股份有限公司：《疫情加速商业数字化，直播和到家成趋势》，2020 年 4 月，第 13 ~ 15 页。

② CNNIC：第 46 次《中国互联网络发展状况统计报告》，2020 年 9 月，第 47 页。

③ CNNIC：第 47 次《中国互联网络发展状况统计报告》，2021 年 2 月，第 53 页。

④《商务部：今年 1 至 11 月电商直播超 2000 万场》，https：//www. thepaper. cn/newsDetail_forward_ 10555938，2020 年 12 月 27 日。

⑤ 淘榜单、淘宝直播：《2020“天猫双 11”淘宝直播商家数据报告：新渠道、新品牌、新趋势》，2020 年 11 月，第 4 页。

⑥ 36 氪研究院：《2020 年中国直播电商行业研究报告》，2020 年 12 月，第 9 页。

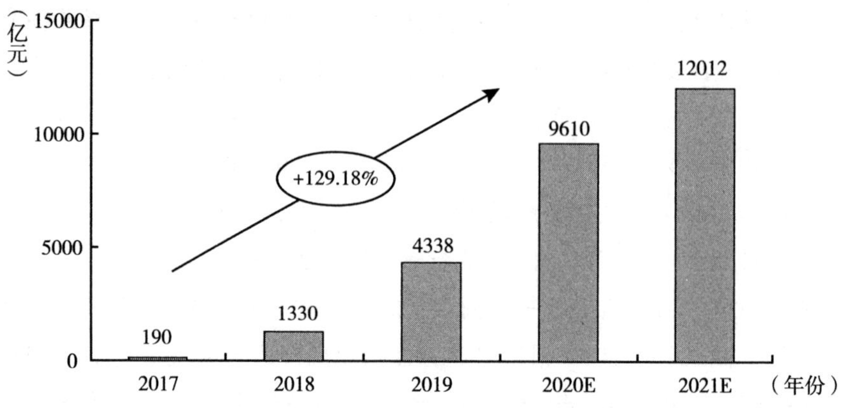

图1　直播电商市场规模

资料来源：36 氪研究院：《2020 年中国直播电商行业研究报告》，2020 年 12 月。

下各种叠加因素的助推影响之外，还呈现如下发展特征。

1. 布局直播电商业务的平台更加多样化，流量头部化与私域化趋势并存

2020 年我国布局直播电商业务的平台主要分为三大类：第一类是传统电商平台开辟直播区域，如淘宝、京东、拼多多、苏宁等，通过丰富的货品和商家资源、成型的服务和消费者权益保护体系，以及平台治理规则优势，自行搭建直播功能和业务板块，为商家提供直播工具类的销售运营服务；第二类是内容创作平台新增电商业务，如快手、抖音、斗鱼、小红书、B 站等，以平台上丰富的达人资源优势，转型拓展直播类电商业务；第三类是社交平台新增电商业务，如新浪微博、微信公众号、微信小程序等，以社交流量优势，为商家拓展私域流量类的直播电商业务。

同时，直播电商业务平台流量头部化与私域化趋势并存。一方面，平台头部化现象突出。中国消费者协会发布的调查数据显示，使用淘宝直播的消费者占比 68.5%，处于绝对领先优势；其后为抖音直播和快手直播，使用用户占比分别是 57.8% 和 41.0%[①]。另一方面，流量私域化是 2020 年直播电商平台发展的新方向。相关数据表明，2020 年上半年直播小程序平台开播商户数增

① 中国消费者协会：《直播电商购物消费者满意度在线调查报告》，http://www.cca.org.cn/jmxf/detail/29533.html，2020 年 3 月 31 日。

长迅猛，截至2020年6月，小程序开播商户数较1月增长183%，商家月均直播4.2次，开播场次增长超20倍，同时小程序直播交易笔数增长260倍，展现了出色的带货能力①。

微信小程序直播过程中，直播互动和商品销售相互作用，商家通过引导用户关注店铺、成为会员或加入商家社群等途径，将流量都沉淀在自有小程序以及公众号、社群之中，之后再进行精准触达和营销，从而完成其“蓄量—沉淀—转化—裂变”的营销闭环，实现私域流量的建构和变现。

2. 主播类型更为多元化，商家自播逐渐常态化

直播电商的蓬勃发展，离不开“人货场”的核心——“人”的带动。2020年各类直播平台的主播类型更为多元化，可分为四大类型：第一类是达人主播，如李佳琦、薇娅、辛巴等粉丝量多、带货能力强的头部网红主播，同时还有各大平台和机构加速培育的中腰部网红主播；第二类是名人主播，包括自带话题和流量的明星与名人；第三类是虚拟主播，如洛天依、乐正绫、初音未来等受“Z世代”喜爱的虚拟偶像，吸引“二次元”用户、突破用户圈层限制；第四类是商家自播，商家自建直播团队对选品进行介绍，素人导购成为主力成员。

伴随着直播头部主播马太效应的显现，商家直播成本上升，部分商家开始探索商家店铺的自播方式：商家启用店员或自有主播进行自播，培养更多的中小主播和品牌导购，缓解主播市场的两极化趋势。自播模式下，消费者和商家“各取所需”，一方面，消费者可以从商家节省下的红人主播成本中获得价格优惠；另一方面，商家则能在自播过程中激活导购员的价值，此时的主播不再是短期合作第三方，而是转变为商家所有的可循环和持续使用的生产要素。淘宝数据显示，2020年“618”购物节中，商家自播占天猫直播总场次比例超90%；淘宝15个过亿的直播间中，有9个为商家自播直播间，主要为国产3C大品牌，如小米、华为、海尔等②。

3. 政府扶持+监管，双管齐下助推行业健康发展

2020年，直播电商市场规模迅速扩大，成为拉动经济增长的新动力，这

① 虎嗅、微盟研究院：《2020年直播电商报告》，2020年10月，第27页。
② 阿里研究所：《迈向万亿市场的直播电商》，2020年10月，第29页。

与中央和地方的扶持政策是分不开的。2 月，商务部办公厅率先提出鼓励电商企业通过直播等带动农产品销售①。随着直播电商在推动消费、促进就业、创造经济新增长点等方面的作用日益凸显，疫情前后多地政府将发展直播电商经济作为推动当地经济发展的重要措施，积极部署战略规划并制定扶持政策，高度重视电商主播人才的培养与引进。截至 2020 年 8 月，累计全国共有 22 地（含省、区和市）出台了直播电商扶持政策②。

然而，近年来直播电商行业的“野蛮生长”和无序竞争，也使得行业乱象频出，国家有关部门相继制定与出台监管规章制度整治行业乱象。2020 年 7 月 1 日，中国广告协会《网络直播营销行为规范》施行；2020 年 11 月 20 日，中国消费者协会发布“双十一”消费维权舆情分析报告，直接点名汪涵、李佳琦、李雪琴在“双十一”的直播带货中存在造假或者售后难的情况③。政府扶持与监管“两手抓”，在刺激直播电商蓬勃发展的同时，重点加强对消费者正当权益的保障，减少直播带货乱象，成为直播电商健康持续发展的保障。

二　存在问题与困境

在直播电商飞速发展的过程中，问题与困境也随之而来。总的来看，这些问题主要集中在直播带货的营销端、商家端及用户端三个方面。

（一）直播营销端：主播素质参差不齐，直播营销同质化、虚假宣传与带货不实

直播电商的主要环节是“人货场”，三个环节中主播居于核心地位，其直播的实质是为商家卖货充当中间的营销宣传和导购，并从商家的直播带货量中获取直播佣金收入，主播素质也成为直播场景营销端的核心要素。然而，从 2020 年主播在直播电商中的现实表现来看，存在以下问题。

---

① 中华人民共和国商务部：《商务部办公厅关于进一步做好疫情防控期间农产品产销对接工作的通知》，http：//www. mofcom. gov. cn/article/ae/ai/202002/20200202936124. shtml，2020 年 2 月 14 日。

② 虎嗅、微盟研究院：《2020 年直播电商报告》，2020 年 10 月。

③ 中国消费者协会：《“双 11”消费维权舆情分析报告》，http：//yuqing. people. com. cn/big5/n1/2020/1123/c209043 - 31940194. html，2020 年 7 月 1 日。

1. 主播素质参差不齐，优质主播孵化困难

日前直播电商的部分主播存在对产品缺乏了解、介绍不清晰、与经营者关系不清、私下交易等问题①，使得消费者面临更大的交易风险，消费体验更是难以保障。第一，部分主播在直播前并未对产品进行深入了解或亲身试用，仅是按照事先准备的文案进行描述。第二，部分主播缺乏专业知识，宣传语多集中在"自留""赶快拍""好看""划算"等，未对产品进行专业化介绍。第三，部分主播对自身界定及对自己与经营者的关系认识不清。第四，部分主播存在引导消费者绕开平台私下交易的问题，存在交易风险，损害消费者权益和商家信誉度。

主播圈层的"马太效应"凸显是当前直播营销端面临的难题之一，优质主播拥有庞大的粉丝数量和出色的带货能力，从而拥有丰富的业务资源。但优质主播的孵化又十分困难，故而形成"强者愈强，弱者愈弱"的局面。根据2020 年 6 月直播电商主播 GMV 月榜数据，排前三名的薇娅、辛巴、李佳琦分别创下 27 亿元、19 亿元和 15 亿元的纪录，而位列第四的小小疯月度 GMV 仅为 4 亿元（见表 1）②。

表 1　2020 年 6 月直播电商主播 GMV 月榜 TOP 10

单位：万件，万元

排名	主播名称	销售量	销售额
1	薇娅 viya	2384.91	274243.84
2	辛巴	1151.24	191408.89
3	李佳琦 Austin	1070.25	145835.04
4	Timor 小小疯	125.00	40673.89
5	雪梨_Cherie	264.17	39679.59
6	初瑞雪	378.16	33029.90
7	张雨绮	100.53	29983.46
8	花哨	40.52	27826.22
9	蛋蛋小盆友	213.73	26243.64
10	刘涛刘一刀	66.24	22490.52

资料来源：果集数据：《2020 年 6 月份直播电商主播 GMV 月榜 TOP50 榜单》，2020 年 7 月。

① 中国消费者协会：《直播电商购物消费者满意度在线调查报告》，http：//www.cca.org.cn/jmxf/detail/29533.html，2020 年 3 月 31 日。

② 199IT：《果集数据：2020 年 6 月份直播电商主播 GMV 月榜 TOP50 榜单》，http：//www.199it.com/archives/1081318.html，2020 年 7 月 10 日。

在整个主播行业的金字塔结构中，能够创造较高价值的头部主播数量稀少，处于金字塔的尖端；尾部主播在金字塔的底端沉淀下来，形成一个庞大的群体。在此情形下，优质电商主播的孵化是目前直播电商平台亟待解决的行业问题。

从行业发展的长远角度看，主播圈层中的“马太效应”不利于行业发展。当前主播圈层中呈现出二八效应：商业资源汇聚在头部主播手中，中下部尤其是底部主播鲜有人问津。然而，当资源的倾斜程度越过了某个平衡点时，主播圈层内部的竞争将愈发激烈，商家与主播的双向选择空间也会大大缩小，因此整个直播电商行业的发展都将受到限制。

2. 直播购物品类与营销方式，日趋同质化

整体来看，各大平台和商家的直播模式趋于同质化。首先，购物品类同质化，穿搭、美妆、母婴成为商家和主播热衷的销售品类，导致直播内容的大同小异。其次，主播推荐方式同质化，主播对于产品的介绍依然停留在“好看”“好用”等没有针对性的形容上。最后，商家营销模式同质化，特价秒杀、发放优惠券等促销优惠，与粉丝进行抽奖、投票等简单互动，这些很难形成商家或商品的不可替代性，难以增强用户黏性。

3. 部分主播夸大商品宣传、虚假营销

宣传和营销是商家售卖的必要手段，但直播带货中夸大宣传、虚假营销的问题屡见不鲜。部分主播对于商品特征夸大或虚假宣传，欺骗和误导消费者进行购买。根据北京市消协 2020 年 6 月 16 日发布的直播带货消费调查报告，在 30 个直播带货体验样本中，有 9 个样本涉嫌存在证照信息公示问题，占比 30%；有 3 个样本涉嫌存在虚假宣传问题，占比 10%①。在自带流量和深受消费者信任的头部主播和明星中，这种现象同样存在。“快手一哥”辛巴在直播间售卖“糖水燕窝”，引发消费者质疑；“双十一”后中消协点名汪涵和李雪琴直播带货“翻车”；李佳琦直播间“买完不让换”……随着越来越多的直播乱象被曝光，主播和商家的信誉度不断降低。

4. 部分主播带货，制造虚假流量

作为依附于电商的新兴行业，直播是建立在数据基础之上的。但从 2020

① 《北京市消费者协会发布直播带货消费调查报告》，http：//www. samr. gov. cn/xw/df/202006/t20200617_ 317086. html，2020 年 6 月 17 日。

年下半年开始，直播带货行业被虚假数据的阴霾覆盖，通过虚假的流量数据，营造出高人气假象。据媒体报道，脱口秀网红李雪琴被指亲历直播带货造假，2020 年“双十一”当天李雪琴直播活动结束时的 311 万名观众中，只有不到 11 万名是真实存在的，评论互动绝大部分也是机器刷出来的[①]。

直播带货的收费主要由坑位费（即指定主播带货商品需要支付的费用）和佣金两部分构成，具体金额和比例则由带货主播的人气影响力决定。主播的人气影响力就是其向商家要求“坑位费”的资本，因此围绕主播人气“影响力”这一指标的造假，已经形成一条灰色产业链。在观看人数上，机器、真人粉丝刷数据的服务已成为一项“灰色产业”。在销量统计上提高商品标价，带货时按低价卖出，计算销售额时按高价计算，再辅之以刷单等手段。在直播如火如荼的背后，是观看人数虚高、销售数据“注水”等行业乱象，销售流量虚假数据事件的曝光，已为整个直播电商行业敲响了警钟。

（二）商家端：多数商家实际获益不大，难以持续维系

在直播电商模式中，商家本应是这一行业的“主角”，既是直播带货诉求的“发起方”，又是直播带货的最终受益者，然而，综观 2020 年我国直播电商行业的现实状态，除了部分日常的品牌“快销品”外，多数商家在现有模式中实际获益不大，主要表现在主播主导和商家自播主导两种模式中。

1. 主播主导带货模式中，商家持续让利带量、成本攀升、盈利困难

主播主导带货模式，是指以 MCN 直播电商机构及其网红主播主导带货模式，以头部主播为主导，主播在直播环节中拥有较高的议价权。主播带货的主要收入模式分为纯坑位费、纯佣金、“佣金 + 坑位费”三种模式，其中“佣金”指主播根据直播间销售额抽取分成，销量越高，分成越多；坑位费是主播介绍、宣传商品的固定出场费。在“超低折扣 + 佣金 + 坑位费”模式下，MCN 直播电商机构及其网红主播成为最大现实获利者。尤其面对头部主播，商家不断让利以带动销量，其利润空间持续被压缩，甚至出现亏本的

---

① 《直播带货翻车：从业者爆刷量潜规则》，https：//baijiahao. baidu. com/s? id = 1684821753660273664&wfr = spider&for = pc，2020 年 12 月 1 日。

情况。

总体而言，商家在主播带货模式中，存在明显的投入产出不合理现象。伴随着直播电商行业的快速发展而来的是市场面临存量竞争阶段的加速来临，届时流量红利的大幅消退、运营成本的日益加大、盈利日趋困难等将会逐渐成为商家需要面对的现实问题。

2. 商家自播主导带货模式中，多数商家的转化率不高

为了降低直播电商业务中的主播主导模式运营成本，同时防范或规避MCN直播机构或网红主播可能存在的带货“流量”虚假等不利影响，一些商家开始探寻自播主导带货模式。2020年阿里研究所的调研显示，根据有直播经验的商家反馈，“产品/服务有很好的口碑”“内容创意性和话题性”“产品低价促销”等是直播间吸引消费者的因素[①]（见图2）。

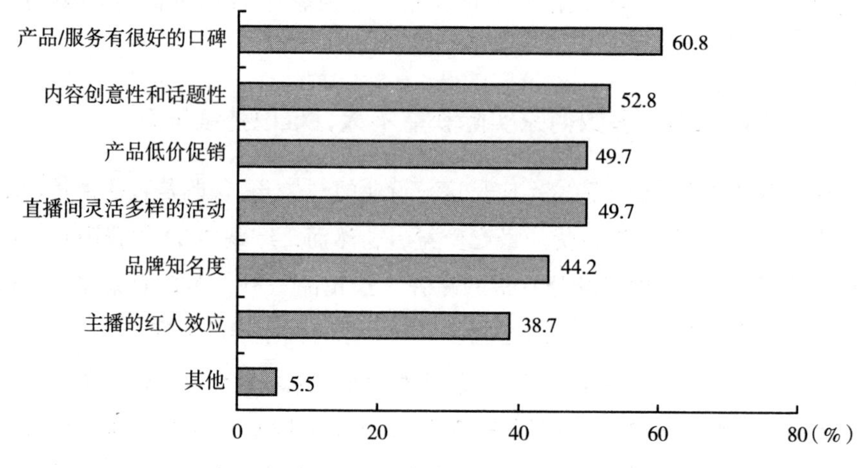

图2　直播间吸引消费者的因素

资料来源：阿里研究所：《迈向万亿市场的直播电商》，2020年10月。

满足上述因素的商家，通常拥有较高的知名度、较强的经济实力、优质的策划团队，熟悉电商直播“游戏规则”，能够获得较高的转化率，属于头部类商家直播带货模式。然而，多数商家属于长尾类电商直播模式，主要是指由商

① 阿里研究所：《迈向万亿市场的直播电商》，2020年10月，第41页。

家邀请小主播甚至店主充当主播的小型直播带货模式，这类商家直播形态占据人部分。这类商家投入经费少，缺乏优质的策划团队，大多未经前期精心策划，带货转化率并不高，主要有以下问题：第一，由于商品知名度有限，消费者从内容层面进入购买层面的难度加大。直播间内对商品短时间的介绍通常难以促使消费者做出购买决定。第二，长尾电商直播内容或产品本身的低质，很难让消费者形成购买的欲望，从而造成大量用户的流失。第三，小主播自身所带流量有限，商家自身直播营销经验有限，造成“带货难”局面。

（三）用户端：商品质量难保障，售后服务差、维权难

2020 年 3 月，中国消费者协会发布的《直播电商购物消费者满意度在线调查报告》[①] 指出，消费者的直播电商购物体验满意度总体不高，首先最为突出的关键词是“夸大其词”，“假货太多”“鱼龙混杂”等是消费者对商品质量方面的集中反馈，对于虚假宣传和商品来源的担心情况最为突出。其次是物流配送慢、售后服务态度恶劣。最后是售后维权难，存在消费者投诉流程复杂烦琐、维权找不到经营者、维权找不到证据链等问题。

造成此类现实问题的原因，总体是低价竞争造成的“劣币驱逐良币”现象：第一，能够吸引消费者决定购买的主要原因还是商品本身的性价比和价格优惠程度[②]；第二，以用户需求为导向的商家，为了在短期内获取带货流量，主打低价竞争策略；第三，在各大商家频繁的价格战中，主播通过社交直播间营造抢购氛围，将仿冒品、低次品摇身一变成为所谓“畅销品”，加剧了直播用户非理性的“冲动性消费”；第四，抖音直播、蘑菇街和快手直播、斗鱼、虎牙和拼多多等越来越多“跨行”入局的直播电商平台，缺乏售前质量和售后服务关键环节的保障机制；第五，消费者直播购物流程长，涉及直播平台、电商交易平台、主播、MCN 机构、物流、商家等诸多参与者，关系错综复杂，消费者维权难度加大。

---

① 中国消费者协会：《直播电商购物消费者满意度在线调查报告》，http：//www. cca. org. cn/jmxf/detail/29533. html，2020 年 3 月 31 日。

② 中国消费者协会：《直播电商购物消费者满意度在线调查报告》，http：//www. cca. org. cn/jmxf/detail/29533. html，2020 年 3 月 31 日。

三　发展趋势与对策建议

在我国疫情防控形势持续向好的后疫情时代，政府监管与扶持多措并举、商家与平台先后入局、消费者参与和购买热情不减等因素，使直播电商迎来新的发展热潮。

（一）发展趋势

1. 政策端：密集出台“强监管”规则，引导行业规范化发展

在直播电商强劲的风口之上，层出不穷的行业乱象不容忽视，国家和地方监管力度持续增强。2020 年上半年，国家和地方相关部门、行业协会组织等相继制定管理规定。浙江省网商协会率先发布《直播电子商务服务规范（征求意见稿）》，是全国首个直播电商行业规范标准①；中国广告协会出台了《网络直播营销行为规范》。2020 年下半年行业监管力度不减。仅 11 月，就有 3 部国家级条例出台：《关于加强网络直播营销活动监管的指导意见》从主体责任、规范营销行为、依法查处违法行为等三方面共提出 14 条意见②；《互联网直播营销信息内容服务管理规定（征求意见稿）》明确平台、运营者、营销人员、服务机构应遵守及履行不同的责任和义务③；《关于加强网络秀场直播和电商直播管理的通知》指出，加强对网络秀场直播和电商直播的引导规范，强化导向和价值引领，营造行业健康生态④。

未来随着直播电商的升级发展，相关监管措施将更加完善有效，直播电商

① 《全国首个！浙江制定直播电商行业规范标准，7 月将正式发布》，https：//www. sohu. com/a/402421107_ 260616，2020 年 6 月 17 日。

② 国家市场监督管理总局：《市场监管总局关于加强网络直播营销活动监管的指导意见》，http：//gkml. samr. gov. cn/nsjg/ggjgs/202011/t20201106_ 323092. html，2020 年 11 月 5 日。

③ 《国家互联网信息办公室关于〈互联网直播营销信息内容服务管理规定（征求意见稿）〉公开征求意见的通知》，http：//www. cac. gov. cn/2020 - 11/13/c_ 1606832591123790. htm，2020 年 11 月 13 日。

④ 《国家广播电视总局关于加强网络秀场直播和电商直播管理的通知》，http：//www. gov. cn/zhengce/zhengceku/2020 - 11/23/content_ 5563592. htm，2020 年 11 月 12 日。

将加速告别野蛮生长状态，步入规范化、可持续化发展的正轨，成为经济双循环的新引擎。

2. 行业端：直播内容精细化、带货品类垂直化

未来，整个直播电商行业将从规模化走向精细化、垂直化。

首先，在直播电商的内容层面做“加法”。不难发现，当前环境下纯带货模式的直播电商模式已经难以打动消费者、刺激消费需求，直播内容只有朝向精细化、品质化发展，才能重新释放吸引用户的活力。“直播 + 泛娱乐”为直播电商的内容创新提供了一个思路。艾媒咨询数据显示，在 2020 年上半年泛娱乐平台的创新内容调研中，在线直播用户更偏好趣味挑战、脱口秀及剧情讲解的形式占比分别为 42.1%、41.7% 与 39.5%①。因此，在进行直播策划时，将用户需求作为落脚点，丰富直播内容与形式，才能够更加精准地匹配消费者需要，优化消费体验，从而提升直播转化率。

其次，在直播电商的业务范围层面做“减法”。垂直化将成为从现在到未来很长一段时间内的竞争点。在电商平台中，如淘宝、京东、拼多多等，其垂直化特征存在已久；而在主播圈层中，头部主播已经抢占了美妆、美食、服饰等部分品类市场。垂直化策略中，商家通过消费者定位，能够精准掌握其需求和特征，同时根据消费者需求，进行定向选品和产品升级，从而提升消费者满意度，实现品牌可持续发展。不管是对平台、商家还是对主播来说，只有垂直化深耕自己的粉丝，聚集忠诚度高、消费力强的私域流量，才能提高直播转化率，突出竞争重围。

3. 技术端：5G 技术嵌入，驱动直播场景创新升级

随着 5G 技术与直播电商的深度融合，展示清晰化、场景多元化、体验沉浸化将成为直播电商新的发展方向。

首先，云计算、大数据、AI、AR、VR 等技术的突破，为商品全面、清晰地展示提供了技术支持，当前直播中经常面临的网络延迟、画面模糊、直播卡顿、视角单一等情况都将迎刃而解。其次，技术升级拓宽了直播场景的范围，直播场景多样化已经成为用户的重要诉求，5G 技术推动无人机 360 度全景直播、超高清 8K 画面直播的普及，画面传输信息将更丰富，开拓更多直播场景

① 艾媒咨询：《2020 第三季度中国在线直播行业专题研究报告》，2020 年 11 月，第 16 页。

成为可能[1]。最后，技术升级带来的沉浸式观看与互动增强了直播带货的真实感和趣味性。用户可通过裸眼3D、全息投影等方式，自由选择观看视角，模拟进行产品使用，从而获得沉浸式购物体验。直播间的“游戏”属性可能会增强，直播带货或许会成为一场用户购物的互动游戏体验，虚拟主播/机器人主播也会因此普及。

4. 人才端：加速人才系统化培养，直播电商与就业双向利好

人才端是直播电商产业的中心环节，直播电商产业的井喷式发展对人才需求猛增。据智联招聘、淘榜单共同发布的《2020年春季直播产业人才报告》，疫情下直播行业招聘需求同比逆势上涨1.3倍[2]。后疫情时代，直播人才需求依旧不减，Boss直聘发布的《2020上半年直播带货人才报告》显示，天猫“618”前夕，主播和直播运营两大岗位需求量比2019年同期高11.6倍[3]。2020年7月6日，人社部等部门发布9个新职业信息，其中“互联网营销师”下增设“直播销售员”，这意味着带货主播成为正式工种[4]。

当前直播电商行业人才培养趋势不断向好。一是很多院校开始探索校企融合、协同育人的培养方式，通过与MCN机构和品牌方合作，给学生提供实践机会。2020年6月，广州大学与广州直播电商研究院合作成立广州直播电商研究院人才培养基地[5]。二是各地纷纷开展线上与线下的培训活动，以加速直播电商人才的系统化培养。2020年12月18日，人民网舆情数据中心人民慕课与人社部高培中心联合开展的“直播销售员岗位能力培训”在山东省烟台市正式开课[6]。

① 《直播电商经济：概况、历程与未来》，http://finance.sina.com.cn/review/jcgc/2020-08-11/doc-iivhvpwy0329317.shtml，2020年8月11日。

② 智联招聘、淘榜单：《2020年春季直播产业人才报告》，2020年3月，第1页。

③ 199IT：《Boss直聘：2020上半年直播带货人才报告》，http://www.199it.com/archives/1073513.html，2020年6月29日。

④ 《人社部等部门联合发布“互联网营销师”等9个新职业　新职业有哪些特点?》，https://baijiahao.baidu.com/s?id=1671471333401090064&wfr=spider&for=pc，2020年7月6日。

⑤ 广州大学新闻与传播学院：《助力广州打造电商直播之都　直播电商人才培养基地揭牌》，http://xw.gzhu.edu.cn/info/1375/3027.htm，2020年6月29日。

⑥ 《人民网2020年直播销售员岗位能力培训正式开课，培养直播销售人才》，http://moocre.peopleyun.cn/People_Mooc_RE/public/index.php/index/repository/list.html?id=1223，2020年12月18日。

三是各方“差异化”培养人才的意识较强，直播电商行业不断注重产业链上各环节人才培养，如文案策划人才、运营管理人才等，以期实现整个行业均衡发展。随着市场对人才的需求增大、国家规范和监管力度加强，直播电商行业的人才培养将加速朝向规范化、系统化方向发展。

5. 商家端：精细化直播定制，私域直播规模化发展

对于品牌来说，商家正在从清库存、低价走量阶段转变为根据用户的需求精细化直播定制，推进私域直播的规模化运营。私域直播即个人或者企业在去中心化流量平台（主要是利用微信小程序或第三方专业运营工具）进行直播带货。私域直播有三大优势：一是无须支付给平台流量分成和返佣，节约直播成本；二是依托于社交关系链，用户在“私域空间”及时了解产品动态，商家与用户进行双向交流互动；三是企业利用大数据有针对性地优化产品和服务，以盘活、转化、留存消费者，积蓄商家自身的私域流量。

2020 年，小程序私域直播的优势不断显现，成为商家优化投入产出比和人员组织结构的有效途径，并正在重塑电商直播带货的格局。微信小程序等工具介入直播电商，真正目的是实现去中心化流量的私域直播运营。随着直播环境的变化，部分商家逐渐意识到，公域直播或许并不适用于其自身产品定位和经营现状，积蓄私域流量的价值大于短时爆款商品的营收。商家只有掌握更多的私域流量，才拥有更大的可能性实现转型升级。

（二）对策建议

未来的直播电商行业，需要各方市场参与者根据自身职责与发展需求定位，明确具体的发展对策。

1. 政府监管机构：扶持发展与创新监管并举

直播电商行业的纵深发展，离不开政府监管机构以“扶持发展，创新监管”为原则的全面统筹。政府一方面应进一步出台和完善扶持政策，对直播带货的各项生产要素予以实质性支持，如资金、场地、人才培养等，以优化发展环境。同时，要因地制宜，结合地方特色，推动特色产业与直播产业相互促进，实现多方共赢。此外，对于直播电商行业出现的问题和潜在的风险，政府应当加强科学监管，明确各方参与者的权与责，完善信用评估和风险评估体系，促进整个行业健康发展。

2. 平台：行业规范化与持续健康发展并重

直播电商行业，各大电商平台或直播平台是行业规范化发展的第一责任主体，目前及未来相当长一段时间内，其首要职责是做好自身建设。平台要注重对消费者权益的保护，除了已推出的主播实名制认证外，还需进一步落实消费者在平台上的投诉举报与快速处理的绿色畅通机制，履行投诉举报、协助举证、保存直播内容、保证数据和评论真实等义务。同时，还需要主动对直播中夸大营销宣传、观看量和带货量等虚假流量数据等情况严格规避。此外，要加强对直播电商行业各方合法经营的供给主体健康发展的业务指导，建立合理的信用评价制度，实现平台中各主体间的合作共赢。

3. 商家：理性与精准实效化

直播电商浪潮下，商家需要对自己的战略发展及其营销战略定位有清晰认识，对行业现状、问题及发展方向有系统了解，结合自身实际判断直播电商是不是营销方式的必要选择。同时，要选择适合自身需求与现实情况的直播形式，基于自身的品牌定位、直播预期等因素，选择主播合作或自播形式，并注重自身直播“私域流量池”的建立，通过精细化的运营策略，将直播观众有效转化为消费者甚至产品粉丝用户。

4. MCN 机构和主播：规范化与深度延展

未来的行业发展，需要对 MCN 机构和主播提出更高的要求。一是提升货品的性价比，MCN 机构要选择或自建优质供应链，提升主播与供应链上游环节的沟通效率，推出高性价比产品。二是提高自身业务能力，MCN 机构要加快孵化优质主播，打造高效直播运营团队，注重对策划、运营、场控、副播等专业人才的培养。主播要做好自身定位，进行差异化发展，提高职业素养。三是 MCN 机构和主播应做到诚信至上，杜绝数据泡沫，推动自身的可持续发展。

5. 消费者：理性选择与正当维权

进入后直播电商时代，消费者需对此种购物方式仔细考量。一方面，要树立理性消费观念，避免陷入冲动的消费主义陷阱。明确自己真实合理的消费需求，警惕被商家或主播制造的“需要”，选择专业直播电商平台、良心主播与商家；另一方面，要树立正当维权意识，当权益受到侵害时，借助法律手段对直播带货相关责任方进行追责，既保障自己的合法权益，又能协助相关部门整顿直播电商行业的不正之风。

参考文献

田园、降帅杰、宫承波：《直播电商新趋势：多元赋能，强势突围》，《视听界》2020年第4期。

36氪研究院：《2020年中国直播电商行业研究报告》，2020年12月。

虎嗅、微盟研究院：《2020年直播电商报告》，2020年10月。

阿里研究所：《迈向万亿市场的直播电商》，2020年10月。

B.10
2020年中国互联网中视频发展报告

李明德　王含阳*

摘　要：　2020年，中视频领域成为互联网平台新赛道。在产业格局上表现为以西瓜视频、B站为主导，视频平台、社交平台和主流媒体共同参与下的两超多强竞争格局；在用户方面，中视频行业的潜在用户分散在各个平台中，呈现年轻化趋势；在内容生产方面，中视频行业表现为内容领域纵深发展下的创作者层次化生产；在盈利模式方面，内容付费和电商导流成为其盈利增长点。然而，中视频发展过程中的难题聚焦在视频生产的创意性和随机性与规范化、标准化生产流程之间的矛盾、版权问题之困和社会责任之坎。未来，中视频行业应建立协同监管机制强化视频平台的社会责任建设，以优质内容和优质IP实现差异化发展规避版权之争，在分发模式中引入用户社会关系，辅助算法实现优质内容的广泛传播。

关键词：　中视频　PUGC　B站　内容生产

2020年6月，短视频应用以人均单日110分钟的使用时长超过即时通信应用的使用时长①，标志着文本表达和内容消费进入视频时代，各类互联网应用

* 李明德，博士，西安交通大学新闻与新媒体学院教授、博士生导师，从事新媒体与社会治理、新闻传播与舆论引导研究；王含阳，西安交通大学马克思主义学院博士研究生，从事新媒体与社会治理研究。

① 中国网络视听节目服务协会：《2020中国网络视听发展研究报告》，http://www.cnsa.cn/home/infomation/dynamic_ details/id/138/type/1.html，2020年10月13日。

都在布局视频业务。当新媒介大量占据用户时间和注意力之后，新的内容形态和服务形式就会自然而然地适应新媒介的特性。作为一直存在于视频行业内的内容生产方式和传播手段，中视频在2020年的异军突起与技术进步、资本注入等驱动力密不可分，也反映出在视频行业发展下半场中，需求端发生的巨大改变。

一　视频行业下半场，中视频成为新赛道

中视频是指区别于抖音、快手短视频和优酷、爱奇艺、腾讯长视频而提出的新视频制作和传播模式，其突出特征是1～30分钟灵活时长，以横屏的方式展现更为丰富的视觉信息，以职业内容创作者为核心进行内容创作。这一概念由西瓜总裁任利峰在2020年10月20日西瓜PLAY好奇心大会上提出。当中国互联网市场流量红利见顶之后，各大平台和内容生产商瞄准了能够平衡制作成本和信息深度的中视频行业，期望能借此实现业务新突破。至此，中视频在2020年的中国互联网环境中迎来了发展机遇。

从市场表现来看，当前在互联网视频领域，短视频用户数量趋于见顶，长视频受制于观看场景不够灵活影响其获客留存，各大视频平台都在观望新的市场增长点。截至2020年12月，我国网民规模达到9.89亿，其中网络视频用户规模达9.27亿，短视频用户较2020年3月增长1亿，达到8.73亿，已占全体网民的88.3%①。流量红利褪去说明当前中国互联网视频市场整体增速趋缓，视频平台针对用户增长展开存量竞争。

一方面，短视频市场趋于饱和。比达数据显示，2020年我国短视频市场规模达到1675.2亿元，用户规模超8亿，相对于9.4亿的网民规模而言，趋于饱和状态②。当前，短视频赛道进入“下半场”竞争，下沉市场的抢占基本完成，形成抖音和快手的“双巨头”格局。目前短视频面临着提升内容质量，摆脱低俗化、娱乐化、同质化的发展标签。

---

① 中国互联网络信息中心：第47次《中国互联网络发展状况统计报告》，http：//cnnic.cn/gywm/xwzx/rdxw/20172017_ 7084/202102/t20210203_ 71364.htm，2021年2月3日。

② 《2020年度中国中视频平台市场研究报告》，http：//www.bigdata－research.cn/content/202101/1118.html，2021年1月14日。

另一方面，长视频用户存量难以获取。根据第 47 次《中国互联网络发展状况报告》，2020 年短视频用户规模增长率为 12.9%，位居所有互联网用户规模增长率之首。《2020 中国网络视听发展研究报告》显示，截至 2020 年 6 月，短视频以人均单日 110 分钟的使用时长位居各类网络视听细分领域之首。长视频平台期望拓展内容适配场景，以获取更多流量和用户分成。

在这样的市场背景下，中视频成为视频行业发展的新赛道。随着用户对优质内容需求的提高、内容付费意愿的提升以及缩短视频时长对于拓展观看场景的作用，各平台诞生以 PUGC 为主的长视频变短、短视频变长的中视频形式。根据西瓜视频《中视频创作人职业发展报告》①，近一年高频的视频消费中，消费中视频的用户达 6.05 亿，网民渗透率 64%。比达咨询报告显示，2020 年中视频平台人均日消费时长月度增长趋势明显，用户对于 10 ~ 20 分钟的视频内容需求增速变快，增长率达到 10.2%，以 PUGC 为主的中视频市场目前处于高速发展阶段。

二 2020年中视频行业发展总体概况

（一）产业格局：轻量化发展，新赛道之上的两超多强

不同于短视频平台成立之初的“另起炉灶”，中视频行业是在现有平台资源基础上走轻量化发展路线。轻量化是指并不单独成立支撑中视频生产、分发、消费的平台，而是依托各平台现有的产品、流量和发展资源，在平台内部孵化适合中视频发展的内容生产、分发和消费产业链，将中视频作为一条独立运营的业务线，比如爱奇艺旗下的社区化视频 App“随刻”，背靠爱奇艺的用户数据和视频制作资源，意图打造中视频兴趣社区，以用户间互动刺激中视频业务增长。或者扶持平台内部的潜在优秀创作者，打造垂直类优质创作者，通过“创作者吸引粉丝，粉丝激励创作者”的循环机制带动整体内容创作生态的升级优化，以此支持创作门槛更高的中视频业务的发展。

① 《西瓜视频创作人达 320 万，中视频创作成为新职业选择》，https：//finance.ifeng.com/c/80ndY6f24XU，2020 年 10 月 23 日。

2020年中视频产业吸引了各类互联网视频平台、社交平台、主流媒体新媒体平台的参与，中视频领域成为互联网平台新战场，延续短视频发展态势，形成“两超多强”竞争格局。哔哩哔哩（下称“B站”）以社区化运营在中视频领域拉开领先差距；西瓜视频主打平台化运营，以资金和流量扶持争夺优质创作者，期望实现多样化内容生态。抖音、快手等短视频平台以内容驱动为中视频提供发展赛道；传统视频平台期望以中视频形式丰富观看场景以优化市场布局、提高用户黏性。主流媒体也进入中视频市场，依托中视频强化传播效果，完善新闻传播矩阵。

B站和西瓜视频在中视频领域异军突起。B站依靠良好的社区氛围和多元化的内容，以大量PUGV（Professional User Generated Video，职业化用户生产内容）占据中视频赛道。B站2020年第四季度财报显示，专业用户自制内容（PUGC）占平台整体播放量的91%。这说明B站在专业创作者资源和用户黏性上的优势。B站在2020年通过《后浪》三部曲、打造《最美的夜》新年晚会以及开拓除二次元外更多内容品类等方式，丰富用户内容供给，以多元化内容生态吸引用户。西瓜视频作为字节跳动在中视频领域的重要平台，不仅没有盈利压力，能够以资金与流量扶持优化内容生态，而且能够整合利用头条系的算法和产品资源，大力扶持用户的中视频创作。西瓜视频总裁任利峰在2020年西瓜好奇心大会上宣布，在未来一年中至少投入10亿元资金用于扶持优秀视频创作者，发力中视频。头条系产品的技术积淀可帮助西瓜视频升级中视频播放模式和提升制作水平。此外，2020年6月，西瓜视频发起“活字计划”，投入2亿资源（其中包括1亿现金和1亿流量）支持全网图文作者实现视频化转型，西瓜视频还将联手抖音、剪映推出中视频剪辑工具，降低视频生产成本和门槛，支持优质中视频创作人。

短视频平台通过拓宽视频时长限制，丰富内容品类；同时引入明星IP，以培养用户行为习惯，提升用户黏性，减少平台用户流失。快手上线专业团队制作的长视频节目，在社会题材、纪录片和网络电影方面发力中视频。抖音开放15分钟的视频拍摄权限，并于2020年2月上线DOULive沙发音乐会，3月推出抖音娱乐厂牌DOULive，吸引热播剧主创和流量爱豆前来直播，通过让用户养成来抖音看演出、看剧、追星的习惯来弱化抖音的“短视频”标签。

传统视频平台以微剧集、微综艺等方式拓展视频形式、丰富观看场景，通

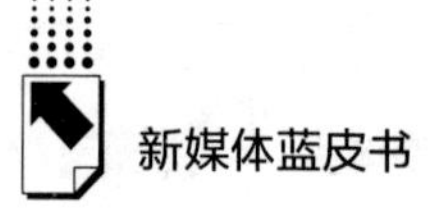

过设立互动社区吸引用户留存，期望以中视频形式发力移动场景和下沉市场，抢占市场份额。在拓展视频形式方面，2020 年爱奇艺、优酷以剧场化运营的方式探索中视频业务，并取得较好口碑。优酷将迷你剧按题材进行分类，据此设置不同剧场，以分集播放的方式将网络剧播放模式固定化和市场化，由此收获了一批较为稳固的用户。在设立社区方面，2020 年 4 月，爱奇艺"随刻"App 在全渠道上线，对标国际中视频平台 YouTube，通过视频内容标签化细分用户兴趣点，使用户参与到兴趣圈子的互动之中，实现用户留存。

微博、微信、知乎等非视频类互联网平台也加码中视频领域。移动社交平台加速布局视频功能，社交类产品和平台类产品视频化趋势初显。2020 年 6 月，微信视频号全面开放注册。2020 年 9 月底，微信上线 1 分钟以上视频上传功能，此后，在 10 月 3 日的改版中将视频时长延长到 15 ~ 30 分钟，正式迈入中视频领域。2020 年 7 月，微博启动视频号计划，以 5 亿元现金分成扶持创作者。2020 年 10 月，百度推出独立视频 App 百度看看。同时，知乎于 2020 年 10 月在首页新增"视频"专区，重点发力 1 分钟以上的知识视频。2020 年 8 月，生活方式平台小红书上线视频号，将支持站内 500 粉以上并拥有视频创作经验的用户开放，视频号上线后，小红书或将支持最长时间达 15 分钟的视频发布，突破此前视频不超过 5 分钟的限制。

主流媒体的新媒体平台以视频账号为依托，通过热门 IP 布局特色内容，在 B 站、微博等其他平台进行分发推送，试水中视频业务，提升主流媒体的传播力、影响力、公信力和引导力的同时占领新兴传播阵地。截至 2021 年 3 月，央视最美女记者王冰冰在 B 站的账号拥有超过 400 万的粉丝，其视频浏览量最高达 2104.3 万。王冰冰综合了个人化的 IP 形象和机构化的主流媒体象征元素，其平实有趣的视频以平民化、接地气的形式无形中拉近主流媒体与人们之间的距离，其在 B 站的走红实现了提升主流媒体传播力、影响力和主流媒体布局中视频业务的双赢。2020 年疫情期间，央视新闻的 B 站账号每日整合发布抗疫相关讯息，多支视频浏览量均达到"10 万 +"。这些举措帮助公众在居家隔离期间更加及时地获得疫情最新进展和抗疫最新动态，做好个人防护，和基层抗疫人员、医务工作者共同形成防控联动，避免疫情进一步扩散。同时，一些抗疫科普类视频的传播也能够有效阻止谣言的产生和蔓延。

（二）用户表现：平台转化为主，依托 B 站和西瓜视频实现用户规模高速增长

从获客潜力来看，我国视频行业存量博弈背景下，中视频行业处于用户积淀期，其用户主要来自其他视频平台的转化，中视频用户市场潜力巨大。由于各大视频平台、社交平台以及媒体平台都在布局中视频业务，这些平台的用户可视为中视频行业的潜在用户。2020 年，新冠肺炎疫情下居家隔离政策和电影院等公共场所停摆导致网民的娱乐需求持续转移至线上，带动网络视频用户规模进一步增长。《2020 中国网络视听发展研究报告》显示，截至 2020 年 6 月，我国网民规模为 9.4 亿，网络视听用户规模超过 9 亿，网民使用率超过 95%（见图 1），其中，23.9% 的网民第一次接触网络是通过网络视听应用实现的。在细分领域中，短视频用户规模为 8.18 亿，综合视频用户规模为 7.24 亿。以上数据显示，作为移动视频市场细分领域之一的中视频，拥有巨大的潜在用户市场。

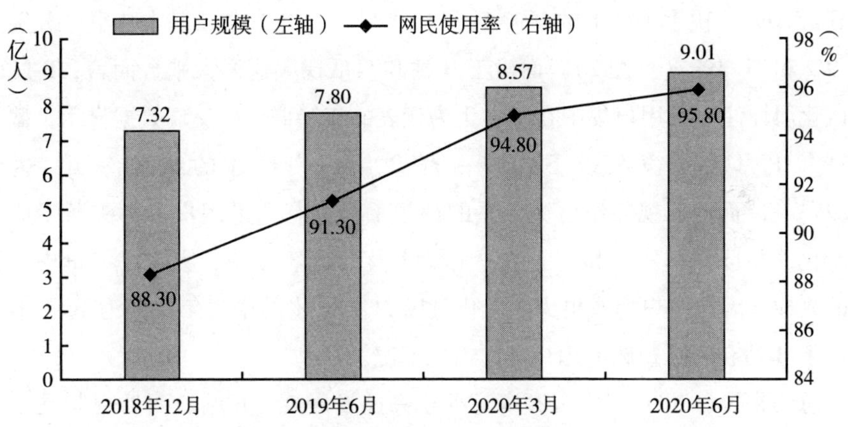

图 1　网络视听用户规模及网民使用率

资料来源：第 47 次中国互联网络发展状况统计调查。

在获客渠道方面，B 站在提高用户规模和用户商业价值方面表现显著。B 站 2020 年财报①揭示了其对中视频领域用户规模的贡献度。2020 年第四季度，

① 《冲击千亿美元市值，B 站的新故事是什么》，https://36kr.com/p/1113896799898626，2021 年 2 月 26 日。

B 站的月均活跃用户数量突破 2 亿，同比增长 55%。艾媒数据中心的数据显示，B 站用户日均使用时长由 2019 年第四季度的 77 分钟大幅增长到 2020 年第一季度的 87 分钟①。从平台选择来看，截至 2020 年第四季度，有超过 1 亿用户通过 100 道社区考试答题成为正式会员，同比增长 51%，第 12 个月的用户留存率超过 80%；从内容消费意愿来看，月均付费用户达到 1790 万，同比增长 103%，付费率同比增长 2.1%。同时，从用户使用程度来看，2020 年第四季度，B 站日均视频播放量同比增长 70%，达 12 亿次，月均互动量同比增长 94%，达 47 亿次。这些财报数据从侧面说明 B 站的中视频用户具备良好的内容消费能力、对 B 站的平台认可度高以及对 B 站的高黏性，表明其在商业价值方面拥有巨大挖掘潜力。

从用户表现来看，各平台内的中视频潜在用户呈现年轻化特征。尽管由于定位不同，各平台在用户受教育程度方面表现不一，但是总体上各视频平台用户趋于年轻化。截至 2020 年 12 月，抖音平台上的“90 后”用户占比最多，达到 35.0%，快手平台上的“90 后”和“80 后”用户数量基本持平，分别是 32.9% 和 31.3%（见图 2）。而对于 B 站和西瓜视频这两大平台而言，B 站的社区化属性注定其用户集中在以学生为代表的年轻群体。艾瑞数据显示，截至 2021 年 1 月，24 岁及以下用户占据 B 站用户群体的绝对份额，达到 34.95%②。而西瓜视频作为头条系的视频平台，有大量用户来自头条系应用的转化；并且“军事”和“三农”作为其优势内容板块，吸引了大量中年男性的兴趣，因此用户构成更为多元化且以 31～35 岁的中青年网民为主③，图 2 显示了 B 站和西瓜视频的用户年龄占比情况。

总的来说，2020 年中视频赛道处于高速发展期，B 站、西瓜视频是主要玩家。从整个行业格局来看，不同于短视频领域被抖音和快手两大巨头垄断的局面，中视频的用户还分散在各个平台之中。因此，各大互联网平台在

---

① 《短视频行业数据分析：2020Q1 哔哩哔哩用户日均使用时长为 87 分钟》，https://www.iimedia.cn/c1061/72548.html，2020 年 7 月 11 日。

② 《Bilibili 聚合指数》，艾瑞数据，https://index.iresearch.com.cn/new/#/APP/detail?id=66&Tid=96，2020 年 1 月。

③ 《西瓜视频聚合指数》，艾瑞数据，https://index.iresearch.com.cn/new/#/APP/detail?id=11859&Tid=96，2021 年 1 月。

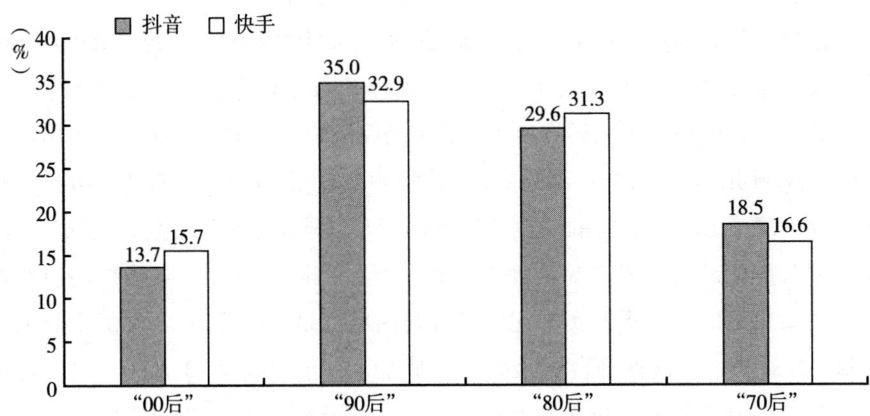

图2　2020年12月抖音、快手用户年龄占比情况

资料来源：QuestMobile Growth 用户画像标签数据库。

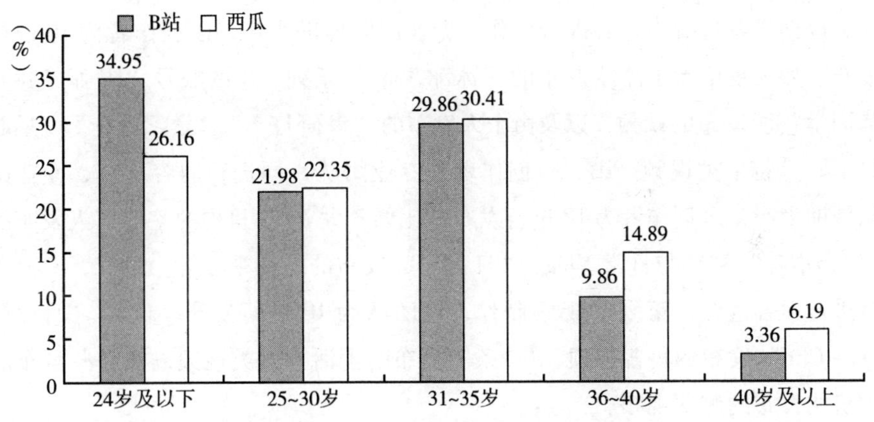

图3　B站和西瓜视频的用户年龄占比情况

资料来源：艾瑞数据 mUserTracker 移动用户行为监测数据库。

2020年都重点布局中视频业务，进行平台建设或者社区运营，期望能够抢占高地。

（三）内容生产：细分领域纵深发展导致的层次化生产链

内容类型以知识技能类和生活决策类为主，细分领域垂直化生产，内容质量较高。按照内容领域来分，目前中视频主要可以分为以下垂直领域：知识类、泛科普类、辅助决策类、自我提升类和记录日常类。知识类和泛科普类内容主要来自各类平台上的法律、金融等细分领域创作者，B 站财报显示，生活、游戏、娱乐、动漫、科技和知识成为最受用户欢迎的垂直品类，其中科技知识类视频贡献了 2020 年第四季度整体视频播放量的 10%。辅助决策类中视频主要表现为近年来兴起的“生活好物推荐”“科技测评”“数码测评”“汽车测评”等商品推荐或产品测评类视频，意在以创作者自身体验帮助消费者作出购买决策。自我提升类和记录日常类内容也是中视频 2020 年的重要内容领域。B 站第三方数据平台“火烧云”显示，截至 2021 年 3 月，全站内容中生活类内容占比 24%，位居榜首①。内容的细分导致不同品类内容的视频创作之间壁垒较高，但这种壁垒也保证了创作者能够深耕自身优势领域，不断优化内容质量以吸引特定粉丝。

依据内容类型和专业团队参与度，中视频生产模式可分为以下几种。第一，以创作者自身为核心进行创作，专业团队辅助生产，以创作者为 IP 进行发布。如央视记者王冰冰发布的“冰冰 Vlog”系列，B 站账号“老师好我叫何同学”所发布的视频，以及由个人发布的“考研打卡”“学习打卡”“早起打卡”等打卡类视频。第二，创作者和专业团队一同进行内容挖掘，专业团队辅助生产，以创作者为 IP 进行发布。比如各大 MCN 机构的签约红人发布的“好物推荐”视频与日常 Vlog，“日食记”发布的烹饪视频等。第三，专业团队进行内容选题、策划和视频制作，以团队为 IP 进行发布。比如“回形针 PaperClip”发布的科普视频、“一条”发布的生活方式类视频以及一些汽车测评机构发布的测评视频。

PUGC 的内容生产模式下中视频的层次化生产链。从中视频内容类型和生产模式可以看出，PUGV 是中视频的核心内容生产模式。专业化团队加个性化创作者的生产模式实际建立了中视频内容生产的层次化生产链，这个生产链由三部分构成：头部内容生产商、KOL 和全民内容创作者。其中，头部内容生产商包括专业化生产团队、MCN 机构；KOL 包括明星、专家学者、行业大咖等；全民内容创作者则是平台所有用户，中视频的内容创作者平均分布在每一

① 《B 站热榜分析》，火烧云，http：//www.hsydata.com/hotBoard/hotList，2021 年 3 月 18 日。

层的生产链中。在这个生产链中，专业团队对视频生产的参与度越高，中视频专业化程度越高，视频吸粉的可能性就越高。

（四）盈利模式：以内容付费和电商导流为重点

对于中视频而言，内容付费和电商导流将成为盈利增长点，双向发力和广告业务共同带动视频行业市场规模增长。随着市场教育程度的提高、智能手机的普及、流量资费的下降以及算法在应用中的普及，愿意为优质内容和知识服务付费的人群基数不断增长。同时，随着我国网络直播用户规模的不断增长，电商直播逐渐成为中视频行业营销变现的重要途径。

发力内容付费，以视频增值服务支持营收增长。2020 年，长视频平台纷纷开始上调会员资费。2020 年 11 月 6 日，爱奇艺官宣将对黄金 VIP 会员、学生 VIP 会员的订阅服务费进行调整，其中黄金 VIP 会员的月卡和年卡涨幅在25%左右。随着“迷雾剧场”的推出，爱奇艺推出了包含剧集超前点拨以及针对特定内容的视频点播特权的星钻会员制度。无独有偶，2020 年 11 月 12 日，腾讯视频的高管在业绩会上表示未来或将对视频订阅价格进行调整。[①] 而 B 站在内容付费的增值服务盈利方面已经取得显著成效。2021 年 B 站公布的财报显示，2020 年 B 站总营收达到 120 亿元，同比增长 77%，2020 财年，增值服务业务收入达 38 亿元，广告业务收入为 18 亿元；电商及其他业务收入达 15 亿元。2020 年第四季度，其增值业务服务收入达到 12.5 亿元，同比增长 118%。[②]

进军支付领域，以创作者和消费者之间的信任关系为纽带，构建电商交易闭环完善盈利链条。直播在短视频平台的盈利链条中扮演了重要角色。2020 年，今日头条、快手陆续通过收购方式获得支付牌照，已经建立自身电商交易闭环。直播带货为平台积累大量用户数据，可供平台精准描摹用户画像，有效进行产品的营销与推广，实现用户与商家的精准对接，提升营收的同时提高用户黏性。

---

① 《中视频搅乱格局　长视频将呈现两极化》，https://baijiahao.baidu.com/s?id=1687646483629224153&wfr=spider&for=pc，2021 年 1 月 1 日。

② 《B 站的 2020：年营收 120 亿元，月活用户破 2 亿》，https://www.thepaper.cn/newsDetail_forward_11458316，2021 年 2 月 25 日。

三 2020年中视频发展的特点透视

（一）知识类内容逐渐成为中视频创作热点

2020 年，随着“刑法老师罗翔”在 B 站走红、“三一博士”在今日头条上半年涨粉 50 万，知识类垂直领域带动泛科普、泛知识类内容成为中视频创作热点，成就了大量优质创作人。一方面，知识类内容细分程度高，创作者可以根据自身情况选择优势领域进行深耕。知识类内容与现实生活的结合度高，创作者可以依托现实情境或者社会热点，将原本枯燥、深奥的知识转化为生动、形象的视频内容。另一方面，传播知识这一行为能够带给创作者在商业和精神上的正向激励。相比生活类、娱乐类、动漫类等其他内容品类，知识类内容聚合的用户黏性较强，有利于后续商业变现。同时，创作者依靠视频形式传播知识，影响更多的用户，借由中视频传播知识能够提升他们的自我价值感，激励他们继续投身创作。

2020 年初的新冠肺炎疫情也成为助推知识类内容走红的因素之一。疫情的严峻、防疫信息缺位造成的心理恐慌以及谣言与辟谣式造谣导致的信息过载使得用户对具有一定深度和准确度内容的需求激增。而视频形式以生动、直观的表达和沉浸式的体验成为用户需求的内容形式之首。数据显示，2020 年春节期间，用户使用短视频应用的时长占比较 2020 年平日增加 2.1%，在线视频则增加 0.4%①。在众多视频内容中，知识类内容凭借其理性、准确的特征和克制化的表达，不仅满足了用户对真实、客观内容的需求，也能够在第一时间破解谣言，舒缓紧张的社会情绪。

（二）职业化创作者成为中视频内容生产的核心

职业化创作者对特定领域的信息占有决定其在中视频内容生产中的核心地位。不同于算法在短视频中的核心地位，对于中视频来说，视频中传递的信息

① 《QuestMobile2020 中国移动互联网“战疫”专题报告——热点关注行业发展报告》，https://www.questmobile.com.cn/research/report-new/81，2020 年 2 月 12 日。

是其核心价值，创作者对特定领域信息的绝对占有决定了其在视频内容生产中的核心地位，中视频创作者将对不同领域的知识积累作为其吸引用户的基础。职业化创作者一般都是在某垂直类领域有扎实积淀或浓厚兴趣，这种兴趣和积淀使中视频创作者相对于用户而言具备特定内容领域的信息增量。优质中视频的产生也正是建立在创作者对占有的信息的理解和重构上。

平台对优质内容创作者的争夺和扶持佐证职业化创作者在中视频内容生产中的核心地位。抖音出台“Vlog 十亿流量扶持计划”，B 站上线花火商业合作平台帮助 UP 主完善商业变现，西瓜视频的“20 亿补贴”为其吸引到了 B 站优秀创作者巫师财经、李永乐等，知乎也将在 2021 年投入 10 亿现金及流量扶持内容创作。对于中视频本身而言，职业化的创作者能够从视频创作中获得回报，没有生存压力，可以全身心深耕自身优势领域，以优质视频提高自身影响力和用户黏性。对于平台而言，优秀的中视频创作者不仅能够丰富平台内容生态，并且能够带来用户增长。因此，各大平台都将优质创作者看作是发展中视频业务的重要推手，这是从平台战略和中视频发展的角度说明职业化创作者对于中视频内容生产的核心作用。

四　2020年中视频发展的问题聚焦

（一）规模化内容生产模式与视频创作工作性质之间的矛盾

中视频创作工作的随机性和高投入与平台期望的规模化内容生产模式之间存在先天矛盾，平台在发展中视频业务的最初阶段必然要经历一段投入大、回报少的过程。对于视频创作而言，规模化的前提是标准化，无论是创作内容的标准化，还是创作流程的标准化，都与创意工作本身的随机性相悖。同时，对于发力中视频的互联网平台而言，创作者的独特性是平台差异化发展的根本，而培育和维护一个有辨识度的创作者的成本却十分高昂。此外，成本控制也困难重重。优质内容的输出越来越依赖团队的力量，创作成本与日俱增。即便是依靠个人力量的创作者，其视频生产周期和为此投入的时间和精力也会更长和更多。

当前各大平台对中视频创作者的扶持计划本意是为进军中视频领域的视频

创作者或图文创作者提供一个良好的发展环境，激励优质内容的生产，同时，也可以实现视频制作的规范化流程，提升整体内容水平。但是，优质内容的核心还是在于优质内容创作者的审美品位和创意。规模化、标准化的资金扶持可能会引来大量投机者，导致培育了大量紧跟互联网热点、具备优秀视频制作能力的视频搬运工和视频发布者，而不是视频创作者。这不符合平台设定扶持的初衷，也不利于平台在中视频领域的长足发展。

（二）版权问题之困

人们对于优质内容的需求和中视频制作高昂成本之间的矛盾也促使一些视频制作和播出团队通过抄袭或者模仿来吸引流量，这不利于中视频行业的可持续发展。一些影视剧解读视频把一些深受观众喜爱和传播热度高的电视剧集或者电影进行内容提炼和二次加工，剪辑成精华版进行二次传播和发布。这些视频内容实质是将其他平台的版权产品拆分加工而成，损害了斥巨资购买优质内容版权的互联网平台的合法利益，扰乱了互联网内容产业正常的发展秩序。

此外，对视频产品的独创性保护和侵权行为认定困难重重，打击创作者积极性。虽然国家针对互联网版权问题已经出台相关规范，力求减少内容抄袭、版权使用划分不清晰带来的负面影响，但是，由于视频产品的特殊形式导致对侵权行为和独创性的判定不够明确。视频制作的理念、剪辑节奏的把握、文案内蕴的价值理念往往不能成为著作权法保护的对象，侵权方的灰色地带较多，在追责认定上存在阻碍。盗版猖獗和侵权行为无疑会损害创作者的创作热情，再加上高昂的制作成本，会折损中视频创作者的职业安全感和荣誉感，不利于创作者的职业化道路。

（三）社会责任之坎

众多带货类测评视频和“开箱”类视频存在扭曲年轻网民消费观、激发消费主义思潮传播的风险，增加社会治理负担。美妆带货、美妆测评和“开箱”类视频中蕴含的消费主义苗头容易在传播中与用户行为相结合，或将推动消费主义思潮在互联网中进一步传播。第 47 次中国互联网络发展状况调查报告显示，大学本科及以上的网民仅占全体网民的 9.3%。并且月收入在 5000 元以上的网民占比仅为 29.3%。这说明大部分网民在收入水平相对不高的同时，辨别能力也不强，对于这些带货、测评类视频的风靡，年轻的女性网民更容易跟风购买。对于个人而言，这种盲目购买行为会给电信诈骗分子和非法贷款提供可乘之机，不利于个人财产安全、信息安全和隐私保护。对于社会而言，这会成为诱发消费主义思潮传播的因素，对网络社会治理提出挑战。

此外，要警惕过度使用中视频带来的青少年网络沉迷风险和认知水平下降的风险。青少年若消耗过多时间在中视频上，必然会挤占其原本可能用于学习、进修等真正获取深度内容、提升自我的时间。同时，即使家长或青少年自身出于获取信息的本意让青少年观看中视频，其轻松的氛围和浅显化的表达也会致使青少年沉迷于此。此外，对于青少年来说，单纯观看中视频，哪怕是泛知识类、科普类视频，都只能算是对视觉信息简单输入的过程，缺乏讨论和写作这种深度输出的过程，可能会解构青少年的逻辑思维能力和语言表达能力。

另外，缺乏有效的内容监管不仅会影响平台的社会形象和影响力，也会损害其商业形象和盈利能力。根据全国“扫黄打非”办公室的统计，2020 年以来，全国“扫黄打非”办公室举报中心共接到群众反映 B 站问题的线索超过 500 条。此外，2021 年伊始，B 站新番《无职转生》因充斥大量低俗、不尊重女性的内容，一时间在各类媒体平台上引发诸多关注与讨论，后遭到 B 站的下架。但是 B 站因此失去了苏菲、安慕希、美妆品牌 UKISS 等广告投放合作。这说明对于平台而言，若不重视对内容的审核与把关，不仅会影响平台的社会形象，更会阻碍其商业化进程。

五　中视频发展趋势展望

（一）以协同监管机制强化视频平台的社会责任建设，探索视频变现和伦理价值维系之间的平衡

建立政府、平台与主流媒体之间的协同监管机制，监督治理引领多措并举，在中视频行业商业化进程中守住价值导向。政府应加快推动互联网平台内容建设方面行业立法和行业监管措施，规范平台开展中视频业务时的基本行为。平台作为中视频的内容提供方和分发机构，树立正确的监管理念是中视频健康有序发展的重要保障。对于内容取胜和用户年轻化的中视频业务而言，内

容质量胜过高速发展，平台理应把好内容审核关，特别是针对青少年群体常接触的内容产品加大监管和审核力度，坚决纠正社会舆论中存在的“年轻人的社区应该放宽监管”的错误认识。同时，主流媒体应继续发力中视频行业，增强中视频领域话语权，主导中视频领域价值导向，引领网络空间正能量。

（二）优质内容生产和优质 IP 打造，实现差异化发展

在“两超多强”的行业竞争格局中，不同平台要实现差异化发展，形成各平台的独特内容风格，以优质内容和优质 IP 建立特定垂直领域的中视频资源口碑。平台间的差异化发展也能规避盗版、解构化剪辑、盗用视频创意等形式的版权之争。首先，平台要立足自身用户特征，利用技术手段完善用户画像，找准本平台需要建设的垂直领域，吸纳与平台风格和用户需求相一致的创作者。其次，紧扣创作者专业化标签，定向打造优质 IP，降低对明星 IP 的依赖，降低 IP 端的资金投入，以反哺内容创作。此外，建设平台专属 MCN 机构，打造并完善独家 KOL 孵化机制，从机制层面摆脱对明星 IP 的依赖。最后，制定灵活的互动策略。对于优秀视频创作者，可建立社群或设置反馈通道，提升用户使用体验，及时收集用户反馈，以用户行为反哺内容生产，从而优化中视频的内容创作，强化用户对平台的品牌认知。

（三）以社交加算法的分发模式助力优质内容的传播

内容消费升级推动分发模式优化，以社交加算法双驱并行的分发模式摆脱中视频行业对算法推荐的单纯依赖，使优质内容能够依托用户的社会关系发挥长尾效应，让深巷里的酒香飘出去。中视频行业的分发模式需要正确利用算法，发挥其在精准推送方面的正面作用，规避其在强化圈层隔阂方面的负面作用。同时，依托社交加算法的推荐模式，运用互联网思维，发挥基于用户社会关系产生的链接在内容分发环境中的优势作用。

社交分发为主、系统推荐为辅推荐模式的社会价值在于能够弥补单纯算法为主的系统推荐带来的信息茧房效应。当前算法推荐的技术逻辑是依据播放量、点赞量、点赞率、完播率等数据和用户画像标签来判断是否推荐，但在判断内容的核心价值方面存在先天缺陷。加之人们在碎片化时间内对于娱乐和消遣内容的本能需求，导致一些片面和非理性的内容充斥视频行业，而真正具备

人文关怀、思辨精神以及价值导向的优质内容很可能因数据不佳而被机器忽略。而在社交分发系统中，社交平台的用户天然地充当了内容审核员的角色，不符合主流价值观的内容一定会遭到唾弃，比如由快手主播辛巴要求其徒弟下跪的直播内容剪辑而成的视频在网络上招致一片骂声。而承载更多信息量和严肃内容的优质视频，反而可能通过用户的社交关系被推荐到朋友圈和微信群，再通过用户社会关系实现裂变传播。

参考文献

中国网络视听节目服务协会：《2020 中国网络视听发展研究报告》，http：//www.cnsa.cn/home/infomation/dynamic_ details/id/138/type/1.html，2020 年 10 月 13 日。

中国互联网络信息中心：第 47 次《中国互联网络发展状况统计报告》，http：//cnnic.cn/gywm/xwzx/rdxw/20172017_ 7084/202102/t20210203_ 71364.htm，2021 年 2 月 3 日。

前瞻产业研究院：《中国互联网广告行业市场前瞻与投资战略规划分析报告》，2020。

B.11
2020年中国移动短视频发展报告

于 烜*

摘 要： 本报告从概况、聚焦、问题及趋势四个部分对2020年疫情下的中国移动短视频行业进行研究。2020年短视频和直播、电商日益融合，用户增速趋缓，黏性更强；商业规模显著扩张；双寡头的平台格局呈动态平衡；内容增势趋缓，更加细分。聚焦行业内部，两个特点突出：一是平台强化电商直播，短视频电商从小分队打法迈向集团军作战，平台建设初具规模；二是短视频向长，突破传统短视频内容界限，向多维的内容形态拓展。然而，在短视频直播电商的狂飙进程中，“翻车”事故频发，行业混乱、泡沫涌现；直播带货的商业驱动使得短视频内容的创作、生产受到一定影响。展望2021年，头部平台将四处开疆，加速边界扩展；内容生产会呈现出精品化、专业化的走向。

关键词： 短视频 短视频平台 电商直播 短视频内容

一 概况

2020年突如其来的新冠肺炎疫情深刻影响了中国移动互联网各行业的发展，势头正劲的短视频身处其中，短视频和直播、电商日益融合，其影响力、市场规模持续扩张，电商直播呈爆发式增长，平台边界不断拓展。

---

* 于烜，北京广播电视台高级编辑，博士，研究方向为视听新媒体、媒体融合、影视传播。

（一）用户增速趋缓，黏性更强

短视频用户规模在持续几年的高速增长后，2019 年增速放缓，2020 年这一趋势延续，但是，用户使用时长依然强势增加，领跑大盘，短视频影响力仍在继续加强。2020 年，中国移动互联网流量已近饱和，根据第三方 QuestMobile 数据（以下简称“QM”）①，整体用户规模月均增长连续三年下降，2020 年增速仅为 1.7%（见图 1），在移动互联网全面进入存量时代的背景下，2020 年短视频月活用户规模 8.72 亿，同比增量 4900 万，同比增速为 6%，增速首次降至个位数（见图 2），用户红利触顶。但是，在泛娱乐行业渗透率饱和的情况下，短视频渗透率（75.2%）仍然保持增长，而在线视频、移动音乐、手机游戏、数字阅读等均下滑（见图 3）；且短视频渗透率超过在线视频，列泛娱乐行业首位。从用户黏性看，在互联网巨头对用户时长争夺加剧背景下，短视频用户时长强劲增长。头条系、快手系 App 用户使用时长同比增长超过了 BAT 巨头旗下的应用。2020 年 12 月，短视频用户月均使用时长 42.6 小时，月均增速保持强劲，达到近 40%（见图 4），增速位列大盘之首。尽管 2020 年短视频用户增速延续了放缓的趋势，但其超强黏性成为带动大盘的加速器。

（二）商业规模显著扩张

2020 年疫情下，短视频广告营销和直播电商规模双双实现显著增长，短视频商业市场规模显著扩张。2019 年在互联网广告市场增速整体大幅下滑趋势下，短视频广告的体量逆势增加；2020 年短视频广告延续这一增长势头，在互联网广告市场两极分化的面貌下，电商广告、短视频广告增幅明显，抢夺其他类型广告的市场份额。2020 年短视频广告同比增长 5.3%，市场份额占比从 2019 年的 8.2% 增长到 13.5%②，超过资讯平台广告、综合视频广告、搜索引擎广告的市场份额。以摆脱了“佛系”的快手为例，2020 年前三季度营销

① 本文所引用的 QM 数据，除注明出处以外，均源于 QM 数据研究院。此段引用数据源自 QM。在此感谢 QM 研究院给予的数据支持。

② QuestMobile：《中国移动互联网 2020 年度大报告（下篇）：移动互联网行业盘点》，2021 年 2 月。

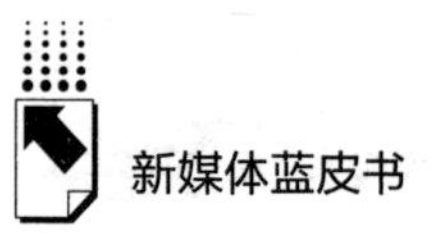

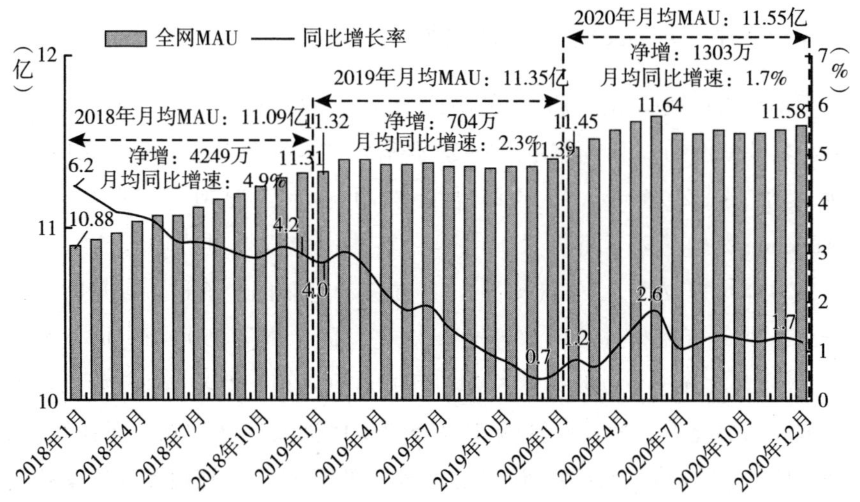

图1　2018～2020年中国移动互联网月活用户规模

注：月均同比增速=当期月均MAU/上期月均MAU-1。

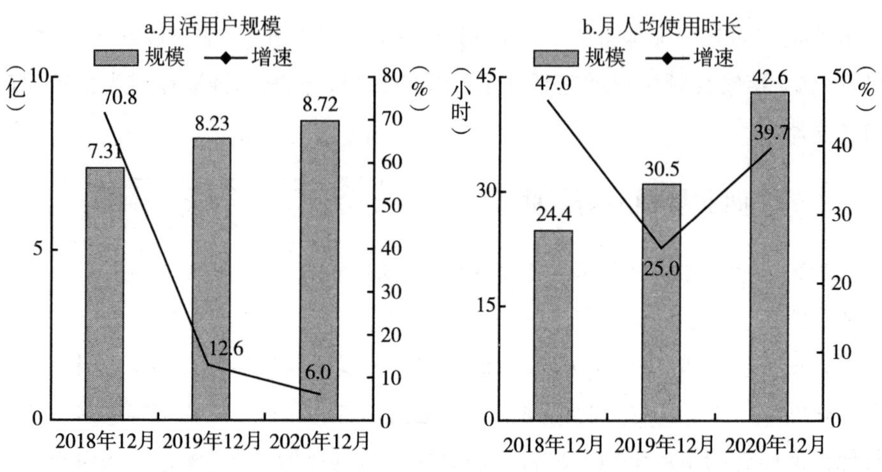

图2　2018～2020年短视频用户规模和月均使用时长

收入133.43亿元，同比增长212.7%，营收占比从2017年的4.7%提升为33%。①

① K50智库：《短视频三国杀暗潮涌动：快手市值超1.2万亿　能否KO抖音、视频号》，中国资本市场50人论坛微信公众号，2021年2月5日。

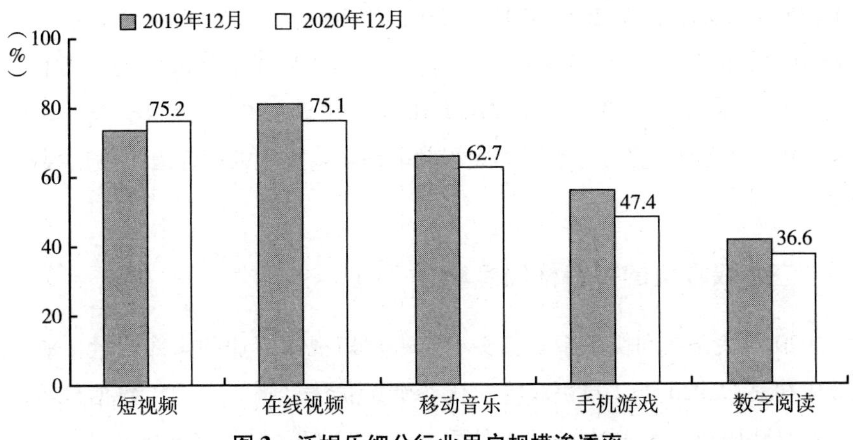

图3　泛娱乐细分行业用户规模渗透率

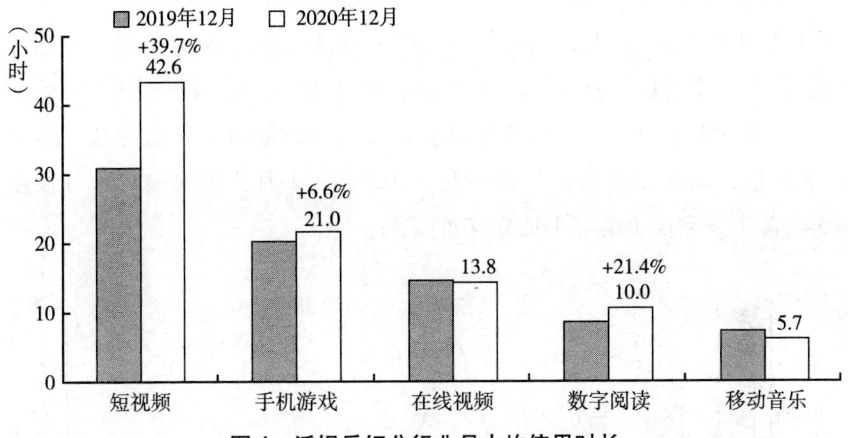

图4　泛娱乐细分行业月人均使用时长

2019 年短视频直播电商异军突起，改变了单一广告的盈利模式，打开了多元变现的大门。2020 年短视频电商直播呈火爆之势，随着“抖快”电商平台建设的不断完善，2020 年短视频电商规模成绩凸显，抖音官方披露，2020 年 1～11 月抖音电商 GMV（Gross Merchandise Volume）增长 11 倍，其中，抖音小店 GMV 增长 44.9 倍，罗永浩抖音带货首秀单场带来超 1.1 亿元的交易额，“双 11”抖音电商 GMV 成交额为 187 亿元，据估测抖音电商 2020 全年 GMV 超过 1000 亿元。①

① 《从内容、营销、电商 3 个板块，看 2021 年短视频的“风”往哪吹？年终总结》，卡思数据微信公众号，2021 年 2 月 2 日。

快手招股书显示，截至2020年11月30日快手电商GMV达到3226亿元，远超2500亿元的目标，而2018年快手电商全年GMV还不足1亿元。从零到万亿级GMV，京东用了13年，淘宝用了10年，拼多多用了近5年，从远超传统电商GMV增速看，抖音、快手等短视频电商将以更快的速度迈入万亿级GMV时代。

（三）双寡头的平台格局呈动态平衡

2020年头条系和快手系双寡头牢牢占据短视频行业的头部流量，平台马太效应初显。2020年“抖快双峰”优势继续扩大，第三方QM数据显示，12月抖音月活用户近5.36亿，快手月活用户4.42亿；抖音官方数据显示，2020年8月抖音（含火山小视频）日活用户已达到6亿，快手招股书数据显示，截至2020年9月30日，快手App及小程序平均日活用户达3.05亿，抖快的用户规模仍在持续增长，强势控制整个短视频平台的版图；经过一年的运营，快手、抖音两者极速版用户规模迅速增长，排名持续攀升，并跻身独立短视频App前5位，均已实现月活用户过亿。2020年12月，短视频行业月活用户TOP5均被头条和快手两寡头瓜分（见图5）。

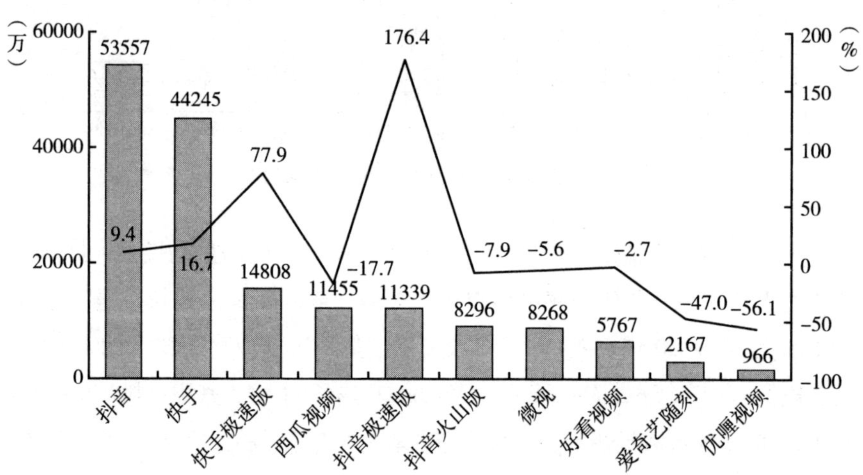

图5　2020年12月短视频App行业月活用户规模TOP10

资料来源：QuestMobile TRUTH 中国移动互联网数据库，2020年12月。

自2019年第三季度上线极速版以来，头条系和快手系迅速进行了战略下沉，QM数据表明，2020年12月抖音、快手两者极速版同比净增量分别为7237万、6484万（见图6），同比增速分别为176%、79%，列短视频前2位。抖音、快手通过快速战略下沉，不仅在下沉市场中收割了大量用户，加固了双寡头的护城河，而且阻击了腾讯、百度的大举进攻。2020年，抖快之间的博弈全面展开，用户规模、商业收入方面抖音领先，而电商成绩方面则快手亮眼。2016年以来，从快手一枝独秀到抖音迅速崛起，形成两超对峙、全面博弈，目前双方各有千秋。随着2021年2月快手成功登陆港交所，抖快在用户、商业、内容、资本等方面的厮杀会更为激烈。

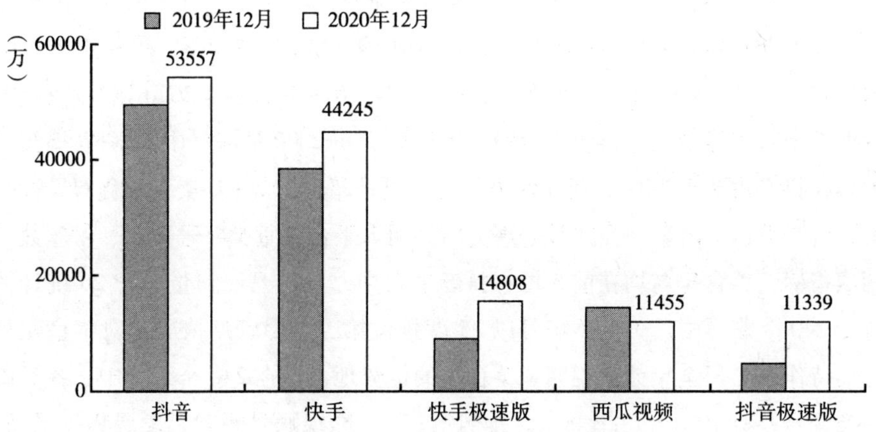

图6　短视频行业TOP5App月活用户规模

尽管头部平台马太效应显现，但2020年互联网大厂对短视频的布局仍在增强，如爱奇艺推出制作App“随刻”；百度整合好看视频和全民小视频，重点升级；微博推出微博视频号计划；知乎新增“视频专区”……特别需要一提的是腾讯浓墨重彩地推出了微信“视频号”。2020年初基于微信生态的视频号上线内测，下半年即开通直播带货功能，并打通了微信小商店，年底腾讯宣布视频号DAU突破2.8亿，可谓横空出世。腾讯通过微信重磅加持推进社交化短视频服务，展开了对“抖快双峰”的新一轮强攻，其强社交的打法直逼抖音。尽管目前其在各方面与抖快差距仍然很大，但含着金钥匙出生的视频号后起直追、势头强劲，为改写短视频平台抖快双寡头格局增加了新的变数。

（四）内容增势缓，更加细分

2019 年短视频内容增速放缓，呈现细分多元的特点，2020 年受平台强化直播的影响，短视频内容热度持续降温。从账号粉丝增长看，随着居家抗疫结束，特别是 7 ~ 12 月，账号粉丝增长重回疫情前的缓慢状态。卡思数据表明，2020 年抖快增粉过 1000 万的账号，与 2019 年并不存在明显区别。抖音活跃账号总量增速下滑，从 2019 年的 147% 降至 92%，且相较 2020 年上半年，下半年的总量增速进一步放缓。红人生命周期进一步缩短，超八成账号“红”不过 3 个月。① 百万账号“永久”停更现象更为普遍。

从内容类别看，2020 年较 2019 年更为细分。2019 年十五大内容类型占据了 TOP 500 涨粉账号的 95.75%，但到 2020 年则降至 77.2%，可见更多垂类内容获得增长。② 从细分类别的热度上，承接 2019 年面貌，2020 剧情/搞笑类占据着绝对主导地位。抖快平台粉丝增长量 TOP 2000 的账号中，剧情/搞笑类内容在抖音占比近 25%，而在快手的占比更是超过 30%；③ 美食类优势继续扩大，抖音平台上的影视类账号表现突出。两大平台中垂类账号数量、粉丝数量两项指标，美食排名均在前 5 位；抖音平台中，以每月涨粉量 TOP 20 统计的全年 240 个账号中，美食类账号以 25 席排位第二，尽管疫情居家对美食账号有加持作用，但全年数据说明了美食类的优势地位。在 240 个账号中，各类影视类账号共有 19 个，占比 8%，排名第三④，影视账号崛起，发展势头强劲。此外，疫情使得在线教育成为刚需，带动了教育类内容增长，教育、知识类内容保持了持续壮大的趋势。

2020 年各短视频平台加强了垂类内容的比拼。抖快双方在教育、音乐、短剧等领域展开竞争；西瓜视频、B 站互相挖角争抢泛知识类视频，B 站上线

---

① 《2020 年抖音 KOL 生态研究：活跃红人增速下滑，超 8 成账号“火”不过 3 个月》，卡思数据微信公众号，2021 年 2 月 22 日。

② 《2020 年抖音 KOL 生态研究：活跃红人增速下滑，超 8 成账号“火”不过 3 个月》，卡思数据微信公众号，2021 年 2 月 22 日。

③ 《从内容、营销、电商 3 个板块，看 2021 年短视频的“风”往哪吹？年终总结》，卡思数据微信公众号，2021 年 2 月 2 日。

④ 《2020 年抖音 KOL 生态研究：活跃红人增速下滑，超 8 成账号“火”不过 3 个月》，卡思数据微信公众号，2021 年 2 月 22 日。

了一级分区“知识区”，将此内容品类提到了更重要的位置；10月西瓜视频提出投资20亿元，专注做更深度、更专业化、知识面更广的内容。好看视频推出“未来计划”重点扶持八大垂类赛道，加码专业知识内容。

二　聚焦

（一）强化电商直播，平台建设初具规模

2019年通过建设供应链上游源头、自建电商商城、强化直播带货，短视频电商从边缘走向C位并形成燎原之势。2020年，短视频电商直播呈现爆发式增长态势，快速变现的商业驱动力促使平台全面发力，强化电商平台的全面建设，从小分队打法迈向集团军作战，业务日益成熟，平台建设初具规模，电商成为短视频商业化的一支主力。

2020年字节跳动实施构建抖音电商闭环的战略显示了其对电商志在必得的决心。在组织架构上，字节跳动首次成立以“电商”命名的一级业务部门，统筹整合了公司旗下抖音、今日头条、西瓜视频等多个平台以及分散在各平台内部的电商业务，重点服务抖音平台，此后又于“双十一”前夕进一步将电商引流、电商广告两大业务悉数整合进电商部门，避免向外引流对自有电商的冲击。2020年快速重启“抖音小店”建设，推出了10亿直播流量扶持、小店入驻绿色通道、官方专属培训、开放个人身份入驻等一系列扶持计划，促进各品牌方、线下商家入驻小店；同时从淘宝、京东挖人，搭建供应链和品控团队。7月，与苏宁易购达成深度合作，苏宁全量商品入驻抖音小店，并开放给抖音电商所有主播，用户无须跳转直接购买，苏宁易购还同时输出供应链服务，同步承担物流和售后业务。10月，再放大招，宣布所有直播商品只能来自抖音小店，不再转向淘宝、京东等电商店铺，从此掐断抖音直播为其他电商平台的导流，“抖音营销、淘宝成交”也将成为过去式。年底，抖音在用户个人主页添加“抖音小店”入口，至此，抖音小店的电商闭环建设，似乎还差一个支付环节。在拿下2021年央视春晚红包互动权以后，抖音支付快速上线。自建支付渠道，不仅能摆脱对支付宝和微信支付的依赖，而且能掌控交易数据以促进电商业务增长，从而成为构建抖音电商闭环的重要步骤。另外，在主播

建设上，除了邀请各路明星名人、鼓励商家直播带货外，加大对达人主播扶植力度，两次发动百万开麦主播扶植计划，积极号召内容达人、MCN 投身直播和电商带货。

快手电商业务起步早，2019 年直播带货的成功使其被誉为“电商第三级”。在用户规模、广告收入不敌抖音的情况下，强化电商业务、扩大电商规模便成为快手博弈抖音的战略选择。相对于抖音的“去第三方平台”战略，2020 年快手在建设自有电商生态的同时，采取了更加开放的态度。一方面，多方发力深化自有供应链建设。比如，针对高客单价品牌商品少的问题，从源头好货到品质好货持续发力，实现货源升级，2020 年发布“品牌 C 位计划”扶植行业头部品牌入驻，还面向全球公开招募优质品牌主，将货源向头部品牌拓展；扶植商户，推出零门槛入驻、优惠技术服务费、直播培训等多项减免与扶持政策；组建“好物联盟”，自建商品分销库，帮助无货型达人、素人主播降低开播门槛，主播添加“好物联盟”商品，完成订单后可按比例获得返佣，同时联盟也助力商家找到合适的主播。另一方面，为了在货品和供应链建设尚不完备的情况下进一步扩大电商规模，快手选择与传统电商龙头合作。5 月快手与京东达成战略合作协议，用户可以在快手小店直接购买京东自营商品，并且享受京东优质的配送、售后等服务。此外，在电商主播建设上，通过签约名人明星、鼓励商家自播、培育机构达人主播等策略，梯队更加丰富，改变了辛巴家族等几大头部账号绝对垄断的局面。快手“双十一”主播累计成交额，除了辛选外，有 19 个直播间破亿元，形成了快手主播的新势力，而辛巴家族仅占快手电商当季 GMV 的 6%，远低于 2019 年的近 25%。快手招股书显示，快手电商业务 GMV 第一个 1000 亿元用了 6 个月，第二个 1000 亿元用了 3 个月，第三个 1000 亿元只用了不到 2 个月，截至 11 月电商 GMV 已经超过 3000 亿元。2021 年，快手还将对电商 GMV 提出更高的目标。

2020 年短视频电商的快速兴起，成为打破传统电商一统格局的实力竞争者。但从目前来看，短视频平台与传统电商在 GMV、SKU、货币化率上还都有着不小的差距，内容平台打通电商的道路仍然很长。

（二）短视频向长，内容多维拓宽

当短视频流量红利触顶、进入存量竞争时代时，向用户端深耕，获得用户留存成为取胜关键。在短视频与直播融合的趋势下，2020 年短视频内容侧突出的特点是打破传统短视频的局限，向更多维的内容形态拓展，以期融合多元共生的内容，获得更强用户黏性。

与“长视频入短”，即长视频平台加码短视频以应对市场被蚕食相呼应，“短视频向长”，即短视频拓展长视频业务，成为 2020 年短视频巨头的共识，动漫、电影、电视剧、纪录片、综艺等视频内容纷纷登陆各大平台。字节跳动一马当先率先吹响了向长视频领域渗透的号角，在旗下平台大手笔线上独播了院线电影《囧妈》《大赢家》，还在抖音上线了百部经典老电影。西瓜视频是字节公司长视频布局的主战场，2020 年西瓜视频确定了 PUGC 综合视频平台定位，引入了版权动画、电影、纪录片，并以独播版权试水会员付费。动画方面，1 月独播动画片《玛莎和熊》《哪吒重生》；6 月，联合头条系平台采用付费模式与 Netflix 同步上映日本动画《无限》，继此前推出“好莱坞会员”之后又推出的动漫会员，西瓜视频上全球 TOP100 动画 IP 的合作已经超过 90%。影视方面，播出《囧妈》《大赢家》之后，7 月联合优质影视创作者，启动知影计划，还与美国传奇影业联合出品《福尔摩斯小姐》，8 月上线英国 ITV《雪国列车》第一季供 VIP 会员抢先看。纪录片方面，与 BBC Studios、Discovery 及其他国内外知名纪录片厂商进行合作，西瓜视频纪录片频道已涵盖 5000 余小时，近 2000 部作品。此外，10 月还高调提出“中视频”概念，计划投资 20 亿元扶持“中视频”创作人。字节跳动布局长视频，不仅是对爱奇艺、优酷、腾讯等长视频平台的反向竞争，也是试图在与快手的竞争中保持内容优势。快手方面积极反应，加快布局影视视频领域。继首次联合出品并独家上线院线电影《空巢》后，快手与中国“网络文学 +”达成合作建局，以 10 部优质网文 IP 的影视剧改编为起点，未来将共同开发 100 个 IP。其实，快手布局的影视早有计划，不同于西瓜视频的会员付费，快手在尝试影视剧、短剧的单片付费模式，重点扶植草根影视。探索多维视频业务以留住用户是 2020 年各平台的共识，就连微信视频号也在很短的时间里上线了“长视频”功能，支持 30 分钟以内的视频。此外，多个平台都在加码自制综艺，推出自制选秀节目，抖音的《无限偶像》、快手的《凡星之夜》、微视的《热血满满的弟弟们》，纷纷瞄准选秀市场，欲与腾讯、爱奇艺、优酷分食选秀市场的“蛋糕”，只是就目前的反馈来看，短视频平台的选秀似乎并未激起太大“水花”。

“短视频向长”是存量时代在线视频市场竞争白热化的表现。2020年短视频内容边界不断拓宽，这反映了其收割更大市场的愿景。然而长视频是“重资产”领域，短视频未来需要真刀真枪的大规模投入，好在短视频平台强大的流量为其提供了试错的空间。

三　问题

2020年的疫情以及复工复产促进了线上全民带货的狂飙进程，短视频直播带货呈现井喷之势。然而，在短视频直播带货中，“翻车”事故频发，行业混乱、泡沫涌现；同时直播带货超级风口也使短视频内容创作、生产受到了一定影响。

2020年的突发疫情使得全国的线下销售全面停摆受阻，直播带货成了一剂“解药”，并迅速形成了全民带货的风潮，商务部数据显示，全年1~11月各类应用直播带货2000万场次①，根据《2020电商行业数据报告》，截至10月，我国新增直播相关企业超过2.8万家，为2019年全年新增数量的5倍。②短视频各平台纷纷入场，直播电商形成行业井喷。

然而在直播带货的洪流中泥沙俱下，鱼龙混杂，“翻车”成了下半年短视频直播带货的关键词。中消协点名汪涵、李雪琴等明星直播间刷单注水；“快手一哥”辛巴售卖假冒燕窝被罚款；抖音一哥罗永浩虚假宣传售卖假冒羊绒衫，商家支付明星黄圣依天价坑位费却颗粒无收……带货“四假”，即假数、假货、假价、假象等频现。刷单造假、观看数据造假、成交量造假等毒瘤痼疾，已成行业潜规则，有业内人士爆料60%的直播团队都在买流量，越大网红购买流量越多③；戏精主播和无良商家联手，虚假宣传，以次充好，出售假货、低价冒牌货，直接损害消费者权益，根据中消协的数据，直播带货假货投

① 《2020年短视频及电商直播趋势报告》，飞瓜数据微信公众号，2021年2月5日。

② 杨雪梅：《野蛮疯长一年后　直播带货留下了什么》，https：//lmtw. com/mzw/content/detail/id/196533/keyword_ id/，2021年1月6日。

③ 王小红：《公会长来信：电商带货不是0门槛，割韭菜不能持续》，短视频工场微信公众号，2020年9月11日。

诉增长4倍多，高价燕窝实为糖水，购买品牌大闸蟹券却遭遇无法提货，购买直播商品遭商家拒绝换货等屡被曝光；更有主播设置价格陷阱，抬高价格，打着全网最低的旗号却以高价售卖，欺骗粉丝……这些网红、达人、明星、大V带货中的问题普遍存在于各大平台。此外，主播销量下跌严重，商家支付高额坑位却无实际收益，如吴晓波直播一款奶粉仅卖出15罐，李湘、小沈阳、杨坤、胡杏儿、叶一茜等玩票明星“战绩”榜上有名。直播带货表面上红红火火，实则鱼龙混杂，在乱象编织的泡沫繁荣下，明星、网红、平台赚得盆满钵满，商家、消费者却苦不堪言。

针对市场乱象，一系列监管新规相继发布。7月中国广告协会发布《网络直播营销行为规范》，要求直播不得使用刷单等流量造假方式虚构交易数据，11月国家市场监管总局和广电总局先后发文，从不正当竞争、直播资质、主播实名制、平台主体责任制等方面对直播乱象进行限制。全民带货大潮中，政府出台监管规范，平台作为责任主体必须有所作为。2020年平台开始定期发布违规公告，对黑产账号、劣质电商账号、违规直播间等进行查处，同时开展专项治理，如快手开展恶意营销专项整治，对违规进行了处罚和公示。抖音、快手、京东3家企业共同发布《网络直播和短视频营销平台自律公约》，建立网络直播营销信息公示制度，共享严重违法主播信息，完善违法行为处置公示制度。平台的积极做法值得肯定，但是从效果看，还需要投入更大监管、处罚力量。解决行业混乱的问题，除了严监管，还需要回到行业本身寻找办法。目前高昂的坑位费+低价的带货模式显然难以为继续。直播带货并非一个零门槛生意，而是需要很大投入完成“人货场”的良性循环，其中人、货、场缺一不可，货是核心。最终，无论是平台、MCN还是达人主播，直播带货都需要回归到商业本质，需要回归“货”本身，打造坚实供应链条，只有优质供应链才能撑起优质的电商直播。

直播电商带来了巨大的商业变现机会，2020年平台的流量分配以及其他扶植均导向直播和电商，如抖音全民直播计划、百万开麦主播扶植计划等，平台对电商扶植更是空前，甚至零粉丝账号开通小店也可享受流量红利；电商直播的风口下，短视频内容创作者、内容达人、内容MCN开始转型求变，纷纷开通直播，更有不少账号将重心转向直播和带货，以寻找新的变现途径；在直播电商刺激下，广告主、品牌主的思路也发生了转变，广告投放转向实际的转化效果，而直播带货的转化效果直观、量化，导致2020年广告主、品牌主投向内容MCN的资源锐减，致使依靠广告为生的内容短视频达人收入难以为继，有的甚至停更，这也是促使内容短视频转型电商的一个重要原因。这些变化客观上影响了2020年短视频内容的创新和繁荣。作为内容平台的短视频，内容是其根本。在存量时代，如果没有持续优质的内容输出，则难以维持用户留存和平台流量。在短视频内容生态中，平台始终是主导和引擎，因此，在高速飞奔的战车上，需要平台在商业发展和内容建设两者中保持应有的平衡。

四　趋势

（一）头部平台四处开疆，加速边界扩展

除了短视频、直播、电商外，在短视频平台追剧、刷综艺、看电影、玩游戏也成为新常态，2021年短视频平台功能会更加丰富，掌控了全民流量的短视频平台，在商业化驱动下将四处开疆、八面拓土，加快拓展边界的时速。

2020年9月在抖音短视频App的新版本中，放弃了使用多年的命名模式，去掉了“短视频”三个字，更名为“抖音”，释放出抖音进一步扩张的信号。2021年视频搜索、社交、本地生活服务将成为其版图扩张的三个重点。《2020年度抖音数据报告》显示，截至12月，抖音日均视频搜索次数突破4亿。2021年初，抖音全新升级站内搜索功能，发布了推广搜索功能的宣传片，喊出了“一个小框，一扇小窗，一个世界，一种生活方式”的口号。强化视频搜索，是抖音升级广告营销的战略考虑之一。不同于快手，广告是抖音商业化的头羊，当抖音DAU增速变缓，而各类广告填充率趋于饱和时，广告高速、倍数级增长也将止步，必须寻找新的广告营销增量，此时转化率更高的搜索广告自然就成为实现增量的突破口。据巨量引擎官方报道，自2020年9月全量上线搜索广告以来，已有多类客户在尝试投放抖音的搜索广告，“游戏”和“大快消”等信息流广告主迁移最快。上市后的快手也会加强视频搜索的功能，但不同于抖音，快手视频搜索将是其实现电商增量的新引擎，以保持其在电商赛道上的优势。

作为媒体类短视频的代表，2021年抖音将通过向社交以及本地生活服务

的布局，加速其边界的扩张。首先要撕掉的是其弱社交的标签。2020 年抖音打出一系列组合拳强化社交元素，从内测“连线”“熟人”到上线视频通话、“朋友”tab，平台具有和微信一样的对话、群聊以及视频通话功能，2021 年春节推出“团圆中国年”集灯笼活动目的之一是促进抖音的通信使用率。微信对抖音“封禁”的升级加上微信视频号迅速崛起的威胁，是促使抖音加快补齐自身社交短板的重要原因。生活服务将是抖音边界扩展的另一个方向。2020 年底，字节跳动商业化部成立了专门拓展本地生活业务的“本地直营业务中心”。原 SMB（中小客户）业务线万人“集团军”转入“本地直营业务”，围绕生活服务、文化旅游和餐饮等行业进行客户挖掘。无疑，2021 年集团军抢滩本地生活成为抖音重要的战略方向，视频版的大众点评也许正迎面走来。目前抖音商户推出的 POI 聚合页功能齐全，包括商家信息、位置信息、团购、优惠活动及众多“视频版的用户评价”，不同于抖音企业号，聚合页由系统自动生成，曝光率高且商家无法干预。此外，抖音还设置城市聚合页，包括 POI 所聚合的相关视频，按照必体验、吃什么、玩什么、住哪里四大类别，为用户推荐当地商户，抖音正“逐渐从一种娱乐方式变成一种社交方式，未来还可能成为一种生活方式”。快手也在布局生活服务领域，2020 年 11 月快手与同程艺龙达成合作意向，同程艺龙旗下酒店、景点门票等产品供应链陆续全面接入快手。短视频娱乐内容平台向综合服务平台拓展，不只是一种愿景，而是正在变成现实。字节跳动对车载应用领域的布局，也暴露了短视频平台向移动端外扩张的渴望。

（二）内容创作精品化、专业化

自 2017 年以来，短视频内容从单一娱乐、搞笑逐渐走向多元细分，覆盖几十个类型，有的平台类型更是多达 100 个以上。随着存量时代的到来，在平台内容生态建设基本完成后，需要以精品化、专业化的内容吸引用户，提升用户留存率。2020 年快手加强与传统广电的合作，规模化引进媒体号，建设媒体 MCN，这就是走向精品化、专业化的一种体现。

2021 年短视频内容精品化发展将集中体现在短（微）剧、综艺（微综艺）方面。在各平台的扶植下将有大批专业优质机构加入短剧的内容创作队伍。快手发布的《2020 快手短剧生态报告》显示，快手小剧场收录的短剧超

20000 部，其中播放量破亿的剧集超 2500 部。短剧繁荣需要平台扶植，面对短剧内容变现问题的瓶颈，2020 年快手首推小剧场分账方案，以吸引优质团队加入，同时宣布在短剧版权采购上加大投入，将优质短剧引入“快手小剧场”，计划投入 200 部以上优质短剧，超百亿流量，与 1000 个以上内容制作机构建立合作关系。2020 年底，各平台纷纷向精品短剧团队伸出橄榄枝，微视推出了“火星计划”，扶植精品微剧，宣布与阅文集团、腾讯动漫、腾讯游戏等进行 IP 合作推出微剧；好看视频宣布与开心麻花团队就 IP 短剧生产展开合作；腾讯微视也宣布将于 2021 年投入十亿资金、百亿流量扶持微剧发展。短剧是短视频内容流量王牌，是平台火力集中的必争之地，随着更多短剧制作机构入局内容创作，短剧将实现从量向质的提升。

自制综艺是短视频平台内容生态建设中另一个重要的品类，从初始的花絮、集锦、与热门综艺 IP 连动制作明星番外篇到自制微综艺、真人秀，短视频自制综艺不断进化。2020 年抖音出品了以周迅、阿雅为主嘉宾的真实秀《很高兴认识你》，12 月推出真人秀《硬核少年冰雪季》；快手 2020 年 11 月推出舞蹈类《天生就是舞者》，吸引了特定爱好者的参与，抖音、快手上的选秀节目也有一定的围观量。尽管目前平台自制综艺尚属于自娱自乐，有待“破圈”，但是在拥有丰富达人资源的短视频平台，综艺是精品娱乐内容竞争中一个重要的发力方向，而选秀节目有可能成为焦点，选秀市场的“蛋糕”一向诱人，选秀出圈的偶像具有很高的商业价值，其带货能力及广告代言等均能给平台带来增值，商业利益将驱动平台加大投入。尽管现有的选秀节目表现平平，但未来的选秀内容值得期待。

如果说头部平台以多元娱乐内容实现赢家通吃，那么以内容的专业细分实现差异化发展则是肩腰部平台生存和发展的重要路径。2020 年各平台对于泛知识类内容的争夺，体现了平台对专业内容的追捧和渴望，知识类内容的用户增长量也实现了喜人的跨越，这预示专业内容市场或将迎来更大爆发。对于视频而言，时间长短并不是衡量其价值的标尺，靠玩概念也不能使平台在竞争中免遭淘汰。视频的价值在于其带来的用户价值，知识类等专业内容相对于娱乐、资讯内容，用户黏性高，用户转化率高，能更精准地积累和沉淀私域流量，带来更多长尾流量，从而使其更具用户价值。因此，2021 年以知识类为代表的专业内容发展趋势仍将继续。

参考文献

DoNews：《张楠：抖音搜索月活用户突破5.5亿　将大力投入视频搜索》，搜狐网，https：//www.sohu.com/a/451106395_100106801，2021年2月17日。

抖音：《2020抖音娱乐白皮书》，传媒大咖微信公众号，2021年1月20日。

卡思数据：《关于2021年的快手电商　整理了这4个关键词》，https：//lmtw.com/mzw/content/detail/id/197326，2021年1月26日。

克劳锐：《2020上半年内容发展盘点报告》，2020年8月。

流媒体网汇编《2020年疫情之下的短视频国内外发展趋势报告》，2020年12月。

QuestMobile研究院：《2020中国移动互联网年度大报告（上）》，https：//www.questmobile.com.cn/research/report-new/142，2021年1月16日。

于烜：《2018年中国移动短视频发展报告》，载唐绪军、黄楚新主编《新媒体蓝皮书：中国新媒体发展报告No.11（2020）》，社会科学文献出版社，2020。

B.12 2020年县长直播带货发展报告

郭 淼　檀晓涓*

摘　要：电商直播是社交媒体和电商平台融合而生的新销售模式，县长直播则成为基层县域利用电商直播形式拓展县域经济发展新方向的创新形式。2020年新冠肺炎疫情以来，县长直播带货呈现井喷式增长，以其为代表的农村电商也崛起为重要的政务服务创新模式和精准扶贫的新举措。各大电商直播平台纷纷布局县长直播，通过平台搭桥、KOL引流、县长背书、农户卖货，实现“平台＋KOL＋县长＋农户”的合理闭环，并在这种模式下实现多方共赢。尽管县长直播带货在疫情期间逆势上扬，但其作为特殊的直播带货形式也面临诸多困境。未来应在市场竞争中找准定位，立足县域实际积极转型，适应电商直播形式，以寻求长期高效发展进而带动县域经济发展和县域品牌形象输出。

关键词：县长直播　农村电商　县级融媒体　县域品牌

2019～2020年，中国的网络直播带货进入高速发展的井喷阶段，以县长为符号的地方行政官员借助直播这一形式进行地方农产品的售卖，逐渐成为县域助农脱贫的手段之一。“2018年以来，共有500多名县长，1636个县（自治县、旗、自治旗、特区和林区）走进淘宝直播间，这意味着全国有近三分之

* 郭淼，博士，国家信息中心博士后，西北政法大学新闻传播学院副教授，研究方向为环境传播、网络政治传播；檀晓涓，西北政法大学新闻传播学院硕士研究生，研究方向为环境传播、网络政治传播。

一的县级地方官走进直播间为地方特产‘推销代言’。”① 2020 年初至今，多种形式的县长直播带货活跃在各电商平台，成为特殊时期解决滞销农产品、推广地区特色品牌的创新路径，也引起社会广泛关注。

县长直播带货，是一时之举抑或是长久之计？依据 2020 年度县级融媒体中心建设情况，一方面要分析媒介融合为直播带货带来的前所未有的发展机遇；另一方面立足县长作为地方政府官方代言人的特殊身份，凭借其身份符号，如何发挥转型后的县级融媒体优势，构建县域形象，进而在总结县长直播带货经验的基础上，提出如何在建设县级融媒体过程中发挥媒介融合优势，形成大融合大传播格局，促进县域经济发展。

一　2020年县长直播发展现状

（一）网络直播带货优势凸显，成为电商新形式

1. 用户市场广阔

网络直播依托现有平台以及既有平台用户，拥有高增长率的用户流量池，以内容拉动用户规模扩张成为常态。第 45 次《中国互联网络发展状况统计报告》显示，观看直播节目的用户通常具有观众、粉丝、消费者等多重身份。2020 年 3 月，我国网络直播用户规模达 5.6 亿，占网民总数的 62%，电商直播用户规模达 2.65 亿，占网购用户的 37.2%、占直播用户的 47.3%。据淘宝的淘榜单发布的《2020 淘宝直播新经济报告》，截至 2019 年末，消费者每天观看的直播内容超 35 万小时，相当于 70000 场“春晚”，淘宝直播上的 MCN 机构已经达到 1000 多家，足见电商直播市场前景广阔。

2. 交易规模上涨

网络直播带货得益于视频社交平台的成熟和转型，基于关系转向的互联网发展趋势，艾瑞咨询中国直播电商报告显示，2020 ~ 2021 年中国直播电商交易规模为 9160 亿元，直播带货发展前景广阔。同时，微博易报告显示中国网络零售额在社会消费品零售总额中所占比重逐年上升，2019 年上半年中国网

① 西经智库、华商城事智库：《2020 中国市长县长直播带货报告》，2020 年 7 月。

络零售额达48160.6亿元，占社会消费品零售总额的24.7%。

3. 直播主体专业化

艾瑞咨询报告显示，从2016年第一阶段的提升用户黏性，到2018～2019年形成主播供应链下的资源整合，再到2020年不同电商模式分化，电商直播带货逐渐形成以“人、货、场”三种元素为核心的“供应—直播—带货”产业链。电商带货的主体多元化，形成以主播为中心的专业化销售模式，KOL成为直播电商关键环节，主播身份和符号价值更加凸显，多主播模式呈现“流量+专业”的特点。

（二）县长直播成为电商助农新景观

1. 网红助农直播兴起

网络直播带货方面，为进一步扩大受众影响力，部分直播带货的网红主播开始向社会公益活动靠拢，实现经济效益和社会效益的双赢，甚至逐渐融入文化领域运作中，助力地方经济发展。

在直播带货早期，以薇娅为代表的头部网红借助自身影响力，与地方政府或者企业合作，进行地方农产品的直播售卖，取得了较好成绩。但带货网红直播的商业属性明显，产品相对单一，回报率较低的助农直播不是网红带货的重心，大部分网红不可能在助农领域进行与美妆、服装等内容相似的类别化专门运营。

2. 农村电商成脱贫抓手

我国直播电商受众市场逐渐下沉，直播门槛不断降低，从“万物皆可直播”走向“万人皆可直播”，农村的农产品供应者甚至结成合作社来进行直播并合作供应产品，取得了不错的成绩。从全国来看，农村电商直播的数据证明了该类直播拥有广阔的受众市场和发展价值，《2020全国县域数字农业农村电子商务发展报告》显示，2019年全国2083个县域网络零售额达30961.6亿元，同比增长23.5%，其中832个贫困县网络零售额达1076.1亿元，同比增长31.2%；县域农产品网络零售额达2693.1亿元，同比增长28.5%，其中832个贫困县农产品网络零售额为190.8亿元，同比增长23.9%，县域农产品需求的增长和供给结构不断完善，农村的产业链、供应链、创新链、价值链正在加速重构，电子商务成为“绿水青山就是金山银山”的重要“转换器”。然而，民间直播的力量由于没有专业MCN公司的运作，无法与商业模式运作下拥有头部流量和平台支持包装的直播红人相提并论。

3. 县长直播异军突起

商业直播和民间直播都证明电商直播销售农产品具有广阔的发展市场，但也存在种种缺陷，以公益直播为切口，助力脱贫攻坚为目的的官方直播力量介入，县长直播带货应运而生。早在2019年4月，阿里乡村事业部就启动“乡村振兴县长研修班”，安排县长直播卖货体验课，研修班累计有全国24个省份的534名县长或副县长受邀走进直播间，2019年末网红县长逐渐崛起，以县长为代表的政府工作人员加入直播带货行列，弥补了县域产品直播的短板，也为县级融媒体中心的攻坚建设提供了新思路。

百度指数——2020年关于县长直播搜索指数显示，2020年2月县长直播初露端倪，各直播平台布局战“疫”助农，2~4月县长直播数量上涨，此后逐渐呈现规律性的直播峰值，主要集中在各平台购物宣传策划活动的前后，作为疫情后的首个线上购物节，2020年“618”购物节县长直播达到峰值。截至2021年1月，百度搜索县长直播结果达20800000条。

疫情期间直播助农成为各电商平台助力脱贫攻坚的适时举措，也促进了流量的收获。其中，县长直播是直播助农带货的重要形式之一。淘宝将3月定为“春播月”，开展“战疫助农”直播活动，130余位县长进入直播间带货。同一时间段，抖音启动“战疫助农”县长直播系列活动。截至5月，已有81位市长、县长走进直播间，销售农产品超过175万件，销售额达9252万元。京东在“618”期间发起“百大县长直播团”，超过100名地方政府领导参与京东超市百大县长直播团项目，为家乡好物直播带货，整体观看互动达到1.2亿人次，直播期间参与的品牌店铺GMV破亿；拉动参与活动产业+商品销售提升300%以上。

二 2020年县长直播发展梳理

（一）带货品类凸显区域特色

县长直播带货的品类与其所在县域发展需求和卖货需求密切相关，源于助农脱贫的目的，县长直播带货产品主要为地方特色农产品。在清博平台对1月县长直播进行检索发现（见图1），县长直播带货产品以农产品为主，区域特色明显，一区一品或多品。西经智库报告显示，县长直播带货的主要产品为茶、水果和米，这与当地农户对短期滞销农产品销售诉求密切相关（见图2）。由于带货性质和带货内容，县长直播带货产品贴近民生，价格亲民。该报告还显示，县长直播带货产品物美价廉，近六成产品在50元以下，八成产品在100元以下。

图1　2021年1月28日至2月3日县长直播全网搜索词云

资料来源：清博平台自行抓取。

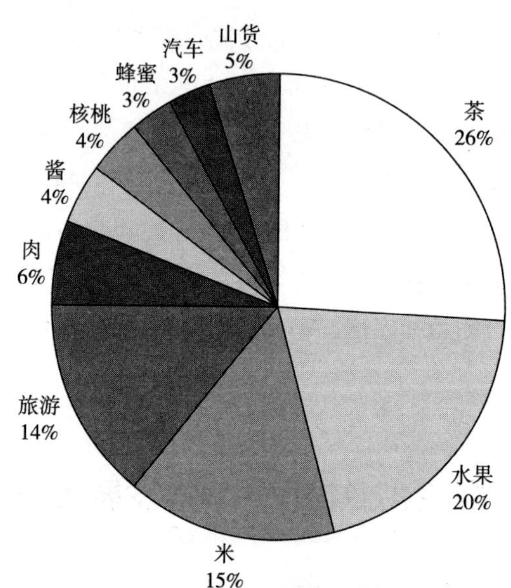

图2　2020年县长直播带货主要类别

资料来源：西经智库、华商城事智库：《2020中国市长县长直播带货报告》，2020年7月。

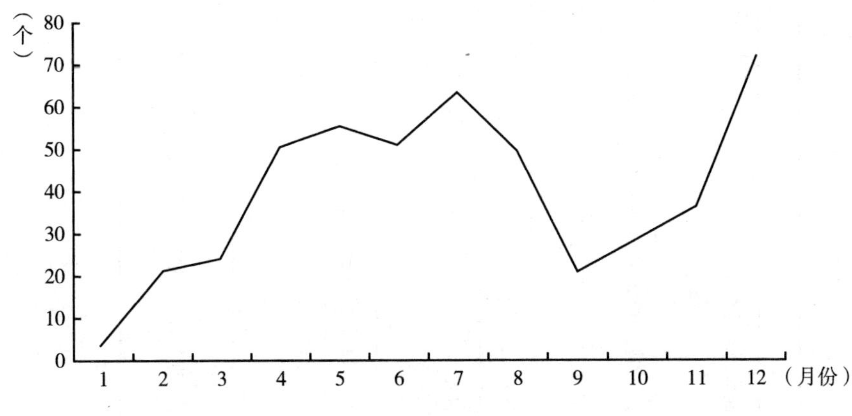

图3　2020 年县长直播带货抖音视频发布数量

资料来源：清博平台自行抓取。

同时，县长直播是围绕特定时间和事件进行的有策划的规模性直播，与平台组织的购物销售活动联系紧密。图 3 所示为 2020 年抖音县长直播视频发布数量，从 2020 年开始，4 月、5 月、6 月和 7 月县长直播视频数量较多，11 月和 12 月县长直播数量再次出现回升。这样的数据起伏曲线也是与抖音县长直播视频发布数量及抖音“618”“717”“双十一”“双十二”等购物节的举办时间节点和周期大体保持了一致。

（二）带货区域与疫情热度呈正相关

依据课题组从清博平台抓取的数据分析，结合新浪微热点大数据研究院的电商直播报告综合来看，政策扶植电商地区与县长直播宣传和舆论讨论热力值分布地区部分重合，集中于北京、山东、广东等地。但西经智库数据显示，2020 年上半年直播带货的市长以湖北、河南、辽宁和陕西最多，直播带货的县长最多的省份包括广西、湖北、陕西和河南等。通过分析 100 位市长带货数据发现，受疫情影响严重地区的市长带货“最积极”。其中，湖北市长组团出击，河南、陕西、辽宁和黑龙江位列前五。2020 年上半年参与带货的 195 个县中，超八成是贫困县。主要分布在中西部区域，以农产品生产为主，受疫情影响滞销情况最为严重。

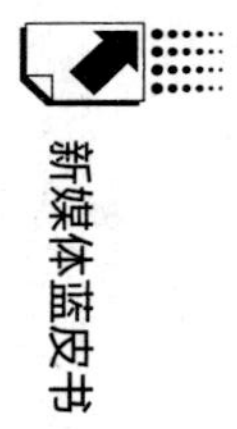

表 1　2020 年各地县长直播带货政策

区域	地方政策
河北	石家庄出台《新媒体电商直播示范城市行动方案（2020—2022）》，打造全国领先的新媒体电商直播示范城市
山东	青岛、济南、菏泽等地推出直播电商发展行动方案，打造北方直播电商领先城市
四川	出台首个省级行业发展计划《品质川货直播电商网络流量新高地行动计划（2020—2022 年）》，打造全国知名区域直播电商网络流量中心
重庆	《重庆市加快发展直播带货行动计划》，打造成直播应用之都、创新之都
福建	泉州、厦门等地推出扶持电子商务发展若干措施，从政策、组织等方面促进直播经济发展
黑龙江	成立省青年电子商务协会，以及 MCN 青年人才培养基地，打造成“直播带货”“网红经济”新高地
北京	《北京市促进新消费引领生活行动方案》，推动实体商业推广直播卖货等新模式
上海	《上海市促进在线新经济发展行动方案（2020—2022 年）》，打造具有国际影响力、国内领先的在线新经济发展高地
浙江	· 义乌、金华等地推出直播电商发展行动计划 · 杭州：江干区、余杭区、滨江区、拱墅区等地推出直播人才扶持政策
广东	· 广州印发《广州市直播电商发展行动方案（2020—2022 年）》 · 深圳制定《深圳市关于进一步激发消费活力促进消费增长的若干措施》，发展网红直播消费，推动电商直播赋能优势产业、专业市场和特色商圈

资料来源：新浪微热点大数据研究院：《2020 年度直播电商行业网络关注度分析报告》。

（三）商业效益与社会效益并重

疫情期间直播受众增长明显。艾瑞咨询数据显示，疫情期间71%的直播用户观看直播频次增加，76.4%的在线直播用户观看直播时长变长，对县长直播的兴起和影响力扩大提供了受众基础。

县长直播作为一种利用县长的符号身份进行电商卖货的行为，产生了两种效益。一种在于从县长的行政职责出发，其参与农产品带货可以拉动当地经济发展，助力脱贫攻坚，这也是地方行政主官在2020年的一项重要考核指标。另一种在于县长本身作为地方的符号和象征，直播带货行为的半官方性质使县长直播的网络舆论会间接影响到县域品牌与形象的塑造。

依据现有数据分析，县长直播带货的市场销售量极为可观。2020年3～5月抖音“战疫助农”县长直播系列活动销售农产品超过175万件，销售额达9252万元。部分成长为“网络红人”的县长在直播带货领域成果较为明显，河南省信阳市光山县副县长邱学明2020年正月初一开始直播，上线一周实现销量50万元，日均下单量500单。河南省南阳市镇平县副县长王洪涛2017年中旬开始尝试直播带货，2020年他带领周边县、镇干部，每周至少2次的直播为当地农产品解决销路问题，3月23日淘宝平台直播销售镇平特产挂面时，最高峰吸引6万余人观看，直播近3小时出售数万件产品。此外，广西壮族自治区融安县县长陈文敏在直播间推介融安金橘，3小时内订单达25000单，约12万斤水果。山东省滨州市惠民县委副书记李宁波在直播间推销玉米、香菇、鸡蛋、黑豆、蜂蜜等近30款农产品，网友下单39000余枚鸡蛋、7500根玉米、3000多斤大蒜和2000多斤香菇。四川省广安市广安区人民政府区长刘永明在一场直播中吸引全国130余万名网友在线观看和互动，带动广安柠檬在多个平台总计热销12000件，超过6万斤，实现销售额近10万元。

从占比来讲，县长直播带货金额在县域整体经济总量中占比较小，县长直播的实际经济意义小于县长直播产生的象征性、引领性和带动性的符号意义。仅以安化县为例，网红县长陈灿平半年直播260多场，曝光量超过1亿次，带货总金额超过1500万元，粉丝达40万，被抖音评为“最具影响力茶叶达人”。但就安化县全县农产品网络零售额来看，从2016年的1.2亿元增至2019年的3.32亿元。在脱贫攻坚中，县长直播带货更多的是产生了示范带动的社会效应，发挥了县域电子商务产业的“尖兵”作用，该县也连续3年被评为电商扶贫优秀一类县。

县长直播带货火爆的背后是举全县合力推动电子商务助农形成常态化机制。安化县先后成立电商扶贫工作领导小组，出台电子商务进农村综合示范项目实施方案，与58同城、京东、阿里巴巴等签订脱贫攻坚结对帮扶战略协议和战略合作框架协议，开展电商扶贫、智慧物流等8个方面的合作。截至2020年6月底，全县共建成村级电商服务站400多个，培育电商扶贫网店3500余家，培训各类电商人才1万多人次，销售扶贫农特产品2亿元，带动贫困户创业就业3500余人。[①] 在河南省南阳市镇平县副县长王洪涛带领下全县在淘宝、天猫、京东等大型平台上有活跃店铺9000多个，有2个淘宝镇、9个淘宝村，成为中西部农村电商创业最活跃县之一，该县电商从业人员有3万余人，2019年的销售额达109亿元。

社会对县长直播带货的普遍评价客观、中性，中性舆论占81.25%，正面舆论和负面舆论较少，县长直播带货的情绪偏向舆论较少，主要围绕直播带货的客观事实进行传播（见图4）。

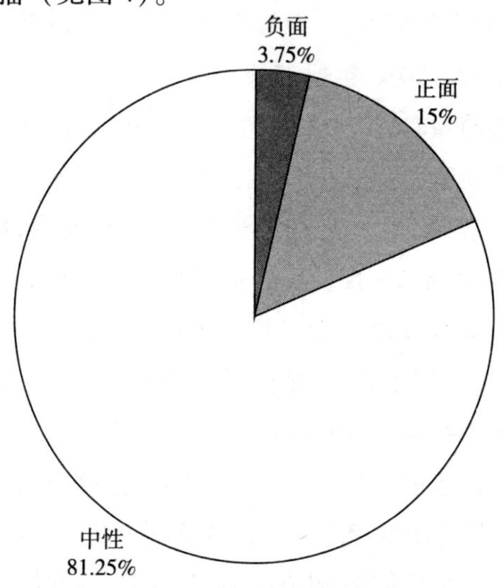

图4　2020年县长直播舆论偏向

资料来源：清博平台自行抓取。

① 《安化县：电商扶贫“尖兵”销售农特产品2亿元》，https：//www. hnmsw. com/show_ article_ 134188. html，2020年8月7日。

三 县长直播带货传播特性归纳

（一）县长直播带货的归类

截至2020年12月30日，县长直播主要在抖音、快手、淘宝、拼多多、京东等电商和短视频平台进行。以抖音平台为例，根据《2020年抖音直播数据图谱》，在抖音联合西瓜视频、今日头条等App发起的“战疫助农”公益项目直播中，“县长来直播”的策划共销售农产品113万件，销售额6000万元；京东在“618”发起百大县长直播团，截至6月18日，整体观看互动达到1.2亿人次，直播期间参与的品牌店铺GMV破亿，拉动参与活动的产业+商品销售提升300%以上。拼多多联合各地政府，推出“市长县长直播间”，以“市长当主播，农户多卖货”的直播带货形式进一步推动农产品销售上行。据拼多多统计，2月10日至4月20日，该平台共举办市长、县长、区长直播带货活动50场，销售滞销农产品超过6亿斤。综合西经智库指出的当前“地方官组团带货”“县长+头部主播带货”“网红县长”三种模式，以及各个平台县长直播的形式，从直播发起和营销主体来划分，可以将目前的县长直播分为四种方式（见表1）。

第一种是借助网红直播间进行直播，即“县长+头部网红”模式，这种模式在直播初始就拥有一定量的观看人数和流量。但这种直播模式主要依托于卖货红人和既有的网红流量进行，商业化形式运作之下，只是借助了县长的身份符号进行商业性公益助农，这种情形的“县长直播”卖货的当场次经济效益显著，却无法形成规模化和持久性的关于某县域的直播运营，也难以推动整个县域的电商模式进行良性的常态化运营与转型。

第二种是平台专门搭建直播间，借助重大消费节日，如“双十一”“双十二”“618”等，依托于平台的忠实用户和购物节日的海量广告来进行集中的宣传和直播，形成包括县长组团带货以及县长共享账号等直播形式。这类直播的组织者多为平台，大部分是由多位县长在平台组织下进行直播。如拼多多联合各地政府，推出“市长县长直播间”；安徽省委网信办、学习强国平台联合“战疫助农”项目，于3月21~22日，在岳西、舒城、临泉、石台、金寨、望江6个国家级贫困县，开展安徽专场直播活动，邀请各个县的县长走进直播间，推介当地优质农产品，社会反响良好。

第三种是县长借助县级融媒体中心在各个平台开办的官方账号进行直播，基本形成“县长+地区专业主持”的直播模式。比如，2020年山西在“双十一”创业节举行的“晋城特色农产品直播带货节”上，4个小时直播成交额达1355万元，观看人数约728万，订单数约23万单。2020年4月15日正式启动由中央广播电视总台“央视频”发起的大型融媒体公益活动——“搭把手、拉一把”。湖北30位县市长与中央广播电视总台主持人联手营销湖北优质农副产品。但这种直播形式，主持人存在感弱，更多的是为了适时弥补直播过程中县长的不适或纰漏。这种直播形式个别场次收益可观，却难以真正形成以县长为品牌核心的长期内容输出。

第四种是县长自己成为网络红人，借助自身的传播力、号召力和自有平台账号进行直播。比如，知名网红县长湖南省益阳市安化县副县长陈灿平，抖音号“陈县长说安化”，抖音粉丝截至2020年底为32.5万；内蒙古自治区锡林郭勒盟多伦县长刘建军抖音粉丝截至2020年底为5.1万，快手粉丝截至2020年底为4.1万；山东省济南市商河县副县长王帅抖音账号“黄河王小帅”，截至2020年底粉丝5.7万。也正是由济南广电鹊华MCN推出“黄河王小帅”账号的直播肇始，引发了全国县长带货之风渐盛。县长本人作为网红进行直播更具有内容的自主性，对于县域品牌的构建优势明显，广电MCN公司的成熟化运作，县级融媒体对县长账号的内容和宣发的持续运维，使得县长直播带货有了长期稳定发展的可能，这也是县级融媒体中心大宣传格局下的矩阵化布局。比如，由陕西省安康市岚皋县副县长杨乐、冯涛组成的“大山乐涛淘组合”正是通过与县域其他宣传力量整合，将县长直播真正推广为县域农产品销售的重要渠道之一。

表2　2020年县长直播带货主要形式

县长直播类型	直播模式	组织者	传播效果
县长+头部网红	网红主导	地方政府或组织	单场直播销售效果好
结团直播	多位县长联合	直播平台	特定时间销售效果好
融媒直播	县长+主持	地区组织	销售效果存留时间短
网红县长	县长主导	县长和地区政府	长期宣传效果好

（二）县长直播带货的传播逻辑

在直播带货的官员中，“70后”占比达55%，是名副其实的直播主力，其中，超六成是副职，以副市长和副县长为主。值得注意的是，在直播带货的副县长中，有不少是主管扶贫工作的挂职干部。这与县长直播的目标紧密关联，在新冠肺炎疫情影响下，物理距离被阻断，农产品滞销，企业复工难，线上电商不仅能帮助拓展产品销路，还能极大地巩固农产品原有销售渠道，不因收益降低而挫伤农民积极性，确保在疫情防控期间稳定农民收入，助力精准脱贫的同时进一步提升农产品在网络电商平台的知名度与美誉度。

从内容来看，互联网经济是注意力经济，县长的特殊身份符号冲击了人们既有认知框架，成为带货助农的重要象征和传播符号。县长直播带货呈现出公域和私域边界模糊的特征，县长的身份符号是作为行政管理者的县级行政主管部门的代表性符号，公权力的背书为县长直播带货的产品给予了专业性和权威性的加持。平台的推广和疫情期间人们彼此隔断的居家生活状态，让县长直播带货得到前所未有的关注。

从受众来看，直播间构建了实时沟通的社交关系，在交互过程中进一步加固信任，县长在直播间转换语态，更为亲民，观看直播的受众容易产生心理上的接近感。“沉浸”与“在场”的感受在亲民的直播内容和多样的直播形式帮助下，不断提升受众对主播、品牌和产品的认同感。这种基于互动关系的元传播形式让受众买单，也为县级融媒体中心增强用户黏性提供了一种新视角。

就直播格局来看，与县域发展紧密相关的“网红县长”在热力持久度和传播效果上更优一筹。西经智库依据数据指出，网红县长的“优质农产品、金句迭出、勤夸家乡好”是县长营销的关键。而从更个人化的视角出发，网红县长的营销在于“网红县长”及其团队深耕互联网和新媒体的传播逻辑，定位清晰，发展方向明确，使得直播常态化，形成受众关注习惯和媒介依赖。县长的个人魅力在县长符号下被放大并真正满足“内容为王”的互联网经济需求，与地域的紧密联系使网红县长本身成为地方文化和形象的代表，成为县域本身的整体形象塑造的积极的前台表演者。

四　发展短板

（一）直播周期不稳定

通过测量抖音平台的县长直播相关数据，多数县长直播时间段的选取围绕重大节日或重大消费节点展开，这与直播市场本身的信息波动相关（见图5），但结合县长直播的助农和精准扶贫性质，这种非固定周期的直播无法完全满足受众对优质农产品的长期购买需求。

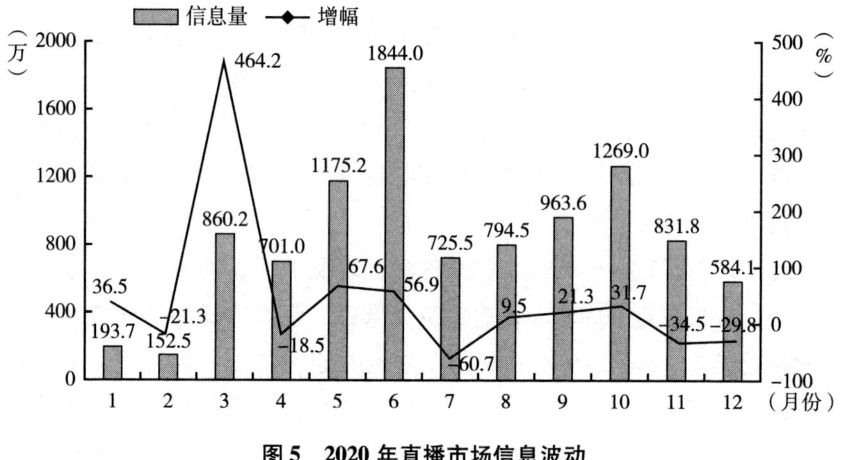

图5　2020年直播市场信息波动

资料来源：新浪微热点大数据研究院：《2020年度直播电商行业网络关注度分析报告》。

同时，直播平台、直播时长等方面自主性的缺乏使大部分县长直播严重依赖平台而非县域自身，所以，更多时候县长直播成为平台营销和助农营销的一部分，而非县长自身的内生性行为，被动接受策划和组织的县长直播在短期内能帮助部分滞销农产品摆脱困境，却无法形成整个地区农产品的稳定销售链条和可持续的脱贫途径。

（二）传播影响力有限

在同类助农直播中，较之商业竞争中成长起来的网络红人来讲，县长所属

账号视频产品内容单一，投入时间、精力较大，回报周期较长。县长直播的讨论量、视频发布量所占份额较小，通过清博数据平台搜索农产品带货和助农直播相关热门文章发现，排名靠前的热门数据中有三条为县长直播。抖音字节乡村计划官方账号“山货上头条”的视频中，单一县长点赞量为100～10000，而县长+网红点赞量为10000+，其主持的话题“#战疫在行动”获得25亿次播放量，而“#县长来直播”则有4.5亿次播放量，相比来看，竞争力较弱。对2020年抖音县长直播相关视频进行搜索可以同样印证上述结论，相关视频中，点赞数、转发数和评论数都与抖音头部视频同类型数据相差较大（见图6）。

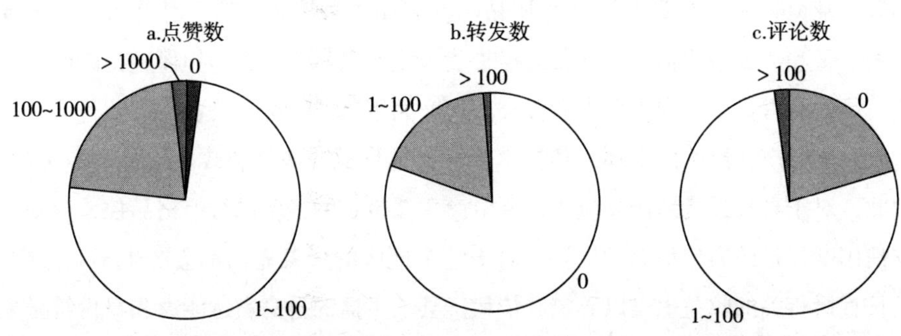

图6　2020年抖音县长直播相关点赞数、转发数、评论数

资料来源：依据网络数据整理。

（三）符号化热潮易热易退

县长直播的热度很大一部分是由县长身份所蕴含的符号意义带来的，甚至在特定阶段直播业绩成为县长的政绩标志，县长直播陷入短期营销的质疑。如2020年“#县长来了”成为2020年的现象级县长直播营销活动，而在2021年1月对相关信息进行搜索，“#县长来了”热度消退，1月仅1条信息，“#县长来了”成为一次典型的对县长身份符号的营销活动。

从直播的表演和播出形式来看，县长直播过程中县长身份的符号化运用与县长的前台表演需要互相契合。竖屏的内容呈现和高度自由化的群体交流模式将直播主体形象放大，县长直播带货效果好则是打破塔西陀陷阱的关键。但应该认识到，县长直播带货中县长作为直播的前台表演，其表演行为的任何细节都会受到直播受众严苛、挑剔的监督和审视，如果直播中出现不当言行，或者对产生的舆情应对不当，那么更多时候县长仅仅只是完成绩效考核，其表现内容单一僵化，官僚化、形式化严重，在这个受众为王、流量为王的时代，不仅无法成功打出县域特色品牌，直播行为还会演变成一场政治作秀，匆匆起舞而后迅速消退，与原有初衷背道而驰。

（四）敏感性带来高风险

电商直播市场因为相应的政策法规尚不完善，因而直播带货“翻车”屡见不鲜，乱象频发（见图7），商品质量、物流和包装等问题都会对直播销售者本身的信誉和形象造成损害。县长直播带货本质是以县长信誉为担保进行的产品售卖，是政府官员以公权力背书积极介入农产品销售的一种半公益半商业行为，作为农村电商产业链中的一环，县长本身介入销售链，使其和政府信誉产生关联。因此，对于县长带货的产品应当借鉴电商主播带货的经验进行严格品控，否则透支信用度就是政府公信力的损耗，对于整个地区的形象建构都会产生不利影响。县长直播相关的收益也难以界定，依赖于县长主播的自身表达能力和身份符号集聚的大量粉丝会获得直播以外的周边收益，包括直播相关短视频收益的归属，也可能对县长自身的信誉和直播动机产生影响，甚至形成一定范围内的负面话题。

图7　2020年直播市场乱象词云

资料来源：新浪微热点大数据研究院：《2020年度直播电商行业网络关注度分析报告》。

五　县长直播带货的前景展望

2021年2月9日，国家互联网信息办公室等部门联合发布《关于加强网络直播规范管理工作的指导意见》，指出网络直播应当“提升主流价值引领。网络直播平台应当坚持把社会效益放在首位、社会效益和经济效益相统一。”县长直播带货的目的和主播的特殊身份两者结合，与直播平台是一个动态发展的双赢过程。良性发展的县长直播对县域经济发展、县级融媒体建设和直播平台本身积蓄流量都有积极作用。县长直播是移动互联网迅猛发展的语境下县域积极寻求农产品销售渠道的重要途径，针对现有的县长直播带货存在的不足与短板，提出以下建议。

（一）明确发展定位

县长直播作为非专业、半公益的助农行为，不能与专业的直播带货行为相提并论，其直播行为本身创造的经济效益对整个县域的彻底脱贫贡献有限。因此，要明确为什么开展县长直播，找准定位和发展方向，明确县长直播本身更是一种导向和示范带动行为。其目的在于打造网红型县长对县级融媒体矩阵发展的带动作用，激活农产品在电子商务销售渠道的转型。

比较四种县长直播带货模式，其中以网红县长账号为中心，向整个县域辐射，形成县域的规模化电商销售渠道是真正精准扶贫的长久之策，也是县长直播的长期价值所在。在这个过程中，县级融媒体中心应作为向下连接创作者个体，向上对接平台，争取流量的关键一环。将县长直播账号融入县级融媒体发展矩阵，使直播规范化、常态化。以县级融媒体为主形成商业化推广和专业化生产，以县长为账号内容输出主体，县域特色文化内容以及产品为主要输出内容的直播模式，将成为未来稳定输出县长直播内容的关键，也将成为逐步构建县域品牌、完成县域发展长远规划的重要举措。

（二）明晰主体权责

《关于加强网络直播规范管理工作的指导意见》中提出直播行为要明确

主播法律责任。自然人和组织机构利用网络直播平台开展直播活动，应当严格按照《互联网用户账号名称管理规定》等有关要求，落实网络实名制注册账号并规范使用账号名称。因此，县长直播账号要明确相关法律责任和收益责任，这也是直播行为本身的市场化特征需要的。县长直播行为本身不能作为行政权力的行使过程，也不能由于其特殊身份就在市场化直播过程中获得特殊对待。

此外，直播带货是新型经济形式，其可能不完全适合落地县域经济发展状况，县长直播不能“一刀切”，要科学分析县域特色农产品是否适合这一新型形式，更不能为了提升县长本身的社会知名度而随意进行直播，必须明确县长主播及保障团队的责、权、利，最好由县级融媒体发挥地方宣传优势，综合研判，选择适合本县的直播宣传策略。

（三）县级融媒体同步助力

目前，县长直播主要处于被动接受平台组织和购物节的营销安排的状态，其自主性不强直接表现为直播行为的不稳定，严重依赖平台组织和网红助力，使县域本身难以形成稳定的粉丝流量池和购买市场。西经智库认为，要使县长直播持续进行，主播需要提升自身能力，同时向外拓展渠道，政府精准施力，进行农户农村直播人才培养，完善供应链条，利用新媒体传播力打造地方农产品新名片。从实际操作来讲，需要将县长直播带货行为或者直播账号纳入县级融媒体服务布局，县长直播账号融入县级融媒体发展矩阵，不仅完善县级融媒体布局，而且对县长直播本身的质量和稳定性提供专业支持。

首先，县级融媒体通过与其他县级融媒体合作，形成 MCN 机构，借鉴专业运维包装手段，结合体制内、外宣传优势，积极与平台方达成合作意向，建设拥有一定流量的县长直播或者短视频账号矩阵，形成以县长为 IP 中心，输出县域特色文化内容以及产品的模式。

其次，县级融媒体发展应发挥县长直播的传播优势，利用自身平台进行 UGC 模式的推广，学习相关平台创作激励计划，形成由地方乡镇干部为核心内容生产者、多元化的地方内容生产者组建的创作者阵营，增加除地方农产品直播外的其他创作内容，丰富地方内容创作形式，以流量平台为依托，进行地方县域形象建构。

最后，以县长为代表的政府干部作为传播主体加入县级融媒体布局，借助新媒体推动县域治理和政府职能转型。从向外的直播卖货拓展至向内的地区政策问政，将倒逼政务公开，提升干部融媒体素质和部门协作效率，推动县级融媒体完成“扎根本地，链接群众，提供政务 + 服务”的改革使命。

六　结语

综上，县长直播带货在2020年呈现出波动起伏较大的发展曲线，疫情带来迅速升温的契机，脱贫攻坚的压力带来县长走进直播间的直接动力，但长期稳定的商业收益和社会影响，需要形成常态化运维的直播账号，最好是依托县级融媒体直播矩阵，完成平台 KOL 脱敏，并能够形成自主的 KOL 符号，进而打造县域特色农产品电子销售渠道，完成从清库存到树品牌的转型。

这一过程与县级融媒体中心建设同步而行，一方面，县级融媒体中心作为信息分发中心、价值转发中心、关系触发中心和运营激发中心，要彻底转变旧的媒介职能。积极探索适合县域实际的融媒体落地路径，增强媒体黏性，以政务 + 服务增强吸引力，稳定用户群体。另一方面，直播的小型化输出尝试为县级融媒体中心发展提供了更多创新发展的可能，也是新媒体环境下政府职能转变的创新性尝试，为县级融媒体中心建设开阔了新视野，为基层经济发展特别是农村农产品销售开拓了思路。因此，加快专业型人才培养，加大基础设施建设投入，畅通农产品运输的进出村的“最后一公里”，深化与专业平台的多维合作，有序规范、依法合规进行直播，真正形成以县长直播带货为示范，推动电子商务在县域内全面深入开展的良好局面，完成县长直播带货带来的社会效益和商业效益的双赢是未来发展的着力点。

参考文献

邓喆：《政府官员直播“带货”：政务直播 + 助农的创新发展、风险挑战与长效机制》，《中国行政管理》2020 年第 10 期。

巨量引擎商业算数中心：《2019年抖音高活跃群体研究报告》，2019年7月。

QuestMobile：《短视频2019半年报告》，2019年7月22日。

西经智库、华商城事智库：《2020中国市长县长直播带货报告》，2020年7月。

36氪研究院：《2020年中国直播电商行业研究报告》，https：//finance.sina.com.cn/tech/2020-12-07/doc-iiznezxs5549409.shtml，2020年12月。

艾瑞咨询研究院：《中国直播电商生态研究报告》，http：//report.iresearch.cn/report_pdf.aspx？id=3606，2020年6月。

iMedia Research（艾媒咨询）：《2020~2021年中国直播电商行业运行大数据分析及趋势研究报告》，2020年2月。

微播易：《直播电商生态进化论——2020直播电商行业研究报告》，2020年6月。

阿里研究院：《2020淘宝直播新经济报告》，2020年3月。

B.13

2020年网络视频直播发展研究报告*

王建磊 冯 楷**

摘 要： 2020年，在特殊的国内外经济形势和疫情环境下，直播带货成为复工复产的强力助推，有效帮助企业实现了产品售卖和品牌放大，也成为整个视听行业最显著的标签；慢直播、公益直播、直播综艺等作为直播内容层面的新流行形态，在舆情营造、价值观引导、媒介消费习惯等层面带来了不可低估的影响；而其在教育、娱乐、传统媒体等领域的成功实践，愈发强化直播“以实时互动为核心”的工具属性，也深度激发其“新基建”角色在健康医疗、文体旅游等板块上更广袤的施展空间。可以说，直播在社会格局中的影响力早已今非昔比，但是在违规打赏、数据造假、假冒伪劣、软色情传播、低俗内容生产等方面需要监管层继续发力，保障直播行业行驶在健康、绿色的快车道上。

关键词： 直播带货 慢直播 公益 软色情

2020年，网络视频直播在中国的发展步入第五个年头。它为日常经验的展示提供了新的窗口，为视觉消费的勃兴打造了新的载体，也为视听产业的繁荣贡献了新的血液。随着直播自身的形态裂变，它“被理解为一种机构、技

---

* 本文系国家社科基金项目“网络视频直播管理研究”（项目编号：17CXW020）的研究成果。

** 王建磊，博士，深圳大学传播学院副教授，硕士生导师，主要研究领域为视听新媒体、视听文化产业等；冯楷，深圳大学传播学院硕士研究生，主要研究领域为视听新媒体、媒体融合等。

术、用户（观众）之间互动产物的建构”。① “直播+电商” “直播+教育” “直播+房产” 等新业态的壮大，开始凸显直播作为社会基础工具的服务性和拓展性，也真正激发出直播的巨大商业价值。这一年，借助复工复产浪潮，直播带货迅速形成一片红海，抖音、快手、小红书等主流平台大力布局直播业务，与淘宝形成新竞争格局；罗永浩、雷军、丁磊、董明珠、刘涛等 IT、制造业、演艺界的各路大咖也纷纷跨界而来，变身带货主播，创造出一个又一个直播销售奇迹；梦洁股份、新文化、尚纬股份、起步股份等与直播带货概念关联的 A 股在二级资本市场也有积极表现……可以说，直播带货是 2020 年整个网络视听行业最显著的标签。除此之外，腾讯课堂、钉钉等内嵌了直播功能的应用在疫情期间发挥重要作用，成为在线教育的翘楚；虎牙、斗鱼等传统直播平台突出游戏 IP 的运营与维护，持续沉淀优质用户；网易旗下的 Look 直播所运作的 TFBOYS 音乐会，其线上售票价格直逼线下演唱会，创造娱乐新场景……总之，网络直播行业依然充满着令人期待的变化、起伏、蜕变，其在社会格局中的影响力早已今非昔比。

一　2020年网络直播行业的基本态势

（一）新增量：直播用户规模增加1亿

在新冠肺炎疫情影响下，网民娱乐消费的选择多集中到网端，网络直播的价值得以延续和放大。截至 2020 年 6 月，我国网络直播用户达到 5.62 亿，较 2019 年同期增长 1.29 亿。新增加的用户主要来自游戏直播和电商直播两大领域，而真人秀直播用户数量有所减少。

（二）新业态：直播电商成为增长最快的应用

疫情导致线下生活遇阻，却意外倒逼线上繁荣：各行各业主动贴近直播，一时间以直播带货为代表的新业态获得迅猛发展。数据显示，仅 2020 年上半年带货直播场次就超过了 1000 万，观看人次超过 500 亿。截至 2020 年 6 月，

① Karin van Es, “The Future of Live,” London: Polity, 2017.

表 1 网络视频直播的用户

单位：亿，%

时间	2016 年 6 月	2016 年 12 月	2017 年 6 月	2017 年 12 月	2018 年 6 月	2018 年 12 月	2019 年 6 月	2020 年 3 月	2020 年 6 月
直播总用户	3.25	3.44	3.43	4.22	4.25	3.97	4.33	5.60	5.62
总占比	45.80	47.10	45.60	54.70	53.00	47.90	50.70	62.00	59.80
游戏直播	1.17	1.46	1.80	2.24	2.15	2.30	2.43	2.60	2.69
真人秀直播	1.36	1.45	1.73	2.2	2.03	1.63	2.05	2.07	1.86
电商直播								2.65	3.09

我国电商直播用户规模达 3.09 亿，较 2020 年 3 月增长 4430 万，规模增速达 16.7%，成为上半年增长最快的个人互联网应用。

（三）新政策：内容保护与带货合规化

2020 年 4 月 28 日，第一个在我国缔结并以城市命名的国际知识产权条约——《视听表演北京条约》正式生效。这一条约旨在保护表演者对其录制或未录制的表演所享有的精神权利和经济权利，对于依托互联网最新发展的视听表演形式，进行了版权界定与保护。其实施的意义不仅在于弥补国际知识产权体系的不足，更有利于激发表演者创造热情，充分保障表演者权利，对于当前网络直播的内容创新有保护和引导作用，从根本上推动视听表演内容的高质量发展。

与此同时，伴随着直播电商带来的夸大宣传、虚假货品、维权困难等乱象也屡屡发生，监管部门对此反应迅速：国家广电总局 2020 年 11 月发布《关于加强网络秀场直播和电商直播管理的通知》，2020 年 11 月 6 日市场监管总局发布《关于加强网络直播营销活动监管的指导意见》等以加强对网络秀场直播和电商直播的引导规范，强化导向和价值引领，直播电商的合规化正在加速。

（四）新头部：快手、抖音后来居上

纵览直播领域几大上市公司的财报，2020 年第三季度，欢聚时代（YY）直播收入同比增长 40.1% 至 60.491 亿元，主要是由于海外 BIGO 直播的收入持续增长；[①] 2020 年第三季度陌陌的直播服务营收 23.748 亿元，与上年同期相比减少了 27%。直播服务营收下降，主要是由于陌陌主 App 直播业务进行了结构性改革以重振长尾内容生态，而其旗下的探探直播营收为 3.967 亿元，一定程度上缓解了陌陌主 App 营收下降的压力；[②] 虎牙三季度营收 28.15 亿元，同比增长 24.3%；斗鱼三季度营收 25.5 亿元，同比增长 37%；[③] 映客直播服务项目营业收入 23.748 亿元人民币，与同期相比降低了 27%。[④] 横向来看，以上五家上市直播公司的营收差距逐步拉大，无论是从用户规模还是从营收规模来说，欢聚时代和陌陌都算是直播平台的领头羊。

但 2020 年之后，领头羊的地位恐怕要遭遇挑战：快手业已向港交所递交上市发行方案。招股书显示，直播是快手营收板块的重要组成部分。2017 年至 2020 年前三季度，直播收入给快手带来的营收分别为 79.49 亿元、186.15 亿元、314.42 亿元、229.22 亿元，直播收入占总体收入的比例分别为 95.3%、91.7%、80.4% 及 62.2%。[⑤] 快手在港股的成功上市，毫无疑问将成为体量最大的直播平台，据悉，抖音也将紧随其后进行 IPO 和上市，而这两大巨头的入局，将进一步搅动直播的生态格局。

二　网络直播行业的新兴趋势

按照“媒介补偿论”的观点，直播的出现是对既往媒介“差时性”和“弱可视性”、“弱交互性”的弥补。即使电视媒介曾以形声并茂、无远弗届而风靡无两，但网络直播显然把音影的同步和“眼见为实”的功能提升到新的高度。与电视直播相比，网络直播采用的互联网技术能够极大地降低传播成本，打破内容时长局限、增强受众与生产者之间的互动性等。当然，作为新媒介形式的网络直播的诞生，也并非会对传统媒体带来毁灭性冲击，是在找到自

---

① 《欢聚集团公布 2020 年 Q3 财报：总营收超 62 亿》，极客公园，2020 年 11 月 17 日。

② 《陌陌 2020 年 Q3 净营收 37.667 亿元，净利润 6.538 亿元》，界面新闻，2020 年 12 月 1 日。

③ 《虎牙、斗鱼同时发布 2020 年 Q3 财报：28 亿元 VS 25 亿元》，腾讯新闻，2020 年 11 月 12 日。

④ 《陌陌直播第三季度会计销售业绩讲解》，41sky 股票网，2020 年 12 月 2 日。

⑤ 《直播 12 年造富：李佳琦 1.3 亿买豪宅　3 千万用户撑千亿市值》，https://mp.weixin.qq.com/s/tPc－K6gFLMQYiho7zl1MOg，2021 年 1 月 29 日。

身立足之地的同时，又与旧媒体构成互相补充、互相借力的竞合关系。从提供娱乐到公共资讯，从知识传播到助力扶贫，网络直播一直在内容上守正创新、功能上不断拓展和超越。

（一）慢直播：原生态画面激发信息洪流

新冠肺炎疫情暴发初期，民众对信息传播的透明度、客观性、真实性有巨大的渴求，对于武汉的抗疫行动有较高的关注。在此背景下，2020 年 1 月 27 日晚，中央广播电视总台在自有 5G 新媒体平台“央视频”推出了大型网络直播《全景直击武汉火神山、雷神山医院建设最前沿》，以直播的形式全程记录火神山、雷神山医院从无到有的过程，三处固定摄像头对准的就是施工工地，没有特写，没有剪辑，没有插播，没有音乐，没有解说词。这样一档几乎没有设计感甚至画面枯燥的慢直播，却成为“观看人次破亿，最高 5700 万人同时在线观看，点赞数超过 221 万”的现象级直播。

这一传播效果的达成首先基于疫情期间的特殊舆情环境和人们足不出户的客观观看条件。此外，此次慢直播之所以能得到如此多用户的参与和追捧，主要原因如下。一是话题本身的高显示度带来了高流量：疫情暴发与医疗资源短缺，使得医院建设成为天然关注热点。而“十天建成医院”的预设使得这场慢直播有了一个前置悬念，很多用户反复进入观看，是因为他们自身可以发现一些可见的变化，并且对于最终建成的结果形成了强烈期待。二是个体对公共事务的代入感激发了持续的参与热情：疫情的发展与个体息息相关，促进了人们关注医院建设、讨论医院建设等群体性行为，于是他们化身为“云监工”，体现为一种社会责任感和公民担当，在这里找到了一群可以遥相呼应、一起助力的网络同盟，在彼此的守望中形成价值共同体和情感共鸣。三是网民掌握话题主动权，创造出源源不断的信息洪流：本是没有主播、没有引导的摄像头画面，却酝酿出受众自组织的热烈交互语境。有给施工现场各种建筑体、设备甚至树木取名、组 CP 的，如把现场摄像头叫“摄政王”，高层吊车叫“送高宗”等；有组织日夜两班倒接力打卡的如“浙江监工上班啦”“换班啦”；有自愿加入某一群组激励建设的，如粉丝群“挖掘机天团”……可以说，真正的信息也许并不是直播的画面，而是评论区中网民自发交互、评论、科普形成的信息场。在这个过程中，他们不仅完成了“监工”身份的建构，还互相鼓舞打气，激发出源源不断的信息，建构出正能量舆论阵地。

慢直播的出现形成了对“泛娱乐”“快直播”的补充，也形成了对电视新闻碎片化传播的补充。相较以往聚光灯式的由媒体机构所主导的新闻报道逻辑，这种在社会热点话题之下所搭建出的无引导、无剪辑、不间断的空场直播场景，把主动权交给网民，在一个真实、客观的信息场中，他们不只是云监督，还有可能是云参政、云问政，向我们展示出了网络直播的舆论建构与传播价值。

（二）公益直播：从消费扶贫到更多的可能性

扶贫类的公益直播自从2019年开始就已经被斗鱼、快手等主流平台积极扶持和推广，通过公益主播团、电商赋能计划等形式，针对贫困地区制定帮扶计划，支持留守妇女创业就业，为乡村新农人提供专业电商培训和支持等。2020年，抖音推出了全国百家媒体援鄂复苏直播计划，入选的全国百家媒体以“直播 + 电商”的线上售卖形式，一连20多天为湖北产品带货。紧随其后央视新闻的“谢谢你为湖北下单”、人民日报新媒体“为鄂下单”公益直播、新华社客户端和淘宝发起的“家乡的宝藏”公益助农直播地方专场也扩容了公益“带货”市场的空间。在公益属性的驱动下，直播为脱贫增收、复工达产开辟纾困途径。

公益内容本身能够体现平台的公共担当，有利于树立良好的社会形象，因而成为直播企业转型的首选。从实际运行效果来看，口红一哥李佳琦联合央视名主持朱广权参与湖北爱心专场公益直播，平均一场带货4000多万元；带货一姐薇娅与湖北省商务厅合作，一场销售额就超过2亿元。不仅如此，直播带货也成为精准扶贫的新形式。很多省市县级分管领导也纷纷下场，与当地媒体、互联网企业一起开创“政府 + 党媒 + 企业”的公益直播新模式。

可以说，当下以“带货扶贫”为代表的直播已经成为平台标配，它能够依靠直观的画面、便捷的沟通、实惠的价格，有效打开销售渠道，助力各地扶贫增收。① 这些实践经验还可以被用来指导在地方产品滞销、宣介“中国制造”“中国智造”等更多方面进一步发力。同时，还需看到直播带货不只是一

---

① 孙荣欣：《直播带货：助力精准扶贫新路径》，《中国社会科学报》2020年第8期。

种商业行为，也是一种传播行为，在主播与用户的每一次互动中，直播间早已不只是“货架”，而已经具有了情感共鸣、价值认同等诸多社会功能。① 以带货为代表的直播内容，在监测环境、发现议题、展开报道之外，还增添了主动参与的行为维度，使媒体不仅以“告知者”和“旁观者”身份构建公共对话，而且以“践行者”和“参与者”身份积极投身社会治理，具备了建设性传播的核心要义。②

当然，公益类直播如果仅仅聚焦在带货和创造经济收益上，也未免导致公益概念的窄化。作为平台方，也要致力于策划和创新公益类直播的内容，拓展更宽广的公益领域。如从 2018 年开始，陌陌已经连续推出了三季系列直播公益课：“给乡村孩子的最美传统文化课”“带乡村孩子走近博物馆”“给乡村孩子的科学课”……一堂课、一场诗歌朗诵、一种手工艺术的传授等被直播赋能，变为公益事业的活力之源。

（三）直播综艺：专业内容推动新媒介消费习惯

直播新业态的兴起，为综艺创作提供了新角度。早期秀场直播应该算是直播平台上的原生娱乐内容，这种一对一、一对多的社交型直播，往往依赖于主播个体的颜值、才华等，存在诸多不确定风险，娱乐形式也非常单一，很快其用户规模和打赏体量就显露颓势。因此单打独斗的 UGC 让位于团队化、精品化的 PGC 内容，是视听内容发展的必然趋势。从 2017 年开始，直播网综成为视听市场的重要成长板块，并逐渐形成四种类型：游戏类直播网综，如《饭局的诱惑》；选秀类直播网综，如《明日之子》《十三亿分贝》；电商类直播网综，如《茜你一顿饭》《明星实验室》；真人秀类直播网综，如《潜行者计划》《看你往哪跑》。③ 在 2020 年直播带货浪潮的影响下，“求职 + 带货”（中国首档直播带货职场招聘节目《我们签约吧》）、“选秀 + 带货”（腾讯视频独播电商直播真人秀节目《爆款星主播》）、“综艺 + 带货”（腾讯视频官宣黄磊首档

① 张世悬：《党报直播带货的路径、模式与未来——以人民日报新媒体推出的“为鄂下单”公益直播为例》，《新闻战线》2020 年第 10 期。

② 宫承波、田园、张文娟：《从公益传播到建设性传播——〈谢谢你为湖北拼单〉之〈小朱配琦〉专场直播的突破与启示》，《中国广播》2020 年第 5 期。

③ 朱传欣：《融合与抵牾——网络直播综艺节目的转型升级》，《中国电视》2018 年第 4 期。

直播综艺《只要你敢买》）等融合模式一涌而现，既凸显娱乐性，也强调带货和经济创收的实现。

相对于录播剪辑的传统电视综艺节目，直播综艺的“真实”“同步”“完整”是其最主要的特点，也更能体现互联网的互动性。通过弹幕、打赏、送礼、即时评论等手段，让更多的观看用户真正进入节目内容当中，获得“第一人称”的主角视点和超强代入感，呈现出特定社群的话语体系和高语境特征。[①] 观看直播网综的更多的是偏向使用社交媒体的年轻人，带有天然的线上生活的路径依赖，其表达方式、生活习惯、审美旨趣、价值观念等会以直播形式的节目内容为载体进行交流、呈现。不过，当下众多的直播网综的创意思路仍囿于对电视综艺、录播网综或个人直播的模仿、改造，而未能厘清自身独特的形态定位，仍需同生活、服务等跨界融合，善用“即时”激发用户的追逐感，巧用“真实”调动用户的偷窥感，瞄准新生代的网络行为和媒介消费偏好。

总之，直播综艺代表着直播平台重要的发展方向，一定程度上也是平台综合实力的体现，直播综艺场域已有许多巨头入场。如抖音娱乐直播联合太合音乐、邓紫棋等国内头部音乐厂牌及音乐人推出 DOULive 沙发音乐会，此外还有限时音乐现场表演以及流量爱豆直播，强调“温暖”和“陪伴”，多层次满足用户的云娱乐需求。这类直播厂牌建立的意义在于，不断去除抖音的“短视频”标签，培养用户形成来抖音“追星、看剧、看演出”的新习惯。[②] 这又将对年轻用户的娱乐休闲时间形成新的争夺。

（四）泛直播：直播作为“管道”的技术性延伸

2020 年，在线下聚集性受限的情况下，一个个传统的线下场景被搬运至线上，以直播形式填充既有的功能，既扩充了线上娱乐的形式，也丰富了“直播 +”的行业生态。如网易旗下的 Look 直播所运作的 TFBOYS 音乐会、国家大剧院“生如夏花”系列线上音乐会及大型公益活动“五洲同心　世界一家”——“爱乐之声”全球 24 小时云端音乐会等，都是借助线上直播平台将

---

① 朱传欣：《融合与抵牾——网络直播综艺节目的转型升级》，《中国电视》2018 年第 4 期。

② 数娱梦工厂：《2020 短视频复盘：头部变现破圈加速，中腰部拼抢剩余流量》，https：//www. thepaper. cn/newsDetail_ forward_ 10889703，2021 年 1 月 22 日。

线下的音乐盛会转移到线上，通过技术手段将艺术精髓与舞台效果融为一体，提供高质量的视觉与听觉享受的同时增强全球乐迷共同欣赏、参与的仪式感①。线上音乐会在直播技术的加持下，能够通过多路镜头为用户提供个性化有偿服务，从而也为商业化探索出清晰的模式。

另外，在教育部“停课不停学”的号召下，各大网校平台纷纷推出免费直播课。《2020 抖音直播数据图谱》显示，2020 年 2 月教育类直播次数增长率达到 200%，“文化教育”类直播位列直播场数榜首。一些头部线上教育品牌还提供底层技术的解决方案，如腾讯课堂、钉钉等也内嵌了直播功能的应用，成为公立学校线上授课的必要性工具；“好未来”面向行业推出 AI 直播课解决方案，提升学生面对线上直播课的学习效果。这些直播企业正在为未来渐渐明晰的云端教育场景营造新流量入口。

当然，直播作为新媒介技术，也已经被传统媒体广泛采纳使用。在疫情期间包括央视、东方卫视等不少媒体为了公益目的与网络平台合作直播带货，并基于节目 IP、家喻户晓的主持人、独家垄断的版权资源等，以及电视台的公信力背书，具有助力公益、扶贫帮困、促进社会经济恢复的作用。在未来常规生产中，传统媒体策划开展的“网络直播”既作为节目内容，也作为打通产业链上下游的连接点，力图通过多方合作获取不俗的社会影响力和经济效益。

可以看到，除了电商行业，还有教育、娱乐、传统媒体等都在与直播发生深度融合，这更凸显出直播的工具属性。5G 时代的到来会促使“大直播”的赛道加速扩容，尤其是健康医疗板块、文体旅游板块的发展更值得期待。作为信息时代的“新基建”，直播会覆盖更多元的娱乐、营销、服务场景，满足更年轻的互联网群体的需求和文化习惯，成为新经济的重要构成部分和新服务场景的承载平台，其技术价值和社会价值会再一次面临全新的抬升。

三　网络直播行业的问题与对策

2020 年，在诉诸媒体的诸多有关直播的行业报道中，负面报道总量持续

---

① 《云毕业持续刷屏，“云端 + 仪式”的 N 种可能正逐渐成为现实》，https：//mp. weixin. qq. com/s/Kqxzk0HE1i2D7gSfsCExOg，2020 年 6 月 28 日。

下降（2019 年为 670 起，2020 年为 428 起①）。不过其中的个别案例由于性质恶劣，负面影响巨大，成为直播行业必须直面的问题。

（一）挪用公款频发，需细化打赏追回机制

继 2019 年河北省承德市一公职人员贪污公款 1300 余万元打赏女主播后，2020 年山西省运城市住建局职工刘某海冒领 900 万元左右拆迁款，部分款项用于给女主播打赏。公职人员挪用公款打赏女主播的情形，这不仅涉及个体的违法犯罪，还涉及国有资产流失，亟须法理规制。

打赏是观看直播的用户购买虚拟礼物并赠予主播的行为，收到礼物的主播再与平台方、公会方（有的主播没有参与公会）按照比例分账。一般而言，用户打赏主播属于自主行为，法律也不支持打赏后反悔和赎回。但在实际情况中，存在未成年人打赏、行为能力受限者打赏、精神疾病患者打赏、公职人员挪用公款打赏等多种特例。在诸多司法实践中，控方的诉求最后一般都得到不同程度的支持。如轰动一时的“2016 会计门”事件让平台方很被动，最终在舆论压力之下，不得不退回部分打赏金，但即便如此也严重损害了企业形象。

对此，直播平台应有完善的应对机制，根据《关于加强网络秀场直播和电商直播管理的通知》（广电发〔2020〕78 号）第六条规定：网络秀场直播平台要对网络主播和“打赏”用户实行实名制管理。未实名制注册的用户不能打赏，未成年用户不能打赏。要通过实名验证、人脸识别、人工审核等措施，确保实名制要求落到实处，封禁未成年用户的打赏功能。平台应对用户每次、每日、每月最高打赏金额进行限制。在用户每日或每月累计“打赏”达到限额一半时，平台应有消费提醒，经短信验证等方式确认后，才能进行下一步消费，达到“打赏”每日或每月限额，应暂停相关用户的“打赏”功能。

如果各直播平台能够严格落实以上规定，基本可以有效防范超额、不当打赏的情形。各平台也可针对自身实情，进一步细化相关规约，如打赏到直播平台的资金是否需要设置一定时限才能到主播手中？如果事发离打赏时间间隔过久，平台是否有有效的牵制主播的方案或合约，保证其能够退还部分资金？又

① 利用 Divominer 数据挖掘软件，以网络直播 + 色情、诈骗、治安、违法、价值观、未成年为联合关键词搜索并人工筛查后得出。

或者从源头治理角度来说，可否通过“技术＋人工”的综合手段对不正常打赏予以提醒和制止？总之，设定有效的打赏追回机制、与主播签订保证金合约、积极配合执法机关追回打赏等事项应引起各直播平台高度重视。

（二）直播带货翻车，需明确主播担责条件

2020年12月23日，快手主播辛巴带货假燕窝事件调查结果公布，其涉事直播公司拟被处罚款90万元。辛巴并不是唯一因直播带货问题而付出沉重代价的主播，汪涵、李雪琴等被中消协直接点名，罗永浩公开承认其直播所售羊绒衫为仿货……2020年，风口下的直播间制造了一个个销售神话，但也多次陷于“造假”“翻车”的泥沼，直播带货的监管和质量问题亟须严待。

直播带货的模式，核心考验的是货品本身的供应链，包含产品生产速度、物流稳定性和售后服务质量等。而推动这一切的前提，就是主播通过在直播间付出情感劳动、发挥个人魅力、提供专业服务等，打动消费者买单，消费者出于对主播个人IP的支持和信任而付诸购买行为，那么一旦出现产品的售后问题，主播绝不能简单地把责任推向产品生产方或物流方而了事。根据我国法律条款的解释，主播参与商品或者服务的销售、提供等经营行为，应承担商品或者服务的售后责任。

随着直播带货成为商家、制作方等常规的销售渠道，主播推责、数据造假、产品质量、产品售后等方面的争端仍会持续增加，作为MCN机构和直播平台，应对主播的带货行为中的责任和义务列明详细条款，平台方应履行主体责任，能够对有问题的主播进行有效追责和惩罚；作为主播，尤其是名气大、带货能力强的头部主播，应高度重视自身品牌和信誉的维护，在选品、生产、运输和售后等环节严格把关，一旦有任何问题，按照法律及合同的规定承担相应责任。

（三）软色情难禁，需强化未成年人保护

2020年7月16日，南都个人信息保护研究中心发布《网络直播App未成年人保护报告》指出，绝大多数被测App无法有效识别未成年人并征得家长同意；一些App的青少年模式流于形式，内容池有待进一步优化；超过四成的被测App存在不适宜未成年人接触的内容，其中尤以软色情内容最为突出，多个App内有女主播穿着低胸装做出挑逗性动作现象。报告还发现，网络直

播平台未成年人保护机制形同虚设，不仅实名认证环节存在漏洞，还无法有效甄别用户年龄，年龄不足可被系统默认调至 18 岁，无法识别出未成年人并征得其监护人同意，高额打赏退款困难重重……直播 App 对未成年人的保护程度均处于中等或低下水平。

网络空间本身固有的一些低俗、猎奇、毁三观等成人世界乱象，就足以对青少年不成熟的心智带来恶劣影响，而实际上更值得注意的是一些主播正在低龄化，他们以初生牛犊的勇气践行着“无知者无畏”：用摄像头对准正在洗澡的母亲、用呻吟声喊麦一首成年歌曲、在身体上涂满刺青充当社会人、14 岁就当上少女妈妈……这种以同龄人影响同龄人的方式主动参与直播世界和现实生活，且把“无知”当作卖点的炫耀和“不知为错反以为傲”的观念尤为引人担忧。

从国外的治理经验来看，针对未成年群体的网络使用行为，美国的《未成年人在线保护法》、德国的《青少年媒介保护国家条约》等都是以法律为纲，辅以行业自律，如英国互联网监察基金会（Internet Watch Foundation，IWF）和美国的 ICRA 分别承担起接受网络举报、制定色情内容分级等职能，并强调技术过滤手段，如净网软件、标签提醒等。尽管中国于 2013 年 1 月 1 日起实施了《中华人民共和国未成年人保护法》，但与国外专门的媒介法规相比，一是缺乏在互联网使用方面的特定规范，没有专门的立法解决沉迷网络、电子交易等问题；二是在立法要义上，国外比较共通的经验是实行互联网内容分级制，基于区分治理的理念对青少年实施管理引导，这一点在国内依然没有得以实现。

不过，2019 年 5 月，国家网信办组织抖音、快手等短视频平台试点上线青少年防沉迷系统，取消充值及打赏功能，用户首次登录需选择是否设置青少年模式。经试点评估，国内 53 家网络直播和视频平台陆续上线“青少年模式”，并开启家长申诉环节确保全额退款。

（四）搬演“犯罪”吸睛，需注重主流价值观引领

2020 年 6 月，河南网约车司机与妻子假扮的“女乘客”上演迷奸情节，通过色情表演吸引他人围观、获得打赏；9 月，云南文山的一名男子声称花 9000 元买下一名初中生并直播“强奸”过程……这两则“骇人听闻”的新闻经事后证实皆为假新闻，情节均属扮演，目的就是获取流量和打赏。令人虚惊

一场的同时未免又觉得悲愤——当前因为流量逻辑的主导，个别平台、创作者为了牟利无所不用其极，且不论真假，都是对于法律底线和公序良俗的严重挑衅。

事实上，除了法律的应有制裁，鉴于这类行为极其恶劣的后果和影响，平台方、直播机构协会等应该将这类创作者永久列入黑名单，驱逐出在线直播行列。同时，平台方应进一步反思现行的监管技术和制度，如何在发现此类内容的第一时间进行截断和规制，将危害控制在源头，影响降到最小；在整体的运营方向上，根据最新出台的相关文件，要坚持社会效益优先的正确方向，积极传播正能量，展现真善美，着力塑造健康的精神情趣，促进网络视听空间清朗；在技术调适上，进一步优化平台算法机制，让有品位、有意义、有意思、有温度的直播节目占据好位置，获得好流量，从而降低低俗内容的传播概率与社会风险；同时，积极利用技术对用户身份做出更精准的判断，确保个性化的内容池更加符合个人旨趣，也更加健康有益。

参考文献

中国社会科学院社会学研究所：《网络直播：参与式文化与体验经济的媒介新景观》，电子工业出版社，2019。

张科：《网络直播的内容生产逻辑及优化策略》，《中国编辑》2020 年第 10 期。

黄楚新、王丹：《聚焦“5G +”：中国新媒体发展现状与展望》，《科技与出版》2020 年第 8 期。

B.14
2020年西方媒体转型发展研究报告

漆亚林　刘静静*

摘　要： 2020年新冠肺炎病毒肆虐全球，演化成全球性危机事件，成为媒体或社交平台在风险社会中的一次突发性“大考”。媒体直面生存危机，裁员、减薪等成为其在疫情过渡期采取的非常措施。被疫情按下快捷键的传统媒体加速数字化转型，多家媒体迎来数字收入超过印刷收入的分水岭，转战数字用户付费订阅市场。追求问题解决之道和情感价值关怀的建设性新闻在2020年彰显“人文之光”。平台与媒体的用户之争依旧激烈，流媒体发展迎来黄金期。媒体与平台抓住电商红利，逐渐形成用户服务闭环。各国加紧了对平台的治理，但如何规制平台，促进平台与媒体在新闻场内良性竞争、友善合作，仍是治理者亟须思考的问题。

关键词： 付费订阅　流媒体　电子商务

一　西方媒体发展现状及热点聚焦

（一）疫情之下，媒体的危机与数字化突破

2020 年新冠肺炎疫情全球蔓延，不仅严重威胁人类的生命健康，更是给

* 漆亚林，中国社会科学院大学新闻传播学院常务副院长，教授，博士生导师；刘静静，中国社会科学院大学新闻传播学院硕士研究生。

社会生产、全球经济带来沉重打击。媒体行业同样深陷困境，直面生存危机。广告和其他业务（如现场直播等）等收入受疫情影响骤减，无论是传统媒体还是新媒体都纷纷通过裁员、降薪等措施来降低成本以获得生存的资本。据《纽约时报》报道，新闻媒体在疫情的肆虐之下，37000 名美国新闻媒体员工被解雇、休假或减薪。① Vice Media 在 2020 年 3 月 30 日举行的公司会议中宣布，不再为员工提供 401K 保险，年薪超过 10 万美元的人都将被减薪。Vice 还宣布，首席执行官 Nancy Dubuc 将减薪 50%。② 此后该媒体解雇了 155 名员工。Vox Media 裁员 6%，大约 72 名员工。③ BuzzFeed 裁员 50 人，此前 BuzzFeed 实施了 5% ~25% 的分层降薪措施。④ 纽约时报社裁员 68 人，主要是涉及广告业务部门。⑤《新闻公报》于 2020 年 8 月 14 日发布报道称："迄今为止，COVID－19 危机导致英国新闻机构裁员 2000 多人"。⑥ 英国大报《卫报》受疫情影响，营业收入减少 2500 万英镑以上。《卫报》总编辑凯瑟琳·维纳（Katharine Viner）和《卫报》媒体集团首席执行官安妮特·托马斯（Annette Thomas）在对员工的联合声明中指出"除非我们采取果断行动以降低成本，否则疫情带来的财务亏损将不利于可持续发展"，由此《卫报》计划裁员

① "News Media Outlets have been Ravaged by the Pandemic," *The New York Times*, https://www.nytimes.com/2020/04/10/business/media/news-media-coronavirus-jobs.html, Dec. 4, 2020.

② "Vice Cuts Pay for Top Earners, Halts 401K Matching, and Freezes Promotions Amid Coronavirus," Daily Beast, https://www.thedailybeast.com/vice-cuts-pay-for-top-earners-halts-401k-matching-and-freezes-promotions-amid-coronavirus, Mar. 30, 2020.

③ "Vox Media to Lay off about 72 Employees as Advertising Revenue Slumps Amid Coronavirus Quarantines," CNBC, https://www.cnbc.com/2020/07/16/vox-media-lays-off-72-employees-as-advertising-revenue-slumps.html, Jul. 16, 2020.

④ "Live Industry Updates: Droga 5 Cuts 7% of Staff in United States; BuzzFeed Ends Salary Reductions," AdExchanger, https://www.adexchanger.com/ad-exchange-news/live-industry-updates/, Sep. 4, 2020.

⑤ "Memo: The New York Times Lays off 68 People, Mostly in Advertising," AXIOS, https://www.axios.com/new-york-times-laysoff-advertising-349c766d-3b88-4ae9-841b-5ad8c741f331.html, Jun. 23, 2020.

⑥ "COVID-19 Crisis Leads to More than 2000 Job Cuts across UK News Organisations," Press Gazette, https://www.pressgazette.co.uk/covid-19-crisis-leads-to-more-than-2000-job-cuts-across-uk-news-organisations/, Aug. 14, 2020.

180 人。[①]

麦迪尔地方新闻倡议组织负责人蒂姆·富兰克林（Tim Franklin）表示，“有些人此刻将无法生存，这让我很痛心。但是，亦有许多公司将在这场危机中进行变革和创新”。[②] 于危机之中育新机，在变局之中开新局，疫情虽然给媒体带来极大的生存压力，但同时也带来新的机遇，一是加速传统媒体数字化转型，二是迫使媒体商业模式从广告收入向用户付费转移。

1. 未来已来：疫情加速媒体数字化转型

路透新闻研究所发布的报告显示，疫情封锁措施严重影响了实体分销，导致报纸的销量下降已成定局，这（疫情）加速了其向全面数字化的转变。[③] 2020 年第二季度《纽约时报》数字收入首次超过印刷收入，这对创刊 169 年的传统大报来说具有里程碑意义。[④]《时代》杂志在 2020 年第二季度迎来品牌历史上的第一次——数字收入超过印刷收入。[⑤] 2020 年 3 月 30 日《坦帕湾时报》宣布暂停印刷出版物（周日和周三除外），正如该报董事长兼首席执行官保罗·塔什（Paul Tash）所言：“自疫情在这里暴发以来，我们的网络访问量增加了一倍以上，数字订阅销售正在加速增长。随着广告收入减少一半，我们不得不选择通过削减其他领域的支出来维持新闻报道板块的强劲增长。”[⑥] BBC 媒体编辑 Amol Rajan biaoshi 表示：“COVID－19 正在加速早就应该进行的创新，而且其无论如何都可能发生”。[⑦] 皮尤研究中心一项社会调查显示，超过 86% 的美国

---

① “Guardian Announces Plans to Cut 180 Jobs,” *The Guardian*, https://www.theguardian.com/media/2020/jul/15/guardian－announces－plans－to－cut－180－jobs, Jul. 15, 2020.

② “COVID－19 Accelerates Local News Trends, for Bad and Good,” Local News Initiative, https://localnewsinitiative.northwestern.edu/posts/2020/04/22/local－news－pandemic/, Apr. 22, 2020.

③ “2020 Digital News Report,” Reuters Institute, https://www.digitalnewsreport.org/survey/2020/overview－key－findings－2020/.

④ “New York Times Digital Revenue Tops Print for First Time,” Bloomberg, https://www.bloombergquint.com/onweb/new－york－times－digital－revenue－surpasses－print－for－first－time, Aug. 5, 2020.

⑤ “‘Time’ Q2 Digital Revs Surpass Print for First Time,” Media Post, https://www.mediapost.com/publications/article/354819/time－q2－digital－revs－surpass－print－for－first－tim.html, Aug. 17, 2020.

⑥ “A Q&A with Tampa Bay Times Chairman and CEO Paul Tash about the Times’ Print Reduction,” Poynter, https://www.poynter.org/business－work/2020/a－qa－with－tampa－bay－times－chairman－and－ceo－paul－tash－about－the－times－print－reduction/, Mar. 12, 2021.

⑦ “How Coronavirus Infected Publishing,” BBC, https://www.bbc.com/news/entertainment－arts－52299925, Apr. 16, 2020.

成年人表示“经常”或“有时”从智能手机、计算机或平板电脑上获取新闻。① 用户阅读习惯向线上转移，数字化转型一直在路上。而疫情刺激之下，数字化媒体更是呈现无限可能，未来已来，数字化转型是传统媒体在新媒介环境之下面对结构性危机时所选择的发展新路向。但是否会像《纽约时报》首席执行官马克·汤普森（Mark Thompson）于2020年卸任时所预言的那样“20年后，《纽约时报》将不再发行纸质版”，还有待商榷。但对于经历疫情催化数字化转型的媒体从业者来说，如何在这个重要分水岭上把握机会、探索数字化转型新模式是报业实现可持续发展的关键。

2. 在线订阅：占领年轻用户的主阵地

裁员、降薪或削减印刷物的出版量等都是媒体为降低生产成本而采取的节流措施，付费订阅则在2020年疫情期间迎来发展契机，成为媒体机构的开源措施。2020年初路透新闻研究所发布的年度报告《2020年新闻、媒体、技术趋势和预测》显示，大多是行业高管依旧看好付费阅读业务，一半的受访者表示这将是其未来的主要收入来源，大约1/3的人认为广告收入和付费阅读业务同样重要，只有1/7的人将希望寄托在广告业务上。回望2020年媒体的商业发展，显然“押宝”在读者付费订阅业务上是明智的选择。传统媒体广告经历了有史以来最糟糕的一年，几乎占据了2020年所有的下跌份额。② 广告收入的不稳定性和不确定性在疫情期间被放大，广告收入的锐减使得媒体更多诉诸用户付费。路透社新闻研究所的《2020年数字新闻报告》显示，内容的独特性和质量是影响用户付费最重要的因素，而在疫情期间，人们意识到传统媒体新闻来源的价值，相较于社交媒体更信任传统媒体。③ 除了免费增值模式、计量式付费墙、会员制等常规付费阅读模式，新兴的“时间墙”付费模式，即时间成为付费墙的依据，成为平衡媒体与用户、免费与付费内容，弥合数字鸿沟的新路径。

---

① 《数字社会的用户行为图谱：我们如何借助社交媒体了解新闻》，德外5号，https：//mp.weixin.qq.com/s/nUfoBLhFFmSpcI1zMzN38A，2020年2月22日。

② 《WARC：2020～2021年全球广告行业状况趋势报告》，199IT中文互联网数据资讯网，http：//www.199it.com/archives/1172540.html，2020年12月16日。

③ “2020 Digital News Report，” Reuters Institute，https：//www.digitalnewsreport.org/survey/2020/overview－key－findings－2020/.

此外，一项对欧洲、美国和墨西哥的355名18~34岁的用户的调查显示，将近1/4的年轻读者愿意为新闻付费，但愿意每月支付的订阅费用为6欧元，比各国平均价格（14.09欧元）低50%。价格、有吸引力的新形式、价值和内容类型是影响年轻人支付的四大要素。① 随着Z世代的崛起，年轻用户是消费市场的主力军，如何获得年轻受众的支持是传统媒体打破“中年危机”获得源源不断生命力的关键所在。

（二）情感与关怀：数字新闻闪烁在风险社会中的“人文之光”

德国社会学家、风险社会理论创始人乌尔里希·贝克教授在接受访谈时提及“风险”的四个特性：一是显现的时间滞后性，二是发作的突发性，三是超越常规性，四是人们在面对风险时所表现出的慌乱无措。他认为，风险的第四种特性，是一个社会心态问题，是风险社会所面临的首要问题。② 新冠肺炎疫情作为一场突发性公共卫生事件，如何让公众积极乐观地面对疫情、呼吁公众积极参与抗“疫”行动、增强战胜疫情的信心成为各国亟须探讨的关键问题。在此背景下，数字新闻的建设性功能在2020年彰显“人文之光”，成为平台媒体重构信任、挽回信誉、努力建立起负责任社会形象的内容生产导向与创作理念。

一是答疑解惑，帮助受众消除面对疫情时的不确定性与恐慌。NPR在2020年3月推出“全国万事通”节目（The National Conversation with NPR's All Things Considered），收集全国受众关于新冠病毒的疑问、抗击疫情的方案或是疫情期间遇到的难题等，并邀请专家为受众提供解决方案。③ 南加州公共广播电台（KPCC）和网站LAist新闻编辑室在2020年3~6月收到了3300多个与疫情相关的问题，并以短信或邮件的形式回复了2900多个问题，其致力于成

① “Survey Shock: Young Readers Trust Quality News and a Good Proportion are Prepared to Pay €6 for a Monthly Digital Subscription,” Word Association of News Publishers, https://wan-ifra.org/2021/02/survey-shock-young-readers/, Feb. 25, 2021.

② 薛晓源、刘国良：《全球风险世界：现在与未来——德国著名社会学家、风险社会理论创始人乌尔里希·贝克教授访谈录》，《马克思主义与现实》2005年第1期。

③ “Have Questions about The Coronavirus Pandemic? Share And We'll Find the Answers,” NPR, https://www.npr.org/2020/03/20/818536449/have-questions-about-the-coronavirus-pandemic-share-and-well-find-the-answers, Mar. 20, 2020.

为洛杉矶的 COVID - 19 "服务台",① 为公众提供服务与问题解决之道。

二是关注公众情感需求，避免社会染上"心理病毒"与"情感瘟疫"。疫情不仅严重威胁公众的生命及财产安全，更是对人的心理造成极大伤害。Snapchat 推出"Here For You"心理健康资源中心，为在新冠肺炎疫情中正在遭受心理健康和情绪危机的用户提供帮助，并提供相关资源的链接，以帮助人们消除担忧、压力等问题。用户可通过 Snapchat 的在线社交，与朋友建立联系以便共同抵御孤独感和焦虑感。此外，Snapchat 还与世界卫生组织和美国疾病控制中心合作，以确保 Snapchat 使用者及时从专家渠道获得信息。② Instagram 发起"感谢你时光"（Thank You Hour）计划，让用户分享疫情期间想感谢的人与故事。"Thanks Health Heroes"标签，用于向医护人员表示敬意；"Stay Home"标签则是让人们可以分享居家经验。鲜活的个人故事与经验分享比起抽象的政府信息会更让人有心理亲近性，易于呼吁更多人参与到抗疫工作中。③ 公众通过从媒体或平台上获取积极向上的抗疫经验抑或是温情动人的抗疫故事，可以增强抗疫的信心。

三是抵制谣言，抗击"信息疫情"。2020 年 2 月 15 日世界卫生组织总干事谭德塞在第 56 届慕尼黑安全会议上提出，国际社会最大的敌人不是新冠病毒本身，而是导致人们对立的污名化。他呼吁国际社会放下自私和仇恨，携手并肩共同寻求解决方案。④ 比新冠病毒更可怕以及更具破坏性的是"信息疫情"，谣言与不实信息的广泛传播不仅加大了抗击疫情的难度，更是加剧了社会分裂和信任危机。在此社会危机之下，作为"社会公器"的新闻媒体以及

① "KPCC is Finding a New Role as LA's COVID - 19 Help Desk, Here's What It's Learned along the Way," Nieman Lab, https://www.niemanlab.org/2020/06/kpcc - is - finding - a - new - role - as - las - covid - 19 - help - desk - heres - what - its - learned - along - the - way/, Jun. 3, 2020.

② "Snapchat Launches New 'Here For You' Mental Health Resource Ahead of Time in Response to COVID - 19," Social Media Today, https://www.socialmediatoday.com/news/snapchat - launches - new - here - for - you - mental - health - resource - ahead - of - time - i/574507/, Mar. 20, 2020.

③ "Instagram Launches 'Thank You Hour' Sticker and Story to Share Appreciation During COVID - 19 Pandemic," Social Media Today, https://www.socialmediatoday.com/news/instagram - launches - thank - you - hour - sticker - and - story - to - share - appreciation/575860/, Apr. 11, 2020.

④ 《"请团结一致而非污名化!"世卫组织总干事谭德塞呼吁全球团结战"疫"》，国际在线，https://baijiahao.baidu.com/s?id=1658777655858337214&wfr=spider&for=pc，2020 年 2 月 17 日。

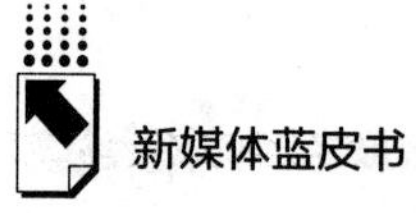

信息传播公共平台的社交平台，传播建设性新闻理念、进行建设性的新闻报道是其应有的责任与担当。基于社交平台的天然属性，关于新冠病毒的谣言肆意传播。为抵制谣言，全球社交媒体纷纷采取措施。Twitter 在用户搜索新冠病毒时会出现提示，鼓励用户通过官方渠道获取信息。[①] Facebook 利用人工和技术进行事实核查，限制新冠病毒错误信息的传播。随着疫苗在全球的推广，关于其安全性的谣言严重阻碍了疫苗的接种率。为此 Facebook 加紧删除有关新冠肺炎疫苗的虚假信息，并为用户了解疫苗提供权威信息来源，以最大程度促进疫苗的推广与落地。[②]

（三）竞争与合作：平台与媒体的“爱恨情仇”

平台与媒体“痛并快乐”地走过充满变数与不确定性的 2020 年，竞争与合作是二者的主旋律，呈现以下三种格局。

一是科技巨头与媒体的用户流量之争。在流量红利即将用尽、市场趋于饱和的困局之下，如何引流留住用户、提高用户黏性、搭建自身的流量私域成为媒体和平台博弈的核心问题。因不满 Apple News 拦截用户流量的做法，《纽约时报》于 2020 年 6 月 29 日宣布终止与 Apple News 的合作。《纽约时报》称已将增加订阅用户列为主要业务目标，Apple News 与其想与付费读者建立直接关系的策略不符。[③]《纽约时报》是继《卫报》之后与 Apple News 终止合作的最大媒体组织。与 Apple News 不同的是，Facebook 则于 2020 年 8 月推出一款可供用户将其新闻订阅账户绑定到 Facebook 上的新产品，以帮助新闻媒体与订阅用户建立更为牢固的关系，并在 Facebook 平台为订阅用户提供更佳的新闻阅读体验。《亚特兰大宪法报》参与了 Facebook 账户绑定功能测试，并取得了令人鼓舞的初期效果。该报新兴产品和实验高级主管 Nunzio Michael Lupo 指

---

① 《推特封号　脸书“删帖”，全球社交媒体向疫情谣言“宣战”》，北京日报客户端，https：//baijiahao. baidu. com/s？ id = 1657474097722125682&wfr = spider&for = pc，2020 年 2 月 3 日。

② “Facebook is Stepping up Its Efforts to Remove COVID – 19 Vaccine Misinformation，” Social Media Today，https：//www. socialmediatoday. com/news/facebooks – stepping – up – its – efforts – to – remove – covid – 19 – vaccine – misinformatio/591573/，Dec. 3，2020.

③ “The New York Times Pulls out of Apple News，” *The New York Times*，https：//www. nytimes. com/2020/06/29/technology/new – york – times – apple – news – app. html，Jun. 29，2020.

出："自从推出这项功能以来，《亚特兰大宪法报》的订阅量显著提升，用户在 Facebook 平台与我们的内容互动量有了明显增加。基于这种合作关系，不仅能够让 Facebook 用户便捷地访问我们的内容，而且依然能够在报社的网站上维护客户关系和内容消费。"① 虽然平台与媒体之间存在用户流量之争，但不可否认的是，媒体提供的优质内容是平台吸引用户的基础，而平台则是媒体开拓线上用户的重要渠道，二者在一定程度上既是竞争对手，又是"命运共同体"。二者只有良性合作才能促进整个传播生态的可持续发展。

二是新崛起的新闻聚合平台为媒体带来拓展流量的更多可能。谷歌、苹果、Facebook 等科技巨头在流量市场上占据头部地位，而新崛起的新闻聚合平台亦蓬勃发展，发挥长尾效应，为媒体拓展流量来源提供新思路。Sensor Tower 数据显示，2020 年，被称为美国版"今日头条"的 NewsBreak 在美国热门新闻应用中的下载量排名第一。② Parse. ly 和 Chartbeat 的统计数据显示，TopBuzz News、News Break、SmartNews 等移动新闻聚合平台已成为媒体在数字世界的关键"引荐人"。③ 不把鸡蛋放在同一个篮子里，移动新闻聚合平台为媒体提供了更多曝光的机会。

三是平台媒体拯救本地新闻。新冠肺炎疫情的大流行凸显了本地新闻的重要性，人们可通过本地新闻来了解该地区的疫情情况以及地方政府的建议。这种流行病增强了本地报道在提供及时和相关的本地信息以及追究当地政治人物责任方面的重要性，④ 但依旧无法阻止"新闻荒漠化"的扩展，当地新闻业面临严重生存危机。哈佛大学尼曼新闻实验室主任约书亚·本顿（Joshua Benton）3 月 16 日在推特上说："我越来越自信地预测：2020 年将是美国本土新闻媒体历史上最糟糕的一年。比 2006～2010 年金融危机期间的任何一次都要

---

① "Early Publisher Results：News Subscription Account Linking on Facebook，" Facebook，https：//www. facebook. com/journalismproject/publisher - account - linking，Aug. 28，2020.

② 《New Break 突围，海外"今日头条"们能否迎来第二春?》，36 氪，https：//36kr. com/p/1088474545507080，2021 年 2 月 8 日。

③ 《谁是媒体在数字世界的关键"引荐人"？仅靠 Facebook 的时代一去不复返》，德外 5 号，https：//mp. weixin. qq. com/s/O1hr - 47E6rKe3vKcH7cFvQ，2020 年 12 月 24 日。

④ "2020 Digital News Report，" Reuters Institute，https：//www. digitalnewsreport. org/survey/2020/overview - key - findings - 2020/.

糟糕。”① 平台媒体在拯救本地新闻业方面功不可没。新闻聚合平台 Flipboard 在 2020 年推出“本地新闻”标签新功能，目前该平台聚焦于来自美国 21 个城市和加拿大 2 个城市的新闻内容。SmartNews 在其应用程序的主导航菜单上推出本地新闻的专用标签，该功能根据用户位置进行个性化推荐，优先考虑邻里新闻，其次扩大到更大行政区域的新闻。②

（四）“后浪”与“前浪”：流媒体竞争渐趋白热化

据《华尔街日报》报道，2020 年，包括 Netflix、Prime Video、Disney + 在内的美国前九大流媒体服务用户总数同比增长 50% 以上，合计超过 2.5 亿。美国家庭现在平均订购 3.1 个流媒体服务，高于 2019 年的 2.7 个。③ 疫情期间人们在家观看视频的时间增加，对流媒体的内容需求猛增，由此流媒体也迎来发展黄金期。

新玩家入局，传统传媒机构转战流媒体新赛道。随着内容领域走向全面视频化，传统媒体也在积极推进视频化生产，流媒体业务蓬勃发展。继老牌传媒公司迪士尼于 2019 年 11 月推出 Disney + 流媒体业务，2020 年又有两家顶级传媒公司转战流媒体。美国时间 5 月 27 日，华纳传媒（WarnerMedia）推出的在线流媒体视频服务平台 HBO Max 正式上线。7 月 15 日，公司旗下 NBC 环球新推出的流媒体服务 Peacock 上线。至此好莱坞五大电影公司已经全部进入流媒体赛道，除了 SONY 的 Play Station Vue 于 2020 年 1 月 30 日宣布关停④。Disney +、HBO Max、Peacock 虽是作为流媒体赛道的“新玩家”，但其背靠老牌传统媒体的优质丰富资源，发展迅速，潜力巨大。2020 年 11 月迪士尼预测，至 2024

① “Local News Outlets Drop Paywalls for Pandemic Stories, but Gain Digital Subscribers Anyway,” Local News Initiative, https://localnewsinitiative.northwestern.edu/posts/2020/03/25/digital-subscriptions-virus/index.html, Mar. 25, 2020.

② “Popular News Aggregators are Now Focusing on Regional Content, Driving Substantial Traffic for Publishers,” WNIP, https://whatsnewinpublishing.com/popular-news-aggregators-are-now-focusing-on-regional-content-driving-substantial-traffic-for-news-publishers/, Mar. 12, 2020.

③ 《Disney + 订阅用户破亿，美国流媒体战争愈演愈烈》，腾讯网，https://new.qq.com/omn/20210310/20210310A07EPJ00.html，2021 年 3 月 10 日。

④ 《索尼关停 Play Station Vue 业务，流媒体的终局之战才刚刚开始》，36 氪，https://baijiahao.baidu.com/s?id=1648806645621354332&wfr=spider&for=pc，2019 年 10 月 30 日。

年 Disney + 将累计有 6000 万 ~9000 万用户，而 2020 年 12 月，Disney + 就已实现该目标，目前 Disney + 全球订阅用户已突破 1 亿。①

“后浪”崛起，Netflix、Apple TV + 等作为流媒体业务的“前浪”们也不甘落后，赛道拥挤，流媒体竞争战况激烈，各出奇招，凭借自身核心竞争力，走差异化道路。

一是打造海量优质内容池，吸引用户注意力。优质内容始终是流媒体的立足之本，流媒体领域的“领头羊”Netflix 随着疫情形势好转，重启原创大制作。新上线的 Peacock 背靠 NBC 的直播资源以及多种版权剧集，HBO Max 凭借 HBO 的海量资源，更是底气十足。据介绍，HBO Max 拥有超过 1 万小时的视频内容，包含《权力的游戏》《西部世界》等大热剧集。② 与制片公司进行资源互换，成为流媒体丰富资源库的一大渠道。受疫情影响，院线电影发展滞缓，而流媒体为其提供了线上上映新渠道。如由汤姆·汉克斯主演并参与编剧的新片《灰猎犬号》（*Greyhound*）于 2020 年 7 月 10 日在 Apple TV + 上映。③ 二是凭借价格优势，吸引新用户。不同于大部分主流流媒体平台采取的收费模式，NBC 新推出的 Peacock 则提供了免费、付费、付费高级版三个套餐，使用户有更多的选择。免费模式不仅扩大了 Peacock 的用户基础，还能以广告投放的方式吸引品牌赞助，增加平台收入来源。④ 除此之外，付费版本价格也较低。优惠的订阅价格有利于打开流媒体市场，在短时间内快速吸引用户。2019 年 11 月 12 日，Disney + 刚刚推出，在价格上就以每月 6.99 美元的订阅费完胜 Netflix。⑤ 三是开拓海外市场，多元引流。随着新玩家入局、国内市场的饱和，放眼海外市场成为流媒体谋求长远发展的策略之一。流媒体巨头 Netflix

---

① 《Disney + 订阅用户破亿，美国流媒体战争愈演愈烈》，腾讯网，https：//new.qq.com/omn/20210310/20210310A07EPJ00.html，2021 年 3 月 10 日。

② 《HBO Max 上线有点儿贵　对抗迪士尼和 Netflix 的底气何在?》，德外 5 号，https：//mp.weixin.qq.com/s/rECy56f5hvJ9HbGv6lz7 - g，2020 年 5 月 28 日。

③ 《汤姆·汉克斯新片定档流媒体平台　解读 Apple TV + 、Disney + 、Netflix 最新战略》，德外 5 号，https：//mp.weixin.qq.com/s/uVBXStSSLLddW - KclY - Diw，2020 年 6 月 15 日。

④ 《一个月内注册用户破千万：流媒体界“新人”Peacock 凭借什么迅速上位?》，德外 5 号，https：//mp.weixin.qq.com/s/S3rtaQW7_ 0I2chOCUt - N0g，2020 年 8 月 13 日。

⑤ 《汤姆·汉克斯新片定档流媒体平台　解读 Apple TV + 、Disney + 、Netflix 最新战略》，德外 5 号，https：//mp.weixin.qq.com/s/uVBXStSSLLddW - KclY - Diw，2020 年 6 月 15 日。

深耕海外市场十余年，深度本土化策略为其吸引海外受众注意力发挥了巨大作用。

（五）收割红利：社交媒体与传统媒体步入电商“蓝海”

Contentsquare 在 2020 年 8 月发布的数据显示，与上年同期相比，电子商务整体交易量增长了近 19%。[①] COVID－19 大流行迫使大多数人待在家里，电子商务迎来发展契机。无论是社交媒体还是传统媒体均抓住机遇，迈入电商“蓝海”，发展多元电子商务。

社交电商正当其时，发展成为新型购物方式。数据显示，美国社交电商购买者 2020 年增长 25.2%，达到 8010 万，到 2021 年将再增长 12.9%，达到 9040 万。年轻群体成为社交电商的主力军，Z 世代中有 97% 的消费者使用社交媒体作为其购物灵感的主要来源，40% 的人在社交媒体上关注其喜欢的品牌。[②] 图片社交分享网站 Pinterest 为抓住电子商务发展黄金期，于 2020 年上半年启动了“商家验证”项目（Verified Merchant program），对平台购物方式进行优化，如在用户面板上增加一个新的“商店”选项，可根据用户添加在收藏夹里的内容进行产品推荐；在搜索结果中增加新的“购物”标签，便于用户在平台上进行搜索时购买库存产品等，以最大程度上促进用户购买行为。[③] 社交巨头 Facebook 继 2019 年 3 月推出 Instagram Checkout 测试版，使客户可以在不离开 Instagram 应用程序的情况下从入驻的零售商那里购买产品之后，2020 年 Facebook 持续在打造电子商务平台上发力。2020 年 5 月 1 日，Facebook 推出 Facebook Shops 的定制化在线商城，以期凭借自身拥有的强大用户数据，吸引零售商在其平台上投放广告费。[④] 社

① “4 Ways Publishers are Engaging Audiences during COVID－19,” WNIP，https：//whatsnewinpublishing.com/4－ways－publishers－are－engaging－audiences－during－covid－19/，Aug. 13，2020.

② “Gen Z and Millennial Social Consumer Habits,” Social Media Today，https：//www.socialmediatoday.com/news/gen－z－and－millennial－social－consumer－habits－infographic/596410/，Mar. 9，2021.

③ “Pinterest Adds New Shopping Tools to Help Brands Capitalize on Rising e-Commerce Trends,” Social Media Today，https：//www.socialmediatoday.com/news/pinterest－adds－new－shopping－tools－to－help－brands－capitalize－on－rising－ecomm/575644/，Apr. 8，2020.

④ “Facebook Shops Present both Opportunity and Questions to DTC Brands,” Digiday，https：//digiday.com/media/facebook－shops－present－both－opportunity－and－questions－to－dtc－brands/，May. 22，2020.

交电商有着传统媒体发展的电子商务无可比拟的优势，如广泛的流量入口、海量的用户数据、庞大的社交网络等，便于精准营销和个性化推荐。社交媒体在利用自身先天优势发展电子商务的同时，不仅获得盈利，更是促进平台与用户的深度互动，以便更好地了解用户喜好，增强用户黏性。

传统媒体也纷纷在电子商务上发力，借助自身的内容优势，将商品广告原生植入。2019 年初 NBC 宣布在广告和节目中添加产品二维码，为潜在消费者开辟一条新的、更便捷的购物通路。2020 年，NBC 推出 NBCU Checkout（结算）服务，整合了零售商，搭建起一体化的购买渠道，观众不需要跳转到其他链接，即可在线购买诸多品牌的产品。[①] 发展电子商务，是传统媒体迎赶潮流、拓宽多元商业盈利模式的重要选择。除此之外，发展电商服务，有利于促进传统媒体完善产业链，在内容生产、产品服务等多方面为用户提供闭环服务，是传统媒体在新媒介环境下尤其是深陷科技巨头挤压的困局之下的破解之道。

二　未来展望与媒介治理

2020 年新冠肺炎疫情全球蔓延成为媒体或社交平台在风险社会中的一次突发性“大考”。疫情使社会生产生活按下了暂停或延缓键，然而对于媒体来说，像是被按下了加速键，非常态的情境催促媒体加快数字化转型步伐。裁员、降薪、停止印刷纸质出版物等系列动作为媒体在疫情过渡期迎来喘息机会。如何使独有的内容获得最大效益，成为传统媒体冲破困境、开拓新局的关键。一是诉诸多元化付费模式，用优质内容吸引受众、留住用户；二是倡导建设性新闻理念，在新冠肺炎疫情期间凭借权威信源为公众答疑解惑、提供解决方案；三是内容视频化，入局流媒体赛道，争夺用户注意力；四是推进内容与电商的无缝融合，抓住电商新机遇。路透新闻研究所发布的《2020 年数字新闻报告》显示，当涉及 COVID－19 信息时，媒体信任度是社交网络、视频平

---

① 《NBC 环球、Instagram 如何抓住电商红利？六大趋势为媒体解锁未来》，德外 5 号，https：//mp. weixin. qq. com/s？_ _ biz = MzAwMjY2NzUxMw = = &mid = 2649779897&idx = 1&sn = a5405efd21116820b246abd09186b2ad&scene =21#wechat_ redirect，2020 年 6 月 9 日。

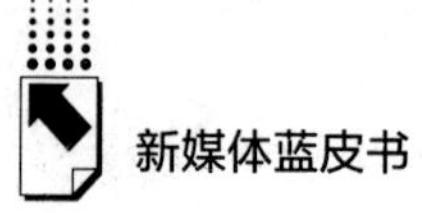

台等的两倍以上。① 新闻媒体在抗疫、抗议与争议的多重夹击中不断调整自身的定位和角色，出现了回归“传统”的趋势。② 但未来如何保住既有的内容优势，在百年未有之大变局中抓住机遇、加快创新、拥抱技术等是传统媒体亟须回答的命题。

平台在挽回用户信任方面也不遗余力。数字媒体融入建设性新闻理念，为处于疫情社交隔离期的人们提供分享温情瞬间、寻求情感慰藉的渠道。此外，积极利用人工和技术抵制有关新冠肺炎病毒和疫苗等的错误信息的传播，与政府或卫生部门通力合作为用户提供权威信息；资助本地新闻业，为本地新闻业能够更好地为当地人提供疫情信息与服务出力。传统媒体与平台媒体在疫情这一场全球性大灾难面前似乎多了些“命运共同体”的意味。

但两者之间的博弈始终暗含在 2020 年全球抗“疫”的主线脉络中。Facebook、Google 等科技巨头通过对用户流量的垄断，不断挤压传统媒体的生存空间。虽然 NewsBreak 等移动新闻聚合平台的崛起为媒体提供了引流新渠道，但仍无法与科技巨头相抗衡。此外，作为流媒体“后浪”的传统媒体——华纳传媒的 HBO Max、NBC 的 Peacock，尽管开局顺利，吸引了大量用户，但如何留存用户，如何在流媒体市场可持续发展，是否能够赶超 Netflix、Apple TV + 等这些老牌科技巨头流媒体仍有待于考察。

2020 年，媒体与平台开启危机应急模式，加速度前进，但也暴露出很多问题，尤其是平台媒体频频被爆出传播虚假信息、侵犯用户隐私、不正当竞争与垄断行为等问题。基于此，各国同样加紧了对平台的治理。据路透社报道，2020 年 10 月 20 日美国司法部和 11 个州对 Google 提起反垄断诉讼，理由是谷歌在搜索和搜索广告领域的非法垄断行为，这也是 20 年来规模最大的反垄断诉讼案。③ 在不到两个月的时间内，另一社交媒体巨头 Facebook 也面临起诉，12 月 10 日美国联邦贸易委员会（FTC）和多个州对 Facebook 提起诉讼，指控

① “2020 Digital News Report,” Reuters Institute, https://www.digitalnewsreport.org/survey/2020/overview-key-findings-2020/.

② 史安斌、童桐：《大疫·大选·大考：回眸 2020 年的全球新闻传播》，《青年记者》2020 年第 34 期。

③ 《美国政府对谷歌提起反垄断诉讼：20 年来规模最大》，观察者网，https://baijiahao.baidu.com/s?id=1681084733300830268&wfr=spider&for=pc，2020 年 10 月 20 日。

其采用强势的收购策略抢购竞争对手，并打击规模较小的竞争对手。① 2020 年 12 月 25 日，欧盟委员会公布了《数字服务法案》和《数字市场法案》的草案，这是欧盟 20 年来在数字领域的首次重大立法，旨在理清数字服务提供者的责任和遏制大型网络平台的不正当竞争行为。②《数字服务法案》提出了一种在欧盟范围内进行内容审核和广告发布的透明性标准，以及针对非法内容的删除和投诉程序的标准。《数字市场法案》则规定享有“守门人”地位的科技巨头通过提供有关广告价格和支付给发布商的报酬等相关信息来提高透明度。欧洲出版商理事会执行董事安吉拉·米尔斯·韦德（Angela Mills Wade）表示，“对于独立新闻媒体的未来和欧洲民主来说，这是一个非常重要的时刻”。③ 如何善治平台，促进平台与媒体在新闻场内良性竞争、友善合作，这是西方媒介治理的题中之义。不过西方不少平台媒体和传统媒体在全球公共事件中坚持政治正确的报道原则和双重标准的报道立场对新闻公信力的伤害难以在短时间内得到实质性改善。

参考文献

“News Media Outlets have been Ravaged by the Pandemic,” *The New York Times*, https: //www. nytimes. com/2020/04/10/business/media/news - media - coronavirus - jobs. html, Dec. 4, 2020.

“Vice Cuts Pay for Top Earners, Halts 401K Matching, and Freezes Promotions Amid Coronavirus,” DAILY BEAST, https: //www. thedailybeast. com/vice - cuts - pay - for - top - earners - halts - 401k - matching - and - freezes - promotions - amid - coronavirus, Mar. 30, 2020.

“Vox Media to Lay off about 72 Employees as Advertising Revenue Slumps Amid Coronavirus Quarantines,” CNBC, https: //www. cnbc. com/2020/07/16/vox - media - lays - off - 72 - employees - as - advertising - revenue - slumps. html, Jul. 16, 2020.

---

① 《美国政府起诉 Facebook，可能会迫使其出售 Instagram、WhatsApp》，凤凰网，https: //tech. ifeng. com/c/825RcNskeMI，2020 年 12 月 10 日。

② 《欧盟公布数字新规草案严厉监管 Facebook 等科技巨头：不遵守或面临年收入 10% 的巨额罚款》，每日经济新闻，https: //baijiahao. baidu. com/s? id = 1686151920443795233&wfr = spider&for = pc，2020 年 12 月 15 日。

③ “More Regulatory Curbs on Facebook and Google with European Digital Services and Market Acts,” Press Gazette, https: //www. pressgazette. co. uk/more - regulatory - curbs - on - facebook - and - google - with - european - digital - services - and - market - acts/, Dec. 15, 2020.

B.15
2020年中国社交媒体用户使用行为研究报告*

安珊珊**

摘　要：本研究依托于国家社科基金青年项目“社会化媒体中国家认同的舆论构建研究”，采用2020年6月获得的2566份问卷调查样本数据，以社交媒体用户的基本触媒偏好分化及信息渠道公信力认知程度为切入点，尝试勾勒社交媒体用户的行为特质。研究发现，电视依然是影响手机网民触媒的中坚渠道，社交媒体渠道的多样性构建了复杂的触媒生态，其中时政类新闻的传播渠道优势被央视、微博及传统门户网站所占据，渠道公信力优势则锚定在央级传统媒体、政府网站与传统门户网站。

关键词：社会化媒体　触媒偏好　信息渠道　媒体公信力

1996年曼纽尔·卡斯特在《网络社会的崛起》一书中郑重宣告由信息网络逻辑主宰运转的新社会形态正在蓬勃发展，Web1.0全方位、深层次介入世界转型脉络。时隔十二年，马修·弗雷泽和苏米特拉·杜塔出版《社交网络改变世界》一书，深入描述了Web2.0革命是如何成为网络时代的重要社会动力及其带来的深刻社会变革。随着社会化媒体对门户与搜索时代的终结，网络

---

* 本文系国家社科基金青年项目“社会化媒体中国家认同的舆论构建研究”（14CXW034）结题成果。

** 安珊珊，辽宁大学新闻与传播学院教授、副院长，辽宁大学新媒体与社会研究中心主任。

空间开启了社交关系主导信息流与影响流的移动互联新纪元。在社交媒体蓬勃发展的新赛段，伴随着不断迭代的社交网络应用与媒体融合的复杂生态，社交网络用户的触媒行为分化日益加深，各类信息渠道聚力于传播公信力博弈，呈现出传统媒体与新兴媒体、传统互联网与社交网络、海内外媒体间的白热化竞争。

本研究调用国家社科基金青年项目“社会化媒体中国家认同的舆论构建研究”数据库于2020年6月获得的2566份问卷调研截面数据，聚焦我国社会化媒体用户的触媒偏好与渠道公信力问题，以明确新冠肺炎疫情下中国社交网络空间的信息流动特征及影响。

一　全球/本土社交媒体发展背景概述

（一）全球社交媒体发展强劲

据We are social与Hootsuite联合发布的《数字2020：全球数字化年度报告》，截至2020年7月，全世界互联网用户超过45.7亿，近91%的网民是移动互联网用户（总计51.5亿）；社交媒体在世界近半数国家内普及，用户规模达到39.6亿，其渗透率已经接近半数（49%），并仍以每天100万的数量持续增长。其中，大约87%的网民是社交媒体的固定用户，并在全球范围内成就了月活过亿的六大社交媒体平台。为上述数据做出卓越贡献的社交应用平台中，脸书（Facebook）列第一、优兔（YouTube）居第二、Whatsapp紧随其后、微信列第五、QQ列第八、QQ空间列第九、推特（Twitter）列第十三。从上网行为偏好看，世界网络用户平均每天在线超过6.5小时，而网民平均要花费22分钟至2小时在社交媒体应用的使用上①。从全球网民人口结构看，网民男女性别比例为50.4∶49.6，年龄中位值为30.9岁，其中55.3%的网民居住在城市②。

① “互随”：《数字2020：全球数字化年度报告》，https：//datareportal.com/reports/digital－2020－global－digital－yearbook，2020年1月30日。

② “互随”：《数字2020：全球数字化年度报告》，https：//datareportal.com/reports/digital－2020－global－digital－yearbook，2020年1月30日。

GoodFirm 公司 2019 年在全球范围内①展开的社交媒体用户偏好调研数据显示，82. 64% 的受访者是用户自生产内容的发布者，其中社交媒体的高度活跃者占比为 14. 46%，中度活跃分子占比 56. 56%，活力稍差的占比 28. 98%。96. 28% 的受访者认为社交媒体对其生活产生了积极影响。他们平均每天至少登录 4 个社交平台。LinkedIn、Facebook、YouTube 和 Messenger 是最常用的社交媒体，而个人照片、视频和备忘等可视化内容是用户高频发布与参与的内容类型②。

以中国移动互联网的总体繁荣为背景，社交网络应用的发展空间不断壮大，传统老牌 App 应用与市场新锐并行发展，形成了“一极多翼”的局面。据艾瑞咨询 2020 年 6 月的监测数据③，中国移动社交 App 中，微信以月活（MAU）同比增长 2. 07%、日均总有效时长同比增长 1. 08% 的实力，稳居 MAU10 亿以上的头部第一的位置。紧随其后的社交网络应用是 MAU 在 5 亿 ~ 10 亿的腾讯 QQ（位列 App 月活榜第二）和微博（位列 App 月活榜第五）。除微信、微博外，社交网络行业主流 App 应用统计数据显示，百度贴吧、小红书、知乎、探探、QQ 空间、脉脉紧随头部应用，实现了千万级以上的设备接入量。

与此同时，移动互联网用户对社交网络信息的过度依赖，也衍生出对渠道信息传播可信度与安全性的反思。2019 年独立智库“国际治理协同创新中心”（CIGI）携手互联网协会发布“2019 全球网络调查”报告，重点聚焦社交网络在全球范围内的负面影响。数据揭示，近 75% 的欧美受访者认为社交网络平台不值得信任，而亚洲受访者对社交媒体信任度略高。另外，针对网络隐私问题，78% 的受访者担心社交媒体的隐私泄露，对政府保障网民隐私工作持积极评价的人数不足半数（48%），在北美（38%）

① GoodFirm 公司 2019 年全球调研的样本由来自美国（33. 47%）、英国（20. 66%）、加拿大（10. 12%）、澳大利亚（6. 61%）、印度（4. 13%）、乌克兰（2. 69%）、白俄罗斯（2. 48%）、保加利亚（1. 24%）、罗马尼亚（1. 24%）、新加坡（1. 03%）和其他国家（16. 32%）的 484 个样本构成。

② Ramond M.,“Social Media Usage Report: User Habits You Need to Know,” https://www.goodfirms.co/resources/social-media-usage-user-habits-to-know，2019 年 5 月 16 日。

③ 艾瑞咨询：《中国移动互联网流量半年度分析报告（2020）》，http://report.iresearch.cn/report/202008/3626.shtml，2020 年 8 月 3 日。

尤为低。面对社交网络上无处不在的假新闻，有86%的受访者表示有受骗经历①。

（二）社会化媒体遭遇“新冠”变局

2020年的新冠肺炎疫情改写了全球社交网络的发展格局，GlobalWebIndex公司发布了社交媒体趋势报告，重点解析了新冠肺炎疫情大流行在社交媒体空间引发的变革。报告认为，“社交媒体已成为我们数字新闻消费的基石”，“获取最新新闻和时事动态是使用社交平台最常被提及的原因”，“而COVID－19大流行加速了依靠这些网站进行信息更新跟进的全球趋势”②。

与此同时，新冠肺炎疫情的流行促使社交媒体的新闻阅读行为增加，这种明显的阅读增量发生在全球新闻报道领域，60%的Z世代在疫情期间主要通过社交媒体了解最新消息，这一趋势尚有加剧态势。虽然疫情使得人们更为依赖社交网络，但是“信任仍然是一个问题”，因为只有14%的受访者认为社交网络是最值得信赖的信息来源。社交网络的信任与依赖也存在一定的背反，例如尽管有很多人信赖卫生组织的信息更新（34%），但是社交媒体的使用率要远超卫生组织（29%），人们希望通过网络获得更多更全面的信息，并参与信息生产与传播，“‘信息流行病’作战也被认为是通过社交媒体集体完成的事情”③。

新冠肺炎疫情改写了社交网络“去社交化”的趋势。“42%的社交媒体用户表示，在疫情期间面对封锁，在网上塑造一个不真实的生活画面能让他们承受更小的压力”，“疫情大流行确实推动了这种在线社交媒体社区的意识”④。

---

① CIGI,“Internet Security and Trust,” http：//www. 199it. com/archives/945289. html，2019年10月17日。

② GlobalWebIndex，“GlobalWebIndex's Flagship Report on the Latest Trends in Social Media,” http：//amai. org/covid19/descargas/SocialGlobalWebIndex. pdf，译文参见 https：//view. inews. qq. com/a/20200827A0SBSR00，2020年8月27日。

③ GlobalWebIndex，“GlobalWebIndex's Flagship Report on the Latest Trends in Social Media,” http：//amai. org/covid19/descargas/SocialGlobalWebIndex. pdf，译文参见 https：//view. inews. qq. com/a/20200827A0SBSR00，2020年8月27日。

④ GlobalWebIndex，“GlobalWebIndex's Flagship Report on the Latest Trends in Social Media,” http：//amai. org/covid19/descargas/SocialGlobalWebIndex. pdf，译文参见 https：//view. inews. qq. com/a/20200827A0SBSR00，2020年8月27日。

年长一些的用户（婴儿潮一代）在疫情中被社交领域吸引，开始重新认知并使用社交媒体，他们成为疫情前后网络参与行为变化最大的群体，并采用了多账户运营的策略以应对既往的上网习惯与新领域的开拓。

与海外社交网络发展相类似，新冠肺炎疫情期间，本土社交媒体在深度参与社会突发公共事件的过程中发挥了重要的功能。艾瑞咨询数据分析，各大社交媒体在新冠肺炎疫情中扮演了“信息分发中心”的角色。这一时期网民更愿意从社交媒体上及时获得与疫情相关信息，甚至是谣言与不实传闻；社交媒体“有效调动社会力量，对灾区同胞提供帮助，监督疫情防治全过程”，这一时期民众对疫情的认知有了初步的整合与一致判断，通过社交媒体的舆论参与以实现公共监管成为必要与可能；“海内外信息的畅通也为提高国内防护警惕性创造条件，进一步推动我国在国际局势中负责任大国形象的树立”①。微信公众号更是在疫情期间充分发挥了其信息分发的积极作用，凭借熟人关系网，不断涌现百万级以上的疫情主题文章；知乎社区也紧急上线抗击肺炎专区，以准确的科学知识和充分的人文关怀服务用户；微博更是成为疫情信息发布的中枢，实现了政策的快速传达、抗疫措施的及时普及、疫情求助效率的提升、社会问题的全方位监督等②。

总之，全球社交网络的发展，让我们清楚地看到，社会化媒体已经从单一维系社交关系的功能开始向新闻信息供给、娱乐休闲支持等功能拓展，变得更加多元化，其发展轨迹也更为多变。

二 2020年度社交媒体用户的触媒偏好

（一）媒介接触分化

承前所述，随着移动互联网对人们日常生活浸淫程度的加深，传统媒体与

---

① 《疫情下的中国社交媒体社会价值研究报告（2020）》，http：//report. iresearch. cn/report/202006/3590. shtml，2020 年 6 月 28 日。

② 《疫情下的中国社交媒体社会价值研究报告（2020）》，http：//report. iresearch. cn/report/202006/3590. shtml，2020 年 6 月 28 日。

新媒体的竞争已进入白热化状态。受制于自然时间的有限性，各类媒体对个人可支配触媒时间的争夺不断升级（见表1）。

表1　2020 年社交媒体用户不同媒介接触情况（n = 2566）

频次	报纸	杂志	广播	电视	电脑(上网)	手机(上网)
从不	1058(41.2%)	889(34.6%)	973(37.9%)	286(11.1%)	171(6.7%)	30(1.2%)
一年几次	877(34.2%)	1128(44.0%)	843(32.9%)	818(31.9%)	278(10.8%)	54(2.1%)
一月至少一次	216(8.4%)	279(10.9%)	295(11.5%)	410(16.0%)	262(10.2%)	89(3.5%)
一周至少一次	145(5.7%)	156(6.1%)	191(7.4%)	367(14.3%)	312(12.2%)	106(4.1%)
一周多次	126(4.9%)	80(3.1%)	164(6.4%)	391(15.2%)	510(19.9%)	158(6.2%)
几乎每天	144(5.6%)	34(1.3%)	100(3.9%)	294(11.5%)	1033(40.3%)	2129(83.0%)

注：各项总和不为100%，是由四舍五入所致。

资料来源：国家社科基金青年项目“社会化媒体中国家认同的舆论构建研究”数据库（2020）。

从总体上看，报纸媒体的接触率最低，报纸已被约四成（41.2%）受访者“弃置”，接触频次以年为计的超过三分之一（34.1%）；杂志的接触情况与报纸近似，“弃置”程度也超过三成，接触频次以年为计的情况略好于报纸；广播的接触情况也呈现明显下滑，“弃置”占比为37.9%；电视的接触情况在传统媒介中是最好的，在不同频次分类中占比较为均衡，“一年几次”接触的占比最高（31.9%）。

就电脑与手机触网情况而言，这两种途径已经成为受访者的主要触媒渠道。但具体来看，每天通过电脑和手机上网的受访者占比分别为40.3%和83%，可见，两种新媒体渠道的影响有天壤之别。

（二）社交应用接触分化

依据国家社科基金青年项目“社会化媒体中国家认同的舆论构建研究”数据库2020年度调研情况，本部分将研究聚焦国内移动网民社会化媒体接触多样性。

1. 手机上网状况

如前所述，从总体上看，移动网民在中国网民中占绝大多数，而移动网民与社交媒体网民也存在高度重合。据此，本研究将受访者手机上网状况，视同于社交媒体总体应用的接触情况，得到如表2所示的数据。

表2　2020年受访者手机上网情况（n=2566）

频次	时限	频次(%)
每日使用手机上网时长	0~0.5小时	88(3.4%)
	0.5~1小时	124(4.8%)
	1~1.5小时	114(4.4%)
	1.5~2小时	202(7.9%)
	2~2.5小时	192(7.5%)
	2.5~3小时	213(8.3%)
	3~3.5小时	172(6.7%)
	3.5~4小时	235(9.2%)
	4小时以上	1226(47.8%)
每周使用手机上网天数	0	0(0%)
	1天	32(1.2%)
	2天	26(1.0%)
	3天	40(1.6%)
	4天	47(1.8%)
	5天	62(2.4%)
	6天	50(1.9%)
	7天	2309(90.0%)

注：各项总和不为100%，是由四舍五入所致。
资料来源：国家社科基金青年项目“社会化媒体中国家认同的舆论构建研究”数据库（2020）。

由表2可见，受访者手机上网时长总体呈平稳增长态势。就具体情况而言，每日使用手机上网时长在“4小时以上”的受访者人数最多，占比为47.8%；每日使用手机上网时长“3.5~4小时”的受访者人数次之，占比为9.2%；每日使用手机上网时长在“0~0.5小时”的受访者人数最少，占比为3.4%。可见，近半数受访者手机上网时长超过4小时，手机依赖程度十分显著。

就周使用天数来看，每周使用手机上网“7天”的受访者人数最多，总计占比为90%；每周手机上网天数为“5天”（2.4%）的受访者次之；每周使用手机上网“2天”（1%）的受访者人数最少。

据CNNIC 2020年4月发布的第45次《中国互联网发展状况统计报告》①，

① CNNIC：第45次《中国互联网络发展状况统计报告》，http://www.cnnic.net.cn/hlwfzyj/hlwxzbg/hlwtjbg/202004/P020200428596599037028.pdf，2020年4月。

中国移动网民平均日上网时长为4.4小时。同时eMarketer于2019年4月针对中国媒体使用情况的调研预测，2020年，中国网民智能终端使用时长将达到4小时14分钟①。本研究数据显示，每天上网“4小时以上”的受访者接近半数，占比高达47.8%，数据间相互佐证有力。

2. 头部社交媒体应用使用状况

依据CNNIC《中国社交应用用户行为研究报告》的调研结果，2016年重点即时通信应用整体使用率中微信高达92.6%，同时QQ的总体使用率也达到87%，而其他应用的使用率均在30%以下②。由此可知，微信与QQ两个应用强势占领社交媒体应用市场，是当仁不让的“头部”阵营成员。本部分针对微信与QQ的接触行为展开分析。

表3　2020年受访者微信与QQ使用情况（n=2566）

频次	时限	微信	QQ
每日使用时长	0~0.5小时	235(9.2%)	1684(65.6%)
	0.5~1小时	350(13.6%)	265(10.3%)
	1~1.5小时	298(11.6%)	152(5.9%)
	1.5~2小时	300(11.7%)	100(3.9%)
	2~2.5小时	233(9.1%)	85(3.3%)
	2.5~3小时	194(7.6%)	51(2.0%)
	3~3.5小时	167(6.5%)	31(1.2%)
	3.5~4小时	147(5.7%)	38(1.5%)
	4小时以上	642(25.0%)	160(6.2%)
每周使用天数	7天	2260(88.1%)	816(31.8%)
	6天	51(2.0%)	50(1.9%)
	5天	64(2.5%)	117(4.6%)
	4天	62(2.4%)	126(4.9%)
	3天	59(2.3%)	230(9.0%)
	2天	27(1.1%)	230(9.0%)
	1天	27(1.1%)	307(12.2%)
	0天	16(0.6%)	690(27.9%)

注：各项总和不为100%，是由四舍五入所致。

资料来源：国家社科基金青年项目“社会化媒体中国家认同的舆论构建研究”数据库（2020）。

① eMarketer：《中国媒体使用情况报告》，http：//www.199it.com/archives/892041.html，2019年4月。

② CNNIC：《中国社交应用用户行为研究报告》，http：//www.cnnic.net.cn/hlwfzyj/hlwxzbg/sqbg/201712/P020180103485975797840.pdf，2016年12月。

由表3可知，就每日情况而言，微信日使用时长在“4小时以上”的受访者人数最多，占比为25%；微信日使用时长在“0.5~1小时”的受访者人数次之，占比为13.6%；微信日使用时长在“3.5~4小时”的受访者人数最少，占比为5.7%。就每周使用微信天数来看，周使用天数在“7天”的受访者人数最多，占比为88.1%；周使用天数在“3~5天”的受访者人数相差较少，占比为2%~3%；周使用天数在“0天”的受访者人数最少，占比为0.6%。上述数据暗含着微信用户的高黏性特质。

对比而言，QQ日使用时长在“0~0.5小时”的受访者人数最多，占比为65.6%；QQ日使用时长在“0.5~1小时”的受访者人数次之，占比为10.3%；日使用时长在“3~3.5小时”的受访者人数最少，占比为1.2%。就每周使用QQ天数来看，周使用天数在“7天”的受访者人数最多，占比为31.8%；不使用该应用的受访者占比为27.9%。可见，QQ在受访者触媒行为中显示出更多轻应用特征，而微信则成为用户上网的时间“黑洞”。

3. 主流社交媒体应用使用状况

为进一步考察网民对中国社交网络中具有代表性主流应用的接触情况，本部分对微博、类头条（今日头条、趣头条等）、短视频（抖音、快手等）、哔哩哔哩（以下简称“B站”）、知乎和贴吧六大应用使用概况进行了数据分析。

表4　2020年受访者六大应用使用情况（n=2566）

频次		微博	类头条	短视频
每日使用时长	0~0.5小时	1167(45.5%)	1971(76.8%)	1150(44.8%)
	0.5~1小时	401(15.6%)	214(8.3%)	343(13.4%)
	1~1.5小时	240(9.4%)	100(3.9%)	243(9.5%)
	1.5~2小时	233(9.1%)	98(3.8%)	212(8.3%)
	2~2.5小时	143(5.6%)	66(2.6%)	155(6.0%)
	2.5~3小时	114(4.4%)	39(1.5%)	110(4.3%)
	3~3.5小时	57(2.2%)	17(0.7%)	83(3.2%)
	3.5~4小时	58(2.3%)	13(0.5%)	58(2.3%)
	4小时以上	153(6.0%)	48(1.9%)	212(8.3%)

续表

频次		微博	类头条	短视频
每周使用天数	7天	1120(43.6%)	359(14.0%)	952(37.1%)
	6天	86(3.4%)	51(2.0%)	141(5.5%)
	5天	210(8.2%)	110(4.3%)	171(6.7%)
	4天	245(9.5%)	103(4.0%)	147(5.7%)
	3天	196(7.6%)	144(5.6%)	168(6.5%)
	2天	160(6.2%)	153(6.0%)	118(4.6%)
	1天	549(21.4%)	199(7.8%)	125(4.9%)
	0天	0(0.0%)	1447(56.4%)	744(29.0%)
		B站	知乎	贴吧
每日使用时长	0~0.5小时	1468(57.2%)	1877(73.1%)	2089(81.4%)
	0.5~1小时	294(11.5%)	250(9.7%)	130(5.1%)
	1~1.5小时	200(7.8%)	128(5.0%)	81(3.2%)
	1.5~2小时	149(5.8%)	121(4.7%)	84(3.3%)
	2~2.5小时	144(5.6%)	61(2.4%)	77(3.0%)
	2.5~3小时	90(3.5%)	57(2.2%)	45(1.8%)
	3~3.5小时	47(1.8%)	22(0.9%)	20(0.8%)
	3.5~4小时	44(1.7%)	17(0.7%)	12(0.5%)
	4小时以上	130(5.1%)	33(1.3%)	28(1.1%)
每周使用天数	7天	537(20.9%)	229(8.9%)	142(5.5%)
	6天	91(3.5%)	58(2.3%)	40(1.6%)
	5天	166(6.5%)	124(4.8%)	79(3.1%)
	4天	184(7.2%)	165(6.4%)	106(4.1%)
	3天	219(8.5%)	232(9.0%)	145(5.7%)
	2天	234(9.1%)	266(10.4%)	170(6.6%)
	1天	203(7.9%)	254(9.9%)	225(8.8%)
	0天	932(36.3%)	1238(48.2%)	1659(64.7%)

注：各项总和不为100%，是由四舍五入所致。

资料来源：国家社科基金青年项目“社会化媒体中国家认同的舆论构建研究”数据库（2020）。

由表4数据可推知，受访者对不同主流社交媒体应用表现出较为明显的差别。微博的使用呈现高频低时长的行为特点，45.5%的受访者报告了每日30分钟以下的使用时长，其中43.6%的人会每天查看微博；而类头条应用则呈现两极分化的趋势，超过半数的人（56.4%）未接触过这一应用，而每日使用的受访者占比为14%；社交短视频应用也在受访者触媒行为中呈现出两极分化的情况，每天接触短视频的行为占比为37.1%，不接触的占比为29%；B站不接触者占比36.3%，明显高于每日接触者（20.9%）；知乎与贴吧的应用前景较为堪忧，作为社交媒体的传统形态，亟须进行相应调整，以维持市场规模。

（三）社交媒体用户时政信息接触分化

随着传统主流媒介信息接触在社交媒体用户中的严重分化，曾过度依赖传统媒体渠道的时政类信息接触，是否也会呈现出同样的状况？本部分将时政新闻（或时事评论）类信息的接触渠道，操作化为“中央电视台的新闻或评论节目”“新华社、人民日报的政治新闻”“中央广播电台等时政广播新闻”“新闻期刊杂志的政治新闻”“新浪、网易等门户网站政治新闻”“政府门户网站”“微博等网络社区的政治新闻”“QQ弹窗类新闻”“知乎、贴吧等社区”“梨视频等视频新闻网站”“今日头条等个性化推荐平台”“微信群、QQ群讨论”“海外媒体”13个指标。进一步考察受访者对时政新闻不同分发渠道的接触情况，并获得如表5所示数据。

表5　2020年社交媒体用户获取时政新闻、时事评论等消息的渠道（n=2566）

项　　目	总是	经常	有时	很少	从不
从中央电视台的新闻或评论节目获取时政新闻、时事评论等消息	502(19.6%)	618(24.1%)	867(33.8%)	459(17.9%)	120(4.7%)
从新华社、人民日报的政治新闻获取时政新闻、时事评论等消息	449(17.5%)	617(24.0%)	884(34.5%)	468(18.2%)	148(5.8%)
从中央广播电台等时政广播新闻获取时政新闻、时事评论等消息	330(12.9%)	433(16.9%)	831(32.4%)	692(27.0%)	280(10.9%)
从新闻期刊杂志的政治新闻获取时政新闻、时事评论等消息	262(10.2%)	359(14.0%)	791(30.8%)	791(30.8%)	363(14.1%)
从新浪、网易等门户网站政治新闻获取时政新闻、时事评论等消息	445(17.3%)	645(25.1%)	808(31.5%)	469(18.3%)	199(7.8%)

续表

项　目	总是	经常	有时	很少	从不
从政府门户网站获取时政新闻、时事评论等消息	193(7.5%)	305(11.9%)	733(28.6%)	862(33.6%)	473(18.4%)
从微博等网络社区的政治新闻获取时政新闻、时事评论等消息	608(23.7%)	688(26.8%)	679(26.5%)	379(14.8%)	212(8.3%)
从 QQ 弹窗类新闻获取时政新闻、时事评论等消息	189(7.4%)	287(11.2%)	659(25.7%)	761(29.7%)	670(26.1%)
从知乎、贴吧等社区获取时政新闻、时事评论等消息	185(7.2%)	348(13.6%)	701(27.3%)	691(26.9%)	641(25.0%)
从梨视频等视频新闻网站获取时政新闻、时事评论等消息	121(4.7%)	218(8.5%)	548(21.4%)	625(24.4%)	1054(41.1%)
从今日头条等个性化推荐平台获取时政新闻、时事评论等消息	164(6.4%)	268(10.4%)	562(21.9%)	634(24.7%)	938(36.6%)
从微信群、QQ 群讨论获取时政新闻、时事评论等消息	273(10.6%)	514(20.0%)	902(35.2%)	587(22.9%)	290(11.3%)
从海外媒体获取时政新闻、时事评论等消息	140(5.5%)	295(11.5%)	747(29.1%)	757(29.5%)	627(24.4%)

注：各项总和不为100%，是由四舍五入所致。

资料来源：国家社科基金青年项目“社会化媒体中国家认同的舆论构建研究”数据库（2020）。

据表5可知，从中央电视台、新华社/人民日报、中央广播电台、新闻期刊杂志获取时政新闻、时事评论等消息的分布结构可见，传统媒体渠道中央电视台拥有绝对优势，仅有22.6%的受访者报告了较低（“很少”和“从不”）水平的接触，比新华社/人民日报低1.4个百分点，而新闻期刊则报告了44.9%的低水平接触，更显颓势。

就政府门户网站这一渠道而言，从该渠道获取时政新闻、时事评论等消息更具有权威性与真实性。但从总体来看，这一信息渠道的接受度并不高。

微博与传统门户网站相比，在时政新闻的融合传播生态中呈现出更为显著的优势。数据显示，50.5%的受访者从微博渠道频繁接触时政新闻，高频接触（“总是”）占比为23.7%，高于传统门户6.4个百分点。

就 QQ 弹窗类、知乎/贴吧等社区、今日头条等个性化推荐平台和梨视频等视频新闻网站相比，后两者在时政新闻的传播渠道接触上劣势明显。今日头条类平台因个性化推荐机制，在一定程度上消解了信息传播的集中性，而央媒传播的权威性与依赖性，也挤占了时政短视频新闻的受众资源。

在线上即时互动群组中，时政类新闻的传播也拥有较为稳定的生态。超过六成的受访者表示在微信群/QQ 群有机会接触时政新闻。另外，在本研究的受访者中，从海外媒体获取时政新闻、时事评论等消息的频率较低，这一渠道并未显示出较大的影响规模。

从总体来看，微博等网络社区、中央电视台、新浪/网易等门户网站处于传播优势地位，用户经常选择从上述三种渠道获取时政新闻、时事评论等消息。

三 2020年度社交媒体用户信息渠道公信力评估

为进一步明确受访者对不同时政信息分发渠道的公信力评估，本研究以“如果发生突发事件或舆论热点（如地震、交通事故、恐怖袭击等），从总体上看，您觉得下列渠道发布的消息在多大程度上可靠”为题，将时政信息接触渠道操作化为“中央电视台的新闻或评论节目”“新华社、人民日报的新闻”“中央广播电台的广播新闻”“新闻期刊杂志新闻”“政府门户网站新闻”“新浪、网易等门户网站新闻”“微博等网络社区新闻”“QQ 弹窗新闻”“知乎、贴吧等社区新闻”“梨视频等视频网站新闻”“今日头条等个性化推荐新闻”“微信群、QQ 群讨论的新闻”“海外传统主流媒体新闻（如 CNN）”“海外社交媒体新闻（Facebook、Twitter 等）”14 个类型，以里克特五点量表对各类信息渠道新闻可靠性进行认知判断，得到如表 6 所示结果。

由表 6 可知，在对突发事件或舆论热点信息渠道的可靠性认知中，受访者对传统媒体渠道的信任度依然坚若磐石，认为央广新闻及评论“基本可靠”和“非常可靠”占比的高达 85.8%；央视紧随其后，“基本可靠”和“非常可靠”占比达到 85.4%；新华社和人民日报渠道为高信任度，“基本可靠”和“非常可靠”占比为 83.7%；而新闻期刊杂志的“基本可靠”和“非常可靠”占比 70.8%。央级媒体在网民中拥有的绝对公信力优势，一定程度上也受益于疫情信息的权威发布。

表 6　2020 年突发事件或舆论热点信息传播渠道的可靠性认知（n = 2566）

项　　目	很不可靠	不太可靠	不确定	基本可靠	非常可靠
对中央电视台的新闻或评论节目的可靠性认知	46(1.8%)	109(4.2%)	219(8.5%)	811(31.6%)	1381(53.8%)
对新华社、人民日报的新闻的可靠性认知	33(1.3%)	106(4.1%)	278(10.8%)	1022(39.8%)	1127(43.9%)
对中央广播电台的广播新闻的可靠性认知	34(1.3%)	83(3.2%)	247(9.6%)	937(36.5%)	1265(49.3%)
对新闻期刊杂志新闻的可靠性认知	40(1.6%)	122(4.8%)	587(22.9%)	1206(47.0%)	611(23.8%)
对政府门户网站新闻的时政新闻可靠性认知	43(1.7%)	92(3.6%)	342(13.3%)	1100(42.9%)	989(38.5%)
对新浪、网易等门户网站新闻的可靠性认知	74(2.9%)	309(12.0%)	1148(44.7%)	868(33.8%)	167(6.5%)
对微博等网络社区新闻的可靠性认知	131(5.1%)	415(16.2%)	1236(48.2%)	650(25.3%)	34(1.3%)
对 QQ 弹窗新闻的可靠性认知	335(13.1%)	579(22.6%)	1187(46.3%)	374(14.6%)	91(3.5%)
对知乎、贴吧等社区新闻的可靠性认知	165(6.4%)	488(19.0%)	1410(54.9%)	414(16.1%)	89(3.5%)
对梨视频等视频网站新闻的可靠性认知	225(8.8%)	457(17.8%)	1464(57.1%)	350(13.6%)	70(2.7%)
对今日头条等个性化推荐新闻的可靠性认知	198(7.7%)	428(16.7%)	1350(52.6%)	498(19.4%)	92(3.6%)
对微信群、QQ 群讨论的新闻的可靠性认知	340(13.3%)	689(26.9%)	1254(48.9%)	224(8.7%)	59(2.3%)
对海外传统主流媒体新闻(如 CNN)的可靠性认知	158(6.2%)	309(12.0%)	1247(48.6%)	678(26.4%)	174(6.8%)
对海外社交媒体新闻(Facebook、Twitter 等)的可靠性认知	200(7.8%)	426(16.6%)	1448(56.4%)	406(15.8%)	86(3.4%)

注：各项总和不为 100%，是由四舍五入所致。

资料来源：国家社科基金青年项目“社会化媒体中国家认同的舆论构建研究”数据库（2020）。

在新媒体信息渠道的公信力评估中，政府门户网站作为权威信息发布的直接主体，也获得了 81.4% 的可靠评价。但是其他信息渠道则呈现较为明显的公信力认同差异。总体趋势为平台越窄化、越新锐，受访者报告“不确定”信任的态度占比越大。例如，对梨视频类视频网站的新闻信任度表示“不确定”的占比为57.1%，对知乎类社区和今日头条类应用的“不确定”占比均过半。除政府网站外，受访者对国内其他新媒体渠道持高信任感（“非常可靠”）的最高占比为6.5%，出现在传统门户渠道中。即时通信群组渠道的信息可信度最低，低评价总体占比为40.2%（“很不可靠”和“不太可靠”），“不确定”态度占48.9%，正向评价仅为11%。

为便于对比，本部分将海外媒体细分为传统主流媒体与社交媒体进行比对。由数据可见，传统媒体的公信力优势依然显著，但与受访者对本土传统媒体的公信力认可度相比则差距甚大。国内社交媒体用户对海外主流媒体的不信任感较为明显。

从总体来看，对“非常可靠”频次的统计中，中央电视台（53.8%）、中央广播电台（49.3%）、新华社/人民日报（43.9%）居前三位，据此可知，用户更愿意相信来自上述三种渠道的突发事件或舆论热点信息。传统主流媒体在公信力上全面制胜新兴媒体。

四　研究结论与展望

近年来，社交媒体应用在全球移动网民中高度渗透，成为全球社会信息运转的基本逻辑。然而当下作为新兴媒体的社交网络，虽具有信息高速传播与高覆盖优势，其依然处于与传统主流媒体及传统互联网应用的三分格局中，通过公信力影响而相互制衡。

本研究通过对2020年6月中国社交媒体用户触媒行为及信息渠道公信力评估截面数据分析，得出如下结论。

首先，在全媒体渠道触媒状况的差异分析中，传统媒体虽呈现明显颓势，但电视媒体作为传统主流媒体代表，依然展现出较高的覆盖性与高频接触占比。

其次，通过移动互联网渠道，社交媒体用户保持了较高水平的互动黏性。

再次，以微信和QQ为代表的头部社交媒体应用的接触对比中，微信显示出了更高水平的时长黏性，而QQ则呈现出更高打开频率的轻应用特质；其他

主流社交媒体应用呈现出分化态势，微博的高频低时长，头条类、社交短视频与B站用户覆盖的两极分化，知乎与贴吧遭受的“冷遇”，使得新兴网络媒体发展环境更为复杂。

复次，在时政类新闻的传播渠道生态中，传统媒体渠道央视拥有绝对优势，而最具权威性的政府门户网站的渠道接受度并不高；社交应用中，微博与传统门户的渠道优势格外明显，其他社交媒体应用略逊一筹，尤其是海外媒体。

最后，通过信息传播渠道公信力的比较分析，研究发现传统央级媒体渠道及政府网站信息的可靠性评价极高，而新媒体渠道中只有传统门户略好于其他，且媒介信任度与平台的新锐程度呈反向关联。

总体上看，本研究的相关结论揭示出社交媒体用户触媒的复杂生态，尤其是央级电视媒体在当下的中坚实力与无可撼动的渠道公信力，新兴媒体虽具有一定的触媒优势，但是在信赖感方面，传统网络媒体与本土媒体的优势依然稳固。

本研究数据采集于新冠肺炎疫情全球暴发的2020年年中，正处于本土疫情暂缓而海外疫情鼎沸之时。在这一时间点上以截面数据的方式展示社交媒体用户触媒情况与信息渠道公信力，其结论必然无法剥离这一全球突发公共卫生事件的影响。因而，在未来对触媒与渠道公信力问题的测量中，应考虑采用纵向趋势研究，以获得数据的经年变动状况，则可拓展并提升研究的解释力。

参考文献

李晓静、付强、王韬：《新冠疫情中的媒介接触、新闻认知与媒介信任——基于中外大学生的焦点小组访谈》，《新闻记者》2021年第3期。

匡文波：《新冠疫情对用户新闻阅读习惯的影响》，《新闻与写作》2020年第12期。

《疫情下的中国社交媒体社会价值研究报告（2020）》，http：//report. iresearch. cn/report/202006/3590. shtml，2020年6月。

“互随”：《数字2020：全球数字化年度报告》，https：//datareportal. com/reports/digital－2020－global－digital－yearbook，2020年1月30日。

传播篇

Communication Research

B.16 2020年中国新媒体版权保护研究报告

朱鸿军　宋晓文*

摘　要：　2020年，新媒体版权保护工作主要围绕法律制度的完善展开。时值《中华人民共和国著作权法》颁布三十周年，我国完成了对《著作权法》的第三次修订，并出台了多个规范性文件，集中解决新媒体的作品认定、权利人举证难、侵权赔偿低等诸多问题，同时完成了游戏直播、体育赛事直播等具有争议性的重要案件的审判，对困扰新媒体版权保护多年的疑难杂症予以一一回应。而综艺节目中版权侵权事件的频发、对字幕组的查处以及有声书版权问题在2020年也引起了关注。本报告从司法、行政、媒体、社会及市场层面提出相关建议予以参考。

关键词：　新媒体　版权保护　版权侵权　版权治理

* 朱鸿军，中国社会科学院大学媒体学院教授，中国社会科学院新闻与传播研究所研究员，《新闻与传播研究》副主编；宋晓文，中国社会科学院大学新闻传播学院硕士研究生。

2020 年，新媒体版权保护工作主要围绕法律制度的完善展开。时值《中华人民共和国著作权法》（以下称《著作权法》）颁布三十周年，我国完成了对《著作权法》的第三次修订，并出台了多个规范性文件，对我国新媒体版权保护工作产生了重大意义。

一　中国新媒体版权保护现状

（一）政策环境：继续推进版权保护工作全面开展

在《关于强化知识产权保护的意见》[①] 这一纲领性文件的指导下，我国继续推进对著作权的保护工作。2020 年 11 月，习近平在中央政治局第二十五次集体学习时再申知识产权保护工作的重要性[②]，体现了国家对版权保护工作的关注与重视。同年，国家版权局下发《关于进一步做好著作权行政执法证据审查和认定工作的通知》[③]，对著作权管理部门的证据审查和认定工作做了具体规定，提升行政执法的权威性与执法效率，推动著作权行政执法效能更好发挥，减轻权利人维权负担。

（二）法律体系：修订《著作权法》并完善相关法律法规

2020 年 11 月，《中华人民共和国著作权法》第三次修订审议通过。距离第二次修订著作权法已有十年，在互联网迅速发展的背景下，新修《著作权法》针对网络传播中的新情况进行了调整，对作品认定、侵权赔偿、行政执法、著作权集体管理组织的运行等方面做出新规定，特别是明确了作品构成要素，引入惩罚性赔偿制度，对新媒体作品认定与加大版权侵权赔偿与威慑力方面产生积极影响。随后，最高人民法院印发《关于加强著作权和与著作权有

---

① 《中共中央办公厅　国务院办公厅印发〈关于强化知识产权保护的意见〉》，http：//www. gov. cn/xinwen/2019 -11/24/content_ 5455070. htm，2021 年 3 月 10 日。

② 《习近平：全面加强知识产权保护工作　激发创新活力推动构建新发展格局》，http：//www. gov. cn/xinwen/2021 -01/31/content_ 5583920. htm，2021 年 3 月 10 日。

③ 国家版权局：《版权局关于进一步做好著作权行政执法证据审查和认定工作的通知》，http：//www. gov. cn/gongbao/content/2021/content_ 5582649. htm，2020 年 11 月 15 日。

关的权利保护的意见》①，对著作权保护工作加以指导，强调着力解决案件审理质效、规范证据规则、重视技术发展新态势等问题，还提出要加强诚信诉讼，完善失信惩戒与追责机制。除此之外，最高人民法院、最高人民检察院还出台了一系列推进知识产权保护工作的文件，② 完善著作权相关法律体系，强化了著作权司法保护。

（三）行政执法：继续推进“剑网2020”专项行动

本年度“剑网”行动集中打击网络侵权盗版，在视听作品、电商平台、社交平台、在线教育等方面开展版权专项治理。严厉打击春节档院线电影盗录传播；在公布的盗录传播院线电影案、侵犯电影著作权案件中，已有多人获得刑事处罚，且获刑最高达六年。③ 根据12426版权监测中心监测数据，2021年热门春节档电影监测到的盗版数据与2018年和2019年同期相比已有所下降。④ 其措施有加强对大型电商平台的版权监管工作，打击网店对盗版资源的使用与交易行为，特别关注对在线教育资源如网课、题库等的违法交易行为，加大对新闻作品、摄影作品的版权保护，加大对“学习强国”学习平台的版权保护，强化对大型知识分享平台的版权监管力度。专项行动组发布的数据显示，在“剑网2020”专项行动期间，各级版权执法监管部门共删除侵权盗版链接323.94万条，关闭侵权盗版网站（App）2884个，查办网络侵权盗版案件724件，调解网络版权纠纷案件925件。⑤

（四）问题整治：强化法律、司法审判的规范指导作用

1. 完善新媒体作品的认定与保护

对作品的认定是维护版权的基础，深刻影响着《著作权法》保护版权效

---

① 《最高人民法院关于加强著作权和与著作权有关的权利保护的意见》，中华人民共和国最高人民法院网，http：//www.court.gov.cn/fabu-xiangqing-272221.html，2021年3月10日。

② 国家版权局：《2020年中国版权十件大事》，http：//www.ncac.gov.cn/chinacopyright/contents/12227/353588.shtml，2021年3月10日。

③ 国家版权局：《三部门联合发布院线电影盗录传播典型案例》，http：//www.ncac.gov.cn/chinacopyright/contents/518/427340.html，2021年2月8日。

④ 12426版权监测中心：《版权保护护航牛年春节影视市场》，《中国新闻出版广电报》2021年2月18日。

⑤ 国家版权局：《国家版权局等四部门发布“剑网2020”专项行动十大案件》，http：//www.ncac.gov.cn/chinacopyright/contents/12227/352418.shtml，2021年1月15日。

用的发挥。原《著作权法》采用列举式的方法定义作品，可能导致对网络中新类型作品认定困难。新修《著作权法》以“独创性”和“以一定形式表现”两个基本特征定义作品，并更改兜底条款为符合该特征的其他智力成果，扩大了作品保护范围，对应对新媒体传播中产生的新作品类型的认定产生积极意义。除此之外，新修《著作权法》引入视听作品概念替换电影作品和类电作品，将新媒体发展中涌现的新型视听作品类型如各类短视频、网络直播、时事转播、网络游戏等也纳入《著作权法》保护当中。

2. 时事新闻正式纳入《著作权法》保护范围

原创内容是新闻媒体的核心资产，对新闻版权的保护深刻影响着新闻媒体的发展。随着自媒体的兴起，各种新闻版权侵权行为层出不穷，未经授权转载媒体新闻、洗稿问题的大量出现损害着新闻媒体的利益。原《著作权法》中时事新闻被视为单纯事实消息而不受法律保护，这为新闻作品的版权维权造成困难。国家常以行政手段打击新闻版权侵权，如“剑网 2018”行动打击对网络媒体尤其是自媒体的版权侵权行动，在降低侵权损害、维护新闻版权环境方面产生了重要作用。但在司法审判上的欠缺也影响着对新闻作品版权侵权行为的威慑力。特别是媒体融合发展阶段，新闻作品的产制融入了更多的创意表现形式，消耗了更多的人力、物力，以及国内媒体正在进行的新闻付费模式的探索，新闻版权侵权都将极大损害新闻媒体的经济利益。新修《著作权法》删除了时事新闻不受著作权法保护的规定，在法律层面上为时事新闻的版权价值正名。

3. 加强对摄影作品的版权侵权治理与版权保护

经过 2019 年国家剑网行动对图片市场的整治，2020 年国家继续加大对摄影作品版权问题的关注力度。国家版权局下发《关于规范摄影作品版权秩序的通知》，强调着力规范图库经营单位的版权授权和维权活动，严肃查处虚构摄影作品版权、进行虚假授权的行为，不得以投机性牟利为目的实施不正当维权行为，不得对著作权期届满及著作权人放弃财产权的摄影作品以版权许可使用费的名义收取费用。并提到要发挥行业组织的积极作用，探索完善合理、便捷的授权交易机制，促进摄影作品的合法有序传播。此举对规范网络图片的版权授权与合法使用产生积极影响。新修《著作权法》还对摄影作品的作品保护期进行了修改，自然人的摄影作品的发表权及财产权权利保护期延长至作者死亡后五十年，加大了对摄影作品的著作权保护。

4. 司法再审改判体育赛事节目构成类电作品

2015年起，体育赛事节目的版权问题开始引起国内关注，新浪诉天盈九州公司和乐视网未经授权在凤凰网首页转播中超联赛直播视频侵犯著作权案被称为“体育赛事画面著作权第一案”。2020年，该案件终于尘埃落定，法院再审改判体育赛事节目构成类电作品，转播行为构成对著作权的侵犯。[①] 涉案体育赛事节目运用了多种创作手法和技术手段，制作过程反映了制作者的创作意图和一系列的个性化选择，具有独创性，符合著作权法规定的独创性要求。而对于电影类作品“摄制在一定介质上”的要求，法院认为体育赛事比赛画面系由“摄制者在比赛现场拍摄并以公用信号方式向外传输”，信号即可视为一种介质。由此，认定体育赛事节目为类电作品，即新修《著作权法》中的视听作品，并对此以“著作权人享有的其他权利”加以调整。本案明确了体育赛事节目的作品属性，对体育赛事节目的著作权侵权予以规制，将对体育产业的保护产生重大影响。

5. 加强对网络游戏直播的版权侵权治理

2020年4月，广东高院发布《关于网络游戏知识产权民事纠纷案件的审判指引（试行）》[②]。该指引用以对网络游戏直播领域的著作权侵权审判进行指导。此前，国内“网络游戏直播侵权第一案”网易诉华多公司组织人员在网络平台直播“梦幻西游2”侵犯著作权案件，法院判定华多公司构成对网络游戏画面的著作权侵权，明确网络游戏画面构成类电作品。而对于游戏主播为游戏画面作品权利人的主张，判例指出主播直播行为若构成新作品，需达到著作权法要求的独创性表达条件，且即使直播画面构成新的作品，也是在游戏画面基础上的演绎作品。须经原作品著作权人许可，且不得侵犯原作品著作权。[③] 这一判例为解决网络游戏直播的版权问题提供了基础。除此之外，向法院申请禁令也是较快停止网络游戏版权侵权的方式。2018年腾讯诉今日头条等三家公司进行游戏直播侵犯《王者荣耀》著作权，并向法院申请禁令，2019年1

---

① 参见北京市高级人民法院民事判决书（2020）京民再128号。

② 广东省高级人民法院：《关于网络游戏知识产权民事纠纷案件的审判指引（试行）》，http://www.junzejun.com/UpLoadFile/Files/2020/4/13/18461258126e29e18-6.pdf，2020年4月13日。

③ 参见广东省高级人民法院民事判决书（2018）粤民终137号。

月，法院裁定禁止三家公司的游戏直播行为，这成为国内首个网络游戏直播禁令。①

6. 解决权利人举证难问题：增加权利使用费证据，规定举证妨碍责任

权利人举证难的困局长期存在。为帮助实现公正诉讼，新修《著作权法》增加了权利人的权利使用费作为损失衡量标准，对侵犯著作权的行为可以以权利人的权利使用费要求赔偿。同时规定了著作权侵权人的举证妨碍责任，在侵权人妨害举证并造成无法确定侵权损失的情况下，法院可以参考权利人的主张判定赔偿数额。权利人权利使用费的引入以及举证妨碍责任的设立有利于帮助权利人确定侵权赔偿数额，并促使侵权人合理提供侵权证据，维护著作权权利人的合法利益。

7. 解决侵权赔偿低问题：引入侵权惩罚性赔偿制度，提高法定赔偿数额

著作权侵权赔偿低、权利人司法维权效果差影响着对新媒体版权领域的治理。为解决这一问题，新修《著作权法》引入惩罚性赔偿制度，针对故意侵犯著作权或与著作权有关的权利，情节严重可以根据权利人实际损失、侵权人违法所得以及权利人的权利使用费处以 1 ~ 5 倍赔偿；对于适用法定赔偿的案件，将赔偿上限提升至 500 万元，并设定最低赔偿 500 元。这一规定将大大提升权利人的维权效果，对侵犯著作权的违法犯罪行为形成威慑。

8. 增强著作权行政执法效能

为提高著作权主管部门的执法效用，提高对违法侵权行为的查处能力，新修《著作权法》增加了行政执法权限的规定。在查处涉嫌侵权行为时，管理部门有权以询问、调查、查阅资料等方式判断事实，必要时也可以直接查封、扣押相关场所和物品。除此之外，新法还规定，人民法院审理案件时，可依照权利人请求，责令销毁侵权复制品及制作材料、工具、设备，或禁止其进入商业渠道。著作权行政执法部门还有权根据证据直接认定侵权。以上规定赋予行政执法部门更多权限，有助于提升著作权行政执法效能，减轻权利人维权负担。

9. 规范著作权集体管理组织的运行

过高的管理费用、收费方式不透明，曾使中国音像集体管理协会（音

---

① 参见广州知识产权法院民事裁定书（2018）粤 73 民初 2858 号之一。

著协）陷入风口浪尖，版权人对音著协的不信任使得音著协难以发挥应有的效用。新修《著作权法》设定使用费纠纷解决机制并规定公示义务。国家将对著作权集体管理组织的运行进行监督，回应社会质疑，强化了对著作权集体管理组织的管理，也显示国家对推动集体管理组织有效运行的决心。

（五）行业治理：发挥行业自治并积极开展行业合作

1. 百位影视从业者和网络作家联名抵制抄袭剽窃

2020 年 12 月 21 日，百位影视从业者联名发布致媒体公开信《抄袭剽窃者不应成为榜样!》①，对网络平台、电视台将具有抄袭劣迹的编剧、导演列为节目导师、嘉宾，一味追捧收视率和流量而漠视抄袭剽窃行为的行业环境展开批判，呼吁严厉打击、惩处抄袭剽窃的违法行为，构建文明健康的中国影视环境。该公开信以于正、郭敬明近日活跃于综艺节目为导火索，于正、郭敬明曾被法院判决抄袭，但拒绝执行道歉判决，这一行为下仍活跃于媒体当中，对行业产生恶劣影响。12 月 30 日，在中国作协组织下，136 名网络作家联合发出《提升网络文学创作质量倡议书》，提到反对抄袭风。12 月 31 日，郭敬明、于正发布微博正式为抄袭行为道歉，并成立反剽窃基金，用以帮助原创作者维权。该事件体现影视从业者和网络文学作者们对良好版权环境的期待，促成了抵制抄袭、尊重版权的广泛讨论，同时彰显了行业道德约束对版权保护的积极作用。

2. 中国版权协会网络游戏版权工作委员会成立

网络游戏繁荣发展的同时，各种版权侵权行为也不断出现。据监测，网络游戏版权侵权主要为游戏素材（如美术、音乐）侵权、游戏广告侵权、IP 侵权、游戏创意侵权、私服外挂侵权等②，而随着游戏产业的延伸与拓展，游戏直播、游戏视频的出现，又为网络游戏的版权治理带来了新难题。2020 年 8

---

① 参见宋方金等《抄袭剽窃者不应成为榜样!》，https：//weibo.com/1074305942/JzH7TsBq5，2020 年 12 月 21 日。

② 12426 版权监测中心：《版权保护护航牛年春节影视市场》，《中国新闻出版广电报》2021 年 2 月 18 日。

月，中国版权协会网络游戏版权工作委员会成立[①]以应对不断涌现的网络游戏版权侵权问题。网络游戏市场的繁荣将带来更多的版权问题，游戏版权工作委员会的成立将有利于加强行业规范，在引导行业解决新型网络游戏版权问题上起到积极作用。

（六）国际条约：《视听表演北京条约》生效

2020年4月28日，《视听表演北京条约》正式生效。条约于2012年6月26日在北京缔结，是一项旨在保护表演者权利的国际版权条约。[②] 按照条约规定，表演者对其表演享有专有权，对表演的录制品享有复制权、发行权、出租权、提供权及广播和向公众传播的权利。条约的生效意味着公众在观看现场表演时传播关于表演的录制品的行为将受到限制，特别是在互联网中传播的关于音乐剧、话剧、演讲、演唱会等现场表演的录制。且对于表演者表演的模仿和重现行为，按条约规定应予署名，并且不能对表演进行有损其声誉的歪曲和篡改。条约的生效将加大国际社会对表演者权的保护，规范现场表演的录制和传播行为，并且将提高中国在国际版权事业中的作用与地位。

二　中国新媒体版权保护存在的问题

（一）综艺节目中的作品使用与版权侵权

4月22日，音乐创作团队“音阙诗听”发微博指出浙江卫视《王牌对王牌》、湖南卫视《快乐大本营》、东方卫视《我们的歌》，以及以上卫视的元宵节、春晚等电视节目中未经授权随意使用、改编、演唱“音阙诗听”版权作品《芒种》《红昭愿》，特此进行著作权维权。综艺节目侵犯音乐著作权的事件屡见不鲜，《我是歌手》《中国好声音》《中国梦之声》《声临其境》《一起

---

① 《中国版权协会网络游戏版权工作委员会在北京成立》，https：//baijiahao. baidu. com/s？id = 1673918302764680607&wfr = spider&for = pc，2020年8月2日。

② 《〈视听表演北京条约〉（2012年）提要》，WIPO世界知识产权组织网站，https：//www. wipo. int/treaties/zh/ip/beijing/summary_ beijing. html，2021年3月10日。

乐队吧》等国内综艺节目都受到过侵犯音乐著作权的指责①。而词曲作者、著作权人围绕版权侵权的维权却仍困难重重，国内电视节目、网络综艺缺乏良好的版权保护意识致使版权侵权行为频发，著作权人个人维权势单力薄，音乐著作权集体管理协会在维权方面作用发挥有限，侵权赔偿低等问题使得良好的版权秩序迟迟未有建立。

除了音乐侵权行为，其他著作权侵权事件中如《见字如面》被诉侵害三毛家书的书信著作权，安徽卫视《来了就笑吧》被诉侵害“葫芦娃”造型的著作权，《王牌对王牌》侵害《千手观音》的舞蹈著作权……综艺节目中对他人享有著作权的作品侵权行为频发，也为综艺节目的制作方敲醒警钟。新修《著作权法》引入惩罚性赔偿制度，加大对侵权行为的惩罚力度，将有利于改善综艺节目中的版权侵权问题。

（二）字幕组资源网站整顿下的正版资源流通问题

一度被称为“文化传播使者”的字幕组网站纷纷关停，引起广大影迷剧迷的热议。据报道，2020 年“人人影视字幕组”因侵犯影视作品著作权被查处，因具有非法牟利行为，主要犯罪嫌疑人已被采取刑事强制措施。② 2019 年，胖鸟电影资源网站关停，站长被拘留并罚款，还引发了网站粉丝的捐款赎人行为。字幕组资源库一直是国内影迷剧迷获取影视节目的重要阵地之一。字幕组从国外获取盗版资源，加以翻译并在国内网站上传播，具有更新资源快、质量高、片库全等特征，因此广受追捧。但字幕组资源库的运行模式确实侵犯了著作权。随着国内打击版权侵权力度的加强，传播盗版资源的字幕组资源库纷纷被关停，但相对而言，正版片源却没有流通起来。在国内的视频网站中，尚没有承载如此广阔资源的片库，且由于国内对影视内容的管理，很多引进影片被删减，也无法满足观众观看原汁原味的影视剧目的需求。正版资源流通渠道不通畅，为盗版资源的存在提供了空间，也对视频网站付费用户的扩展形成了阻碍。

---

① 小鹿角音乐：《为什么这些综艺还是侵权了？》，https：//baijiahao. baidu. com/s？ id = 1664735608646108731&wfr = spider&for = pc，2020 年 4 月 23 日。

② 何易、周辰：《通过境外盗版论坛网站获取片源非法牟利，“人人影视字幕组”被上海警方查处》，http：//www. whb. cn/zhuzhan/cs/20210203/390845. html，2021 年 2 月 3 日。

（三）有声书版权问题与版权授权机制的确立

国内有声书市场不断壮大，懒人听书、喜马拉雅、蜻蜓 FM 等有声书平台用户数量不断攀升，听书也成了网络传播中另一种“阅读”的方式。在有声书的制作和传播中同样涉及版权问题。在制作有声书时，制作人常常需要运用到多种版权素材进行创作，从而与著作权问题相连接，如对书籍进行阅读和传播涉及书籍的改编权、信息网络传播权，对背景音乐的使用涉及音乐作品的信息网络传播权，以及使用的封面图片还可能会侵犯摄影作品的著作权。而目前有声书市场以用户个人生产（UGC）为主，UGC 模式下对版权作品使用的规范难度则更大。目前，包括短视频生产中的大量 UGC 作品主要靠媒体平台对版权行为进行监管，但对于一个良好的版权生态来说，还缺少高效便捷的版权作品授权机制，这为 UGC 作品的制作和传播，并进一步形成产业力量形成阻碍。大量 UGC 作品涉及未经授权的版权侵权行为，现以实现分享与不以盈利为由维持着传播与版权保护的微妙平衡。如果能够实现便捷的版权授权机制，版权交易将更加畅通，也对繁荣网络环境中的作品创作起到更加积极的作用。

三　中国新媒体版权保护优化建议

（一）司法：继续加强对新媒体版权领域的关注

新媒体产业的繁荣发展必将催生更多样的产业形态，这为新媒体产品的作品认定与著作权的行使带来挑战，也加大了司法审判的难度。新修《著作权法》对作品的构成要素加以明确，但对构成要素的解释也有赖于对新产品的充分认识。面对不断变化的新媒体领域，司法机关应对其保持持续关注，加强对新问题、新知识的学习，加强与互联网从业者、学术界之间的合作，提高认识问题、解决问题的能力，有力推动新媒体产业健康发展。

（二）行政：落实版权行政保护手段

新修《著作权法》扩大了行政执法的权限，强化行政执法力度，使得行政保护在尽快停止侵权、减少损失和固定侵权证据方面显示优势①。著作权管理部门行政手段的行使将会增多，行政保护将发挥更大的效用。行政执法部门应秉公执法，落实版权行政保护手段，减轻权利人维权负担。同时加大版权侵权惩处力度，增强行政执法效果，使得司法审判判决得以实现。

（三）媒体：加强平台内容审核责任

对于综艺节目、电视节目中频繁发生的“先上车后补票”式的著作权侵权，应强化媒体平台的内容审核责任，内容制作者、媒体平台应成立专门的版权审核机构，按照《著作权法》及相关实施条例规定对节目中的作品使用、版权授权问题加以把关，形成完备的版权审核机制，解决电视节目中频发的版权问题。版权管理部门应积极指导平台版权机构的建设工作。

（四）社会：强化行业版权道德约束

影视从业者及网络作家联名抵制抄袭的行动促成了被判抄袭作者迟来的道歉，这显示了行业道德谴责对行业从业者的强大约束力，也是行业组织发挥作用的一次很好的示范。行业从业者应更多地发挥行业自治的道德约束，积极抵制侵犯版权的行为，并注重行业组织的建设，在版权保护方面积极达成共识，共同维护行业环境，创造良好的版权生态。

（五）市场：构建更完善的正版资源流通渠道

正版资源的流通涉及多方的问题，既涉及国家政策环境，也与新媒体平台的经营策略有关，同时还受制于国外资源的引进机制与价格标准。资源库的盛行不仅仅在于“免费”这一方面，片库的完整度、更新速度快、影片翻译质量高等也值得借鉴，同时需要反思国内对视听节目内容的管理政策。国家亟须活跃正版流通市场，清除盗版流通空间，同时为丰富人民群众精神文化生活做出努力。

---

① 《2020 年那些具有开创性的案件》，《中国新闻出版广电报》2020 年 12 月 31 日。

参考文献

《中共中央办公厅　国务院办公厅印发〈关于强化知识产权保护的意见〉》，http：//www. gov. cn/xinwen/2019 - 11/24/content_ 5455070. htm，2021 年 3 月 10 日。

《习近平：全面加强知识产权保护工作　激发创新活力推动构建新发展格局》，http：//www. gov. cn/xinwen/2021 - 01/31/content_ 5583920. htm，2021 年 3 月 10 日。

国家版权局：《版权局关于进一步做好著作权行政执法证据审查和认定工作的通知》，http：//www. gov. cn/gongbao/content/2021/content _ 5582649. htm，2020 年 11 月 15 日。

《最高人民法院关于加强著作权和与著作权有关的权利保护的意见》，http：//www. court. gov. cn/fabu - xiangqing - 272221. html，2021 年 3 月 10 日。

国家版权局：《2020 年中国版权十件大事》，http：//www. ncac. gov. cn/chinacopyright/contents/12227/353588. shtml，2021 年 3 月 10 日。

国家版权局：《三部门联合发布院线电影盗录传播典型案例》，http：//www. ncac. gov. cn/chinacopyright/contents/518/427340. html，2021 年 2 月 8 日。

12426 版权监测中心：《版权保护护航牛年春节影视市场》，《中国新闻出版广电报》2021 年 2 月 18 日。

国家版权局：《国家版权局等四部门发布“剑网 2020”专项行动十大案件》，http：//www. ncac. gov. cn/chinacopyright/contents/12227/352418. shtml，2021 年 1 月 15 日。

广东省高级人民法院：《关于网络游戏知识产权民事纠纷案件的审判指引（试行）》，http：//www. junzejun. com/UpLoadFile/Files/2020/4/13/18461258126e29e18 - 6. pdf，2020 年 4 月 13 日。

《中国版权协会网络游戏版权工作委员会在北京成立》，https：//baijiahao. baidu. com/s？id = 1673918302764680607&wfr = spider&for = pc，2020 年 8 月 2 日。

《〈视听表演北京条约〉（2012 年）提要》，https：//www. wipo. int/treaties/zh/ip/beijing/summary_ beijing. html，2021 年 3 月 10 日。

小鹿角音乐：《为什么这些综艺还是侵权了？》，https：//baijiahao. baidu. com/s？id = 1664735608646108731&wfr = spider&for = pc，2020 年 4 月 23 日。

何易、周辰：《通过境外盗版论坛网站获取片源非法牟利，“人人影视字幕组”被上海警方查处》，http：//www. whb. cn/zhuzhan/cs/20210203/390845. html，2021 年 2 月 3 日。

《2020 年那些具有开创性的案件》，《中国新闻出版广电报》2020 年 12 月 31 日。

B.17
2020年江西省县级融媒体发展报告*

罗书俊　李晚成　吴　薇　沈静涵　高天霁**

摘　要：　江西省自开展县级融媒体建设以来，以全国领先速度于2019年6月实现县级融媒体中心的全省覆盖。经过两年多的探索和实践，江西省县级融媒体形成了上下贯通的三级联动机制、多元高效的科学发展模式、“三中心一平台”等鲜明特色，但也存在原创精品产出不足、服务质量与用户体验待提升、人才缺乏与结构失衡等问题。未来江西省县级融媒体需进一步深耕形式新颖的本地内容、强化智慧高效的服务供给、培养结构均衡的人才队伍、实现无缝连接的多云体系，实现数字时代下的“平台化再造”，通过智慧城市的功能加强与县域社会生态的深度融合。

关键词：　县级融媒体　江西省　媒体深度融合　智慧城市

2018 年 11 月，江西省委、省政府在新余市分宜县召开现场推进会，大力扶持江西省县级融媒体发展。事实上，早在 2016 年 10 月，江西日报搭建“赣鄱云”平台时就提出了省内各级媒体“共享、共用、共建”的发展理念，并持续推动其技术迭代和功能升级；2018 年 4 月，江西广播电视台开发的“赣

* 本报告系国家社科基金项目“县级融媒体中心建设服务力生成研究”（19BXW028）的阶段性成果。

** 罗书俊，江西财经大学新闻传播系教授；李晚成，江西省融媒体推进中心办公室常务副主任；吴薇，江西省融媒体推进中心工作人员；沈静涵，江西财经大学新闻与传播学硕士研究生；高天霁，江西财经大学新闻与传播学硕士研究生。

云”建成并投入使用，拥有媒体资源汇聚、新闻管理、信息与服务共享等多种功能。“赣鄱云”和“赣云”充分发挥其平台优势，从内容、数据、技术、资源等方面为县级融媒体发展保驾护航。2019 年 6 月 28 日，都昌县融媒体中心正式揭牌，标志着江西省实现了县级融媒体中心的全省覆盖。2019 年 8 月 23 日，江西省融媒体推进中心建成并试运行，依托新华智云“媒体大脑”构建“1 + 2 + 11 + 105 + N”指挥体系，实现了省内“一张网”协调联动，从组织层面保障了县级融媒体高效平稳运行。2020 年 10 月，江西省委宣传部对江西省 105 个县（市、区）融媒体中心的建设工作进行验收。

在分宜、龙南、寻乌等一批先进县市的带头示范作用下，江西省各县级融媒体发展迅猛，以“两微一端”为主、抖音平台为辅的新媒体矩阵建设初见成效。截至 2021 年 1 月底，江西省主要新闻单位和市县融媒体中心共开设 152 个微信公众号，吸引粉丝 2140 余万人；开设 146 个官方微博账号，拥有粉丝 3945 万人；开设 151 个抖音账号，粉丝数量超过 7162 万人。① 为深入研究江西省县级融媒体的发展状况，课题组对江西省 105 家县级融媒体进行了问卷调查，回收有效问卷 82 份。同时，根据排名情况、所属行政区划等条件，运用构造周抽样方式对 21 家县级融媒体“两微一端”新闻生产和服务栏目进行了内容分析，并结合分宜、新干、共青城等地调研访谈，系统呈现了江西省县级融媒体发展的基本特色和存在问题，并就未来发展提出展望与对策。

一 江西省县级融媒体发展的基本特色

作为中部地区经济欠发达省份，江西以全国领先速度实现了县级融媒体中心建设的全覆盖，其特色可以概括为：集中优势力量、畅通上传下达的三级联动机制；立足县域条件、市场充分竞争的科学发展模式；强化公共服务、优化社会治理、服务与宣传同频共振的“三中心一平台”。

（一）上下贯通的三级联动机制

江西省融媒体推进中心作为全省县级融媒体中心的发展枢纽，构建了

① 数据来源：江西省融媒体推进中心。

“1 +2 +11 +105 + N”的联动体系，推动省、市、县三级融媒体中心的上下贯通。

1. 统一指挥调度，输出精品内容

江西省融媒体推进中心发挥枢纽作用，以省市县三级联动为渠道，串联全省优势力量，发挥各级平台优势，统一调度生产力量，持续产出内容精品。

选题由下而上，接地气，聚民心。江西省融媒体推进中心主动收集各市县选题，制作“江西融媒体策划日历”供全省各级媒体参考。通过对重要选题、精品内容的发掘，各县级融媒体拥有了更多的自主性，本地的先进事迹也能在全省甚至全国产生影响。如分宜县融媒体中心配合中央级媒体推出《相差61岁的婚纱照——背后故事看哭了》系列报道获得上亿的阅读量，江西南昌的“抗癌厨房”更是登上了《感动中国》的舞台。在典型示范下，各县融媒体中心投入更多力量，深入挖掘本地故事，形成宣传效果的同频共振。

主题从上至下，引高度，凝方向。江西省融媒体推进中心每月召开省市县媒体共同参加的主题策划会，确定宣传主题，并联合多部门协同生产优质内容，统一分发给县级融媒体平台。2020年春节期间，江西省融媒体推进中心统一组织各县融媒体中心围绕春节宣传主题开设“新春走基层”“一封家书”“我们的节日——春节”等专栏，深度挖掘本地故事，共刊发相关报道300余篇；同时，协同手机江西台制作了“就地过大年，防疫不松懈！春节请坚持做好个人防护!”等系列组图，通过“赣云”平台在全省40余家县级融媒体客户端上进行了统一推送，反响强烈。通过重大主题宣传的全省联动，主流舆论的传播力和引导力得到增强。

2. 汇聚媒体资源，强化服务共享

江西省融媒体推进中心聚集全省优势资源，以资源共享赋能县级融媒体发展，以政务服务功能切实回应群众关切。

建设省融媒体平台资源池，提升内容生产效率。以往，全省媒体资源分散各地，存储、共享较难，不易形成传播合力。江西省融媒体推进中心共汇聚了省市县三级融媒体平台的1930万条数据，有力地推动了资源共享。同时，省融媒体平台还通过新华智云帮助市县融媒体中心提升内容生产能力。2020年，各市县融媒体中心运用新华智云文字识别、人脸识别等功能进行智能生产的次数破亿。①

推进政务服务线上对接，增强为民服务效果。目前，江西省所有县级融媒体都开通了在线政务服务功能，通过接入“赣服通”应用，各县级融媒体客户端可以提供社保、公积金、税务等数十项政务服务，真正成为人民群众的好帮手、服务型政府建设的好渠道。此外，各县级融媒体还通过本地情况和上级技术支持，积极开发本地化服务功能，如临川、龙南等地积极开设问政板块，建立了完善的舆情反馈机制，回应群众关切问题百余条。

（二）多元高效的科学发展模式

江西省在县级融媒体建设过程中因地制宜、大胆探索创新，充分考虑了事业与企业、竞争与效率之间的关系，形成了多元高效的科学发展模式。

1. 因地制宜，事业企业自主选择

江西省县级融媒体紧扣中央政策，坚持社会效益优先，因地制宜、自主选择，形成了两种不同的县级融媒体发展模式

一是县级政府财政大力扶持的公益事业模式。江西省绝大多数县级融媒体中心发展模式都以公益事业模式为主，政府在财政上给予有力支持，解决了县级融媒体的后顾之忧，集中人力、物力、财力等重要资源完善新闻生产流程，将主要力量集中于本地特色素材收集、原创精品内容制作等方面，提升了县级融媒体的新闻生产的传播力和影响力。以新干县为例，县委、县政府不仅为融媒体中心的基础设施建设投资近2亿元，还通过财政拨款形式弥补其盈利不足，以保障融媒体中心工作人员的基本工资和绩效奖励。

二是“事业单位+文化传媒企业”相结合的发展模式。县级融媒体通过稳步推进采编经营分离，成立实体公司，通过文化传媒企业运营加强县级融媒体的自我造血机能，运用市场手段推动县级融媒体的良性发展。目前，江西省已经有20个县级融媒体中心成立了实体公司，其中18家公司在不同程度上实现盈利。以分宜县融媒体中心的融美文化传媒有限公司为例，该公司通过内容

---

① 李晚成：《三级联动　推进一体化融媒新格局——江西省融媒体中心的实践与探索》，《传媒》2021年第2期。

生产、活动组织和其他文化产业等三方面的多种经营，2018 年、2019 年、2020 年总产值分别为 900 万元、1500 万元和 1000 多万元，为经济欠发达省的县级融媒体发展提供了典型示范。

2. 多“云”并存，博采众长自由竞争

云端赋能是县级融媒体建设过程中的重要手段，“赣云”、“赣鄱云”和新华智云多“云”并存，不仅让各种技术平台得以充分竞争，也形成了高标准、低成本的雁阵式发展模式。[①] 现阶段，江西省 105 家县级融媒体中有 66 家使用“赣鄱云”平台，41 家使用“赣云”平台（分宜、共青城同时使用“赣鄱云”“赣云”平台），并通过新华智云实现全省媒体资源和用户数据汇集。

不同于全省一朵“云”的垄断模式，多“云”竞争满足各县级融媒体中心的个性化需求，也有利于倒逼技术公司根据用户需求改善服务。在县级融媒体建设初期，操作便利、易上手的内容生产系统是第一需要。随着县级融媒体的发展壮大，更丰富的功能、更强大的资源协调能力成为对技术平台的新需求。允许县级融媒体自主选择生产系统极大降低了其内部的运营成本，避免技术开发与实际需求的错位，真正做到技术的有效赋能。以新华智云“媒体大脑”的技术支持有利于在“全省一张网”的统一协调下，形成技术平台的良性竞争与共同进步。

（三）“三中心一平台”的创新实践

“两中心一平台”（县级融媒体中心、新时代文明实践中心、学习强国平台）的联动模式是县级融媒体发展的重要方向，在山东省济宁市、河南省洛阳市、广东省广州市等地已取得丰硕成果。江西省的“三中心一平台”发展模式，在省内形成了“融合党群服务中心的贵溪模式”和“融合志愿服务中心的分宜模式”等两种不同发展路径。

1. 强化公共服务，优化社会治理

贵溪市在“两中心一平台”的基础上融入党群服务中心，强化县级融媒体的公共服务能力。党群服务中心是面向党员、群众提供便民服务、反映社情

---

① 张国辉、龚穗娜：《省级广电台带动县级融媒体中心雁阵发展的优势浅析——以“赣云”为例》，《声屏世界》2020 年第 20 期。

民意、开展党建工作的场所，[①] 将党群服务中心融入县级融媒体中心，既能节省公共资源、提升服务效率，也能将宣传工作融入群众日常生活之中。多种融合模式有利于提高资源统一调配的效率、满足群众多元需求、提升思想引领的效果。

志愿服务中心的融入，充分提升县级融媒体中心在助力社会治理中的作用。县级融媒体可以弥补现有行政资源短板所形成的服务响应缺陷，以深度参与的方式，实现“矛盾就地化解”的社会治理成效。[②] 通过志愿服务中心的融入，分宜县融媒体中心建立了“群众掌上点单、平台精准派单、志愿者即时接单”的志愿者派单机制，实现群众线上反映、反馈和线下对接、协调、处置的高效衔接。截至 2020 年 6 月底，分宜县融媒体中心后台注册人数达 4030 人，共接到群众需求点单 516 件并全部处理，活动开展数量 875 件[③]。这样的创新实践，真正做到为群众排忧解难，既有助于提升用户黏性，也能提高群众对政府的满意度。

2. 联结宣传与服务，实现同频共振

多种多样的服务活动、高效便捷的解决途径以及县级融媒体的内容生产之间实现同频共振。对于县级融媒体内容生产而言，本地故事是不可或缺的重要部分。这种多中心融合为本地化内容生产提供了大量的鲜活素材、群众喜闻乐见的内容资源。

在分宜县，志愿服务成为融媒体平台内容生产的重要组成。一方面，志愿者活动是内容传播的手段和新闻报道的题材。疫情防控期间，志愿者成为防疫宣传员、服务员，发放防疫宣传单、海报万余份，带动新闻宣传报道千余条。[④] 另一方面，志愿者也为新闻生产提供了宝贵的线索。2019 年 6 月 7 日，洞村乡志愿者爆料，程家坊村两万余斤辣椒因连续降雨滞销，通过县融媒体中心报道，一周内滞销辣椒全部售罄；同年 9 月 5 日，分宜县文明实践中心一名志愿者将其拍摄的沪昆高速分宜至新余路段发生的货车自燃视频传给融媒体中心，通过报道，20 余万人了解到了路况信息，有效避免了次生车祸的发生。

---

① 《“党群服务中心”的定位与作用》，http://dangjian.people.com.cn/n1/2020/0714/c117092-31783315.html，2020 年 7 月 14 日。

② 张诚、朱天：《县级融媒体中心嵌入社会治理路径与成效：创造公共价值与矛盾就地化解》，《中国出版》2020 年第 22 期。

③ 数据来源：江西省分宜县新时代文明实践中心。

④ 黄传庚、甘婕好：《“三中心融合”带动志愿者防疫》，《新余日报》2021 年 2 月 2 日。

通过志愿者的积极参与，县级融媒体获得更多鲜活的新闻素材，在一定程度上弥补了采编力量不足导致的本地内容缺失，提高了新闻报道的本地化比例，在引导群众日常生活、解决群众实际困难等方面发挥了积极作用。

二　江西省县级融媒体发展中存在的问题

江西省县级融媒体建设在全国具有一定的领先性，但与主流舆论阵地、综合服务平台和社区信息枢纽的功能定位还存在一定差距，在内容生产、服务供给以及人才队伍建设等方面面临挑战。

（一）平台发稿数量多，新闻报道的原创精品比例较低

课题组以21家县级融媒体“两微一端”新闻生产和服务栏目的内容分析作为基础数据，系统梳理与归纳，以点带面，认为县级融媒体平台的新闻生产存在以下四个方面的不足。

首先，App客户端原创作品仅占12.6%，原创性作品比例较低。课题组以是否带有“原创标志（声明）”作为衡量标准，App客户端构造周内发文总量为5610篇，其中带有“原创标志（声明）”作品共有708篇。

其次，涉及本地化的新闻比例较少。内容本地化是打造新闻精品的重要基础，县级融媒体应是本地信息的“小喇叭”，而非全国热点信息的集合体。21家县级融媒体发文的内容分析表明，App客户端、官方微博、微信公众号累计总量为11267篇，而涉及本地县域的样本仅有2665篇，占新闻发布总量的23.7%（见表1）。

表1　新闻报道涉及地域范围分析

单位：篇

项目	App客户端	官方微博	微信公众号	总计
国外	361	559	4	924(8.2%)
国内	2579	2962	108	5649(50.1%)
省内	1057	850	122	2029(18%)
县内	1613	469	583	2665(23.7%)
总计	5610	4840	817	11267(100%)

再次，县级融媒体新闻报道的建设性有待加强。报道要从实际出发，深度挖掘信息并为用户提供实际可用的信息、对策及建议，提升新闻报道的传播力和公信力。为此，课题组将新闻报道划分为解读类新闻和策略类新闻，通过分析发现，提供解读类服务的建设性新闻报道占总样本的20.8%，提供策略类服务的新闻报道占总样本的12.9%，县级融媒体平台的新闻报道多集中于领导活动、工作汇报、会议活动等时政类、社会类议题。

最后，县级融媒体新闻发布的内容呈现形式较为单一。通过对“文字”“图片”“图表”“视频动画”“动态交互”等变量的描述性统计，可知“文字+图片”仍然是县级融媒体新闻生产的主要呈现形式，图表、视频动画和动态交互等形式运用较少，县级融媒体新闻报道形式的多样性仍需加强（见表2）。

表2　新闻报道呈现形式的多样性分析

单位：篇

项目	客户端	官方微博	微信公众号	总计
一种呈现形式	2347	187	128	2752(24.2%)
两种呈现形式	3011	1174	539	4724(41.6%)
三种呈现形式	228	3421	133	3782(33.3%)
四种呈现形式	24	58	17	99(0.9%)
五种呈现形式	0	0	0	0(0%)

（二）具备基本服务功能，服务供给和体验有待加强

县级融媒体App通过与“赣服通”对接实现社会保障、医疗卫生、问政等基本服务功能，但课题组从抽样县融媒体App的栏目分析和实际使用来看，江西省县级融媒体平台的服务供给和服务体验有待进一步加强。

首先，县级融媒体App与“赣服通”链接不够通畅，服务的便利性亟待提高。江西省县级融媒体App均通过外链方式与“赣服通”对接，在理论上涵盖“赣服通”所有服务项目并具备所有服务功能。但从21家县级融媒体App的实际使用来看，存在终端不适配、账号不互通、跳转频繁和无法链接等诸多问题，无法满足用户“一键式”办事需求，服务易用性不足，极大影响了县级融媒体App的下载使用和用户体验。

其次，县级融媒体 App 在地化服务供给不足。作为面向县域的综合服务平台，满足本地群众需求是县级融媒体服务供给的基本内容。但从 21 家县级融媒体 App 的版块分析和使用体验来看，绝大多数县级融媒体 App 在地化服务供给不足，主要体现在两个方面：一方面是特色服务供给广度不够，本地医疗、文化、教育、旅游等资源无法得到有效开发；另一方面是“赣服通”通用服务与本地特色服务融入不够，互补性不强。

最后，问政服务的互动性有待进一步改善。21 家县级融媒体平台都开通了在线政务功能，通过问政、报料、县长信箱等方式解决群众困难，切实承担起政民互动的责任，但其互动效率还有待提高。对抽样的 21 家县级融媒体问政版块分析发现，43% 的 App 客户端回复时间在一周以上，且绝大多数县级融媒体 App 不提供服务评价和不显示问题处理进度（见图 1）。

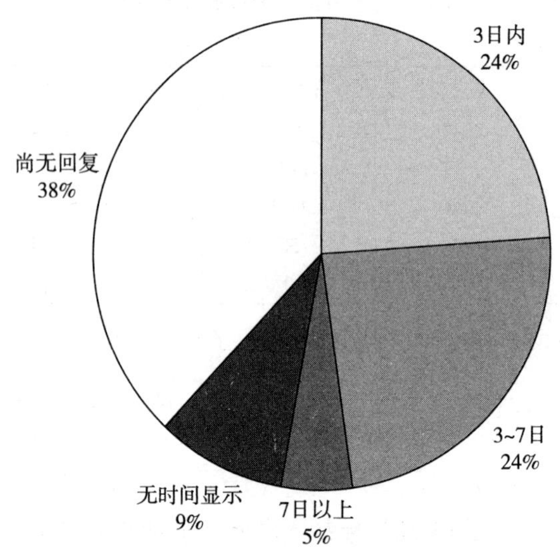

图 1　21 家县级融媒体 App 问政服务回复情况分析

（三）人才队伍建设多样化，但结构失衡待改善

目前，江西全省县级融媒体中心的公益事业单位属性和人员编制基本已明确，但大部分县级融媒体仍在不同程度上面临人才匮乏、队伍结构失衡等问题。

首先是人才匮乏问题突出。从 82 家县级融媒体中心的调研问卷来看，反映人才匮乏的共有 64 家，占比 78%。人才供给不到位、不充分，加之基层工作任务重，一人身兼数职的情况成为常态。如吉水县融媒体中心现有 22 名专业人员，却要完成吉水县电视台、活力吉水报、活力吉水微信公众号、掌上吉水 App、吉水融媒抖音号、视频号、吉水发布、吉水县新闻网等八类媒体的新闻内容生产，并对接学习强国平台的供稿。

其次是人才队伍结构失衡。一方面是年龄结构失衡，82 家县级融媒体中心中，采编人员平均年龄超过 30 岁的占 65%。年轻力量较少，特别是“90后”年轻人较少。另一方面是知识结构失衡，大部分县级融媒体中心采编人员还是由原来报社和广电的记者编辑组成，部分人员缺乏互联网思维，知识结构老化。

同时，编制缺、待遇低、上升空间小导致“新人进不来”“人才留不住”。从课题组实地调研访谈来看，主要体现在三个方面：一是待遇总体偏低，有编无编差异较大。“在单位有编制和合同聘用的基本工资是不一样的，扣除五险一金之后，有编基本工资将近 4000 元，合同聘用基本工资不到 3000 元，加上发稿及年终绩效，累死累活我一年也就 8 万元多点，待遇有点低”（F 县融媒体中心聘用记者）。二是考核激励机制不完善。“留住人才，关键就是要有特殊的政策，要像企业一样从各个方面留住人才。但是目前单位考核机制存在问题，对人员来说工作上干好干坏差不太多，导致人才缺乏主动性，留不住人才”（X 县融媒体中心主任）。三是个人发展空间有限。“县级地方不大，人不多，单位少，发展比较受地理上限制”（Y 县级融媒体中心记者）。

三　江西省县级融媒体的对策建议

江西省县级融媒体的建设和布局基本完成且初见成效，但仍需在内容生产、服务供给、人才优化、技术迭代等方面创新发展。

（一）坚持内容为王，打造本地化原创精品

县级融媒体坚持内容为王，要从深耕本地、增强贴近性，打造精品、提高原创力，丰富形式、扩大影响力等方面入手。

1. 深耕本地内容，打造原创精品

聚焦县域的人和事，讲好本地故事。江西省内各县级融媒体要进一步下沉到村镇，讲好本地群众自己的故事。例如瑞昌融媒体中心推出的《江西瑞昌援助武汉护士蔡紫云："休舱之后，希望继续留下"》，吸引了大量的读者，文章阅读量超过 19 万；从群众生活中寻找素材，体现地缘特色，真正做到"接地气"，既增强群众认同感，又为内容生产注入新的活力。

重视政策的本地化解读，让硬新闻软着陆。做优解读类信息也是省内县级融媒体值得深耕的方向，面对上级关于本地社会民生的政策文件，县级融媒体不仅要转发与传达，更要做好本地化解读、通俗化说明与阐释，围绕县域情况、立足群众需求，为群众提供更加实用的、贴近生活的信息服务。

增加原创信息数量，集中力量打造精品。县级融媒体本地化、原创性的内容生产是媒体产品推陈出新的基础，要把镜头对准江西风土民情、美景美食、历史文化、小康建设等，生产本地化、乡土化的鲜活内容，集中力量打造精品项目、特色项目，以优质内容吸引用户。①

2. 丰富产品形式，提升传播效果

通过对江西省 21 家县级融媒体中心的内容分析发现，内容表现单调的问题较为突出，文字、图片和传统新闻视频依然占主导地位，缺乏适应移动互联网时代的内容形式，江西省县级融媒体的内容生产需要紧跟时代，适应新媒体形态变化，主动求新、求变，提升传播效果。

多用群众喜闻乐见、新颖有趣的表达方式。充分运用 Vlog、直播、H5、有声播报等全媒体传播形式，符合当下用户媒介使用习惯，如黎川县融媒体中心以"游览者"视角创作的 Vlog 视频《遇见美丽江西丨打卡黎川古城》，具有较强的趣味性和代入感。

多种媒体形式传播，扩大用户群体。根据不同媒体的各自特性重新筛选、整合信息和数据，分别制作适应多渠道的媒体作品。构建适合融媒体的采编流程，真正做到"一次采集、多元生成"，扩展不同渠道的用户群体，扩大县级融媒体的影响力。

---

① 陈国权、李成：《县级融媒体中心建设现状与对策样本》，《青年记者》2019 年第 30 期。

（二）强化服务供给，增强县级融媒体用户黏性

县级融媒体作为最接近县域群众的平台，应充分重视综合服务的供给，联结智慧城市功能，满足群众需求，增强用户黏性，更好地引导群众、服务群众。

1. 加强服务供给，优化用户体验

县级融媒体作为最接近县域群众的平台，应充分重视综合服务的供给，拓展包括政务服务、公共服务、生活服务等在内的服务功能，将县级融媒体 App 客户端，建成“指尖上”的移动服务平台，同时提升媒体与政府形象①。

第一，围绕县域特点强化服务供给，不仅要加强“赣服通”平台的在地化无缝链接，更要有针对性地推出本地化特色服务项目。合理简化服务流程，科学建构服务功能评价体系，以“群众评”促“服务优”，进一步提升江西县级融媒体的综合服务水平和用户体验。

第二，承担起沟通政府与群众的重要纽带。在问政参与方面，开设网络问政、问政直播、投诉建议等参政议政栏目，同时重视回复和处理群众关切问题时的服务质量，融媒体后台人员应充分关注用户问题投诉并积极回复，与其互动，切实帮用户解决问题，提升用户参政议政体验，以此构建友好对话的情感联系。

2. 联结智慧城市，提升县融服务

县级融媒体可以依托 5G、物联网、人工智能等先进信息技术，作为当地智慧城市建设的牵头方和智慧城市运营的合作方，接入智慧医疗、智慧教育、智慧出行等功能。2020 年 2 月，江西新闻客户端通过“赣鄱云”“赣云”平台分别向其承建的县级融媒体中心客户端分发云端教学功能，实现了江西省内中小学生疫情期间在线学习。同时，县级融媒体要强化与智慧乡村的共触、共建，充分发挥县级融媒体平台在乡村互联网 +、扶贫助农、乡村推广、乡村文化传承等方面的积极作用，提升县域党委和政府的社会治理水平。

高质量的服务供给不仅增强了县级融媒体的用户黏性，也是其经济效益的

---

① 丁和根：《县级融媒体中心核心功能的实践路径与保障条件探析》，《南京师大学报》（社会科学版）2020 年第 4 期。

重要来源。以服务吸引用户，以流量搞活经营是县级融媒体激活自身造血能力的重要途径。疫情期间，江西省融媒体推进中心联合省内100个县级融媒体中心与京东共同发起“助农江西专线”，通过电商直播帮助农户出售滞销农产品，仅半个月的时间，累计销售金额超过3亿元，这种“在满足社会效益的基础上创造经济效益”的做法值得推广。

（三）创新用人机制，培养高素质人才队伍

习近平总书记强调:“媒体竞争关键是人才竞争，媒体优势核心是人才优势。”① 不断创新用人机制，培养高素质人才队伍是江西省县级融媒体发展的保障。

1. 改革激励制度，吸引优秀人才

第一，建立适合自身的绩效考核制度和激励制度。坚持“多劳者多得、优劳者多得，同工同酬、同岗同酬”的基本原则，实行“基本工资+绩效工资+奖励工资”的工资模式。寻乌县融媒体中心出台了《寻乌融媒体中心新闻采编工作人员职责分工及绩效考核办法》，对所有采编播人员明确了工作职责任务并实行绩效考核，工资待遇、评先评优与工作业绩挂钩，可作为改革借鉴。

第二，解决员工实际问题，为个人发展提供机会。江西省县级融媒体应该出台科学、合理的招聘制度和灵活的人才薪资待遇方案，适当扩展个人发展空间和渠道。这既有益于稳定融媒体中心现有人员，也有利于吸纳外部优秀人才，从而有效缓解部分县级融媒体优秀人才缺乏的难题。

第三，推进人员队伍年轻化、活力化。县级融媒体在人员招聘时可向高素质的年轻人倾斜，平衡员工队伍的年龄结构，并作为人才后备军培养。积极运用年轻优秀人才在新媒体运营上的创造力，开拓团队思路。

2. 完善培训体系，提升人员素养

县级融媒体大多是由传统媒体转型整合而来的，基础团队年龄结构偏大，容易造成工作理念、工作方式和评判标准与当下融媒体发展趋势不相适应。因此，县级融媒体需要完善培训体系。

---

① 《习近平的新闻舆论观》，http：//cpc. people. com. cn/n1/2016/0225/c64387 -28147896. html，2016年2月25日。

一是“请进来”。邀请专家、业界精英对县级融媒体团队进行培训。例如江西省融媒体推进中心成立以来，共推出23期“江西融媒大讲堂”，有效提升了县级融媒体编辑、记者的专业素养。并通过融媒体报道实战赛等多种形式，探索“培训＋融媒矩阵＋实战”的模式，[①] 形成人才互相竞争、共同进步的良好氛围，极大地提升了一线采编人员的生产积极性和生产能力。未来则需要在培训内容针对性、培训方式多样性、培训频率适度性等问题上继续完善。

二是“走出去”。江西省分宜县融媒体中心是全国样板之一，省内其他县级融媒体中心可积极对接考察学习，或走到省外考察全国先进单位，或寻找县情上的相似性与差异性，探索适宜自身发展的模式。2020年12月，江西广播电视台一次性派出13名业务骨干到湖南省广电集团进行为期51天的跟班学习，取得很好成效。这种“走出去”的人才培养模式值得各县级融媒体中心借鉴。

（四）技术引领平台再造，实现多云无缝连接

中共中央《关于加快推进媒体深度融合发展的意见》指出“要以先进技术引领驱动融合发展”，未来县级融媒体的深化发展离不开先进技术的支撑。

1. 重视技术迭代，联通省内云端

首先，实时进行技术维护和系统升级。确保县级融媒体各端口的点击按钮、跳转链接、显示页面等操作流畅，尤其是作为主阵地的移动客户端的运营维护。根据课题组调研中的意见反馈，“两朵云”智慧平台提供的内容生产的素材和模板还需要丰富，技术培训和维护也需加强。积极利用人工智能、物联网、5G、大数据等技术赋能县级融媒体，推进县级融媒体中心数据化、移动化、智能化发展。其次，在技术迭代中联通省内云端。未来江西省内的县级融媒体需要在省级融媒体的统筹下，制定云端系统的统一技术标准，彻底打通“两朵云”之间的传播壁垒；用好5G、云计算、大数据等信息技术，使数据与素材的传输速度更快，同时建立起具备一定规模的多元数据库，确保信息和数据实时共享、无障碍传输，节约信息采集成本、提升资源利用效率。

---

① 李晚成：《三级联动　推进一体化融媒新格局——江西省融媒体中心的实践与探索》，《传媒》2021年第2期。

2. 落实移动优先，实现无缝连接

“截至2020年12月，我国手机网民规模达9.86亿，网民使用手机上网的比例达99.7%。”① 以智能手机为代表的移动化媒体端口拥有最为庞大的用户量。“两微一端”应该是县级融媒体必须管住、用好的传播端口。

智媒时代，县级融媒体必须坚持移动优先战略，依托先进信息技术，在移动端上配置媒体的核心资源，充分利用新媒体传播形式，赋予其更丰富、更多元、更实用、更有趣的功能，适应用户使用场景的多元化趋势；同时将信息和服务高效率、高质量推送给用户，增强融媒体与用户之间的互动，满足用户多样化需求。

参考文献

李晚成：《三级联动　推进一体化融媒新格局——江西省融媒体中心的实践与探索》，《传媒》2021年第2期。

张国辉、龚穗娜：《省级广电台带动县级融媒体中心雁阵发展的优势浅析——以“赣云”为例》，《声屏世界》2020年第20期。

张诚、朱天：《县级融媒体中心嵌入社会治理路径与成效：创造公共价值与矛盾就地化解》，《中国出版》2020年第22期。

黄传庚、甘婕妤：《“三中心融合”带动志愿者防疫》，《新余日报》2021年2月2日。

黄楚新、郭海威：《中国媒体融合发展存在的问题及应对策略》，《传媒》2020年第15期。

丁和根：《县级融媒体中心核心功能的实践路径与保障条件探析》，《南京师大学报》（社会科学版）2020年第4期。

① 中国互联网络信息中心：第47次《中国互联网络发展状况统计报告》，http://www.cnnic.net.cn/hlwfzyj/hlwxzbg/hlwtjbg/202102/t20210203_71361.htm，2021年2月3日。

B.18
新冠肺炎疫情背景下的谣言传播研究报告

雷 霞*

摘 要： 新冠肺炎疫情的暴发及伴之而来的民众深度卷入，连同各种新媒体信息制作与传播平台便捷化的信息分享功能，共同创建新的信息传播情景。尤其短视频、直播类平台提供的“在场化”内容呈现极具诱导性，为受众甄别信息的真伪带来巨大挑战。疫情背景下，部分谣言极具危害性，在“抗疫”中成为阻力，需要加强应对与防范。后疫情时代的谣言治理，要对谣言概念统一认识，进一步明确新闻媒体及专业机构和人员的责任意识,并利用人工智能技术，完善信息推荐与信息搜索机制，精准推送辟谣信息，同时提高网民的网络素养及其对谣言信息的警惕性与辨识力。

关键词： 谣言传播 信息推荐 信息搜索 辟谣

一 新冠肺炎疫情背景下网络热点谣言的特征

新冠肺炎疫情的暴发及伴之而来的民众深度卷入，连同各种新媒体信息传播平台便捷化的信息分享功能，创建了新的信息传播情景，对人的认知和体验产生深远影响。随着新冠肺炎疫情的扩散和蔓延，各种虚假谣言信息也

---

* 雷霞，博士，中国社会科学院新闻与传播研究所副研究员，数字媒体研究室副主任，研究方向为新媒体传播、谣言传播和组织文化传播等。

借助不同的网络平台扩散和传播。新冠肺炎疫情背景下，谣言的传播呈现出一些新的特征。

（一）新冠肺炎疫情背景下综合热度值排名前50的网络谣言

人民网新媒体智库研究员曲晓程等对舆论场中热度较高的热点谣言事件进行抓取，获得其在新闻网站、论坛、博客、报刊、微博、微信、App 等平台上相应的热度排行，并用对数法的归一化方法，进行舆情热度标准化，对其综合热度进行排行。① 据此数据，笔者整理出 2020 年 1～12 月综合热度排名前 50 的网络谣言，其中前 30 条如表 1 所示。②

表 1　2020 年 1～12 月综合热度值排名前 30 的网络谣言

序号	时间	谣言内容	综合热度值
1	2020 年 11 月	普通高中将被纳入义务教育	96902.25
2	2020 年 7 月	7 月 20 日起全国高速再次免费通行，时间延长至年底	86055.70
3	2020 年 9 月	5G 耗电太猛导致电网负荷创历史，会“拖垮电网”	28934.45
4	2020 年 8 月	银行业集体大幅降薪	23505.75
5	2020 年 8 月	花呗分批接入央行征信系统会影响个人的征信记录	23364.45
6	2020 年 2 月	非上海户籍不再列入新增确诊病例中	22919.25
7	2020 年 4 月	外资正在加速撤离中国	19477.70
8	2020 年 2 月	企业提前开工致员工感染新冠，200 多名员工隔离	16295.75
9	2020 年 4 月	无症状感染者是新冠病毒后期的特征	11391.45
10	2020 年 11 月	湖北省卫健委发布：新冠病毒已变异，传染性更强	10481.50
11	2020 年 8 月	数字人民币试点增加，即将落地	10285.30
12	2020 年 1 月	把空调开到 30℃可杀死新型冠状病毒	9430.20
13	2020 年 8 月	全球面临 50 年来最大的粮食危机	7743.95
14	2020 年 2 月	吃大蒜能预防（不易）感染新冠肺炎	7006.75
15	2020 年 10 月	多家快递公司出现“罢工”，快递无人派送	6406.15
16	2020 年 10 月	板蓝根能治新冠	5859.75
17	2020 年 4 月	广州 1000 余名非洲籍人员核酸检测呈阳性	5435.25

① 将原始数据整理为在［0，1］区间的标准值，进而实现指标计量单位和数量级的差异，采用舆情热度 = 网络新闻 ×0.2 + 论坛 ×0.1 + 博客 ×0.1 + 报刊 ×0.2 + 微博 ×0.15 + 微信 ×0.15 + App ×0.1 的测算公式，对其综合热度进行排行。

② 数据由人民网舆情数据中心曲晓程提供，数据采集时间为 2020 年 11 月至 2021 年 1 月。

续表

序号	时间	谣言内容	综合热度值
18	2020 年 8 月	病毒已发生变异，武汉金银潭医院再次向同济求援	5243.70
19	2020 年 2 月	新型冠状病毒可在空气中悬浮	5047.65
20	2020 年 4 月	哈医大一院有医生感染新冠，耳鼻喉科封科	4518.15
21	2020 年 9 月	10 月 1 日加班能享受 6 倍加班费	4382.55
22	2020 年 10 月	中国新冠疫苗在菲律宾上市销售	4222.25
23	2020 年 2 月	疫情期间，自来水加大氯气注入，静置 2 小时再用	4210.15
24	2020 年 9 月	新疆存在“强迫劳动”	4203.85
25	2020 年 5 月	合肥高新区某工业园内发现 6 名新冠肺炎确诊病例	3982.70
26	2020 年 7 月	乌鲁木齐新疫情是由哈萨克斯坦入境者引发的	3669.05
27	2020 年 4 月	味道越大的消毒剂消毒效果越好	3591.50
28	2020 年 6 月	三峡大坝变形严重	3539.45
29	2020 年 9 月	多地教育局不再为失信人员子女办理学籍	3489.25
30	2020 年 8 月	武汉一小区患者复阳	3210.25

资料来源：笔者根据人民网舆情数据中心曲晓程提供的数据整理，数据采集时间为 2020 年 11 月至 2021 年 1 月。

（二）新冠肺炎疫情背景下网络热点谣言的内容特征

新冠病毒的易感性与强传播力直接威胁到每个人的健康安全，疫情暴发时正逢春节假期人员流动高峰，加大了病毒传播范围与感染和扩散传播的概率，一时间，有关疫情的信息扑面而来，成为民众最为关注的显著信息，其中不乏缺乏确定性的谣言信息。总体来看，疫情背景下，网络热点谣言呈现出以下特征。

1. 高显著性、相关性与不确定性凸显

2020 年 1 ~ 12 月热度排名前 50 的网络谣言，也是综合热度值在 1000 以上的网络谣言。其中，新冠肺炎相关的有 27 条，占 54%；经济相关的有 6 条（其中含普通经济类 3 条，数字经济类 3 条），占 12%；科普相关的有 4 条（其中含健康科普 2 条，科技科普 2 条），占 8%；政策相关的有 4 条（其中含医保政策 1 条，劳工政策 1 条，房产政策 1 条，交通政策 1 条），占 8%；社会相关的有 3 条，占 6%；教育相关的有 2 条，占 4%；法律法规相关的有 2 条，占 4%；特殊天气与气候相关的有 2 条，占 4%（见图 1）。

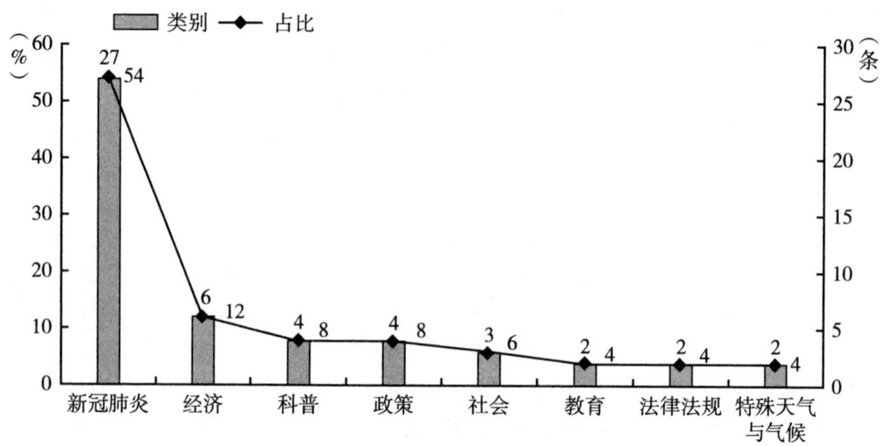

图1　热度排名前50的网络谣言类别及其占比

资料来源：笔者根据人民网舆情数据中心曲晓程提供的数据整理，数据采集时间为2020年11月至2021年1月。

从图1可以看出，疫情背景下，综合热度排名前50的网络谣言中，占比最大的与新冠肺炎相关，其次是经济、科普、政策、教育、法律法规和天气等与民众生活、生产和社会紧密相关，显示出高度的显著性与相关性。经典的谣言公式认为"流行谣言传播广度随其对相关人员的重要性乘以该主题证据的含糊性的变化而变化"，① 重要性与含糊性缺一不可。此次疫情既是社会突发事件，又涉及健康与人身安全，重要性凸显。而病毒传播初期，八名发布该病毒相关信息的人被认为是传播谣言遭到训诫，可见疫情暴发之初，大家对于新发病毒的认知度不高，整个社会都缺乏透明度高和权威性强的信息，因此促使了谣言传播的重要因素即重要性、相关性、不确定性齐聚。

2. 焦虑恐慌情绪卷入度高

除上述重要性、相关性与不确定性以外，充满焦虑和恐慌也是疫情背景下谣言的重要特征。民众的焦虑与不安、恐慌与猜疑随着疫情的扩散而蔓延。此次疫情相关谣言信息的制造与传播充分利用人们的恐慌心理，让用户卷入自己的情绪以吸引关注，具体来看，有以下几类：①杜撰或故意夸大自己或与自己

① 〔美〕奥尔波特等：《谣言心理学》，刘水平等译，辽宁教育出版社，2003。

有关的亲友感染病毒并公布感染者居住地址等信息；②故意夸大或捏造某地发生聚集性感染等信息；③制造官方信息发布所在城市即将飞机喷洒消毒药水或交通管制等防控措施等信息；④故意夸大物资紧缺或超市关门等信息。这些信息都是利用恐慌情绪传播，同时又会制造更大的恐慌，极易降低身处恐慌中的个人对谣言的辨识力，甚至成为谣言的传播者。

3. 高噱头词 + 敏感符号 + 新冠肺炎疫情高浓度发酵

京师中国传媒智库曾发布谣言标题中经常出现的词和习惯用语，如带有绝对化意味的“一定”“绝对”“只因为”等；带有悬念意味的“揭秘”“真相”“曝光”等；带有夸张意味的“震惊”“惊呆”等；带有意料不到意味的“竟然”“没想到”“居然”等；带有诱导性意味的“必看”“警惕”等。[①] 由于疫情蔓延扩散，“钟南山”（作为与新冠肺炎疫情有强联系的特殊符号）到了某地、某物或某行为（如板蓝根、洁厕灵和 84 消毒液混合、吃大蒜、吃鸡蛋、用生理盐水洗鼻子等）可以预防或治疗新冠肺炎、某地出现新冠病毒变异，传染性更强，以及某地出现确诊病例等，成为疫情相关谣言的常用套路。除了疫情相关敏感词和符号，包括日常其他热点谣言传播中常用的高噱头词等，与疫情的高浓度发酵成为互相促进的重要因素。

4. 背离常识的高反常度

背离常识的高反常度谣言是利用人们的猎奇心理进行传播，越是反常的，越容易引起关注。尤其是在疫情期间，该类谣言既有娱乐功能，可以起到一定的情绪释放和调剂作用，又可以借助疫情带来的恐慌焦虑情感进行添油加醋，以故事化的形式传播扩散，成为拉动流量的工具。多数人觉得“好玩”（有大量案例显示，被依法判处的此类谣言的制造者只是出于娱乐心理制造和传播谣言），但是不可避免地，也有一定数量的不明真相的民众相信和传播谣言。比如，新冠肺炎疫情期间，贵州、四川、重庆、浙江等地流传一则谣言，称一头母猪生下小猪后，小猪开口说话了，说连续吃 9 个鸡蛋能防止病毒感染。[②] 这则谣言耸人听闻，但在疫情的特殊情形下，有人会信以为真，并按谣言中的说

---

① 《移动社交网络时代的传谣与辟谣：技术逻辑视野下的新态势与新对策》，京师中国传媒智库，2017 年 10 月 31 日。

② 《猪开口说话　吃 9 个鸡蛋能防疫？造谣者已被拘留》，新浪网，2020 年 2 月 7 日。

法吃鸡蛋，还拍视频上传到网上。人在处于高度恐慌状态时，对于与自身有极大相关性的信息，判断力容易下降，因此高反常度谣言趁机出现。

（三）新冠肺炎疫情背景下谣言信息的传播特征

新冠肺炎疫情既是突发事件，又与人身健康和安全高度相关，同时，新冠病毒是新发现的病毒，民众对其缺乏足够的认知，产生很多不确定因素，加之其传播力强，因此极易引发不安和焦虑，而不安和焦虑正是滋生谣言产生和传播的温床。

1. 特殊时期网民成为自觉的流量拉动者

疫情引发全社会关注的起始时间恰好是春节假期前，而在春节期间，多地管控措施涉及居家隔离，广大民众既不用上班，又没有社交活动，同时沉浸在恐慌情绪当中，加之新媒体技术提供的便捷化和新媒体平台的普及化应用，一方面使民众成为自觉的“流量”消费者，另一方面使民众成为各新媒体平台争取流量的资源。作为不确定信息的谣言，借机传播，成为部分流量的拉动者。

2. 假借专业机构或专家名义发布谣言信息

在形势紧急和情况不甚明了的情况下，借专家或权威机构、科学机构等名义发布虚假谣言信息是非常多见的，疫情背景下的谣言传播也不例外。2020年3月，有谣言称武汉大学中南医院重症医学科主任彭志勇医生通过对多起死亡病例的解剖、化验和分析得出的结论是新冠病毒是SARS病毒加艾滋病毒的总和，同时称新冠病人即使核酸检测呈阴性，没有症状，病毒也不会完全消除，而且依然有传染性。9月12日，武汉大学中南医院宣传部门联合环球时报对该谣言进行了辟谣，称彭志勇并未做过此方面的解剖、化验和分析，也未有相关结论。① 以国内外权威机构、媒体机构或专家口吻发布虚假谣言信息，误导民众，也是在疫情背景下传播和扩散谣言的重要方式。

3. 张冠李戴，借热点新闻制造谣言信息

2020年12月，成都确诊女孩照片在网络上广泛传播，照片当事人称该照

① 樊巍：《“抗疫英雄揭新冠病毒最可怕之处”？武大中南医院官方辟谣！》，《环球时报》2020年9月12日。

片是自己发布在短视频平台上的，被盗用为成都确诊女孩照片，[①] 这是明显的蹭热点新闻，张冠李戴，制造和传播谣言。类似的谣言还有一些是以“新闻”或以政府机关发布公文文件形式流传。热点新闻本身受关注度较高，任何有关信息都可能蹭上热点进而拉动流量，因此这类谣言传播力强、范围广，一般会在短时间内被涉及的相关机构或个人辟谣。但是，该类谣言经常借助技术手段进行以假乱真的拼接，很容易混淆视听。尤其是整合音频、视频的谣言，通过“在场化”的呈现，使其更加难辨真伪。

4. 生命力强大的“死灰复燃”式谣言

“死灰复燃”式谣言，是与以往曾经流传过的谣言非常相似的版本重新流传的谣言。2020 年 7 月，“京津冀将迎特大暴雨”的“警报”引发关注并被广泛传播，后经中国互联网联合辟谣平台核查，京津冀“特大暴雨警报”是老谣言，即“死灰复燃”式谣言，其源头是 2012 年 7 月 21 ~ 22 日发生在北京及其周边地区的“‘7 · 21’特大暴雨”。[②] 该谣言没有注明权威来源，也没有标注具体发布时间。而类似的“特大警报”不仅有京津冀版，还有云南、黑龙江等不同地方的版本。[③] 这类谣言出现的时间大都在 7 月，除了这一相同的时间要素外，其余都是不同年份和不同地理位置的雷同版本。

5. 短视频和直播类平台与社交媒体的互嵌

伴随移动终端信息制作与分享技术的不断进步，用户自制信息与分享信息门槛越来越低，也越来越便捷化。尤其是短视频、直播类平台提供的“在场化”内容呈现方式极易诱导用户“眼见为实”并容易信以为真，为受众甄别信息的真伪带来巨大挑战。抖音、快手等短视频和直播类平台成为谣言传播的新渠道，并且因其有声、有图、有场景、有影像、有故事，加上“当事人”出场或画外音参与，极易诱导用户信以为真。同时，如果用户将抖音或快手上看到的谣言进行转发或加工，上传到微信，会产生更大的聚合效应。有些谣言源于直播平台或其他视频号，再被微信公众号的作者情绪化解读和加工，杜撰煽动性极大的故事，诱导受众信以为真，并卷入真情实感，继而转发和分享，

---

① 《“成都确诊女孩照片”疯传！照片主人回应》，https：//new. qq. com/omn/20201208/20201208A0EXQY00. html，2020 年 12 月 8 日。

② 《京津冀将迎特大暴雨极强狂风？官方：系老谣言》，界面新闻，2020 年 7 月 11 日。

③ 《京津冀将迎特大暴雨？谣言！》，北京日报客户端，2020 年 7 月 11 日。

引发高度关注，成为热点。2020 年 7 月 21 日，“钟南山来新疆了”的抖音短视频，以钟南山的照片作为背景和用户头像，缺乏现场新闻图片，但在社交媒体平台上得到关注并被广泛传播，微博上出现“#钟南山乌鲁木齐#”“#钟南山新疆#”的话题，阅读量超过 10 万，最终被辟谣为虚假谣言信息。① 用户通过网络搜索，相关短视频和直播内容被推送，对借助这类平台传播的谣言要加强戒备，尤其对那些基于一定的真实要素杜撰的虚假信息，要对其保持警惕和敏感。

二　新冠肺炎疫情背景下谣言治理中出现的问题

就疫情相关谣言的处理情况，总体来说比较快速、及时，并且处理数量多、范围广、力度大。对于疫情相关谣言的制造与传播来说，能够起到一定的警示作用，也在一定程度上能够警示民众对谣言的传播有所警惕和防范，但是也有一些值得反思的地方。

（一）谣言概念模糊，反转加剧民众质疑

2020 年 1 月 1 日，武汉市公安机关处罚 8 名发布“华南水果海鲜市场确诊 7 例 SARS”谣言的传播者。随着疫情形势的严峻，该事件被推向风口浪尖，针对谣言的定义也得到前所未有的关注。2020 年 1 月 29 日，最高人民法院针对此案件做了说明，其中提道，“‘谣言’是生活用语，法律上对谣言表述为‘虚假信息’”。这句话对媒体工作者和大众都有一定的误导作用。实际上，法律当中并没有针对“谣言”的定义。因此，其本意可能是表达法律当中涉及对“谣言”处理的，是参照对“虚假信息”的处理。也就是说，应该是针对虚假的谣言信息的处理，而不是定性“谣言”为“虚假信息”。这一概念同时也对辟谣工作者造成困扰，对谣言的判定容易杂乱。实际上，谣言作为含有大量不确定性的信息，可真可假，有些辟谣判定结果为真，也充分说明了这一点。

---

① 《“钟南山来新疆了”？网友调侃：已通过朋友圈抵达乌鲁木齐》，https：//baijiahao. baidu. com/s? id = 1672801955133643716，2020 年 7 月 21 日。

（二）辟谣结果判定标准不一，区分不明

以腾讯新闻“较真”辟谣平台“新型冠状病毒肺炎实时辟谣”为例（该平台嵌入在腾讯新闻实时报道新冠肺炎疫情中，截至2020年2月15日17：39，阅读量已达12.7亿），该平台辟谣信息成为广大民众在疫情期间消除恐慌心理、寻找科学理性的应对方式的主要信源。但其对谣言的判定结果为“有失实”“尚无定论”“谣言”“伪科学”“真—确实如此”“假—谣言”“疑—有失实”“假—伪科学”“疑—分情况”“假—伪常识”“疑—尚无定论”等，辟谣判定标准不一，标签杂乱，不利于民众对谣言概念的理性认识。目前在辟谣时，亟须厘清谣言与虚假信息的界限，让辟谣更加有效。谣言是被广泛传播的、含有极大的不确定性的信息。[①] 一旦被证实、部分证实、证伪或部分证伪，其不确定性消失，便不再是谣言。因此，辟谣的判定结果中不应该出现“谣言”标签。如果判定结果为假，直接注明“虚假信息”，如果判定结果为真，直接注明“真实信息”，如果有真有假或不确定，则应谨慎处理，以防判定结果标为“存疑”进一步加深民众对谣言信息是否属实的不确定性，继而影响辟谣效果。

（三）权威信息确定性不足，谣言被治理后疑似符合实情，后续缺乏明确解释

北京师范大学新媒体传播研究中心于2020年3月15日发布的针对新浪微博、微信等渠道2020年1~2月疫情相关谣言处罚信息的研究报告指出，涉及感染的谣言（主要为“某地出现确诊病例”）有172条，占比62%。“感染类”谣言中有74%在处罚后三天内当地的确出现了感染病例。[②] 当地居民在相继了解到相关谣言被治理和当地确实有类似谣言中所指涉的确诊病例出现的情形下，很难判断被治理谣言与真实情况之间有没有关联，后续缺乏明确解释，由此可能产生一系列猜疑情绪，转而对谣言传播者表示同情，或引发不必要的猜疑。

---

① 雷霞：《谣言：概念演变与发展》，《新闻与传播研究》2016年第9期。

② 北京师范大学新媒体传播研究中心课题组：《薛定谔的猫？对276条被处罚“谣言”的分析》，《新媒体观察》2020年3月15日。

（四）权威媒体信息造成误读，辟谣不及时

谣言传播迅速，辟谣不及时会极大的影响辟谣效度。此次疫情期间出现一个有关“双黄连口服液可抑制新冠病毒”的谣言，并引发广大民众一夜之间抢购双黄连口服液的事件。因为是由“权威媒体”记者采访“权威”专家获得的一手信息，民众信任度高，同时对报道中的信息的理解过于武断，加上疫情期间高度聚合的恐慌情绪，使得该谣言快速扩散并引发抢购行为。腾讯“较真”辟谣平台共有两个相关辟谣信息，均发于抢购事件的第二天，即2月1日，判定结果为“疑—尚无定论”，对该谣言的辟谣不及时，并且判定结果不明确。而导致谣言传播和抢购行为的信息发布于1月31日晚上，当晚便形成巨大的聚合效应，引发抢购行为，而在疫情期间，民众的抢购行为反而增加了感染病毒的风险。由于辟谣不及时不彻底，没有有效阻止抢购行为。

三　后疫情时代谣言治理建议

习近平总书记针对严峻的疫情防控形势，发表《在中央政治局常委会会议研究应对新型冠状病毒肺炎疫情工作时的讲话》，强调“宣传舆论工作要加大力度，统筹网上网下、国内国际、大事小事，更好强信心、暖人心、聚民心，更好维护社会大局稳定”。疫情期间，部分谣言极具危害性，在“抗疫”中成为阻力，需要加强应对与防范。而有些谣言具有社会焦虑情绪的缓释作用，甚至具有一定的预警作用，这对谣言的应对和治理提出更大挑战。

（一）对谣言概念统一认识，对非破坏性谣言放宽治理力度

新媒体平台信息源多样，传播主体众多，信息传播便捷，信息制作门槛很低，因此含有不确定性的信息数量庞大，如果都予以治理，既不可能又不必要。而依据以往学者对谣言研究的成果来看，相当一部分的谣言具有社会舆论中民众紧张情绪的“减压阀”作用，或具有对民众焦虑情绪的缓释作用，或可以促使民众进一步探求真知。正视特殊时期谣言的“减压阀”作用，包括

谣言对社会焦虑情绪的缓释作用，做到分类分层治理，适当放宽对普通民众传播非破坏性谣言的管制。在不确定是不是虚假的谣言信息的情况下，谨慎处罚。对于一般性谣言，尤其是危害性低的谣言信息，以及普通民众在释放自身焦虑，或在对当前新闻事件进行解读和猜测过程中非故意传播的谣言信息，并且没有造成危害性结果的，可以适当放宽治理力度，积极引导网民对包含不确定性的谣言信息进行合理的质疑和探讨。

（二）突出重点，加大力度整治危害性大的虚假谣言信息

新媒体平台多样化信息制造与传播的主体推动舆论场不同观点的碰撞与对话，即时性与碎片化的话语为舆论带来活力。依靠网民集体的智慧和力量澄清谣言，这在一定程度上能够提高网民对谣言信息的警惕性和辨识力，同时促进网民提升其网络素养；对于危害性不大，甚至含有一定预警性的谣言适当宽容，辩证对待。但同时，要区分谣言的传播是否恶意以及是否造成严重的破坏后果，对于破坏性强的谣言决不姑息；对于那些具有非常大的破坏后果，对社会、经济、文化、机构、企业、个人等产生极大的负面影响的谣言，尤其恶意、故意制造和传播的虚假谣言信息，要突出重点，加大整治力度。尤其是在新冠肺炎疫情背景下，部分谣言极具危害性，在“抗疫”中成为阻力，需要加强应对与防范。

（三）明确和强调新闻媒体机构和个人传播确定性信息的责任意识

传播感染类谣言可能引发民众恐慌，但是，真正造成民众更大恐慌的是确定性信息的缺席。而这种更大的恐慌反过来又可能成为滋生谣言传播的土壤。因此，及时发布确定性信息才是杜绝谣言最重要、最有效的途径。要明确权威信息并不等同于确定性信息，如果权威机构发布的是不确定信息，造成的后果反而更严重。既权威又确定，才能更容易获得民众的认可和信任。在疫情暴发之初大家对病毒的认知有限的情形下，及时、透明发布各种不同的专家意见、病毒可能的传播力以及如何防范等信息，引导民众综合、理性判断，对提升整体网络素养和科学素养也大有助益。而对于来源不可靠的信息，在媒体发布前一定要做好求证工作。民众越是处在焦虑中，对确定性信息的依赖和需求越强，新闻媒体正好借此机会提升其公信力和用户黏度。相应地，专业机构和个

人有着比普通民众更大的社会责任和专业义务。如果专业机构和个人传播谣言，应受到更为严厉的惩罚或警告。

（四）新闻发布会发布权威、及时、准确的信息

新闻发布会因其权威性、及时性和全面性而成为疫情期间高可信度信息的主要来源，疫情期间民众在高度焦虑以及对新冠肺炎疫情知之甚少的情形下，多倚重于政府和权威机构的信息发布，发布会作为重大突发事件中的权威信息发布平台，有着不可或缺的重要作用。各级新闻发布会要发布真实准确的信息，同时对有重大影响的谣言主动予以澄清，有效引导和服务民众，建构社会认同，促进社会信任方面，传播正能量。同时，新闻发布会还可以对疫情专业知识进行科普，从而引导民众自觉判断与抵制科学和知识类谣言。

（五）对疫情期间为传播确定性信息做出巨大贡献的团体和义务工作者给予奖励

疫情期间，各类新闻、资讯、谣言鱼龙混杂，值得肯定的是，有相当一部分个人和团队为确定性信息的整理和传播做出了巨大贡献。比如，提取最权威和有用的信息整理《关注新型冠状病毒的可靠信息与谣言》的 A2N（Anti 2019 - nCov）团队、制作并发布了《防疫需求与民间援助信息索引》的 Simo 团队、提取最权威和有用的信息给网民的阿夏桑（及其团队）等。奖励疫情期间为确定性信息传播做出巨大贡献的义务工作者，有利于促进网络空间的清朗化建设。同时，通过鼓励模范的示范作用，有利于提升网民对信息的辨识力和理性素养。

（六）利用人工智能技术，完善信息推荐与信息搜索机制，精准推送辟谣信息

根据中国互联网络信息中心（CNNIC）发布的第 47 次《中国互联网络发展状况统计报告》，截至 2020 年 12 月，我国网民规模达到 9.89 亿，互联网普及率达到 70.4%，人均每周上网时长为 26.2 小时，我国搜索引擎用户规模达 7.70 亿，占网民整体的 77.8%；手机搜索引擎用户规模达 7.68 亿，占手机网

民的77.9%。[①]“有事找度娘”成为流行语，民众越来越习惯于依赖网络搜索。然而，搜索引擎推荐的关键词自动完成和下拉菜单的推荐，以及搜索结果在网页上的排序展现，都被指责有广告误导与赚取流量嫌疑，甚至有些推荐还进一步助推了谣言和不实信息的传播。因此，必须依法加强网络空间治理，只有网络空间足够风清气正，才能更好地为民众服务，也才更有可能发挥好阵地作用。

利用人工智能技术，结合大数据和算法，从技术上遏制相同的谣言在各新媒体平台的N次传播，比如信息搜索自动完成功能中，可以过滤掉已确定是虚假信息的谣言的自动完成或关联关键词推荐的功能，给已阅谣言的受众在该信息被判定为假之后主动推送辟谣信息。新媒体平台信息繁多，网民注意力也是分散的，尤其是微博、微信、抖音等短视频平台各种网民自制信息肆意传播，网民看到谣言后，由于新媒体上的信息往往刷新迅速，稍纵即逝，如果错过了时间，网民打开平台看到的就是完全不一样的信息了，其不一定能有机会看到之前已经看到过的谣言的辟谣信息。因此，通过大数据和算法等手段，精准推送给用户关注过的相关谣言的辟谣信息不失为辟谣的一个有效举措。

（七）加大投入，打造谣言查证联合辟谣平台

微信官方辟谣账号“谣言过滤器”专门澄清微信平台上的谣言，其推出的小程序“较真平台”有自动推送功能，还有信息是否属实的检索查询功能。目前，除微信辟谣平台之外，果壳、科普中国、人民网“求真”栏目、丁香医生、春雨医生、蝌蚪五线谱、科学大院、北京科技报、上海辟谣平台等也都是值得信赖的辟谣平台。这些权威平台汇集了大量的专业机构、志愿团队和个人，内容涵盖各个领域，均提供专业的事实查证和科普文章等可信度高的内容。新媒体时代“智能化”的用户对于辟谣信息提出了新的要求和挑战，同时也可以为辟谣信息拼块贡献自己“遍在”的力量。除了专门的信息管理机构、辟谣平台和团体、公益辟谣组织进行有效的辟谣信息拼接外，可以鼓励和

① 中国互联网络信息中心（CNNIC）：第47次《中国互联网络发展状况统计报告》，http://www.cac.gov.cn/2021-02/03/c_1613923423079314.htm，2021年2月3日。

利用网民的力量，齐聚以上各方力量，整合资源，多管齐下，平台协同，共同加入辟谣大军。

参考文献

〔美〕奥尔波特等：《谣言心理学》，辽宁教育出版社，2003。

《移动社交网络时代的传谣与辟谣：技术逻辑视野下的新态势与新对策》，京师中国传媒智库，2017 年 10 月 31 日。

《猪开口说话　吃 9 个鸡蛋能防疫？造谣者已被拘留》，新浪网，2020 年 2 月 7 日。

樊巍：《“抗疫英雄揭新冠病毒最可怕之处”？武大中南医院官方辟谣!》，《环球时报》2020 年 9 月 12 日。

《京津冀将迎特大暴雨？谣言!》，北京日报客户端，2020 年 7 月 11 日。

雷霞：《谣言：概念演变与发展》，《新闻与传播研究》2016 年第 9 期。

B.19
2020年中国视听新媒体技术应用创新发展报告*

高红波　郭　京**

摘　要： 2020年，以5G、人工智能为代表的新一代信息技术在中国视听新媒体领域的应用创新深入发展。四大电信运营商利用5G网络资源优势，开拓垂直应用场景，释放了视听媒体在创作、传播方面的新动能，广电网络上市公司顺应“一网整合”趋势，发力建设“广电5G”，“5G+AI”成为网络视听行业技术应用创新的年度关键词。面向未来，5G建设持续加速带动各媒体行业合作深化，智能化应用升级推动相关标准体系逐渐成熟，开拓全新应用场景提升媒体社会服务能力，强化“产学研用”一体化发展夯实技术创新载体等，将成为我国视听新媒体技术应用创新发展的主要趋势。

关键词： 视听新媒体　5G　人工智能

2020年，是我国“十三五”规划收官决胜之年，也是5G技术快速发展、规模商用之年，以5G、人工智能为代表的新一代信息技术在政策引导、行业需求、产业发展等诸多因素的驱动下，广泛应用于我国视听新媒体领域，在多

---

* 本文为河南大学研究生教育创新与质量提升计划项目（SYL20050103）阶段性成果，项目名称：研究生规划教材《电视媒介进化论：新媒体技术对视频媒介进化的影响》。

** 高红波，河南大学新闻与传播学院教授，广播电视系主任，硕士生导师，传播学博士，艺术学博士后，主要研究方向为广播电视与新媒体、传媒经济与文化产业；郭京，河南大学新闻与传播学院硕士研究生，主要研究方向为广播电视。

个维度激发出视听媒体创新发展、转型升级的能力和潜力。5G、人工智能等技术与视听新媒体发展紧密结合，四大运营商利用自身优势资源，开拓垂直应用场景，释放了视听媒体在创作、传播等方面的新动能。广电网络上市公司顺应“全国一网”大势，紧抓5G建设机遇，开发自身新的竞争优势。始终紧跟技术变革大潮的网络视听产业也在5G风口，以新技术赋能视音频创作与呈现，实现网络视听产业发展的新升级。本报告立足于中国视听媒体的具体实践，拟从技术研发、产品应用、企业发展及行业变革等多维视角，盘点分析2020年我国视听媒体技术应用创新的现实景观，探讨其未来发展的趋势走向。

一　科技助燃，释放视听媒体发展新动能

在中央定义的“新基建”① 中，5G技术列首位，是承载多项技术发展、应用的基础性网络，也是驱动数字社会变革与发展的重要力量。2020年，在我国5G进入大规模商用之际，5G技术发展迈上新的台阶，作为5G基础设施建设主力军的四大电信运营商，积极响应工信部关于“推动加快5G建设发展”的号召，② 在基建建设数量上持续加码，有规划地建设5G网络，并利用自身的技术优势与业务专长，推动5G技术融入百业，与各行业共同发展。其中，5G技术在视听新媒体领域的落地应用催生了5G全息影像、5G超高清直播等新的视频传播形态，在“受众体验”与“视频传播”两个层面上实现了突破与升级。通过对中国移动、中国联通、中国电信及中国广电官方网站中相关“新闻动态”的整理，能够管窥2020年四大电信运营商在5G建设及视听媒体应用方面的相关规划与创新实践。

---

① 特指“新基建”中的“信息基础设施”，主要是指基于新一代信息技术演化生成的基础设施，如以5G、物联网、工业互联网、卫星互联网为代表的通信网络基础设施，以人工智能、云计算、区块链等为代表的新技术基础设施，以数据中心、智能计算中心为代表的算力基础设施等。

② 中华人民共和国工业和信息化部：《工业和信息化部关于推动5G加快发展的通知》，https://www.miit.gov.cn/zwgk/zcwj/wjfb/txy/art/2020/art_ffd918abf3e848efbb2a6225dbe266db.html，2020年3月24日。

（一）中国移动：积极践行“5G+”计划

2020 年正值中国移动成立 20 周年之际，“创无限通信世界，做信息社会栋梁”是中国移动一直以来坚守的初心。进入 5G 时代，中国移动依旧积极发挥“旗帜”作用，践行“5G+”计划，以实际行动推动 5G 与当下各领域发展的融合与融通。① 目前中国移动在 5G 行业应用方面深入下沉至多个场景，在医疗、教育、园区、工地及矿山等各大领域实现了落地应用，并在疫情防控、复工复产等重大事件中充分展现了 5G 的实际应用价值。

在 5G 技术与视听媒体领域的结合方面，中国移动发力超高清视频制播领域，与中央广播电视总台密切合作。2020 年 7 月 22 日，中国移动与广电总台携手共建了超高清制播示范平台。计划两年内建成 5G+4K/8K 超高清制播系统，助力总台 5G+4K/8K 超高清视频应用的优化与提升。② 7 月 25 日，在总台举办的大型融媒体直播《走村直播看脱贫》中，中国移动作为独家网络合作方，运用5G 技术赋能媒体直播活动。为实现5G+媒体行业应用场景的充分落地，中国移动计划打造以 5G 专网为支撑的超高清制播相关产品及方案，在 5G 与媒体行业融合应用中起到示范作用。中国移动董事长杨杰表示，未来 5G 在视频领域的应用中，将通过技术的不断革新与超高清深度融合，在视频领域发挥更大的潜力。③

（二）中国联通：坚持实施“聚焦、创新、合作”新战略

中国联通作为我国信息通信领域“国家队”的重要一员，始终坚定高起点布局、建设 5G 网络的理念，通过实施“聚焦、创新、合作”战略，推动 5G 技术的创新与应用，实现 5G 技术赋能行业转型。2020 年，中国联通在 5G+工业互联网领域实现创新发展，以全新产品“联擎 5G 全连接工厂”为我国赢得了

① 《奋斗 20 载整装再出发》，http：//www. 10086. cn/aboutus/news/groupnews/index_ detail_ 35865. html。

② 《发挥 5G 优势，推动自主创新》，http：//www. 10086. cn/aboutus/news/groupnews/index_ detail_ 36362. html。

③ 《中国移动董事长杨杰：深化 5G+融合创新，绘就精彩超清视界》，http：//www. 10086. cn/aboutus/news/groupnews/index_ detail_ 36966. html。

全球首个工业智能领域奖项——“湛卢奖”。①

面向视听媒体行业，2020 年中国联通围绕构建“智慧视频新生态”理念，以 5G 网络为支撑，发布了一系列技术产品，为视听媒体提供相应的 5G 服务。中国联通在视频直播方面，利用自主研发的 5Gnlive 新直播平台，以平台强大的功能优势为保障，完成了疫情期间火神山、雷神山建设 24 小时不间断直播，助力 8 所高校完成 87 场招生直播，开展了“云上课堂”“宅家游景区”等大型直播活动。② 在优化媒体业务流程方面，中国联通创新创优，在 2020 年全国两会期间，充分发挥 5G 网络优势，针对场内、外直播及新闻制作等不同场景，推出 5G 背包、5G + AR 采访眼镜、AI 语音转写等核心产品，为媒体记者提供相关服务，与此同时，首次运用“5G + MEC 边缘云传媒行业应用”，利用技术产品解决记者在云端进行视频后期制作过程中出现的响应延时问题。③ 此外，中国联通在视听媒体领域携手诸多合作伙伴，共同发力超高清视频产品研创及应用，产品不断落地应用，开启了智慧视频时代的大门。

（三）中国电信：扎实推进“云改数转”战略

5G 时代，中国电信扎实推进“云改数转”战略，利用云网相融的独特优势，赋能各个行业实现高质量发展，稳坐我国数字化转型升级建设主力军的位置。中国电信不断推动 5G 技术在智慧园区、交通物流、智慧医疗、社会治理等行业的深入应用，通过 5G 与各个行业深度交融而产生不同程度的“化学反应”，在实际应用场景中向社会展示 5G 规模商用所带来的质量提升与效率变革。

在视听媒体领域，中国电信侧重发展网络建设与高清传播。网络建设方面，中国电信与浙江公司合作，研发了 5G 能力开放平台，并与腾讯合作，结合腾讯视频的业务需求及实际场景，于 2020 年 9 月 19 日在 5G SA 网络上验证

---

① 《中国联通精彩亮相 2020 世界人工智能大会云端峰会》，http：//www. chinaunicom. com/news/202007/1594434830618097187. html，2020 年 7 月 11 日。

② 《中国联通 5G 超高清直播开启智慧视频新时代》，http：//www. chinaunicom. com/news/202011/1605660336591028362. html，2020 年 11 月 18 日。

③ 《特殊保障彰显央企担当　云网协同再创重保辉煌　中国联通圆满完成 2020 年全国两会重要通信保障任务》，http：//www. chinaunicom. com/news/202005/1590669743727090397. html，2020 年 5 月 28 日。

了以腾讯视频相关业务为主体的实时分流调度、定位等能力，这一即将孵化成功的新产品是中国电信不断完善网络建设、平台升级、服务于5G用户体验的具体实践。① 高清直播方面，中国电信以5G网络为支撑，结合云端交互的方式，带领网友在更沉浸的VR视角中参与观看“云登顶看珠峰”“清华大学109周年云校庆”等全景直播活动。为更全面地丰富5G在视听媒体领域的落地应用，2020年12月18日，中国电信通过签订相关合作协议，携手中国传媒大学，成立了“5G智能媒体传播与产业研究院”，共同推进5G技术与媒体的深度融合，在内容创作、安全保障、媒体传播等方面实现全面升级。②

（四）中国广电：推进广电5G差异化发展

中国广电作为移动通信领域的新生力量，自获得5G商用牌照以来，在网络建设、业务发展上不断革新，深度挖掘频谱、网络、媒体等立体化资源，推动形成与三大运营商差异化发展的新型5G网络。中国广电不断挖掘700MHz频谱优势，持续推动相关5G产业链走向成熟，并已取得一定进展。2020年3月，中国广电制定的700MHz频段2×30MHz/40MHz大频宽技术方案正式获3GPP采纳成为5G国际标准，开创了全球首个5G低频段大频宽标准。③ 以此为核心，中国广电联结行业伙伴，大力推动我国特有的700MHz优质频谱资源产业化进程。

面向视听媒体领域的具体实践，在网络建设方面，新冠肺炎疫情的发生对中国广电5G建设进行了一次全方位“检测”，广电5G在湖北武汉新闻发布会上实现了首次实战。在业务发展方面，2020年5月16日，中国广电与北京歌华有线、浙江华数传媒、东方明珠、广科院、规划院合作，在北京、杭州、上海实现了基于广电5G+8K技术的三地联动直播，这也见证了中国广电着力发

① 《中国电信、腾讯和华为携手完成业界首个5G SA网络端到端能力开放验证》，http://www.chinatelecom.com.cn/news/02/202009/t20200921_56806.html，2020年9月19日。

② 《中国电信与中国传媒大学签署战略合作协议　携手推进5G智能媒体应用与传播产业发展》，http://www.chinatelecom.com.cn/news/02/202012/t20201218_58931.html，2020年12月18日。

③ 《中国广电推动我国首批5G 700MHz设备完成型号核准入网工作》，http://www.cbn.cn/art/2020/8/27/art_93_15383.html，2020年8月27日。

展超高清视频产业的前进步伐。① 针对视频业务创新及商业模式突破方面，中国广电网络有限公司董事长宋起柱表示，中国广电将借用广电行业内容优势，驱动 5G + 内容的规模化、商业化发展，赋能以视频为核心的行业进行智能化升级，驱动媒体生态创新发展。②

二 “5G 领航”塑造广电网络竞争新优势

格兰研究与中国广播电视网络有限公司共同发布的 2020 年第一季度《中国有线电视行业季度发展报告》的统计数据显示，有线电视用户数量明显下降，有线电视用户总数、有线数字电视用户、有线数字电视缴费用户均呈现负增长态势，具体数据见表 1。与此同时，中国广电上市公司的发展作为衡量全国范围内有线电视行业发展的重要指标，其经营数据对分析行业经营、发展情况有着重要的参考价值。我国 11 家广电上市公司所发布的 2020 年上半年财务报告数据显示，多家上市公司在财务报表相关科目变动“营业收入”一栏显示经营出现亏损状况，以上情况在一定程度上反映出有线电视行业发展形势严峻。

表 1　中国有线电视 2020 年第一季度用户统计部分数据

单位：万户

有线电视用户主要指标	2020Q1	2019Q4	季度净增
有线电视用户总数	20638.5	20948.9	-310.4
有线数字电视用户数	18986.1	19188.1	-202.0
有线数字电视缴费用户数	14203.1	14399.3	-196.2

资料来源：格兰研究、中国广播电视网络有限公司。

面对有线电视用户持续流失、行业经营亏损的现状，广电上市公司广电网络（股票代码：600831）归纳出主要原因在于③，随着“三网融合”进程的不

① 《中国广电携手歌华、华数、东方明珠、广科院、规划院成功实现首个 5G + 8K 多地联动直播》，http：//www.cbn.cn/art/2020/5/16/art_93_12991.html，2020 年 5 月 16 日。

② 《宋起柱：利用 ICT 推动广电行业可持续发展　打造智慧广电创新网络》，http：//www.cbn.cn/art/2020/5/19/art_93_15324.html，2020 年 5 月 19 日。

③ 广电网络：《2020 年上半年度报告》，2020 年 8 月。

断加快，IPTV、互联网电视以及智能电视发展迅速，各类新兴收视方式在较大程度上分流了广电行业中传统业务的收视份额，广播电视行业正在面临市场、政策、技术和生态等多环境的巨大变革。

为创新广电网络运营方式、加快推动广播电视行业转型升级进程，实现高质量发展，中宣部等九部委于2020年2月发布《全国有线电视网络整合发展实施方案》。该方案表示将通过以中国广电为主体，各省网公司、战略投资方共同参与组建的形式，形成“全国一网”股份公司并按现代企业的相关制度进行管理。“全国一网”股份公司的成立，是广电网络行业紧抓5G发展窗口的重要机遇。具体而言，“全国一网”股份公司将通过建设具备广电特色的5G网络，赋能有线电视网络，促进有线电视网络向IP化、智能化方向发展，进而实现一网整合与广电5G协同发展的重要目标。广电网络行业正处于改革发展的关键时期，顺应5G时代，创新运营方式，生成具备广电特色的统一化、智慧化平台，成为以广电上市公司为代表的广电网络行业的发展目标。

通过研读各广电网络公司2020年上半年度报告可以看出，广电企业在5G建设方面，主要以“全国一网与广电5G一体化发展”为核心，积极探索5G技术与广电网络行业的融合，主张以5G为基础，在“5G+超高清视频”“5G+智慧广电”等5G技术外延方面加大建设力度，进而实现对自身竞争优势的拓展，提高行业应对风险的能力。

在积极参与并推动“全国一网与广电5G一体化发展”，加快“5G网络建设”，积极开发广电5G内生能力方面，有5家广电企业所实施的相关举措与具体实践情况颇具代表性：①电广传媒（股票代码：000917）。2020年，电广传媒表示将积极参与“全国一网”，拟以出资的方式参与组建中国广电网络股份有限公司。目前，电广传媒已基本构建起“全省一网”，统一进行规划、建设、管理、运营。与此同时，将以本地区已落成的“5G高新视频多场景应用国家广播电视总局重点实验室”为依托，与多个企业进行合作，加快研创、应用5G产品，加快广电5G商用的步伐。②湖北广电（股票代码：000665）。2020年，湖北广电积极响应“全国一网”与广电5G融合发展号召，着力完善广电5G基础设施。公司在技术研发与应用中不断创新，承接了广电首个5G商用项目，落地于武汉。③江苏有线（股票代码：600959）。江苏有线紧紧抓住“新基建”政策机遇，应用新技术抓改革、整网络，成立专班深入研究、探讨，最终敲定了参加一网整合的具体方案。以5G、人工智能等新技术为基础，推动“广电+”产业生态继续发展，着力打造更加完善的“智慧广电”平台。④吉视传媒（股票代码：601929）。为适应新的技术变革环境、行业发展环境，吉视传媒积极参与“全国一网”整合工作，并在企业内部组织开展5G技术、数据通信等培训业务，努力提升自身运营管理的能力和水平，推动企业积极融入广电网络转型升级的大潮。⑤广电网络（股票代码：600831）。2020年，广电网络以一网整合与广电5G协同建设为发展契机，坚持以新技术为引领，继续推进广电5G试点建设工作，同陕西本地的电力、铁塔、移动、电信及联通公司签署“5G通信网络建设”相关合作协议，全面提高广电行业的融合服务能力。

在“5G+超高清视频”“5G+智慧广电”等将5G技术与广电业务深入融合、拓展5G技术外延能力、开发广电网络行业增长空间方面，有4家广电企业实施的发展理念与实践情况较具代表性：①歌华有线（股票代码：600037）。2020年，歌华有线把握5G、云计算等新技术，不断完善自身平台的各项功能，例如，搭建5G+4K监控试点赋能智慧城市建设、加强4K超高清节目内容供给等，并积极开展5G实验网建设、5G+8K实验等重大项目，承接“科技冬奥”8K有线传输等重要活动，在文化、科技等多个层面完成广电与新技术的融合与创新应用。②广西广电（股票代码：600936）。2020年，广西广电紧抓5G技术的研发与应用，下沉探索广电与智慧城市的融合发展路径，有序推进广电5G建设相关工作，已在技术方面完成广电5G具体实施前的准备工作，将以优质的基础网络，增强自身核心竞争优势。③天威视讯（股票代码：002238）。2020年，天威视讯组建5G专业团队，制定5G发展规划，设计完成了200个5G试验网站点，并持续优化技术能力，为推动智慧广电建设提供基础支撑，紧跟广电5G网络的建设与应用步伐。④东方明珠（股票代码：600637）。2020年，东方明珠以广电5G战略为依托，打造了BesTV+流媒体平台，做好广电5G内容服务及平台运营，储备了3000小时以上的4K超高清视频内容，初步构建起超高清业务制播体系，并加大力度探索广电5G在智慧城市建设中的应用。公司表示将继续投身于新技术的研发与应用，提高创新能力。

三 “5G+AI”赋能网络视听呈现新升级

中国互联网络信息中心（CNNIC）发布的第47次《中国互联网络发展状况统计报告》显示，截至2020年12月，我国网络视频（含短视频）用户规模达9.27亿。[①] 由此可以看出我国网络视频用户渗透率极高，用户基数巨大。除网络视频平台外，IPTV和OTT TV（互联网电视）作为我国电视数字化发展过程中深植互联网基因而形成的两种重要的网络视听形态，近年来实现了用户数量、活跃度的飞跃式发展。截至2020年底，IPTV（网络电视）用户总数已突破3亿大关，共计3.15亿。[②] 另据奥维互娱统计，2020年12月，OTT TV大屏端日均活跃终端1.0875亿台。[③] 由此可见，网络视频、IPTV、OTT TV三种网络视听形态已然成为视听新媒体领域的重要研究对象。

随着当下5G、AI等新技术的快速发展，位于技术环境变革大潮之下的网络视听各平台也秉持着创新驱动战略，加快对新技术的研发创新与实际应用，利用新技术赋能网络视听在内容创作、传播及用户体验等多个层面实现创新升级。

2020年，在网络视频平台用户渗透规模方面，爱奇艺、腾讯、优酷仍旧稳居第一梯队。[④] 笔者试以定位为“中国高品质视频娱乐服务提供者”爱奇艺为主要观察对象，通过分析其官方网站中2020年度的“新闻动态”，解读这家“以科技创新为驱动”的网络视频上市公司运用新技术赋能视频创作的前瞻布局与具体实践。

将前沿技术与内容产业创作深度结合是爱奇艺一直以来稳定发展、创新创优的核心动力之一。5G技术因其大宽带、高速率、广联结的特性，具备加速

---

① 中国互联网信息中心：第47次《中国互联网络发展状况统计报告》，http：//www.cac.gov.cn/2021-02/03/c_1613923423079314.htm，2021年2月。

② 中华人民共和国工业和信息化部：《2020年通信业统计公报》，http：//www.gov.cn/xinwen/2021-01/26/content_5582523.htm，2021年1月。

③ 《2020年12月OTT大屏日活规模1.09亿台　环比上涨1.9%》，https：//lmtw.com/mzw/content/detail/id/196733/keyword_id/4，2021年1月11日。

④ 《2020中国网络视听发展研究报告（全文）》，https：//www.163.com/dy/article/FORCVB510519BPB6.html，2020年10月。

扩散人工智能、大数据等新一代信息技术的重要能力。2020 年，爱奇艺持续在科技研发与实际应用中发力，5G 技术与 AI 技术成为 2020 年度推动爱奇艺创新发展的重要关键词。

2020 年，爱奇艺创新创优步履不停，主要成果获奖情况如下：①2020 年 9 月 13 日，爱奇艺自制 VR 互动电影《杀死大明星》获得了威尼斯国际电影节“最佳 VR 故事片”奖项，成为我国大陆地区首部在国际 A 级电影节获奖的 VR 作品。该作品是爱奇艺 VR 2020 年重点布局的 360°全景沉浸式 8K VR 互动剧场所推出的首部作品，在创作中采用了较为领先的 360° +8K 拍摄制作方式，该作品的获奖也证明了爱奇艺以新技术赋能原创内容创新生产的能力再次受到国际层面上的认可。[①] ②2020 年 10 月 23 日，“爱奇艺奇观——基于娱乐场景的识别与理解服务”项目斩获了 2020 中国计算机大会（CNCC）颁发的 CCF 科学技术奖科技进步优秀奖，这已是爱奇艺连续以技术创新产品获得 CCF 奖的第四年。奇观是爱奇艺原创打造的 AI 应用产品，融合了多项 AI 技术，帮助观众在观看影视作品过程中识别画面中的明星、卡通人物、音乐 BGM 等视频内的相关信息。[②] ③2020 年 12 月 9 日，爱奇艺凭借自主研发的“QAV1 编码器”，获得了 2020 年 MSU 世界视频编码器大赛主要评价指标 SSIM 评价位列第三的好成绩。QAV1 编码器有着卓越的视频压缩速度与质量，除此之外，还具备着低复杂度、低计算成本等优点。用户能够通过使用 QAV1 编码器，体验到画面高清、播放流畅、色彩真实的高品质视频。[③]

除以上科研成果外，2020 年，爱奇艺积极推动 5G、AI 技术赋能视听媒体的创作与传播。在产品研发与应用方面：①AI 智能剪辑赋能视听作品营销、推广。2020 年 3 月，爱奇艺以大数据判断用户喜好后，利用 AI 智能制作工具 AIWorks 对新上映的《北灵少年志之大主宰》进行自动剪辑，使该剧在短时间内热度不断攀升，数据显示近七成看过自动生成短视频的用户也观看了正片，

---

① 《威尼斯国际电影节“最佳 VR 故事片”花落爱奇艺　沉浸式 VR 互动电影〈杀死大明星〉成为中国大陆首部获奖的 VR 作品》，https：//www. iqiyi. com/common/20200914/459e8b2c42c3f5ba. html，2020 年 9 月 13 日。

② 《奇观获 2020CCF 科学技术奖　爱奇艺已连续 4 年获奖》，https：//www. iqiyi. com/common/20201026/1fdb0704b82fc01a. html，2020 年 10 月 24 日。

③ 《世界视频编码器大赛结果揭晓　爱奇艺 QAV1 编码器首次参赛获优异成绩》，https：//www. iqiyi. com/kszt/16jmxfmpbla. html，2020 年 12 月 17 日。

短视频成功实现为作品引流的作用。[①] ②AI 智能上色引擎赋能动漫创作。2020 年 11 月，爱奇艺推出自研的智能上色引擎，并已应用于自制动画《吞噬永恒》中，该技术对比纯人工上色，可节约近三成人力，它能够自动识别线稿内容，根据既定风格进行上色，每张线稿上色仅需 0.7 秒，将在极大程度上解放人力，使创作者能够将更多精力投入创意生产中。[②] ③5G + 8K/VR 直播领跑超高清生态。2020 年 5 月爱奇艺携手新华社，为广大受众提供了全景云端游珠峰的云直播，爱奇艺从 2019 年 5G 商用落地，便分别与具有 5G 商用牌照的各大电信运营商展开合作，积极实施 8K/VR 端到端直播方案，充分利用新兴技术革新用户体验。[③] 在产业发展布局与合作方面：①爱奇艺与全球顶尖芯片厂商 MediaTek 达成合作。5G 时代，4K、8K 等超高清视频生产逐渐成为趋势，为更好保障用户用更少的流量观看更高清的视频，爱奇艺表示将通过 MediaTek 旗舰级 5G SoC 芯片天玑 1000 系列，实现 AV1 格式的视频内容在安卓移动端落地，该举动是为爱奇艺力图引领 5G 超高清视频发展的具体实践。[④] ②爱奇艺携手 vivo 打造品质专区。2020 年 6 月 1 日，手机品牌 vivo 在 X50 系列的线上新品发布会中表示将与爱奇艺共同打造高帧超清品质专区。5G 技术逐渐成熟，超高清产业链从网络到硬件的各个环节都在积极升级，内容与硬件的同步升级需要各环节的携手与共，爱奇艺与 vivo 的合作，为高清行业合作提供了"内容 + 硬件"深度融合的合作范本。[⑤] ③爱奇艺与厦门大学成立电影修复联合实验室。此举意在集双方优势专长，探索 AI 与人工相结合的电影修复方法，在保障品质的基础上提升效率，并计划携手共推电影人工修复与 AI

---

① 《长短视频联动推〈北灵少年志之大主宰〉热度上升　近 70% 看过智能剪辑短视频的观众也看正片》，https：//www. iqiyi. com/common/20200303/1008f1a1e984c7bd. html，2020 年 3 月 2 日。

② 《爱奇艺首推智能上色引擎　动漫线稿上色仅需 0.7 秒，可节约 30% 人力》，https：//www. iqiyi. com/common/20201116/c46176b2bb6f98f1. html，2020 年 11 月 16 日。

③ 《爱奇艺出席首届中国（北京）国际视听大会　互动视频、5G、8K + VR 直播等领跑超高清生态》，https：//www. iqiyi. com/kszt/news20201124st. html，2020 年 11 月 24 日。

④ 《爱奇艺联合 MediaTek 率先实现 AV1 格式视频移动端落地　手机用户观看超高清视频将更省流量》，https：//www. iqiyi. com/common/20200521/44b2337f7935ed14. html，2020 年 5 月 20 日。

⑤ 《爱奇艺携手 vivo 打造品质专区　为移动端用户升级高帧超清视频体验》，https：//www. iqiyi. com/common/20200603/8a376fc41fb79e8c. html，2020 年 6 月 1 日。

数字修复流程的标准化，希望实现推动产业良性发展的美好愿景。[①] 总之，5G、AI、4K/8K 等技术已贯穿于爱奇艺在网络视听作品创作领域的各个环节，新技术的应用为爱奇艺网络视听内容的创新升级带来了更大的想象空间。

同属用户渗透规模第一梯队的腾讯视频与优酷视频，也背靠各自所属公司的技术研发平台及数据优势，探索 5G、人工智能等新技术在网络视频创作不同环节的融合应用。腾讯视频主要发力于“互动视频”的创作，在互动视频领域已申请三十多项专利，创作链条完整、互动丰富，带给用户较强的沉浸感。优酷视频 2020 年先后推出 LED 数字背景屏解决方案、自由视角以及帧享技术品牌等技术，推动产业效率的提升及用户体验的升级。[②]

活跃于视听新媒体大屏端的 IPTV 与 OTT TV 也在技术环境的变革中追新求变。华数传媒互联网技术部副总经理安竹勇表示 AI 应用于视频领域中，能够更好地服务用户，例如智能审核、标签设定等都能够在 AI 技术的加持中得到实现。[③] 华数 OTT 播控平台中的编排系统、大数据系统以及内容审核、智能推荐等环节，均加入了 AI 技术，实现了工作效率的有效提升。此外，还通过 AI 技术实现了对互联网电视的语音控制，更好地满足了用户的需求。

四　展望未来我国视听新媒体技术应用创新发展趋向

党的十九届五中全会审议通过了《中共中央关于制定国民经济和社会发展的第十四个五年规划和二〇三五年远景目标的建议》，指出要“坚持创新在我国现代化建设全局中的核心地位”。国家广电总局为推动处于新一轮信息革命大潮之下的视听媒体行业充分应用科技力量，实现广播电视迭代升级、构建全新传播格局，进而加快革新视听媒体发展生态的目标和愿景，于 2020 年 11 月发布了《广播电视技术迭代实施方案（2020～2022 年）》，从内容生产到传

① 《爱奇艺与厦门大学成立电影修复联合实验室：人工与 AI 相结合　探索高效、高品质的修复标准化流程》，https：//www. iqiyi. com/kszt/news20201128xm. html，2020 年 11 月 28 日。

② 《内容长跑、技术赋能、长短融合、IP 生态视频网站年终盘点》，https：//lmtw. com/mzw/content/detail/id/196010/keyword_ id/414，2020 年 12 月 28 日。

③ 《华数传媒安竹勇：人工智能赋能新媒体——华数互联网电视平台中 AI 的应用》，http：//www. dvbcn. com/p/88217. html，2018 年 12 月 3 日。

播、接收全流程入手，明确了技术迭代的目标和任务，对我国视听媒体行业在新发展阶段这一关键时期的转型升级，提出了新要求，指明了新方向，也为我国视听新媒体行业应用新技术实现新发展的趋势走向判断提供了重要思路。

展望未来，笔者认为我国视听新媒体技术应用创新发展将出现如下趋向。

一是5G建设持续“加速”，视听媒体产业合作深化。5G技术在2020年的大规模商用，向社会各界生动展示了5G大宽带、低延时、广连接等特性在加速我国数字化发展进程中的重要作用。5G与AI、云计算等新技术的融合应用所产生的科技势能，能够在很大程度上提升视听媒体的应用创新能力。网络建设是5G发展最根本的动力引擎，按照工信部发布的官方信息，我国将按照“适度超前”原则，计划于2021年新建60万个5G基站，同时加快经济型芯片、终端等相关部件的研发进度，国内四大运营商均表示仍将继续布局5G网络相关设施建设，5G所具备的内生力量被社会各界所重视，这将推动5G建设呈现持续“加速”状态。曾有学者在互联网快速发展的时代，称“‘互联网’在信息的传播与扩散上具有强大功能，使信息的传播能够显现成为一个‘处处是中心，无处是边缘’的全新结构”。① 如今5G技术快速发展，并将凭借其特性在更多的维度上加深“无边缘”的合作关系，在视听媒体领域，以视频为核心的各个媒体行业逐渐打破壁垒，形成了“共建共享”“互联互通”的深度合作关系。目前，中国移动与中国广电、中国联通与中国电信分别签订了共建共享5G网络的相关协定，共建共享所带来的“朋友圈”效应将大幅度降低5G网络建设投资成本。从视听媒体发展角度来看，5G网络对各种新技术强大的支撑能力，也将带动视听媒体各方力量相互聚合，逐渐形成业务互联、网络互通的新业态，OTT + DVB、IPTV + 直播等跨平台、跨终端、跨方式的多方互联将会带来视听新媒体领域各方力量之间的关系从全面竞争转向区域合作，并在5G网络的支撑下呈现出持续深化合作关系的发展态势。

二是智能应用升级，促进技术体系标准化。在技术环境变革、行业竞争加剧、用户需求转变等多重因素的驱动下，视听新媒体行业对智能技术应用方面的重视程度逐渐提升，以人工智能、大数据为代表的新技术与视听新媒体领域相结合的科技产品研发、应用愈显成熟，所衍生出的“AI智能剪辑”“5G超

---

① 〔美〕保罗·莱文森：《数字麦克卢汉》，何道宽译，社会科学文献出版社，2001，第8页。

高清直播”“互动视频”等智能化技术产品将在多场景的落地应用中不断优化升级。为促进新技术、新产品的广泛应用与高质量发展，网络视听行业将有望在征集各方意见和建议的前提下，前瞻性布局相关标准体系，提高技术研发、应用各环节的标准化意识。5G 技术与视频制作融合衍生出的“5G 超高清直播”“5G 沉浸式视频”“5G 云游戏”等新应用的良好发展前景引发了业内的广泛关注。2020 年 8 月，国家广播电视总局办公厅发布了“互动视频”、“沉浸式视频”及“VR 视频”等 4 份 5G 高新视频系列白皮书，为引导、推动并规范 5G 视频业态发展提供了一定的助力作用。随后又于 2020 年 11 月，联合爱奇艺等十余家视频内容制作、播出相关企业、单位，共同完成并发布了《互联网互动视频数据格式规范》，这一行业标准的正式发布对推动互联网互动视频相关数据的规范化、制播技术的标准化、产业的高质量发展有着重要意义。互联网电视是视听新媒体大屏端的重要力量，广电总局于 2021 年 1 月发布了“互联网电视”相关的四项技术要求，为互联网电视在规划、建设、运行等方面提供了行业标准。随着视听新媒体技术应用发展的步伐逐渐加快，越来越多的智能应用产品出现，为推动新业态的健康发展，相关标准体系的设立往往紧随其后。可以预见，未来将出现更多与视听新媒体技术应用有关的行业推荐性标准文件。

三是拓展应用场景，提升媒体社会服务能力。2020 年暴发的新冠肺炎疫情，给各行业都带来了新挑战，视听领域也包括在内。疫情的发生，为视听媒体应用新技术提供了特殊的“场景”，“5G + 4K + 云 + AI”智能制播、个性化智能教育、热成像测温、视频智能分析等视听媒体领域的智能应用产品在疫情防控期间发挥了重要作用。2020 年 3 月，国家广电总局发布了《广播电视人工智能在新冠肺炎疫情防控期间的应用调研报告》，归纳总结了在疫情这一重大社会性“场景”中，广播电视与网络视听行业应用新技术助力疫情防控顺利进行的各项案例，是“智慧广电”体系建设成果的直接转化。“视听媒体技术应用创新发展应致力于提升媒体的社会服务能力，充分发挥媒体在社会结构中的沟通、参与、监督等作用，在更多场景中服务于人民和社会。”① 新冠肺炎疫情对视听媒体技术应用创新成果进行了一次全面检视，新一代信息技术的

① 杜一娜：《媒体应注重技术提升服务社会能力》，《中国新闻出版广电报》2020 年 4 月 7 日。

应用，赋予了视听媒体更多参与社会服务的能力和拓展重大应用场景的动力，全新的发展业态与服务模式是广播电视与网络视听行业高质量、创新性发展的重要目标。此次疫情的暴发，也让视听媒体技术应用创新发展的目标更为明晰，即以新业态、新变革积极参与到医疗、教育、工业及重大突发性应用场景中，发挥媒体的社会服务能力是对视频媒介价值链的有效拓展，也是未来视听新媒体技术应用创新发展的重要方向。

四是以产学研用为基础，不断夯实和延伸产业链发展。新一代信息技术与视听新媒体所属行业不同，“产学研”相结合的研究机构、产业园区的落成，为建立两者深度融合的基础平台提供了解决方案。“高校、科研机构拥有丰富的资源，但往往存在科研经费不足的问题；企业资金实力较强，但多数创新能力尚且有限。各方之间有着较强的互补性优势。产学研联盟能够有效整合多方资源，进而实现共赢。”① 为集聚“产学研”多方的优势资源，强化科技创新和应用研究的基础性力量，2020 年，我国成立了多个与视听媒体有关的产业联盟和产业园区，影响力较大的主要有 3 月挂牌湖南长沙的“5G 高新视频多场景应用广电总局重点实验室”、7 月成功召开成立大会的山东省“5G 产业联盟”、11 月建成的广州“花果山超高清视频产业特色小镇”以及 12 月广电总局广科院与 18 家相关机构共同构建的“视听链”系统。近几年来我国围绕 5G、智慧广电、人工智能、超高清应用等核心发展方向，陆续在成都、青岛、上海、长沙、广州等城市成立了相关产业基地或产业园区，推动形成创新发展高地，强化了攻关关键技术的学界、业界科研优势，构建了一个又一个“广播电视技术迭代升级实施方案（2020 ~ 2022 年）”的实践场所。积极推动构建“产学研用”一体化发展的项目基地，能够为广播电视和网络视听行业实现高质量发展提供源源不绝的动力，进一步夯实我国视听新媒体技术应用创新发展产业链的技术底座。面向未来，持续构建多个“产学研”一体化发展的项目基地已然成为一个不可忽视的发展趋势，大量项目基地的落成，将推动形成联通线上线下、联动企业行业、联结生产应用的视听新媒体技术应用创新发展的完善链条。

---

① 王雪原、王宏起：《基于产学研联盟的科技创新资源优化配置方式》，《中国科技论坛》2007 年第 11 期。

参考文献

〔美〕保罗·莱文森:《数字麦克卢汉》,何道宽译,社会科学文献出版社,2001。

杜一娜:《媒体应注重技术提升服务社会能力》,《中国新闻出版广电报》2020 年 4 月 7 日。

王雪原、王宏起:《基于产学研联盟的科技创新资源优化配置方式》,《中国科技论坛》2007 年第 11 期。

B.20

2020年平台创作者数字化工作的实证研究

——以北京地区调研为例*

牛　天**

摘　要：　互联网平台的崛起和数字文化的发展，引发工作领域的变化，催生了平台创作者。该新型职业群体在主体意愿、工作方式、协作关系等方面都与传统组织的工作模式有所不同。研究聚焦个体，以北京地区平台创作者为例，采取量化和质化相结合的研究方法探究该职业群体的内涵、特征、工作实践及困境，提出平台创作者职业化的优化路径，有助于在充分了解其真实生存图景的基础上，解决实践中的困境，推动平台创作者成为新兴就业增量，也启发我们重新理解数字化背景下工作形式变迁对个体及社会的影响。

关键词：　平台创作者　数字化　工作实践　创意

互联网平台的崛起，打破了时空边界，延伸了工作场域，以弹性和灵活的工作方式吸引了大批工作者，尤其是伴随互联网成长的青年一代，具有较强的创新能力和接纳能力，技术驱动的平台可供性为有能力的创作者开拓了新的工

---

* 文中数据均来自中国社会科学院社会学研究所《北京新兴青年群体状况研究报告》，北京市团委，2020 年 12 月。

** 牛天，博士，中国社会科学院新闻与传播研究所助理研究员，研究方向为青年职业、新媒体与青年发展。

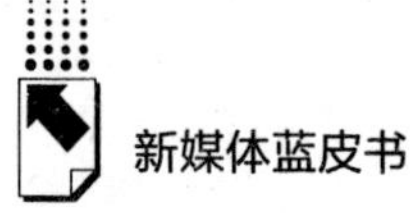

作领域。其中，疫情影响下的经济社会复苏期，数字文化产业成为增长新动能，其就业以无接触、高灵活度的特性彰显韧性与活力，贡献新的就业增量，有力对冲疫情带来的经济与社会压力。自媒体创作、直播、网络文学等新工作形成蓄水池。数据显示，2020 年平台数字文化领域总体从业人员约有 3000 万名（全职约 1145 万名），超出了传统文化产业就业人数。①

依托“北京新兴青年群体状况调研课题组”的调研数据，研究重点围绕平台创作者群体构成、生存状态、工作实践及困境等方面深入分析，采取问卷调查、深度访谈、焦点小组座谈等多种研究方法，实地走访调研了 100 多位平台创作者以及相关机构和政府部门。组织平台创作者群体和相关领域代表专题座谈会 12 场，参与座谈人员 130 人，获得了大量一手数据资料和调研访谈资料。以此为基础，课题组采取配额抽样的方式抽取样本。以社区青年汇为依托，组织专职社工在北京市不同街道、不同类型的新兴青年群体中发放问卷 8800 份。

一　平台创作者的界定及人群画像

（一）平台创作者的界定及分类

平台创作者是指依托互联网平台，围绕创意内容，从事文字、音视频等内容生产和传播，在线提供文化服务，持续获得收入的职业化群体。比如，新媒体创作者、网络作家、短视频博主等。数据显示，北京地区的平台创作者高达 83 万人，类型包括但不限于网络新媒体从业者、网络主播、网络作家/网络文学写手、电子竞技从业者等。

依托平台，平台创作者工作形式灵活多样，存在一定兼职兼业的现象，但数字文化产业对于平台创作者的创意、文化素养及技能要求较高，这就区别于低技能、以机械重复性劳动为主的数字零工。创意内容的生产与传播是平台创作者安身立命的根本，他们需要生产优质内容，通过出乎意料和令人眼前一亮的方式吸引受众的关注，获得利益的同时，也收获个人成长和价值。

① 中国就业研究所：《数字文化产业报告（2020）》，2020 年 11 月。

（二）平台创作者的人物画像

1. 年轻化趋势凸显

平台创作者群体整体呈现年轻化，以“90后”（占比56.7%）和“80后”（占比38.6%）为主，平均年龄最小（27岁）。伴随互联网成长的年轻一代具有多元的价值观和开放的心态，传统组织中的工作模式并非其必然的选择。

2. 教育程度总体较高

平台创作者受教育程度总体较高，具有本科及以上学历的占比达到65.5%，同时，他们拥有较强的学习能力，加之互联网提供丰富的学习渠道和途径，“终身式”的持续学习促使很多年轻人在职业发展中掌握多种可变现的技能，生产信息和文化内容成为新的职业赛道。

3. 非京籍占比较大

在北京平台创作者中，接近六成的人都没有北京户口。在无北京户籍的新兴青年群体中，有63.8%的人在北京居住时间相对较短，不超过5年。平台多以灵活项目制和非正式契约与平台创作者建立劳务关系，其身不必在场，在线就可以完成工作，因此该群体的流动性较强。

4. 未婚比例较高

北京地区平台创作者未婚群体占比接近六成（58.9%）。受到年龄影响，该群体较为年轻，在北京这样的一线城市，年轻人的婚育年龄普遍推后，且该群体的工作为个体化在线形式，因此交际圈较窄。

二　平台创作者成长的背景

（一）互联网及平台经济的快速发展

互联网的崛起及平台的发展，打破了时空界限，延伸了工作场域，弱化了组织架构，引发了新兴知识和服务业的浪潮，以弹性和灵活的工作方式吸引了大批青年进入数字文化行业。平台创作者的出现和壮大是互联网及平台经济不断发展的必然结果。

1. 互联网打破时空区隔，提供自由创作机会

互联网及平台延伸了物质世界，将全世界的人、关系、知识、各类资源广泛连接，提供了“无边界”网络场域，推动了信息与人员的跨界流动，成为共享时空的在线组织，个人不需要“在场”，在有互联网的环境下，一部手机可实现“缺场”参与。具有创意的文字、音视频等数字文化内容和服务成为新型的产品，生产资料借由平台转移到了创作者手中，人们可以随时随地在平台上产出内容，通过流量获得变现，即便是职场人，也可以利用闲暇时间进行内容创作，不受制于个体具身的场景。

2. 平台的去中心化弱化组织性，引导自主创作

互联网平台推动了技能型、知识型、创意型零工经济的发展，为具备创作能力者提供新的职业选择。互联网技术的飞速发展有效解决了供需双方的信息不对称问题，促进了大量社交平台的壮大，比如微信公众号、B 站、喜马拉雅等。“去中心化”的平台网络关系弱化了科层制度和等级架构，灵活契约的组织方式加速了“逆组织化”工作模式的流行，平台创作者通过文字、音视频等创意内容的生产和传播，即时变现，同时这种具有高度自主性、灵活性、即时兑现的工作形式，符合平台创作者对职业保有可逆选择的需求，再次促进灵活性大、自由度高的劳动用工发展。

3. 新知识经济告别免费分发，促进知识有偿分享

互联网背景下新知识经济的发展，促进了知识和技能的有偿分享，为平台创作者提供了广阔的生存发展空间。以知识和信息为核心生产要素的新知识经济的快速发展，给拥有垂直领域知识技能的青年带来了独立的就业机会。互联网知识咨询的自由检索与提取、知识生产模式的变迁以及海量信息的全方位与无障碍流动，为青年涉足多个领域、挖掘不同消费需求提供了有利条件。平台创作者往往掌握着一项或者多项可以变现的知识技能，如写作、绘画、短视频剪辑等，他们通过平台完成知识的生产、分配、交换与使用，转化为大众所需的文化产品和服务。创作者在公众号、快手、B 站等平台分享的内容，不局限于工作、行业、实用技能，而是横跨各行各业，从婚礼主持、婚恋交友到汉隶《石门颂》笔法、荷兰猪的管理，虽然非科班出身，但让更多人可以学到主流教育系统以外的经验与知识，也在其中获得收益。

（二）社会结构的变迁和文化产业的发展

平台创作者是伴随着社会结构转型以及市场经济向纵深发展，在经济社会结构发生深刻变迁、文化产业发展过程中出现的新生社会力量。

1. 工业时代向后工业时代过渡

我们正经历工业时代向后工业时代过渡的时期，规模化、标准化的工业经济向以集约化、创意化为主导的经济结构转型，劳动形式脱离了工业社会现代化的范式，劳动领域呈现出文化产业化的特点，生产资料、劳动主体、劳动关系都发展了新的变化，生产信息和文化内容被吸纳进来，“创意劳工”“知识工人”“创意工作”等新工作理念和新工作主体涌现。

2. 产业结构变化引起就业结构变化

平台创作者是产业结构变化引起就业结构变化的结果。近些年我国社会经济发展涌现大量新业态、新产业，高新技术产业、高端服务业以及互联网经济加速发展，主要聚集于第三产业尤其是与文化休闲和生活质量相关的服务行业，而消费升级带来的去雇主化的产品需求，催生了生产和传播信息文化产品、依托平台工作的创作者涌现，这也促使非正规就业、弹性就业、平台协作等多种就业形式的出现。

（三）社会个体化和主体性的凸显

从现代社会个体化进程来看，平台创作者的产生是个体化和主体性凸显的表征。传统、单一、固定的工作方式已不能满足当代青年日益增长的物质文化需要，主体性、自立性、独特性的青年个体化进程特征日益彰显。当代青年人希望能真实了解自己的欲望，定义人生价值坐标、人生阶段目标和节奏，不再受制于单一评价体系。他们将工作视为自我探索的一部分，融合成长于工作之中，体现出较强的工作自主性。因此，他们不再满足于传统单一的工作方式和职业形态，依托技能和平台，或是选择自由职业，或是在主职之外拓展可变现的斜杠职业，运营以“我”为中心的身份资源，展开个体为主的自我生产、自我上演和自我聚拢的职业进程，兼顾收益和个人价值的实现。[①]

---

① 牛天、张帆：《嵌入、表达、认同：斜杠青年的自我实现研究》，《中国青年研究》2020年第6期。

三　平台创作者平台化的工作实践

（一）灵活的工作时空

平台打破了工作的时空区隔，改变了固有工作组织对生产资料的占有和分配模式，平台创作者不必拘泥于“朝九晚五”的时间和固定的“格子间”，具身不必在场，创作者的生产资料则是文化技能和知识储备，依托移动设备，在线就可以完成所有的工作，获得报酬。北京地区近六成（58.6%）平台创作者表示，自由支配时间，自由选择空间是最具吸引力的。

大部分平台创作者利用移动设备、互联网宅在家里就可以完成工作，既节省了通勤时间，足不出户便可获取收益，又使很多年轻人不再迷恋大城市，选择可以兼顾家庭与工作的中小城市创业和工作。短视频博主雷哥 2020 年从北京搬到了成都，他认为短视频内容创作不必局限在北京这样的一线城市，反而在成都可获得更多的收益。“工作和生活平衡”“低廉的生活成本”成为吸引平台创作者的主要因素，在同等工作内容及同等收入水平下，他们会选择生活成本较低的城市，获取较高生活质量，因而会在未来出现城市流动的现象。而平台化工作赋能创作者利用知识、技能和沟通能力变现，因此，他们能够自由安排工作时空，不必拘泥于线形时间序列和固定地点的传统工作模式，具有较强的自主性。

（二）松散的异质化协作[①]

平台创作者的工作关系也发生了转变，由固定契约转向灵活契约，有限性代替了长期性，“项目制”成为其工作的主要形式，网络作家、自媒体博主等平台创作者看似个体化的工作也需要协作。不同于“流水线”式的合作，平台创作者的协作关系以项目为导向，在社交平台的链接下，随时组建不同的团队，团队主体各自发挥长板，联通自己的文化素质、社会素质和情感素质，完成一种带有叙事、设计、乐趣和审美的高质量的工作，属于松散的异质性协

① 牛天：《赋值的工作：数字“灵”工平台化工作实践研究》，《中国青年研究》2021 年第 4 期。

作，呈现松散的弱组织化架构。

学者奥斯汀（Austin）等在《艺术创作》一书中指出，人们在有目的的文化合作过程中，不是相互监督，而是把彼此当作动力的来源，产生出更多的创意，以此产生一种集体的增值。① 枯玄君是起点中文网的作家，小说内容是他的核心产品，通过与视频、图片、游戏方合作，将其拓展为不同形式的衍生品，以拓宽变现渠道。比如，他与B站合作将小说改编为游戏，还与插画师合作，设计小说主人公的形象售卖。“我和一个工作室合作，他们可以准确设计出我想要的形象，我卖的那个女主角的图，卖了四五千元，900多人付费，我与工作室对半分成。”

平台创作者的异质化协作不是数量的累积，也并非各个部分简单叠加，是一群能力各异的人在有限时间完成一件具有高质量的文化性工作，他们要把整个人连同自己的文化素质、社会素质和情感素质以及经验都放在项目里，与志同道合的工作伙伴为了共同的目标开展协作，协作的时候会感受到文化上的自我价值和情感厚度。微信等社交媒体成为直接沟通渠道，为平台创作者协作提供了关键支持。

（三）全能的“策展式”创作主体

平台创作者大部分是个体化工作模式，内容的生产和传播都需要自己完成，不同于标准化、规模化的生产线，每个人负责的环节经串联后构成工作的整体，平台创作者的工作内容虽然垂直细分，但要兼顾创作内容的台前幕后，而数字化的技术和全景展示也促使工作呈现“策展”的特质。

调研发现，能够持续职业化发展和稳定变现的平台创作者往往是高度职业化和专业化的，并非不经过训练就可以一炮走红或者一夜成名，恰恰是一批相对全能和有一定积累的人，通过平台从默默无闻走向了万众瞩目。短视频创作者佳一说：“短视频的制作，相当于一个人就是一个媒体公司的感觉，前期的策划、配音、剪辑，以及寻找视频的亮点等都是需要自己来完成的。”平台具有普惠性，一定程度上消解了个体出身的差异性。技能、证书、文凭已经变成必要不充分的条件，能够依托平台持续变现，且发展为职业需要的是平台创作

---

① 〔德〕安德雷亚斯·莱克维茨：《独异性社会：现代的结构转型》，巩婕译，社会科学文献出版社，2019，第190~191页。

者的创意能力，以及对新鲜事物的感知能力、共情能力、协作能力、商业能力等。具备以上能力者都有机会在平台上有立足之地。

和互联网技术有关，平台上的个体强调多媒体化和戏剧性。平台成为个人策展的“舞台”，他们需要不断在平台输出独特、新鲜的表演，通过新近发生的活动将这些热情和兴趣持续地在公众面前付诸实践，吸引受众的关注，进而变现。比如，安秋金（抖音号：@贫穷料理）从小喜欢美食和做饭，毕业后开始在抖音上拍摄美食的视频，并且融入了说唱、单口相声和中国风的元素，把做饭这件事做成了一份事业，他用独属于自己的新潮方式，在网上教人做饭，收获 2000 万粉丝。①

互联网的本质是关注当下，凸显可视化的体验，因此平台创作者不仅需要输出文化创意内容，数字文化产业中，个人形象的策展也成为劳动主体的主要格式。这种格式力图在数字媒体上展示鲜活、生动的形象个体，他们会通过文字、图片、视频等方式升格个人形象，展示一个既具有高辨识度又能引起人兴趣的整体，而为了持续获得流量和关注，一些自媒体创作者力求可视化的真实体验，不仅在平台记录一些重大的活动，也会让观众了解自己的主观体验。

（四）垂直创意文化内容的输出

平台创作者生产和传播的内容以创意文化内容为主，垂直细分较为明显。既有不同数字形式的内容（如以微信公众号为代表的文字类内容；以喜马拉雅、小宇宙为代表的音频内容，以及以 B 站、抖音为代表的短视频内容等），在同类型内容中也有不同侧重，以网络小说平台为例，内容涉及动漫、科幻、情感、校园、都市等不同题材；自媒体创作也有多种细分，如学习体验、技能分享、旅行攻略、干货解析等。不论何种领域的内容，饱含创意和有价值的信息是关键，与从事重复性、机械性工作的数字零工不同，平台创作者生产的内容和服务偏向于创造性、创新力和情感表达，不论文字、音视频还是直播都具有很强的创造力和个人特色。短视频要想成为被刷千万次的爆款，就必须有令人赏心悦目或者意料之外的过人之处。

---

① 中国人民大学国家发展与战略研究院：《灵工时代：抖音平台促进就业研究报告》，2020 年 3 月。

平台创作者的工作是具有创意性、设计性的劳动。他们以追求新异和文化元素为导向，工作或者是具有“阐释—叙事”意义（有意义、有趣的工作内容），或者是带来某种美好的体验（创意时的心流体验），或者工作带有伦理价值（能改变点什么）。[①] 因此，他们在工作过程中全情投入，工作之时具有较强的内在动力，而是否真正获得关注、产生价值，取决于受众的关注度，平台巧妙地将劳资关系转嫁到平台创作者和受众之间，隐形的剥削也悄然发生。

四　平台创作者工作实践的困境

根据问卷调查综合反馈总体情况，结合对具有代表性的平台创作者的深度访谈和典型个案分析，总结梳理出该群体发展面临的四个主要困境。

（一）自身社会保障不完善

平台创作者反映最突出的问题为社会保障的缺失。去雇主化、平台化的就业模式以及高自主性、个体化、灵活性、兼职兼业的劳动用工特点，造成了缺乏社会保障、经济状况不稳定的问题。

首先，社保缴纳渠道不畅通。网络平台、通常跟平台创作者只存在非正式的契约关系，使得这一群体普遍面临社保缴纳渠道不畅通的问题。一些青年通过中介公司缴纳了社保，还得面临中介公司“跑路”的风险。这种情况下，一些青年为了解决缴纳社保问题，甚至不得已自己成立公司。自媒体博主豆豆说：“起初并没有成立公司的想法，但涉及上缴保险和巨额的税务，还是注册公司比较方便，后期涉及孩子在北京上学都是需要父母缴社保的。”其次，收入不稳定。数据显示，北京平台创作者月均收入为10260元，处于社会中等收入水平，与北京城镇单位就业人员平均工资基本持平，但他们对自身职业发展和收入具有较强的不安全感。群体内呈现“金字塔”形收入结构，少数头部位置收入较高。有网络作家表示压力很大，底层的网络作家相当于码农，大概每天需要码字2万字，才能达到平均月收入8000元。平台创

---

① 〔德〕安德雷亚斯·莱克维茨：《独异性社会：现代的结构转型》，巩婕译，社会科学文献出版社，2019，第190～191页。

作者往往以项目制为工作形式，其收入稳定性不仅取决于专业技能水平，也受到市场诸多不确定因素的影响。处在金字塔顶端以下的绝大多数创作者，都存在收入不稳定的现实问题。受市场波动的影响，他们经常面临项目“青黄不接”的困境。

（二）个人职业发展焦虑

平台创作者所面临的发展焦虑主要体现为对职业发展可持续性的担忧。平台创作者对自身的职业生涯普遍缺乏清晰的认知。相对于传统产业从业青年，他们的职业发展充满了不确定性。比如对于自媒体创作者来说，他们的职业生命周期相对更短，面临如何延续职业生涯、成功转换职业角色的问题。平台主播燕子认为：“有些内容初期是具备创意的，但为了生存需要迎合热点和流量。长此以往不再会精雕细琢内容，主要是煽动粉丝冲动消费，冲动消费就体现在各种比拼活动上。”职业发展路径的不清晰，加上网络平台逐利的资本化特点，容易导致平台创作者在工作与生活之间失去平衡，甚至在思想观念与职业操守上出现偏差。

（三）群体缺乏社会认可

目前，平台创作者暂未清晰界定，并完全得到社会和官方的认可。数据显示，仅有22.1%的平台创作者满意自己的职业声望，19.0%的平台创作者满意自己的社会地位。平台创作者期待更多社会认同，也期待能够实现与主流社会的有机联系，他们强烈希望自己的作品或者职业可以得到主流社会的认可，且发挥才能，参与到全面建设社会主义现代化的新发展格局中。网络作家酷炫君表示，更希望“网络作家”得到主流社会的认定，而非网络写手。

（四）平台规制创新动力

平台不仅为数字灵工提供了多元化的生产和传播渠道，数字化的技术和规制在某种程度上抑制了创作者的创新能力。由于文字、图像、音视频等是可以数字化调取和重组，平台创作者利用不同的数字形式对内容进行加工，导致新内容经常是由已有的内容重新混合而成的。比如原是以文字为主的自媒体博主会依据平台特性，制作出音频、视频等形式，但市场资源和关注度是有限的，这就导致过度生产和受众关注度短缺之间的结构性矛盾。此外，平台创作者获取的利润是被量化的赋值，阅读量、点赞量、转发量、评阅量等量化技术能够让创作者估算自己获得了多少关注和赋值，平台算法等推荐还能优先推出点击量和点赞量大的创作者，在注意力短缺的情况下，会加剧马太效应，形成数字市场赢者通吃的局面。喜马拉雅头部主播夏雨嫣说："以播读有声书来说，80～90 元/小时，每天 7～8 小时的播读是固定收入（一般就是 300 元/天），但是想要获得 10%～20% 的提成，就要看你的点赞量、完播率，这就要求不仅是声音好听，而且是要会营销自己，如果你花很多时间营销自己，创新能力势必不足。"

五　平台创作者职业化发展的建议

（一）个人：兼职兼业作为缓冲和过渡

平台创作者的职业发展呈现陡峭的"金字塔"形，极少数头部青年占据"金字塔"顶端，大多数青年则普遍处于"金字塔"的底部，薪酬相对不稳定。而平台化的工作方式赋予人们灵活的时空、职住分离，因此，在完全职业化之前，"斜杠青年"是一种选择，即不完全放弃主职工作，利用闲暇时间依托平台从事平台创作。一是可以在保障基本生活的同时，挖掘自身的技能、天赋；二是可以通过兼职兼业的方式检查市场对于个人技能的需求，尝试获取收入来源。

此外，平台创作者工作内容具有强创意性和文化性，工作过程本身带有个人认同的特性，是生活意义和满足感的主要来源，能够提升工作的成就感，加之平台打破时空的局限，导致平台创作者在工作质量和数量等方面都对私人生活形成极大的侵占，造成自我压榨，因此，个人需要明细工作和生活的边界，把握节奏。

（二）政府：提供政策扶持保障职业稳定和安全

平台创作者属于新业态下的新型就业群体，具有灵活就业的特点，无论是劳务合同的签署还是五险一金的保障，抑或是工作稳定性和职业安全等问题都需要政府相关部门协调。

首先，人力社保部编制政策指南，完善社保和就业政策，由于平台创作者依托于平台和移动设备就可以完成工作，流动性较强，在地缴纳社会保险等问题亟待解决。其次，完善职业发展保障制度。推动相关部门制定并完善平台创作者流动、职称评定、培训发展等政策，为其职业发展提供制度保障。最后，平台创作者看似个体化的工作形式，由于工作团队合作和税务等问题，他们常常会采取注册公司的微小创业形式，这就需要有关部门推动创新创业的政策体系建设，提高平台创作者创业服务水平，搭建创业孵化平台，完善政策咨询、融资服务、跟踪扶持、公益场地等孵化功能。

（三）平台：分类融合治理激发创作活力

不同类型的平台需要融合治理，创建适合不同类型创作者的发展模式，不能仅以量化指标为主要的评价标准，需要根据文字、音视频产出的不同内容分类治之，针对数字化平台的重组分发，各类平台需要融合融通，创建多渠道分发的快捷通道，以减少平台创作者机械性、重复性对工作，赋能创意时间。另外，鼓励平台联合文化组织、企业根据平台创作者群体职业发展特点，设计开发相应的培训项目，提供培训支持，培养核心技能，提升人力资本，应对职业转换困境。

参考文献

〔德〕安德雷亚斯·莱克维茨：《独异性社会：现代的结构转型》，巩婕译，社会科学文献出版社，2019，第190～191页。

〔美〕迈克尔·哈特、〔意〕安东尼奥·奈格里：《帝国》，杨建国、范一亭译，江苏人民出版社，2005。

〔英〕安东尼·吉登斯：《社会学》，赵旭东等译，北京大学出版社，2003。

〔美〕黛安娜·马尔卡希：《零工经济：推动社会变革的引擎》，陈桂芳译，中信出版集团，2017。

〔英〕齐格蒙特·鲍曼：《流动的现代性》，欧阳景根译，中国人民大学出版社，2018。

〔德〕乌尔里希·贝克、〔英〕安东尼·吉登斯、〔美〕斯科特·拉什：《自反性现代化》，赵文书译，商务印书馆，2016。

沈杰：《后现代语境中青年概念的重构》，《中国青年研究》2018 年第 6 期。

牛天：《在消解中反思：斜杠青年的自反性研究》，《当代青年研究》2020 年第 9 期。

王玉香、玄铮：《“斜杠青年”职业选择的本体性研究》，《中国青年研究》2019 年第 7 期。

Forde C., Stuart M., Joyce S., “The Social Protection of Workers in the Platform Economy,” EMPL Committee, 2020 - 11.

Vallas S., Schor J. B., “What Do Platforms Do? Understanding the Gig Economy,” *Annual Review of Sociology*, 2020 (46).

产 业 篇

Sector Reports

B.21
2020年中国新媒体产业发展报告

郭全中 *

摘　要：新冠肺炎疫情使得线下交易和交流受到阻碍，而间接促使用户和产业的互联网迁移速度加快，城乡数字鸿沟缩小，相较于整体经济和传统产业，2020年包括互联网广告、网络游戏、直播、电竞等在内的我国新媒体产业高速发展，市场份额进一步增加，这背后则是互联网巨头通过大量投资来进一步完善其生态系统以及字节跳动、快手等新商业巨头的出现。

关键词：互联网迁移　互联网广告　游戏产业　直播产业

2020 年是极不平凡的一年，新冠肺炎疫情对全球经济、产业都带来了巨

---

* 郭全中，管理学博士，中共中央党校（国家行政学院）高级经济师，主要研究领域为基于互联网的产业融合、传媒经济与传媒管理等。

大冲击，但也对新媒体产业起着巨大的推动作用，新媒体产业相较于传统传媒产业发展速度更快，市场占有率更高。

一 新媒体产业发展的外部环境整体良好

尽管受到新冠肺炎疫情的严重冲击，但是我国经济仍然保持增长态势，且新媒体产业发展的用户基础、产业向线上转移等都有助于其保持快速发展态势。

（一）我国成为全球唯一实现正增长的主要经济体

国家统计局的数据显示，2020 年我国国内生产总值 1015986 亿元，首次突破 100 万亿元；同比增长 2.3%，虽然增速远低于 2019 年的 6.0%，但仍为全球唯一实现正增长的主要经济体。预计全年人均国内生产总值 72447 元，同比增长 2.0%。全年全国居民人均可支配收入 32189 元，同比增长 4.7%，扣除价格因素，实际增长 2.1%。

（二）用户和产业向互联网迁移的速度加快

第一，用户向互联网和移动互联网迁移的速度加快。CNNIC 发布的第 47 次《中国互联网络发展状况统计报告》显示，截至 2020 年 12 月，我国网民规模达 9.89 亿，较 2020 年 3 月增长 8540 万，互联网普及率达 70.4%，较 2020 年 3 月提升 5.9 个百分点；我国手机网民规模达 9.86 亿，较 2020 年 3 月增长 8885 万，网民使用手机上网的比例达 99.7%，较 2020 年 3 月提升 0.4 个百分点。可以看出，2020 年网民数和手机网民的增加值显著多于此前年份（见表 1）。

表 1 2016~2020 年我国网民和手机网民数

单位：亿，%

时间	网民数			手机网民数		
	数值	普及率	增加值	数值	渗透率	增加值
2016 年 12 月	7.31	53.2	—	6.95	95.1	—
2017 年 12 月	7.72	55.8	0.41	7.53	97.5	0.58
2018 年 12 月	8.29	59.6	0.57	8.17	98.6	0.64
2020 年 3 月	9.04	64.5	0.75	8.97	99.3	0.80
2020 年 12 月	9.89	70.4	0.85	9.86	99.7	0.89

资料来源：根据 CNNIC 的第 47 次《中国互联网络发展状况统计报告》资料整理。

第二，城乡之间的数字鸿沟在大幅度填平。《中国互联网络发展状况统计报告》显示，截至2020年12月，我国农村网民规模达3.09亿，占网民整体的31.3%，较2020年3月增长5471万；城镇网民规模达6.80亿，占网民整体的68.7%，较2020年3月增长3069万。而2020年3月农村和城镇的互联网普及率分别为46.2%和76.5%。可以看出，从2020年开始，农村网民规模的绝对增加值和增速显著快于城镇。

表2　2016～2020年我国城乡互联网普及率

单位：%

时间	城镇互联网普及率	农村互联网普及率
2016年12月	69.1	33.1
2017年12月	71.0	35.4
2018年12月	74.6	38.4
2020年3月	76.5	46.2
2020年12月	79.8	55.9

资料来源：根据CNNIC的第47次《中国互联网络发展状况统计报告》资料整理。

毫无疑问，新冠肺炎疫情加速推进了用户个体、企业、机构及政府等的全面数字化转型。在用户个体层面，疫情导致的线下隔离使得用户个体不得不更多地借助互联网学习和工作、购物、消费、娱乐等，用户上网的习惯和意愿加速形成，尤其是互联网普及率较低的农村更是实现跨越式发展；在企业和机构方面，疫情导致其必须通过直播购物、电子商务等线上消费来实现交易，加速“数字化”以有效应对挑战。

二　新媒体产业分行业发展情况分析

新媒体产业主要包括互联网营销和广告、网络游戏、电影、直播、电竞、在线教育、区块链等，整体处于高速发展态势。

（一）互联网营销市场破万亿元，互联网广告近5000亿元

中关村互动营销实验室发布的《2020中国互联网广告数据报告》显示，

2020 年我国互联网营销市场总规模突破万亿大关，达到 10457 亿元，而其中互联网广告收入达 4972 亿元，同比增长 13.85%，依然保持较高增长速度。

第一，互联网广告收入近 5000 亿元。中关村互动营销实验室的数据显示，2016～2020 年，我国互联网广告收入从 2305.21 亿元增长到 4972 亿元，增长了 115.69%；2016～2018 年保持了年均 24% 以上的同比增速，2020 年保持了 13.85% 的同比增速（见表 3）。

表 3　2016～2020 年我国互联网广告收入

单位：亿元，%

年份	收入额	同比增速
2016	2305.21	29.87
2017	2975.15	29.06
2018	3694.23	24.21
2019	4367.00	18.20
2020	4972.00	13.85

资料来源：CNNIC 和中关村互动营销实验室的数据资料整理。

而与此形成鲜明对比的是，我国传统媒体产业依然处于快速下滑期，CTR 的统计数据显示，2020 年我国广告刊例花费同比下降 11.6%，较 2019 年的同比下降 7.4% 大幅度恶化。其中，电视广告刊例花费同比下降 13.5%，2019 年为同比下降 9.5%；报纸广告刊例花费同比下降 28.2%，2019 年为同比下降 24.8%；杂志广告刊例花费同比下降 30.0%，2019 年为同比下降 7.1%；广播广告刊例花费同比下降 19.9%，2019 年为同比下降 13.5%。显然，传统媒体和互联网广告收入此消彼长，互联网广告收入所占的市场份额更大，主导地位更为牢固。

《2020 中国互联网广告数据报告》显示，在互联网广告收入构成中，2020 年，电商广告仍然以 37.02% 的市场占有率居第一位，2019 年的市场占有率为 35.85%。视频广告异军突起，以 18.17% 的市场占有率居第二位，2019 年的市场占有率为 12.55%，收入规模约为 903.53 亿元，同比增长 64.91%，其中短视频广告同比增长 106%，而长视频广告同比增长 25%。搜索广告以 11.76% 的市场占有率居第三位，2019 年的市场占有率为 14.95%。新闻资讯以 10.76% 的市场占有率居第四位，2019 年的市场占有率为 11.83%。社交广告以 9.80% 的市场占有率居第五位，2019 年的市场占有率为 9.91%。分类广告以 3.90% 的市场占有率居第六位，2019 年的市场占有率为 4.31%。

第二，头部平台企业实力强大且增速快。经过近几年互联网公司的不断迭代创新，我国互联网公司销售和广告收入排位不断迭代，阿里巴巴、字节跳动、百度、腾讯、京东居前 5 位，且阿里巴巴、字节跳动、百度、腾讯占据了我国互联网营销和广告收入的绝大部分，头部效应更为明显。例如，2020 年，阿里巴巴的营销和广告收入超过 2118.88 亿元，占了整体互联网营销和广告收入的两成多（见表 4）。需要特别指出的是，阿里巴巴、字节跳动、腾讯、京东、快手、拼多多等依然保持着很快的增速，未来会对国内市场带来更大的冲击。

表 4　2019 年国内主要互联网公司营销和广告收入

单位：亿元，%

公　司	2020 年		2019 年		2018 年
	数值	同比增速	数值	同比增速	
阿里巴巴	2118.88	21.37	1745.74	26.14	1383.93
字节跳动	1750.00	25.00	1400.00	180.00	500.00
百　度	728.40	-6.73	780.93	-4.66	819.12
腾　讯	823.00	20.00	683.77	17.73	580.79
京　东	—	—	426.80	27.32	335.21
拼多多	—	—	268.14	132.44	115.36
快　手	219.00	194.60	74.00	335.29	17.00
新　浪	—	—	123.23	2.69	120.00
58 同城	—	—	101.59	22.66	82.82
芒果超媒	41.39	23.55	33.50	39.00	24.10
B　站	18.43	125.58	8.17	76.46	4.63

注：①阿里巴巴、京东、快手为营销收入；②百度包括爱奇艺数据，新浪包括新浪微博数据。
资料来源：根据中关村互动营销实验室的数据资料整理。

（二）我国游戏收入近2800亿元，继续保持高速增长

第一，我国游戏收入同比增速超过 20%。中国音数协游戏工委（GPC）与中国游戏产业研究院发布的《2020 年中国游戏产业报告》（以下简称《游戏报告》）显示，2020 年，我国游戏市场实际销售收入 2786.87 亿元，比 2019 年增加了 478.1 亿元，同比增长 20.71%，保持高速增长（见表 5）。

表5　2014～2020年我国游戏收入及同比增速

单位：亿元，%

年份	收入	同比增速
2014	1144.81	37.65
2015	1407.02	22.90
2016	1655.66	17.67
2017	2036.07	22.98
2018	2144.43	5.32
2019	2308.77	7.66
2020	2786.87	20.71

资料来源：根据中国音数协游戏工委（GPC）与中国游戏产业研究院发布的《2020年中国游戏产业报告》整理。

第二，移动游戏收入突破2000亿元。《2020年中国游戏产业报告》显示，2020年，我国移动游戏市场实际销售收入达到2096.76亿元，比2019年增加了515.65亿元，同比增长32.61%，显著高于整体增速（见表6）。而我国客户端游戏市场和网页游戏市场大幅度下降，2020年，我国客户端游戏市场实际销售收入559.2亿元，比2019年减少了55.94亿元，同比下降9.09%；网页游戏市场实际销售收入仅为76.08亿元，比2019年减少了22.61亿元，同比下降22.9%。

表6　2014～2020年我国移动游戏收入及同比增速

单位：亿元，%

年份	收入	同比增速
2014	274.92	144.59
2015	514.65	87.20
2016	819.17	59.17
2017	1161.15	41.75
2018	1339.56	15.36
2019	1581.11	18.03
2020	2096.76	32.61

资料来源：根据中国音数协游戏工委（GPC）与中国游戏产业研究院发布的《2020年中国游戏产业报告》整理。

第三，我国游戏海外收入首次破千亿元。《2020年中国游戏产业报告》显示，2020年，我国自主研发游戏海外市场实际销售收入达154.50亿美元，较2019年增加了38.55亿美元，同比增长33.25%。其中，美国的收入占比为27.55%，日本的收入占比为23.91%，韩国的收入占比为8.81%，三个地区合计占比达到60.27%。

第四，我国电子竞技游戏市场收入突飞猛进。《2020年中国游戏产业报告》显示，2020年，我国电子竞技游戏市场收入从2019年的947.27亿元增长至2020年的1365.57亿元，增加了418.3亿元，同比增长44.16%，远高于前几年的增速（见表7）。

表7　2016～2020年我国电子竞技游戏市场情况

单位：亿元，%

年份	收入	同比增速
2016	504.60	—
2017	730.51	44.77
2018	834.38	14.22
2019	947.27	13.53
2020	1365.57	44.16

资料来源：根据中国音数协游戏工委（GPC）与中国游戏产业研究院发布的《2020年中国游戏产业报告》整理。

第五，我国自主研发游戏国内市场收入超2400亿元。《2020年中国游戏产业报告》显示，2020年，我国自主研发游戏国内市场实际销售收入达到2401.92亿元，比2019年增加了506.78亿元，同比增长26.74%（见表8）。

表8　2014～2020年我国自主研发游戏国内市场实际销售收入及同比增速

单位：亿元，%

年份	收入	同比增速
2014	726.60	52.45
2015	986.66	35.79
2016	1182.53	19.85
2017	1397.37	18.17
2018	1643.90	17.64
2019	1895.14	15.28
2020	2401.92	26.74

资料来源：根据中国音数协游戏工委（GPC）与中国游戏产业研究院发布的《2020年中国游戏产业报告》整理。

第六，腾讯游戏收入独占鳌头，但其他游戏公司推出了诸多爆款。腾讯、网易、阿里巴巴、字节跳动、B站的财报显示，腾讯以1561亿元的收入占据50%以上的游戏市场份额（见表9），而阿里巴巴、字节跳动则成长迅速。2020年，米哈游的《原神》、莉莉丝的《万国觉醒》、阿里巴巴的《三国志战略版》等游戏纷纷成为爆款。据Sensor Tower的数据，米哈游《原神》于2020年9月28日发行以来，仅移动端就在6个月内吸金超过10亿美元。阿里巴巴打造的《三国志战略版》，在2020年8月之前月流水稳定在6亿元左右，仅次于腾讯的《王者荣耀》《和平精英》。

表9　2020年主要互联网公司游戏收入

单位：亿元，%

公　司	2020年	2019年	同比增速
腾　讯	1561.00	1147.79	36.00
网　易	546.08	464.20	17.64
三七互娱	112.90	132.27	—
世纪华通	117.69	146.90	—
完美世界	43.58	68.61	—
B站	48.00	35.82	34.00
字节跳动	40～50	—	—
IGG	7.04(亿美元)	6.68(亿美元)	5.46

注：三七互娱、世纪华通为2020年前三季度游戏收入，完美世界为2020年上半年游戏收入。
资料来源：根据各公司的财报整理。

第七，我国游戏市场出现了新特点。一是IP作用凸显。2020年，在收入前100的移动游戏产品IP类型中，自创IP占比36%，占比最大。二是国内角色扮演类游戏占比居第一。在收入前100的中国移动游戏产品中，角色扮演类游戏占比为19.48%。三是海外策略类占比近四成。2020年，我国自主研发移动游戏海外市场收入前100类型中，策略类游戏收入占比为37.18%。四是腾讯旗下的天美工作室成全球最大的游戏开发商。相关数据显示，2020年，腾讯旗下的天美工作室创收100亿美元，标志着天美成为全球最大的游戏开发商。天美工作室是热门电子游戏《王者荣耀》《使命召唤移动版》的开发商。

（三）电影产业断崖式下滑而互联网影业高速发展

第一，2020 年我国电影票房刚过 200 亿元。突如其来的疫情给电影行业带来巨大打击。从 2020 年 1 月 23 日影片撤档、影院停业，到 7 月 20 日复工，电影行业的“暂停键”持续了近 6 个月。而相关部门对电影行业给予了一系列政策支持：一是国家电影局协调财政部、发改委、税务总局等部门，研究推出免征电影事业发展专项资金以及其他财税优惠政策；二是财政部、国家税务总局、国家电影局联合发布公告，为电影行业提供税费支持政策并暂免征收电影专项资金。在国家相关部门政策的支持和全体电影人的努力下，根据国家电影局发布的数据，2020 年我国电影总票房达到 204.17 亿元，较 2019 年的 642.7 亿元大幅度下降了 67.32%。其中，国产电影票房为 170.93 亿元，占总票房的 83.72%；城市院线观影人次达 5.48 亿。全年共生产电影故事片 531 部，影片总产量为 650 部。全年新增银幕 5794 块，全国银幕总数达到 75581 块。

表 10　2012～2020 年我国电影票房情况

单位：亿元，%

年份	收入	同比增速
2012	170.7	—
2013	217.7	27.53
2014	296.4	36.15
2015	440.7	48.68
2016	457.1	3.72
2017	559.1	22.31
2018	609.8	9.07
2019	642.7	5.40
2020	204.17	-68.23

资料来源：根据国家电影局数据资料整理。

第二，我国电影市场率先复苏，持续回暖。国家电影局发布的数据显示，2021 年 1 月 1～3 日（元旦档）全国电影票房达 12.99 亿元，打破了 2018 年创造的 12.71 亿元档期票房历史纪录。

第三，在线电影成为新趋势。《2020年中国网络电影行业年度报告》显示，2020年网络电影行业已经成为中国电影市场重要的组成部分，发挥着巨大的市场增量作用。一是国内共上新1089部电影，其中院线发行新片305部，网络发行新片784部。其中，网络电影分账票房破千万的影片共79部，占全年上新影片数量的10%。二是千万级影片票房规模13.9亿元，同比增长125%。三是网络电影品质、口碑持续向好。四是网络电影累计正片有效播放112亿次，同比增长30%，其中，上新网络电影累计正片有效播放76亿次，同比增长59%。五是商业模式持续进化，超级影院PVOD模式打开优质网络电影新通路。

（四）直播产业高速发展

第一，我国直播电商GMV近万亿元。疫情促进了直播电商的快速发展，《中国互联网络发展状况统计报告》显示，2020年，我国网上零售额达11.76万亿元，已连续八年成为全球最大的网络零售市场，同比增长10.9%。其中，实物商品网上零售额9.76万亿元，占社会消费品零售总额的24.9%。截至2020年12月，我国网络直播用户规模达6.17亿，较2020年3月增长5703万，占网民整体的62.4%。其中，直播电商用户规模为3.88亿，较2020年3月增长1.23亿，占网民整体的39.2%。其中66.2%的直播电商用户购买过直播商品，而17.8%用户的直播电商消费金额占其所有网上消费金额的三成以上。艾媒咨询的数据显示，2020年中国直播电商市场规模达到9610亿元，同比大幅增长121.5%。

表11　2017～2021年直播电商GMV

单位：亿元

年份	GMV	同比增速
2017	190	—
2018	1330	600.0
2019	4338	226.2
2020	9610	121.5
2021E	12012	25.0

资料来源：根据艾媒咨询《2020～2021中国在线直播行业年度研究报告》整理。

其中，淘宝直播和快手占直播电商市场的绝大部分份额。阿里巴巴和快手发布的财报显示，2020年，淘宝直播GMV超4000亿元；快手电商GMV达

3812亿元，同比增长539.5%；字节跳动尚未披露数据，但行业内部传言字节跳动2020年的电商GMV目标不低于1200亿元。

第二，我国企业直播市场超过90亿元。艾媒咨询数据显示，2020年，我国企业直播市场规模达90.8亿元，B端用户超过120万家，企业直播带动了云计算行业的发展，我国云计算产业规模达到1670.1亿元。

第三，MCN市场规模超过240亿元。艾媒咨询数据显示，2020年，我国MCN市场规模达到245亿元，处于高速发展阶段。

第四，快手、字节跳动成为直播的“新贵”。快手财报显示，快手的直播收入为332亿元，占全年总收入的56.5%，较2019年增长5.6%，快手应用上进行了超过17亿次的直播。而根据相关资料显示，字节跳动2020年的直播收入达到450亿~500亿元。

（五）电竞整体市场规模突破1300亿元

艾媒咨询数据显示，2020年我国电竞整体市场规模为1365.6亿元，同比增长39.03%，预计2022年市场规模将增长至1843.3亿元；2020年电竞用户为3.83亿，同比增长10.06%（见表12）。

表12　2018~2020年我国电竞市场及用户情况

年份	市场规模		用户规模	
	数值(亿元)	同比增速(%)	数值(亿)	同比增速(%)
2018	835.8	—	3.02	—
2019	982.2	17.52	3.48	15.23
2020	1365.6	39.03	3.83	10.06
2021E	1736.0	27.12	4.05	5.74
2020E	1843.3	6.18	4.18	3.21

资料来源：根据艾媒咨询《2020~2021年中国电竞直播行业发展专题研究报告》整理。

（六）2020年互联网K12教育市场交易额过800亿元

易观数据显示，2020年我国互联网K12教育市场交易额为873.8亿元，同比增长39.9%，预计2021年将超过1100亿元（见表13）。

表 13　2013～2023 年我国 K12 教育市场规模

单位：亿元，%

年份	市场规模	同比增速
2013	65.4	—
2014	79.6	21.7
2015	105.1	32.1
2016	160.7	52.9
2017	258.7	61.0
2018	406.4	57.1
2019	624.4	53.6
2020	873.8	39.9
2021E	1108.8	26.9
2022E	1354.0	22.1
2023E	1638.5	21.0

资料来源：根据易观分析《中国 K12 在线辅导行业总结和趋势洞察 2021》整理。

（七）区块链产业发展情况

第一，区块链企业数量快速增加。国家互联网应急中心“区块链之家”网站数据显示，截至 2020 年底，全国区块链相关注册企业达到 6.4 万余家，其中 2020 年新注册的企业达到 2.47 万家，达到了新的高峰（见表 14）。而根据“区块链之家”网站数据，在 6.4 万家注册企业中，真正开展业务的企业只有 2000 余家，主要分布在广东、北京、上海和浙江等经济与技术发达地区。其中，广东企业为 489 家。

表 14　2014～2020 年我国区块链相关注册企业数量及增长率

单位：家，%

年份	新注册数量	同比增速
2014	787	—
2015	1115	41.68
2016	1670	49.78
2017	4869	191.56
2018	16218	233.09
2019	11823	-27.10
2020	24687	108.80

资料来源：根据区块链之家（https：//bc. cert. org. cn/）数据整理。

第二，我国区块链产业发展呈现新特点。中关村大数据产业联盟等发布的《中国区块链产业生态地图报告（2020～2021）》总结了我国区块链产业未来八大发展趋势：一是产业区块链发展更加务实，业务侧主动匹配区块链技术的趋势明显加强；二是传统产业与科技产业跨界融合求变创新会出现实质性结合，产业区块链发展将出现分化；三是原生区块链创业企业将面临更大范围的竞争和压力，如不具有明显优势，将逐渐被市场淘汰；四是区块链技术的垄断性被开源性所打破，未来将呈现百花齐放的局面；五是技术和法律将相互配合，同步推动产业区块链发展；六是社会治理的项目初见成效，政府将释放更多的公共职能，开放更多场景，区块链技术将在社会治理方面发挥更大作用；七是资本将在中国原创技术上注入大量资金，分享未来区块链产业发展的资本红利；八是社会公众对产业区块链的参与度和认知度将继续提升。

三　我国新媒体产业的新亮点与新趋势

（一）字节跳动和快手成为新媒体产业的新贵和重要力量

得益于移动互联网、大数据、自媒体、人工智能、短视频等带来的红利，创立于2012年的字节跳动和创立于2011年的快手，经过近10年的高速发展，已经成为继阿里巴巴、腾讯、百度等巨头之后，我国新媒体产业发展中的流量担当和“新贵”。其中，快手已经成功在香港港交所上市，成为短视频第一股，净融资额约412.76亿港元。2020年总营收为588亿元，同比增长50.2%；2019年、2018年、2017年的营业收入分别为391亿元、203亿元、83亿元。

字节跳动的发展速度更快、规模更大。根据富途证券的研究数据，字节跳动2020年营收规模约为2400亿元，其中，广告营收为1750亿元，电商业务营收为60亿元左右，直播业务营收为450亿～500亿元，游戏业务营收为40亿～50亿元，教育业务营收为20亿～30亿元。而最新的消息显示，字节跳动的估值已经高达4000亿美元。在字节跳动快速发展的同时，字节跳动内部也对一些发展不达目标的业务进行了“断舍离”。2021年1月5日，知识付费平台“好好学习”宣布1月20日停止运营；1月13日，字节跳动旗下问答社区“悟空问答”发布公告称，将于1月20日从各大应用市场下架，并于2月3日正式停止运营，关闭服务；1 月 14 日，被字节跳动收购的坚果手机业务也被暂停，坚果手机、TNT 显示器等产品将不再投入研发和生产。

（二）平台企业进一步通过投资扩大和完善其生态系统

新媒体产业巨头在成功打造核心平台和业务的基础上，不断通过投资、收购等方式来扩大自身的新媒体版图，补足自身的短板和不足，打造形态更为完整，用户、规模更为巨大的生态系统。

第一，腾讯投资最多、获益最大。2020 年，腾讯共投资了 157 家公司，文娱领域的公司有 48 家，占比 30.5%，其中 3 家投资了 2 次；游戏公司有 29 家，占比 60.4%，大幅度超过前几年，而且投资了 8 家海外游戏公司。IT 桔子的数据显示，腾讯于 2019 年、2018 年、2017 年、2016 年分别投资了 6 家、13 家、8 家、7 家公司（见表 15）。

表 15　2020 年腾讯新媒体产业投资版图

序号	时间	公司	领域	轮次	金额
1	2020 年 1 月 8 日	Platinum games(日本)	游戏	战略投资	未披露
2	2020 年 1 月 22 日	Funcom(挪威)	游戏	收购	1.48 亿美元
3	2020 年 2 月 1 日	Yager(德国)	游戏	战略投资	未披露
4	2020 年 2 月 12 日	Skydance Media(美国)	影视	战略投资	2.75 亿美元
5	2020 年 2 月 13 日	B 站	视频	IPO 后	未披露
6	2020 年 2 月 27 日	Roblox(美国)	游戏	F 轮	1.5 亿美元
7	2020 年 4 月 3 日	虎牙直播	游戏直播	并购	2.63 亿美元
8	2020 年 4 月 27 日	瑞迪欧音乐库	音乐	战略投资	未披露
9	2020 年 4 月 30 日	安盾网	知识产权	战略投资	未披露
10	2020 年 5 月 6 日	Pratilipi(印度)	网文	C 轮	7.07 亿卢比
11	2020 年 5 月 25 日	茄子快传	工具软件	战略投资	未披露
12	2020 年 5 月 25 日	Marvelous(日本)	游戏	战略投资	未披露
13	2020 年 5 月 30 日	华纳音乐	音乐	战略投资	2 亿美元
14	2020 年 6 月 3 日	Bohemia Interactive(捷克)	游戏	战略投资	2.6 亿美元
15	2020 年 6 月 10 日	凡帕斯	游戏	战略投资	数千万元
16	2020 年 6 月 25 日	Iflix(马来西亚)	流媒体	收购	数千万美元
17	2020 年 7 月 4 日	华纳音乐	音乐	IPO	22.9 亿美元
18	2020 年 7 月 4 日	华谊兄弟	影视	IPO 后	22.9 亿元
19	2020 年 8 月 10 日	百漫文化	动漫	收购	数千万元

续表

序号	时间	公司	领域	轮次	金额
20	2020 年 8 月 11 日	虎牙直播	游戏直播	IPO 上市	8.1 亿美元
21	2020 年 8 月 18 日	Voodoo(法国)	游戏	战略投资	未披露
22	2020 年 9 月 4 日	Gaana(印度)	流媒体	战略投资	30 亿卢比
23	2020 年 9 月 4 日	乐游科技控股(香港)	游戏	收购	15 亿美元
24	2020 年 9 月 9 日	VUE Video	短视频编辑	收购	5000 万美元
25	2020 年 9 月 22 日	动视云科技	游戏	A 轮	7800 万元
26	2020 年 10 月 10 日	紫月格格	游戏	战略投资	未披露
27	2020 年 10 月 21 日	小鹅通	知识付费	C 轮	未披露
28	2020 年 10 月 23 日	Convert Lab	数字营销	战略投资	未披露
29	2020 年 10 月 26 日	元趣娱乐	游戏	战略投资	未披露
30	2020 年 10 月 26 日	英雄体育	电竞	B 轮	1 亿美元
31	2020 年 10 月 29 日	星合互娱	游戏	战略投资	未披露
32	2020 年 11 月 1 日	Lockwood(英国)	游戏	战略投资	2500 万美元
33	2020 年 11 月 2 日	花园文化	动漫	战略投资	未披露
34	2020 年 11 月 3 日	纳仕游戏	游戏	战略投资	数千万元
35	2020 年 11 月 5 日	暖域科技	游戏	战略投资	未披露
36	2020 年 11 月 20 日	无端科技	游戏	战略投资	数千万元
37	2020 年 11 月 20 日	Wave VR(美国)	虚拟演唱会	战略投资	未披露
38	2020 年 11 月 24 日	MAX 电竞	游戏	战略投资	未披露
39	2020 年 11 月 25 日	七号笔迹	游戏	战略投资	数千万元
40	2020 年 11 月 25 日	水果糖	游戏	战略投资	4464 万元
41	2020 年 11 月 30 日	Convert Lab	数字营销	B 轮	1 亿元
42	2020 年 11 月 30 日	环球音乐集团(美国)	音乐	战略投资	30 亿欧元
43	2020 年 11 月 30 日	网元圣唐	游戏	战略投资	未披露
44	2020 年 12 月 1 日	澜梦网络	游戏	战略投资	未披露
45	2020 年 12 月 2 日	阿佩吉	动漫	战略投资	未披露
46	2020 年 12 月 4 日	钛核网络	游戏	战略投资	未披露
47	2020 年 12 月 8 日	炎央文化	游戏	战略投资	未披露
48	2020 年 12 月 14 日	拱顶石游戏	游戏	战略投资	未披露
49	2020 年 12 月 19 日	环球音乐集团(美国)	音乐	战略投资	未披露
50	2020 年 12 月 30 日	鹿游网络	游戏	战略投资	2400 万元
51	2020 年 12 月 31 日	JTBC(韩国)	媒体	战略投资	24 亿元

资料来源：根据天眼查、IT 桔子资料整理。

腾讯通过投资，不仅进一步挖深了其“护城河”，而且投资收益甚丰。The Information 的数据显示，腾讯控股 2020 年对大约 100 家上市公司少数股权的未实现收益高达 1200 亿美元，包括前述约 100 家上市公司在内，腾讯大约对 1200 家上市公司持股，市值达到 2800 亿美元。

第二，B 站投资了 24 家文娱公司。起家于二次元的 B 站近些年不断“破圈”，通过加速投资布局，拓展内容库和完善自身的生态系统。2020 年投资了 24 家文娱公司，而 2018 年、2019 年分别只投了 17 家、5 家。可以看出，B 站的投资主要集中在二次元领域，包括 4 家动画内容制作公司、6 家二次元游戏研发公司、3 家电竞 MCN、1 家手办衍生品开发公司，以及解决游戏制作绘画需求的约稿平台等（见表 16）。

表 16　2020 年 B 站新媒体产业投资版图

序号	时间	公司	领域	轮次	金额
1	2020 年 3 月 26 日	无锋科技	MCN	A 轮	数千万元
2	2020 年 4 月 14 日	有度文化	动漫	Pre - A 轮	数千万元
3	2020 年 5 月 14 日	米画师	游戏	A 轮	数千万元
4	2020 年 5 月 18 日	掌派科技	二次元游戏	战略投资	数千万元
5	2020 年 6 月 14 日	千跃网络	游戏	B 轮	数千万元
6	2020 年 7 月 10 日	Lategra	XR 和数字虚拟表演	战略投资	未披露
7	2020 年 8 月 16 日	Access!	二次元游戏	天使轮	未披露
8	2020 年 8 月 17 日	影之月	游戏	战略投资	数千万元
9	2020 年 8 月 18 日	ACTOYS	动漫	并购	未披露
10	2020 年 8 月 27 日	时之砂	游戏	战略投资	未披露
11	2020 年 8 月 31 日	欢喜传媒	影视	IPO 后	5. 13 亿港元
12	2020 年 9 月 11 日	猫之日	二次元游戏	战略投资	数千万元
13	2020 年 9 月 17 日	体重小本	工具软件	天使轮	未披露
14	2020 年 9 月 18 日	Pinta Studios	动漫	战略投资	未披露
15	2020 年 9 月 24 日	光焰网络	游戏	天使轮	未披露
16	2020 年 10 月 26 日	Versa	工具软件	B 轮	数千万美元
17	2020 年 10 月 29 日	就有了光	短视频 MCN	天使轮	数千万元
18	2020 年 11 月 10 日	汉卿传媒	MCN	战略投资	未披露
19	2020 年 11 月 19 日	青藤文化	短视频 MCN	战略投资	1000 万元
20	2020 年 12 月 14 日	瞳蒲文化	动漫	战略投资	数千万元
21	2020 年 12 月 17 日	叁月半文化	电竞 MCN	战略投资	未披露
22	2020 年 12 月 23 日	大鹅文化	电竞 MCN	战略投资	未披露
23	2020 年 12 月 25 日	小象大鹅	电竞 MCN	战略投资	亿元以上
24	2020 年 12 月 31 日	口袋宝宝	工具软件	战略投资	未披露

资料来源：根据天眼查、IT 桔子资料整理。

第三，字节跳动投资了14家公司。2020年，字节跳动在新媒体产业共投资了14家公司，主要集中在网文和游戏公司领域。在网文领域，共投资了鼎甜文化、九库文学网、秀闻科技、掌阅科技及塔读文学等5家网文公司；在网络游戏领域，共投资了神罗互娱等4家公司，在游戏领域的布局可见一斑（见表17）。

表17　2020年字节跳动新媒体产业投资版图

序号	时间	公司	领域	轮次	金额
1	2020年2月11日	风马牛传媒	MCN	战略投资	未披露
2	2020年3月12日	泰洋川禾	艺人经纪	B轮	1.8亿元
3	2020年4月21日	Dailyhunt(印度)	媒体	F轮	2350万美元
4	2020年4月30日	中视鸣达	艺人经纪	A轮	未披露
5	2020年6月4日	秀闻科技	网络文学	战略投资	未披露
6	2020年6月15日	Ohayoo	游戏	并购	未披露
7	2020年6月30日	鼎甜文化	网络文学	战略投资	未披露
8	2020年7月20日	塔读文学	网络文学	战略投资	数千万元
9	2020年8月21日	MYBO	游戏	战略投资	数千万元
10	2020年9月22日	九库文学网	网络文学	A轮	数千万元
11	2020年9月30日	智慧大狗	影视	战略投资	未披露
12	2020年10月13日	有爱互动	游戏	战略投资	未披露
13	2020年11月5日	掌阅科技	网络文学	战略投资	11亿元
14	2020年11月25日	神罗互娱	游戏	战略投资	数千万元

资料来源：根据天眼查、IT桔子资料整理。

第四，阿里巴巴只投了4家新媒体公司。2020年，阿里巴巴投资了4家新媒体公司，为历年最少，2018年、2019年分别投资了11家、9家。虽然投资公司数量少，但是投资金额并不低，其中以62亿元获得芒果超媒5.26%股份，成为其第二大股东（见表18）。

表18　2020年阿里巴巴新媒体产业投资版图

序号	时间	公司	领域	轮次	金额
1	2020年6月	衢州新闻网	媒体	战略投资	数千万元
2	2020年7月	华谊兄弟	影视	IPO上市后	22.9亿元
3	2020年8月	耐飞影视	影视	战略投资	未披露
4	2020年11月	芒果超媒	影视	IPO上市后	62亿元

资料来源：根据天眼查、IT桔子资料整理。

第五，快手投资了9家新媒体公司。2020年，快手积极布局游戏等产业，共投资了9家新媒体公司，其中7家公司和游戏有关（见表19），而快手游戏负责人唐宇煜提供的数据显示，截至2020年5月，快手的游戏直播月活已经超过2.2亿，游戏短视频月活跃用户突破3亿。

表19　2020年快手新媒体产业投资版图

序号	时间	公司	领域	轮次	金额
1	2020年3月13日	赛瑞思动	游戏	并购	未披露
2	2020年4月13日	王牌互娱	游戏	天使轮	数百万元
3	2020年5月25日	茄子快传	工具软件	战略投资	未披露
4	2020年5月31日	Owlii	VR	并购	未披露
5	2020年8月24日	KS. YTG电竞俱乐部	电竞	并购	未披露
6	2020年10月26日	英雄体育	电竞	B轮	1亿美元
7	2020年12月4日	小象互娱	游戏直播	战略投资	未披露
8	2020年12月10日	犀牛互动	游戏	战略投资	未披露
9	2020年12月25日	小象大鹅	电竞MCN	战略投资	亿元以上

资料来源：根据天眼查、IT桔子资料整理。

第六，百度虽仅投资4家公司但金额巨大。2020年，百度投资了4家新媒体，其中，以36亿美元收购欢聚集团的YY直播是百度史上最大手笔的一起收购，具体见表20。

表20　2020年百度新媒体产业投资版图

序号	时间	公司	领域	轮次	金额
1	2020年1月6日	新潮传媒	广告营销	股权融资	未披露
2	2020年3月18日	掌阅科技	网络文学	战略投资	7亿元
3	2020年9月9日	牧云文化	短视频MCN	天使轮	未披露
4	2020年11月17日	YY直播	直播	并购	36亿美元

资料来源：根据天眼查、IT桔子资料整理。

（三）云游戏市场将处于高速发展期

2020年，与云游戏相关的各类商业活动显著增加。虽然云游戏的市场规

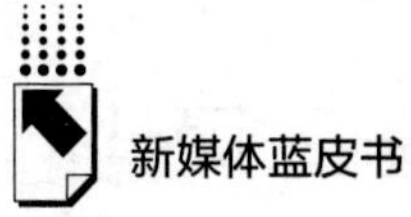

模和用户体量仍处于起步阶段，但由于云游戏的灵活性及易用性，云游戏将展现出难以估量的巨大潜力。根据腾讯研究院与 Newzoo 联合发布的《中国云游戏市场趋势报告（2021）》预测，2020~2023 年，中国云游戏市场收入的复合年均增长率将达到 135%，远超全球平均水平 101%。而根据 Newzoo 在 2021 年 3 月更新的《全球云游戏市场报告》预测，2020~2023 年，云游戏的全球市场约将增长 7.2 倍，达到 51.35 亿美元。

参考文献

国家统计局：《中华人民共和国 2020 年国民经济和社会发展统计公报》，2020 年 2 月 28 日。

中国互联网络信息中心：第 47 次《中国互联网络发展状况统计报告》，2021 年 2 月 3 日。

B.22

2020年中国儿童文化产业新媒体融合发展报告

曹月娟　雷　震　沙子瑞　赵艺灵　胡勇武*

摘　要：　新媒体时代，在政策的引导与促进下，中国儿童文化产业发展迈向了新高度，呈现出新特征与新趋势。新技术持续赋能，为儿童文化产业发展创造新思路，为儿童文化产业内容生产提供新动能，使中国儿童文化产业与新媒体的融合更加紧密，并促进儿童文化产业的未来发展有了更广阔的前景。2020年，随着中央、省市级政府及相关部门出台一系列政策激励儿童文化产业与技术融合发展，儿童文化产业形成蓬勃发展势头。

关键词：　文化产业　儿童文化产业　新媒体

2020 年，随着中央、省市级政府及相关部门出台一系列政策激励儿童文化产业与技术融合发展，儿童文化产业形成蓬勃发展势头。根据国际《儿童权利公约》中对儿童的界定，儿童是指 18 岁以下的任何人。我国法律根据《中华人民共和国未成年儿童保护法》以及《联合国儿童权利公约》的规定，同样界定儿童是指 18 岁以下的任何人。因此，本报告所采用的儿童概念界定也沿用国际及我国对儿童的界定范畴。儿童作为社会、学校、家庭

* 曹月娟，浙江传媒学院新闻与传播学院讲师、博士，研究方向为新媒体、传媒经济；雷震、沙子瑞、赵艺灵，浙江传媒学院新闻与传播学院硕士研究生，研究方向为数字媒体与智能传播；胡勇武，浙江科洛洛娱乐文化有限公司总经理。

共同关注的群体，其健康发展成为儿童文化产业各行业产品研发及内容生产的主要目标。随着互联网技术发展，新媒体技术应用延伸到了儿童文化产业，成为儿童文化产业驱动创新发展、内容形式革新的重要手段。国家政策对文化产业数字化在顶层设计上的部署，加速推动了儿童文化产业数字化发展进程。

一 政策加速推动儿童文化产业数字化发展

（一）政策引领文化产业发展方向

伴随着我国经济的持续增长、高科技的迅猛发展，文化产业已成为一个具有强劲动力的“朝阳产业”。新技术对推动文化产业创新发展具有重要作用。我国文化发展政策的加持是将技术发展与产业发展有效融合，推进文化产业持续、快速、健康发展的重要保障。

1. 国家政策引导文化产业数字化发展

随着互联网与社会经济生活的紧密结合，国家出台一系列政策引导和顺应这一趋势，数字化已经成为文化产业不可阻挡的发展趋势。

在 2020 年 9 月举行的教育文化卫生体育领域专家代表座谈会上，习近平总书记指出，要顺应数字产业化和产业数字化发展趋势，加快发展新型文化业态，改造提升传统文化业态，提高质量效益和核心竞争力。

2020 年 10 月 29 日，《中共中央关于制定国民经济和社会发展第十四个五年规划和二〇三五年远景目标的建议》指出，实施文化产业数字化战略，加快发展新型文化企业、文化业态、文化消费模式。

2020 年 11 月 18 日，文化和旅游部印发《文化和旅游部关于推动数字文化产业高质量发展的意见》（以下简称《意见》），这是继 2017 年前文化部发布《文化部关于推动数字文化产业创新发展的指导意见》以来，对数字文化产业发展的又一重要的专门性政策文件。《意见》要求更高、目标更大且更为具体，这表明了数字化已成为文化产业的主要发展趋势。《意见》将为夯实数字文化产业发展基础、培育数字文化产业新型业态、构建数字文化产业生态，推动文化产业数字化发展形成巨大的动能。

2. 地方政府政策为文化产业数字化提供发展保障

一些地方政府纷纷出台推进文化产业发展的政策。2020 年 6 月 17 日，中共杭州市委办公厅、杭州市人民政府办公厅印发《杭州市强化数字赋能推进“六新”发展行动方案》，提出加快传统消费业态转型。利用数字基础设施改造发展“老、少、康、美”等重点消费领域。

2020 年 10 月，江苏省人民政府办公厅发布《省政府办公厅关于深入推进数字经济发展的意见》，提出整合全省文化和旅游资源，完善江苏智慧文旅平台内容功能，构建“一机游江苏、一图览文旅、一键管行业”的智慧文旅体系，推广“互联网 + 文旅”新业态新模式。

（二）政策打造儿童文化产业发展新业态

1. 教育信息化与线上教育迎来发展契机

《中国儿童发展纲要（2011—2020 年）》提出，全面推进教育现代化和信息化。把教育信息化纳入国家信息化发展整体战略，并在基础设施建设、教育教学模式等促进缩小城乡教育信息化差距方面提出了具体要求。

党的十九大报告提出，加快教育现代化，办好网络教育。2018 年 4 月，教育部制定《教育信息化 2.0 行动计划》，提出通过实施教育信息化 2.0 行动计划，到 2022 年基本实现“三全两高一大”的发展目标。

2020 年 5 月，国务院总理李克强在《政府工作报告》中明确提出推进教育信息化。2020 年 9 月，《教育部等八部门关于进一步激发中小学办学活力的若干意见》指出，加快推进基础教育信息化，积极开发优质学校名师网络课程、优化利用课堂资源，促进优质教育资源共享。

一直以来，教育都是儿童政策所着重关注的部分。新冠肺炎疫情暴发以来，国内学校相继停课，在这种形势下，为做好疫情防控，同时引领教育高质量发展，教育政策有着鲜明的防疫特点。

2020 年 2 月 12 日，教育部办公厅与工业和信息化部办公厅联合印发了《关于中小学延期开学期间“停课不停学”有关工作安排的通知》，提出整合有关资源，通过国家中小学网络云平台、专用电视频道等方式，帮助学生进行线上学习。

2020 年 7 月 14 日，国家发展改革委、中央网信办、工业和信息化部等 13 个部门发布《关于支持新业态新模式健康发展　激活消费市场带动扩大就业的意见》，将融合化在线教育看作经济发展的新业态，并放宽了课程资源的限制，提出要为在线教育发展完善知识产权保护、内容监督等制度规范。

2020 年 1 月 29 日，南京市教育局办公室印发《关于做好延期开学期间相关工作的通知》，要求所属学校在延迟开学期间，利用在线教育平台和各类网络媒体的作用，为中小学生提供免费优质的教育服务。

受疫情影响，线下教育受限，与此相对应的是政策对线上教育的支持与引导、线上教育资源的优化提升，以及线上教育发展条件的逐步成熟。家长和少儿对在线教育使用习惯、消费习惯的逐渐适应，国家政策对教育数字化发展的持续关注及引导，都有助于教育信息化与线上教育的蓬勃发展。

2. 政策规范儿童文化产业新媒体健康发展

对于近年来发展势头正旺的短视频、网络直播等新媒介业态，国家有关部门不断出台有关政策法规引导其积极健康发展。

2020 年 3 月 1 日起实施的《网络信息内容生态治理规定》要求，网络信息内容生产者不得发布可能引发未成年人模仿不安全行为和违反社会公德行为、诱导未成年人不良嗜好等的内容。鼓励网络信息内容服务平台开发适合未成年人使用的模式，提供适合未成年人使用的网络产品和服务，便利未成年人获取有益身心健康的信息。

2020 年 10 月，第十三届全国人民代表大会常务委员会修订了《中华人民共和国未成年人保护法》，新增“网络保护”一章，对其中涉及未成年网络保护的各主体进行了规制和要求，有利于确保未成年人在互联网环境中对适合其发展的内容资源进行充分应用。

针对网络直播和电商直播中涉及未成年人打赏的乱象，2020 年 11 月，国家广播电视总局印发《国家广播电视总局关于加强网络秀场直播和电商直播管理的通知》，明确指出“未成年用户不能打赏”。要求通过多种措施，确保实名制要求的落实。同时要求平台须对引诱成年用户以虚假身份信息“打赏”的主播及其经纪代理进行处理。

二　新媒体技术赋能儿童文化产业发展

2020 年新冠肺炎疫情的全球蔓延对经济造成了一定影响，在儿童文化产

业领域线下经济遭受重创的同时，企业也在加快数字化转型速度，众多企业推出数字化平台为用户提供数字化服务，各个领域线上线下融合大幅度加深，其中在线教育、在线购物领域出现了逆市增长，可以说2020年是儿童文化产业加快数字化转型的关键节点。

根据联合国教科文组织关于文化产业的定义，儿童文化产业是以儿童为对象，依照工业标准进行的有关文化产品的生产、分配和服务的一系列活动。目前儿童文化产业的行业分类较为模糊。网络技术的发展催生了新的文化生产和消费模式，文化产业在内容生产甚至产业结构上都发生了变化，儿童文化产业亦是如此。

（一）“互联网+”成为儿童文化产业发展新趋势

2019~2020年，疫情给我国儿童文化产业的新媒介技术应用发展带来了机遇与挑战，消费市场的转型迫使其更大程度地探索新技术赋能，调整传播策略，以展现其价值。尤其是通过儿童文化产业发展及内容生产可以较为清楚地看出新媒介技术给其带来的重大影响。

1. 儿童服饰形成线上设计、运营、推广一体化服务模式

我国童装行业发展空间广阔，政策利好推动行业规模扩张，据Euromonitor统计，2019年我国童装市场规模达2391.5亿元，2020年末有望突破2700亿元①。受疫情及销售折扣影响，2020年童装线上市场规模为847.9亿元（ECdataway数据威统计），较上年同期降低1.2%，但童装仍占母婴相关类目线上市场的最大份额。疫情期间居家生活时间增多，实体销售行为减少，这推动了儿童服饰的线上时尚设计和电商营销发展。在产品创新方面，许多童装公司还和知名IP跨界合作，重视各类新兴媒体在品牌营销方面的运用，形成了聚焦垂直母婴社区、强化移动终端互动、携手知名平面媒体的推广策略，进行多媒介下的“品牌”营销。②

许多儿童服饰品牌针对以母婴网站为代表的垂直平台，运用大数据精准定

① 申万宏源：《激荡二十年，冰火两重天——纺织服装行业A股港股全景复盘深度报告》，2020年3月9日。

② 罗兰贝格：《从机遇到现实：中国童装行业的机遇和致胜关键》，2019年3月。

位孕期与年轻妈妈的垂直优势，进行品牌推广、用户互动及产品试用，并继续加强与移动端 App 的合作，以扩大潜在消费目标群。

一些高端儿童服饰品牌除了与知名杂志平面媒体，如 *MilKenfant*、*OK! baby*、《嘉人》等开展合作外，通过图片展示、封面宝宝服装及明星亲子广告等形式，宣传与巩固品牌定位，还针对新兴社交媒体，强化微信应用为代表的移动终端，在 2020 年继续深耕微博、小红书、抖音、快手、哔哩哔哩等多个社交媒体平台资源，注重提升品牌知名度；通过与 KOL 合作、自媒体传播等手段，借助图文推送、短视频、直播等社交媒体内容营销，有效促进企业品牌优势的推广、消费客群的扩大以及客户黏性的增强。①

2. 儿童食品与线上咨询服务紧密结合提升消费者黏性

儿童食品行业的网络技术应用具有代表性的是母婴食品业。以奶粉企业为例，随着城市化的不断发展及职场妈妈人数的上升，越来越多中国妈妈开始认可婴幼儿配方奶粉产品作为其婴幼儿母乳补充品或替代品所带来的便利及营养价值。2020 年受疫情影响，很多传统母婴奶粉企业在疫情期间利用新媒体开展线上业务，调整传播策略，维持企业收益。如奶粉品牌飞鹤联合各大营养专家、儿童医生等，利用线上直播、星妈课堂等新形式不断给家长们提供优质的养儿育儿内容，以及高品质营养、健康、育儿内容服务。此外，还格外关注产品创新研发，以此助力品牌影响力不断提升，提高消费者认知力和购买度。同时，飞鹤率先利用数字化、智慧化赋能业务发展，积极地与外部生态伙伴及产业链上下游智慧协同，优化供应链，消除上下游合作伙伴之间的信息壁垒。在智慧营销以及智慧供应链的业务上，探索在网络协同、数据智能方面形成交互共用、探查预测能力，提高消费者体验满意度。

区别于其他食品领域，母婴食品行业更强调信任关系，这也促使许多儿童食品电商品牌在 2020 年实现了突破。如主要面向 0～6 岁婴童群体的健康食品品牌“宝宝馋了”，通过整合优质资源，经第三方购物平台开展营销，销售有品质保证的产品，促进本土化的产业联盟，实现更多的端到端的服务。据“宝宝馋了”的数据，2020 年该企业全网月销已近亿元，较 2019 年同比增长

---

① 深圳市安奈儿股份有限公司：《安奈儿：2020 年半年度报告》，2020 年 8 月。

30 倍以上。2020 年“双十一”，“宝宝馋了”成为天猫宝宝辅零食类目第一的品牌。① 随着科学化、精细化喂养渐成趋势，国产母婴食品电商品牌将更具发展潜力。

3. 儿童家用产品以智能化满足儿童个性化需求

儿童家具指专为 0 ~ 18 岁儿童设计的家具产品，具备设计安全、趣味益智、强调学习功能等特点。随着人们对儿童家具的需求增加，儿童家具行业市场规模由 2015 年的 728 亿元增长到 2020 年的超过 1000 亿元，年均复合增长率不断攀升。近年来，儿童家具行业将经营领域向定制设计拓展，开展线上定制设计咨询服务，并实时将设计效果向消费者进行三维展示。针对儿童家具设计固化、缺乏创新的问题，许多企业还积极与设计网站展开合作，如 archrace 设计举办“PLAY”儿童互动家具设计竞赛，制作交互式、模块化和动态的家具原型。②

受学业压力大、电子产品普及、读写姿势不规范等因素共同作用，我国儿童视力与脊柱健康问题已经非常突出。2020 年新冠肺炎疫情防控期间，大规模线上教学的开展，使儿童青少年的视力保护面临新的挑战，教育部 2020 年 6 月的调研显示，半年来学生近视率增加了 11.7%。此外，驼背、双肩不平等现象在儿童群体中也十分普遍，儿童在日常生活学习中没有养成良好习惯是主要原因。儿童脊柱筛查调研数据显示，我国 3 ~ 14 岁儿童中书写姿势不规范的占比为 22.9%、坐姿不规范的占比 13.7%，如何避免此类不良习惯成为困扰家长的一大难题。

2020 年中国功能性儿童学习用品的市场规模为 109.6 亿元，儿童学习桌、儿童护眼灯、儿童护脊书包成为功能性儿童学习用品的支柱产品。③ 区别于传统电动学习用品，功能性儿童学习用品重视产品的智能调节功能开发，不断探索人工智能模块搭载的核心技术，深耕产品智能化发展路径。例如，搭载电动升降技术的儿童学习桌针对儿童的不同学习状态，通过智能遥控将桌面调节至高度最适宜的位置。一些智能学习桌还兼具场景记忆功能，既储存有儿童相应

① 36 氪：《“宝宝馋了”完成过亿元 A 及 A + 轮融资，天图资本独家投资》，2021 年 2 月。

② 《“PLAY”儿童互动家具设计竞赛》，http：//www. archrace. com，2020 年 11 月 11 日。

③ 艾瑞咨询：《学习用品行业：2020 年中国功能性儿童学习用品行业白皮书》，2020 年 3 月。

学习状态下的桌面高度记忆，也记录了适合家长的使用高度，方便家庭辅导和亲子交流。此外，内置高感光成像芯片的智能学习桌，聚焦肉眼难以判断的坐姿问题，可以实时读取孩子的坐姿，经处理芯片对坐姿图像收集整理，由 AI 算法分析，再经语音技术及服务功能提醒孩子矫正不良坐姿。一些功能性学习用品还开发了配套小程序，家长可以通过移动端查看儿童学习和坐姿状况的照片、视频及坐姿数据报告，以预防近视。①

在功能性儿童学习用品行业，大部分企业将电商平台作为主战场，利用短视频作为载体有效开展营销活动的玩家并不多，在行业竞争持续加剧、销售成本居高不下的背景下，企业应该顺应趋势、转变思路，利用智能技术探索新的营销方式。②

4. 儿童出行以多元化场景提高文教传播效果

作为儿童出行的主要形式，亲子游是指由家长及其未成年子女共同参与，以家庭为单位，以儿童旅游需求为出发点，统筹家长孩子双方旅游需求，集认知、教育、体验、亲情、休闲于一体的旅游形式。③ 从亲子游产品的信息获取途径来看，游客的信息获取途径日趋多元化，亲子游的社群营销效应显现。不少亲子游景区 IP 挖掘文化内涵，以文带教赋能亲子游产业链。同时，亲子游在线厂商通过精细化延伸，深化亲子游品类差异与业务深度，打造多元化场景，线上线下协同布局，并利用大数据支持社群运营。

目前，亲子游产品分类中包括主题乐园、文博场馆、自然风光等，主题乐园占比达到 42.7%，广受热捧。虚拟现实（VR）、增强现实（AR）技术与亲子游场景的结合愈发紧密，尤以文博场馆为甚。AR、VR 技术以虚实结合、实时交互、三维沉浸的特点，为文博场馆的数字化保护、文教传播增添了更多可能，也为体验者带来强烈的在场感和参与感。基于半坡博物馆、秦始皇兵马俑博物馆，以及恭王府、圆明园等历史文化遗产开发 AR 卡片，使用移动端设备扫描即可将文物三维模型化呈现，以及获取相应的音频、图文和特效等，一改以往静态物件、面板图片、影片播放的固有陈列形式，生动展示了馆藏文物，

① 护童科技：《护童电动智能学习桌，开启电动学习新时代》，2020 年 9 月。

② 艾瑞咨询：《学习用品行业：2020 年中国功能性儿童学习用品行业白皮书》，2020 年 3 月。

③ 刘妍：《我国亲子旅游开发的现状、问题及对策》，《科技广场》2013 年第 11 期。

调动了儿童探索知识的天性，帮助他们更加近距离地观摩与研究文物。中国航空博物馆还运用 AR、VR 技术，开发设计了《挑战九星战机》《3D 飞机拆解组装》等多款适合儿童的互动体验游戏，向家长和儿童普及航空知识。

此外，亲子游产品中还尝试嵌入实践主题，如北京农业嘉年华根据客群的特殊性，对旅途中的儿童饮食、特色住宿、室内乐园等进行主题开发，截至 2020 年已成功举办七届。“亲子 +” 旅游产品串联起区域教育、商业、农业等资源，形成区域综合发展的新线索。①

5. 儿童玩具以智能化提高趣味性

中国玩具行业以外销为主、内销为辅，0 ~ 14 岁儿童玩具市场稳定增长。受疫情影响，2020 年上半年中国玩具出口额出现负增长，1 ~ 2 月同比下降 26.8%，3 ~ 6 月下滑幅度逐渐收窄，7 ~ 8 月实现反超。从 2020 年上半年的玩具企业注册量来看，在生产革新、市场扩容、电商赋能等方式同频共振，加之疫情好转，4 月全国玩具企业注册量达到 12.4 万家，较 3 月环比增长 19%。随着具备科技理念的智能玩具不断获得市场的青睐，传统玩具不断向智能化方向发展。

相关研究报告显示，近年来我国儿童玩具市场规模不断扩张，中国儿童智能产品市场中的智能玩具类产品未来 5 年的年均增速将保持在 75%，远超玩具行业 6% 的年均增速。② 智能玩具是指由人工智能技术（如语音识别、语音合成、人机交互等）结合传统玩具生产的新型玩具类型，通常可与消费者进行简单互动。智能玩具的主要目标群体为 0 ~ 14 岁（K12）儿童，依据用途，智能玩具可分为早/幼教类智能玩具、益智类智能玩具、休闲类智能玩具及智控玩具四类。③

近两年，中国智能玩具的产品种类不断增多、功能日益完善，呈现多样化发展趋势。首先，新型智能玩具不断产生，以“游戏 + 玩具” 概念为基础生产的智能手办，其硬件外形设计参考了游戏角色，内部则装置特殊芯片，通过电视端或手机端的显示、感应设备，可使游戏手办出现在兼容的游戏中，玩家

① 青蓝文旅：《亲子旅游市场的运营模式及案例解析》，2020 年 8 月。

② 智研咨询：《2017 ~ 2022 年中国智能玩具市场运行态势及投资战略研究报告》，2017 年 3 月。

③ 头豹研究院：《玩具行业系列概览：2019 年中国智能玩具行业概览》，2020 年 9 月。

操作手柄及感应器控制手办进行游戏时，交互体验更加奇妙。其次，智能玩具的功能日益完善，呈现出多样化发展趋势。如教育类智能机器人可分为针对婴幼儿的早教启蒙机器人和针对学龄儿童的课程教育机器人。早教启蒙机器人具备互动对话、音乐诗歌、语言启蒙等功能，课程教育机器人则加入了定位、远程监控、打卡记录等功能。高端的教育机器人增加空气净化、投影等非教育功能。这些功能的加入，增添了智能玩具的趣味性，易于激发儿童对科技的好奇心。目前，大部分中国传统玩具企业通过与互联网公司合作或并购科技公司等方式完成智能化转型。如 2017 年全球玩具巨头美泰与阿里巴巴达成合作；2018 年乐高联合腾讯在智能玩具领域开展合作，向用户提供更具互动参与感的玩乐体验。2019 年以来，小米、奥飞动漫也相继进入智能玩具行业，各自推出儿童陪伴机器人等产品。随着中国智能玩具行业市场规模快速扩大，传统玩具企业将加快“智能化”进程，进一步拓展智能玩具业务。

6. 儿童教育向数字化、网络化、智能化、多媒体化发展

教育信息化是指将信息技术手段有效应用于教学科研，对教育资源进一步开发利用，一般包含硬件设备、软件及后续服务、云技术和数据服务及增值服务等方面，其基本特征是教育资源的数字化、网络化、智能化和多媒体化。

2020 年的疫情促使儿童教育行业开展线上化探索。无论是以线上讲座分享巩固客源，还是趁势推出线上化课程供儿童与家长学习，线上化在校内外教育行业的渗透率不断提高。面向公立学校的定制化软件开发市场已经初具规模，各种教学云平台产品进校通道顺畅。以智慧校园建设为突破口的教育信息化 2.0，仍然存在跨区域整合机会。

教育信息化建设不仅需要推动技术手段与教育教学实践的深度融合，创造数据支持的教学服务环境，增强区域教育资源供给保障，还要利用人工智能和大数据等技术不断提升现代教育治理能力，以促进师生信息素养的全面提升。

“互联网 +”助推幼儿教育培训市场快速发展，通过互联网布局行业进一步扩展业务场景，创新幼儿教育培训形态，完善产品矩阵，在探索幼儿教育培训的过程中搭建开放灵活、可扩展的核心系统，同时不断开拓前沿技术，并应用于产品研发、改善经营。

7. 儿童出版物销售向线上模式转移

2020 年上半年，家长们因疫情居家，陪伴孩子的时间变长，更加关注孩

子的成长和学习，儿童图书出版市场以 30.54% 的码洋比重占据图书市场的最大份额，较 2019 年同比增长 3.38 个百分点。[①] “停课不停学”的线上教育状态也使得教辅教材市场规模几乎未受影响，码洋比重为 19.37%，同比增长 3.56 个百分点。[②] 根据《2020 年第一季度图书零售市场分析》，2020 年第一季度教辅教材和少儿类图书所占的码洋比重较 2019 年同期出现大幅上升，而文艺和社科类则有明显下降。

2020 年上半年儿童图书市场规模继续增大，网店渠道占比更大，其中，经典书目依然是榜单常客，而直播带货的图书营销成为行业新趋势。

2020 年新冠肺炎或病毒相关儿童科普百科类备受关注，同时，许多原本在实体书店举办的活动无法开展，线上直播就成为营销的新出路，不受时空限制、互动性强，爆款效应明显。特别是儿童图书，购买人群与直播观看人群高度重合，直播带货更具优势。在直播的加持下，带货图书都会在直播当月或次月迎来一个小的销售高峰，例如，2020 年 3 月底“走进薇娅直播间”的《中国经典动画珍藏版（全 70 册）》《穿越时空看文明：全景手绘中国史（套装共 4 册）》《这才是大语文：跟着古诗词学历史（全 4 册）》三套儿童图书，3～4 月销量涨势明显。

（二）新型媒介技术深度嵌入儿童内容生产链条

1. 图书内容生产以技术为依托实现互动趣味化转变

家长在购买童书时，价格因素在购买决策中的影响力逐渐下降，转而将是否能够激发孩子的阅读兴趣作为一项重要参考指标。新媒介技术在童书中的运用满足了互动趣味式阅读的需求，随着技术、渠道和出版融合的发展，互动趣味式阅读将更为普及，童书形式具体表现为多媒体有声书，AR、VR 童书。

童书内容的互动趣味化主要体现在科普类图书、语言学习类图书和绘本的制作上。2020 年，如奇趣科普 3D 立体发声书《恐龙世界》《打开故宫（纪念紫禁城建成 600 周年）》《宝宝学说话有声书》等童书，运用 3D、AI 声音、

---

① 盛世华研：《2019～2025 年中国少儿图书出版行业提升核心竞争力战略研究报告》，2019 年 6 月。

② 北京开卷：《2020 开卷图书零售市场报告》，2020 年 7 月。

AR、VR 技术使知识转化为视觉与听觉的盛宴。同时，绘本主要依靠 AR、3D 动画技术来加强图书的趣味性和互动性，如畅销的“AR 涂色乐园”系列，儿童在完成涂色后，图书画面的真实性将得到加强。

2. 动漫动画制作以技术为动能推进产业升级

动漫产业是指围绕动漫内容的生产制作所形成的产业。产业上游是动漫内容的生产和制作体系，中游是动漫内容的传播和观看渠道，下游是指围绕 IP 形象应用和授权的衍生产业，如手办玩具、授权商品等。在线动漫是指通过互联网平台实现动漫内容传播的动漫作品的统称，运营并传播在线动漫作品的平台即在线动漫平台。

从发展阶段看，以 4K 超高清制式和定格动画为代表，全世界正进行新一轮动画制作产业升级周期，而 AI 等新技术在动漫工业中的研发使用则是必然的趋势，因此技术也同样决定着未来中国动漫产业的发展方向。

以定格动画为例，定格动画主要依靠事先设计好的人物造型，通过操纵人偶的肢体活动，逐格拍摄形成连续画面。与目前大规模的二、三维动画不同，定格动画对场地、人力、技术的要求较高，通常只能拍摄短片，商业化程度低。近几年来，定格动画通过运用 3D 打印技术设计人偶、计算机数字软件进行后期制作，减少了人力成本，提高了影像质感。随着定格摄像功能、后期制作软硬件的完善和 AI 技术的应用，定格动画将为中国特色动画制作添砖加瓦。

3. 儿童游戏以技术为基础实现人机交互式运用

截至 2020 年 12 月，我国网络游戏用户规模达 5.18 亿，占网民整体的 52.4%。① 可以说，游戏作为一种低门槛、低成本的娱乐手段，已成为大部分人生活中习以为常的一部分。但需要注意的是，游戏用户中存在大量儿童及青少年玩家群体，占比高达 29.3%（24 岁以下）②。

随着 VR 技术在游戏领域应用的不断深入，沉浸式、交互式的线下电子竞技成为热点，人机交互的运用趋向自然化。未来战场作为北京电鲸科技有限公司运营的首个真人线下电子竞技 2.0 平台，制作了“王者 VR”“吃鸡 VR”等

① 中国互联网络信息中心：第 47 次《中国互联网络发展状况统计报告》。

② 艾瑞咨询：《中国移动游戏行业研究报告（2020 年）》。

线下热点游戏，实景空间大，摆脱了线控，并能够与不同城市的玩家进行联网对战，玩家在享受虚拟与现实交互的同时，还能获得运动竞技的快感，吸引了大量青少年和成人玩家。

2020 年上半年游戏市场受疫情影响，线上场景增多，游戏产业出现红利，手机端游戏、PC 端游戏以及主机游戏都迅速增长。2020 年 6 月 3 日，网易与华为正式签署战略合作协议，双方围绕“数字娱乐”创新，在以“5G”和“云”为代表的新技术和生态方面展开深度合作，共同推动游戏、音乐和教育业务发展。这意味着 5G 云游戏正在加速落地，双方还将在云游戏系统方案及搭建渲染、AR/VR 技术等全场景智能娱乐终端生态方面展开深度合作。① 但是据伽马数据统计，2020 年青少年云游戏市场规模达到 12 亿元，但青少年云游戏仍处于秉烛夜行的摸索阶段，玩家用户体验与商业模式都尚不清晰。从用户体验角度来说，目前国内已开放的云游戏平台中，大多只能提供基础的画面清晰度，对于 4K、60 帧这样的高质量画面仍有一定差距，并且在游戏过程中仍无法做到完全的流畅无顿挫感，画面撕裂、操作卡顿的现象时有发生，这也直接导致青少年用户的付费意愿较低。除此之外，腾讯宣布“直播 + 云游戏”的互动玩法在斗鱼上线，斗鱼将首先采用腾讯云互动云游戏解决方案，“互动云游戏”功能支持用户在观看游戏直播的同时，申请与主播一起 PK，丰富主播与用户之间的互动体验，探索游戏直播的新场景。

三　儿童文化产业新媒体融合发展趋势

随着新媒体技术的发展，儿童文化产业以满足儿童文化受众群体在家庭、学校、社会的生活、教育、发展需要，全面提升儿童受众的代入感、体验感、满足感，开始将新媒体技术应用到儿童文化生活产品制造及内容研发方面，并且随着儿童文化产业发展及新媒体技术应用能力提升，儿童文化产业与新媒体技术融合度会越来越高，新媒体将在儿童文化产业的品牌建立、内容研发、用户定位、资源融合等方面发挥更大作用。

① 上海证券：《VR 游戏活跃用户数持续增长，无线串流方案认可度提升》，2020 年 6 月 9 日。

（一）优质 IP 竞争与跨界融合

由于 IP 能够有效帮助品牌进行产品延伸，提升品牌的溢价空间，儿童文化产业领域品牌商积极与已有知名 IP 合作或建立自有 IP，通过 IP 实现品牌打造和变现已成共识。未来的商业竞争在于场景的塑造，而场景塑造的最终结果正是 IP 化，特别是在儿童文化产业领域，好的 IP 故事能够有效吸引儿童的注意力。但是在 IP 常态化发展下，IP 同质化现象严重，优秀的 IP 故事稀缺，“出圈”率极低，大部分优质 IP 被国外厂商占据。随着消费者对品牌化、品质化的不断追求，线上线下流量对品牌的加持，中小企业的渠道缺失将会导致中小企业的竞争力减弱，产业的 IP 化建设重点将逐渐转向对优质 IP 的竞争。

儿童文化产业领域的跨界融合将会进一步加深。2021 年 4 月，由中国玩具和婴童用品协会主办的第十二届中国儿童产业发展大会将在苏州太湖国际会议中心召开，大会主要聚焦在疫情防控常态化下，中国儿童产业与智能制造、大数据与场景化营销、品牌联名与推广等相关跨行业领军企业的融合发展问题。① 特别是在儿童综合素质教育领域，跨界合作发展新项目将更加普遍。如亲子游领域，博物馆需要与其他领域合作来共同开发夏令营、夜游等项目。以上海博物馆为例，上海博物馆通过向上海博物馆学院授权 IP，再由学院进行儿童暑期夏令营课程的设计策划，最后与上海文广互动电视有限公司合作进行运营传播，形成一个从内容生产到项目推广的闭环。在学前教育领域，在线教育平台积极与母婴平台进行合作，导流、沉淀大量重合的目标用户，并与母婴行业、玩具行业共同布局线下连锁早教中心，与母婴平台建立合作关系的幼儿在线教育平台可为母婴平台线下早教中心接入幼儿教育产品，扩大业务辐射范围，增加客户黏性和客均收入，从而获取更大的市场份额。在未来，依托如 VR、人工智能技术服务提供商所进行的针对儿童的体验消费、内容消费等将与教育紧密结合在一起，寓教于游、寓教于乐将成为大趋势。

（二）内容消费成为儿童产品开发的重要驱动力

在新兴人工智能技术和传播技术全面进入儿童文化产业的背景下，未来儿

① 《第十二届中国儿童产业发展大会将于 4 月苏州举办》，https：//m. sohu. com/a/446663477_120569495，2020 年 1 月 25 日。

童文化产品与内容的边界会更加模糊，以智能看护、VR/AR、智能家居为代表的可穿戴产品的创新性和实用性越来越高，企业在注重产品功能的同时会更加注重人机交互设计和情感需求。在智能玩具和智能看护领域，企业将依托于AR、VR、AI技术开发多样化的产品或智能机器人；在图书出版行业，儿童图书在目前已比较普遍的数字化产品、有声书的基础上，将进一步利用语音交互技术加强有声书与儿童的互动和情感交流，并大力开发AR有声书，即在语音交互的基础上增加视觉的临场化体验，打造动态的、交互的、三维的综合体验。在传统以产品为主的儿童产业领域，如传统玩具、传统看护、儿童出版等行业，面对智能化技术转型和市场对智能化产品的喜爱，与互联网公司、科技公司合作精耕智能化产品线，深挖优质内容，让产品自带内容传播基因是未来立足市场竞争的法宝。

在智能技术渗透和内容鱼龙混杂的背景下，市场对新兴产品和优质内容的需求更大，内容行业为满足市场对内容和玩法的供需平衡，加紧开展技术与内容方面的探索。以动漫行业和游戏行业为例，AI算法技术的研发将促进动画产业的半自动化生产；借助VR与5G等技术，VR电竞与5G云游戏产业将步入快速发展的成长期。艾瑞分析认为，游戏行业在短期内仍然会保持稳定发展态势，直到新兴技术能带来交互稳定、定价合理、玩法成熟的用户体验时，移动游戏市场才可能会发生新一轮的格局变化。① 儿童文化产业应抓住近几年新兴技术与产品内容融合的成长期，深挖市场需求，探索差异化、精细化、创新化的产品内容，特别是在VR游戏领域，还有很大的差异化发展空间。

（三）大数据下的精准社群营销

未来的社群营销将以大数据技术为支撑，以大数据挖掘与分析的用户画像为依据，更加细分用户的喜好、孩子的不同年龄特征和需求、家庭消费水平等多重因素，基于数据建立社群。社群营销虽然目前已被广泛使用，特别是母婴领域，但是还没有形成系统的以大数据为基础的营销模式，在未来，儿童文化企业在细分用户之后，委托专业的KOL或是KOC将社群用户组织在一起，定

---

① 艾瑞咨询：《2020年中国移动游戏行业研究报告》，http：//report. iresearch. cn/report/202011/3679. shtml，2020年11月6日。

期分享产品、提供定制化的产品和服务，并通过定期组织线上线下活动来建立不同的社群文化并巩固消费群体。

在儿童文化产业领域，社群营销有着极大的优势。一方面是在母婴领域，家长需要专业的育儿知识，而社群提供的专业顾问正好可以满足这一需求，这也是一站式母婴平台火爆的原因之一。同时，母婴类产品的消费者通常不会轻易在线下门店进行高消费，母婴类产品需要与消费者建立长期的信任关系，系统的社群管理有利于增强品牌与用户之间的联系。另一方面，随着儿童年龄的增长，儿童在消费文化产品时的话语权也相应增长，特别是在产品的复购中，家长会更加看重儿童的意见。而社群正好为消费者提供了一个互相交流的平台，也更方便用户进行复购，线下活动也能满足用户的亲子关系需求。未来的儿童文化企业利用大量的数据来细分建立的社群，将为企业带来更加长远的收益，帮助企业产品口碑的建设。

（四）产业资源的线上线下一体化融合

受疫情影响，儿童文化产业线上用户规模增量显著，数字化进程加快，产业资源在各个细分赛道中都呈现出线上线下融合的特征。而随着疫情防控形势向好，产业可以利用线上资源布局线下产业，实现引流，如在教育领域，疫情使用户更易接受线上教育模式，在线教育的市场下沉，逐步渗透至中小城市，但是在复课之后，在线教育的短期红利减退，其是否能够长期吸引学生购买课程还有待商榷。在线教育目前还存在互动性不足、缺乏课堂氛围以及教学内容不具有地区针对性等弊端。

针对产品体验和教学效果等问题，未来在线教育厂商会加大对软硬件设备的研发力度。如在课程开发方面，嘿哈科技研发了全球第一款开放式创新课程开发平台，平台融合 VR 技术、语言语义技术和体感技术，利用分布在幼儿园场景和家庭场景的体感摄像头，获取大量幼儿在学习过程中的交互数据，通过数据分析帮助幼儿园及家长改造传统教材，制作适合儿童学习的教材。人工智能和大数据还可以应用于分析在线教育学生上课状态、知识掌握图谱并制定推荐试题等领域，同时还会大力研发 VR 虚拟实验室，提供沉浸式的在线教育。

随着技术的深入应用，在线教育将逐步发展成熟，教育行业将逐渐形成线上线下一体化运行的教学模式，即线上名师授课、线下由本地教师教学，这使用户可以既得到充分、优质的教学资源，又能够进行有针对性的查漏补缺。同时，未来的在线教育行业将会更多的拥有开放、免费的优质教学资源，头部的在线教育企业将会更加细分产品，通过打造自己的明星产品来吸引用户，加强行业竞争力。

参考文献

罗兰贝格：《从机遇到现实：中国童装行业的机遇和致胜关键》，http：//www. 199it. com/archives/843500. html，2019 年 3 月。

深圳市安奈儿股份有限公司：《安奈儿：2020 年半年度报告》，http：//quotes. money. 163. com/f10/ggmx_ 002875_ 6536836. html，2020 年 8 月。

智研咨询：《2017 ~2022 年中国智能玩具市场运行态势及投资战略研究报告》，https：//www. chyxx. com/research/201609/451408. html，2017 年 3 月。

B.23

2020年中国网络广告发展报告

王凤翔*

摘　要： 2020年，我国网络广告经营受新冠肺炎疫情影响而发展缓慢，网络广告平台化格局基本成形，整体发展呈现智能化态势，电商广告构建新发展格局大势，搜索广告形成内卷化形势，视频广告社交化与电商化构建产业链品牌走向生态化经营的发展趋势。同时，网络广告发展面临问题与挑战：新冠肺炎疫情、逆全球化与政治化等因素冲击我国网络广告全球化发展，我国网络平台的数字广告系统在全球博弈中仍处于赶超阶段，寡头垄断、数据剥削、用户隐私等安全隐患引发舆情事件与社会问题，广告异常流量、异常点击与网络黑产等成为行业恶习与潜规则。因此，我国网络广告经营宜契合新发展格局，形成战略性规划与创新驱动。以网络广告与广告系统推动我国发展新格局建设，提升我国网络广告话语权。以数字规则、内容建设和智能化打造我国广告传播纵深，深化我国数字布局。加快5G移动建设，创新我国移动广告生态，占领广告发展制高点。以技术共性加强利益共生市场与广告伙伴建设，形成我国数字广告共鸣市场。

关键词： 中国网络广告　数字广告　网络广告系统

---

* 王凤翔，中国社会科学院新闻与传播研究所副研究员，中国社会科学院新媒体研究中心副秘书长。

一 现状与趋势

（一）受新冠肺炎疫情影响，我国网络广告市场规模增速相对放缓，2020年近5000亿元，年增长率为14.4%。同时，我国网络广告平台发展格局基本成形

2020 年受新冠肺炎疫情影响，网络广告市场规模年均增速相对放缓。中国互联网络信息中心（CNNIC）发布的第 47 次《中国互联网络发展状况统计报告》显示，2020 年我国网络广告市场规模近 5000 亿元，达到 4966 亿元，年增长率为 14.4%。2016～2018 年我国网络广告年增长率均在 20% 以上，2019 年为 16.8%。2016 年我国网络广告市场规模突破 2000 亿元，2018 年突破 3000 亿元；2019 年突破 4000 亿元，为 4341 亿元人民币（见图 1），已经突破我国年广告市场总规模的 50.50%（国家市场监督管理总局数据），2020 年约为 69%（MAGNA 数据）。QuestMobile 数据显示，2020 年我国互联网广告市场规模已经超过 5000 亿元大关，达 5292.1 亿元，年增长率为 5.4%。①

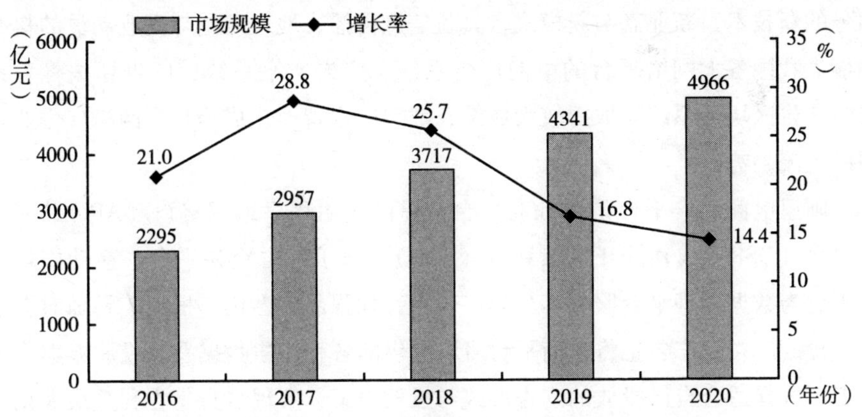

图 1　2016～2020 年我国网络广告市场规模发展概况

资料来源：根据企业公开财报、行业访谈及 CNNIC 统计预测模型估算。

---

① QuestMobile：《2020 年中国互联网广告市场规模 5292 亿元》，https：//new. qq. com/omn/20210126/20210126A09EJH00. html，2021 年 1 月 26 日。

我国网络广告平台发展格局基本形成。经过23年的发展，电商、视频、搜索、新闻资讯与社交媒体成为我国网络广告的主要载体与收入来源，门户、搜索、社交、电商等平台主导我国网络广告的发展方向、市场规模与传播技术。社交媒体的即时性、直播化与短视频化等发展趋势，将推动社交广告发展。艾瑞咨询的《2020年中国网络广告市场年度洞察报告》显示，我国电商广告自2017年超越搜索广告成为第一大广告平台以来，其广告龙头地位至今没有被撼动，并与其他媒体平台广告收入差距不断拉大。中关村互动营销实验室数据显示，2020年电商广告占媒体平台广告的37.02%，而2019年为35.9%。受疫情期间电商直播的带动，我国视频广告收入形势较好，占媒体平台广告收入的18.17%。此外，搜索引擎占11.76%，新闻资讯占10.76%，社交媒体占9.80%。

（二）人工智能、大数据、区块链与算法的广泛渗透与应用，使平台网络广告系统建设取得重大进展，催生了我国数字广告智能化发展趋势下的新技术、新业态与新模式

网络广告是基于互联网HTTP协议与App应用，形成推动产品营销与信息服务的新技术、新业态与新模式，具备信息传播、地理定位与商业动员的核心功能。我国各大网络平台的电商广告系统、广告文案系统、广告算法推荐系统、广告区块链系统等取得较大成绩，数字广告智能化成为我国网络广告业发展的主流趋势。

阿里电商广告平台是服务商平台，提供应用程序编程接口（API）、需求方平台（DSP）或软件开发工具包（SDK），基于广告交易平台、移动广告交易平台与数据管理平台服务客户与广告主，加强品牌营销。根据需要随时随地自主投放广告，广告主将电商平台可以提供的各种广告数据及其投放方案作为参考，选择适合自己投放的广告形式与投放方案，实现自身广告利益最大化与市场营销效果最优化（见图2）。

电商广告文案智能化。阿里有“鹿班”电商广告文案系统，京东有“莎士比亚”电商广告文案系统。基于自然语言（NLG）与语言模型，基于用户搜索大数据、交易数据与商品标签特性，根据不同用户需求与句法分析形成智能文案（见图3）。

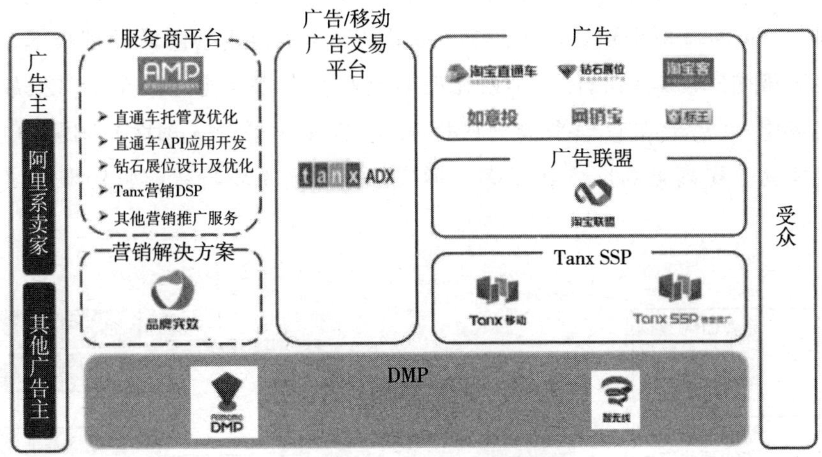

图2 阿里电商广告系统

资料来源：《中国网络广告发展史（1997～2020）》、易观智库。

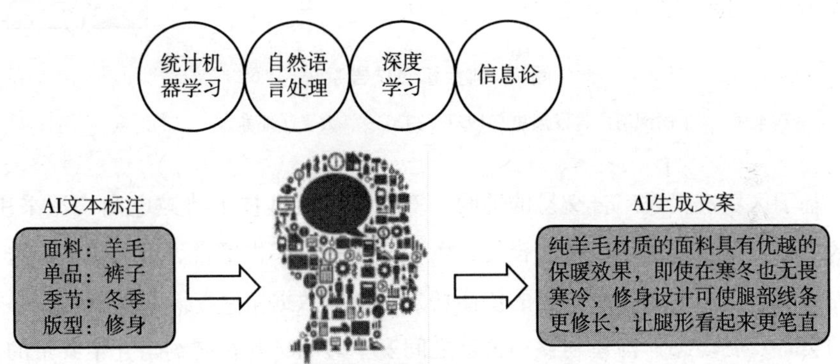

图3 京东“莎士比亚”电商广告文案系统

资料来源：《中国网络广告发展史（1997～2020）》、光明网、太平洋证券。

以算法形成智能广告推荐系统。根据商品属性与用户信息的标签，以及系统化、数据化与用户心理，形成广告系统的智能化、动态化推荐。比如，科大讯飞基于语言识别技术生产的讯飞广告平台，根据电商广告“物料库”，以 SaaS 级 DMP 解决方案，利用语言识别技术与图像处理技术，以智能决策引擎形成动态化、个性化的语音互动广告，通过语音广告投放平台（PMP）、大数据管理平台（DMP）、广告交易平台（ADX），提升电商广告体验，提高电商广告转发率，形成数据营销闭环与智能营销壁垒（见图 4）。

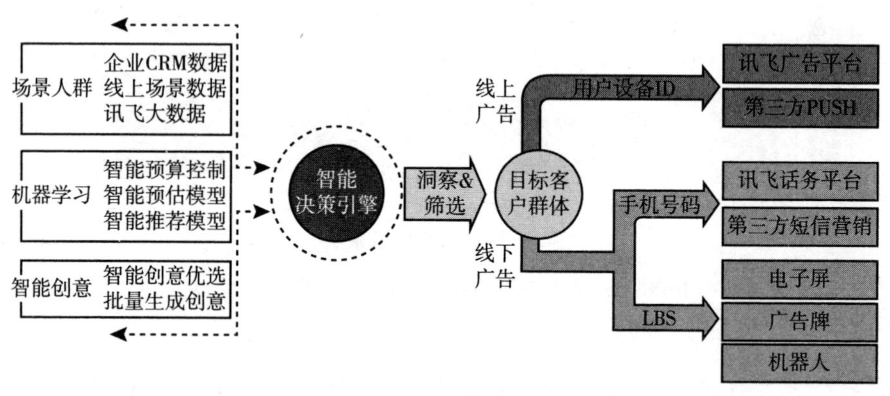

图 4　科大讯飞广告系统

资料来源：《中国网络广告发展史（1997～2020）》、太平洋证券。

基于区块链实现广告交易的透明、安全，区块链技术将被电商广泛采用。以区块链分类账技术生成智能合约，生成发布者、广告平台、广告主、广告技术提供商与用户等利益相关者的传播场景，形成数据安全、隐私保护与交易清晰的实时发展动态，构建利益相关者之间安全透明、互相制约与互生共荣的广告智能生态系统（见图 5）。

（三）电商广告形成龙头地位且独树一帜，构建我国电商广告新业态与发展新生态，形成我国“双循环”新发展格局

我国电商平台各领风骚，形成我国网络零售发展新格局，构建我国电商广告发展新生态。2020 年我国网络零售额达 11.76 万亿元，同比增长 10.9%。我国电商平台竞争极为激烈。新冠肺炎疫情客观上推动了我国电商平台的发展。阿里商品交易总额（GMV）突破 1 万亿美元，年度活跃购买

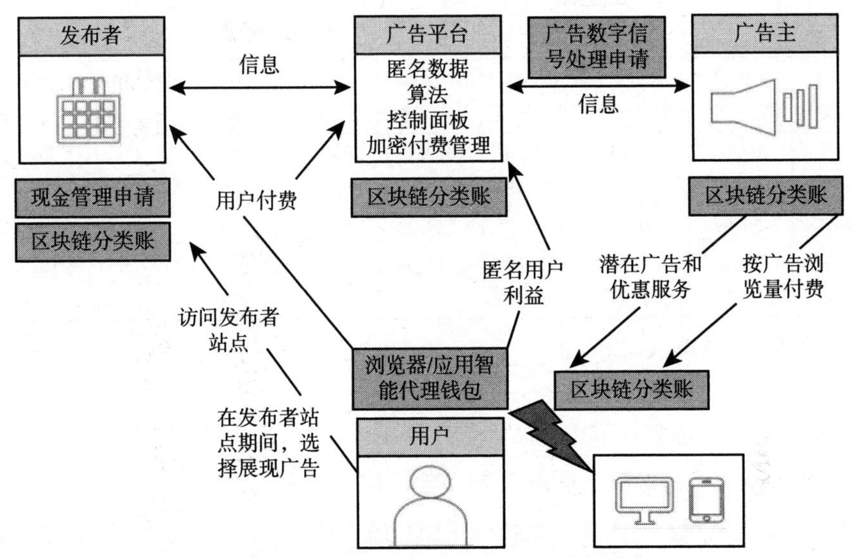

图5　基于区块链技术形成广告平台与智能生态系统

资料来源：《中国网络广告发展史（1997～2020）》、太平洋证券。

用户数7.79亿，年净收入为5097.11亿元。京东GMV突破2万亿元，年度活跃购买用户数为4.719亿，年净营收为7458.01亿元。拼多多GMV为1.6676万亿元，年度活跃购买用户数为7.884亿，年净营收为594.92亿元。唯品会GMV为593亿元，年度活跃购买用户数为8390万，年净营收为1019亿元。蘑菇街GMV为170.57亿元，年度活跃购买用户数为360万，年净营收为8.35亿元。

我国电商广告市场一家独大。阿里、京东、拼多多、唯品会与蘑菇街等5家网络广告收入总和为3595亿元，约占2020年网络广告收入总和的72.39%。其中，阿里与拼多多网络广告营收占年营收的比重较大。阿里广告营收为2535.99亿元，年增长率为45.27%，占阿里年净收入的49.75%。京东网络广告营收为534.73亿元，年增长率为25.29%，占京东年净营收的7.17%。拼多多网络广告净营收为479.54亿元，年增长率为78.84%，占拼多多年净营收的80.61%。唯品会网络广告营收为44.09亿元，年增长率为3.16%，占唯品会年净营收的4.33%。

表 1　我国电商平台 2020 年各财季广告营收相关概况

单位：亿元，%

电商平台	2020 年第一季度	2020 年第二季度	2020 年第三季度	2020 年第四季度	2020 年广告营收	2019 年广告营收	2020 年广告增长率	2020 年净营收
阿里	309.06	514.34	693.38	1019.19	2535.99	1745.74	45.27	5097.11
京东	95.27	140.53	128.78	174.80	534.73	426.80	25.29	7458.01
拼多多	54.92	110.55	124.12	189.20	479.54	268.14	78.84	594.92
唯品会	8.29	8.98	10.19	16.64	44.09	42.74	3.16	1019.00
蘑菇街	0.18	0.24	0.18	0.17	0.77	2.96	-73.99	8.35

资料来源：公司财报、Morketing。

“双 11”全球狂欢节推动品牌与广告互动正向发展。“双 11”当天，天猫占有 59.1% 的市场份额，京东占 26.5%，拼多多占 5.5%。天猫“双 11”成交额达 4982 亿元，有 342 个品牌成交额突破 1 亿元人民币，家电 3C 品牌、服饰品牌、家装品牌等成交额居前列，苹果、华为、美的、海尔等 13 个品牌成交额突破 10 亿元，其实时物流订单总量为 23.21 亿单。京东“双 11”成交额为 2715 亿元，唯品会交易额为 102 亿元。京东 264 个销售过亿品牌，1 万个品牌销售增长超 2 倍。阿里等平台在“双 11”活动的刺激下，其广告营收在第四财季出现了大幅增长。其中，阿里第四财季广告营收达 1019.19 亿元，比第三季度增加了 325.81 亿元；拼多多第四财季广告营收为 189.2 亿元，比第三季度增加了 65.08 亿元；京东第四财季广告营收为 174.8 亿元，比第三季度增加 46.02 亿元；唯品会第四财季广告营收为 16.64 亿元，比第三季度增加了 6.45 元。

跨境电商年进出口额为 1.69 万亿元。天猫“双 11”全球狂欢节有超过 25 万个品牌和 500 万个商家参与，包括 3 万多个海外品牌，以及首次现身的 2600 个品牌，200 多个奢侈品牌。美国品牌在天猫成交额达 53 亿美元，占天猫 4982 亿元交易总额的 11.26%。截至 11 月 11 日 12 点，天猫国际进口商品成交额同比增长 47.3%，成交额过百万元的新品牌同比增长 92%，有超过 180 个海外品牌成交额突破 1000 万元。我国电商经营推动了全球经济的相对增长，有效构建了以国内大循环为主体、国内国际双循环相互促进的新发展格局。

直播电商快速发展，个体带货营销成为热潮。品牌带货主播、网红达人、明星艺人、主持人等群体，纷纷加入电商直播大潮，以直播、短视频、新闻与图文等传播业态，或内容带货，或社交带货，形成“从群众中来、到群众中去”的传播新景观与全员电商的广告发展新模式。在天猫“双11”活动中，薇娅直播带货GMW为53.2亿元，居第一名；李佳琦Austin为38.7亿元，列第二名；其后依次是雪梨－Cherie 4.4亿元、陈洁kiki 1.6亿元，GMW均超1亿元。

表2　不同带货主体的电商运营特征与场景

主体类型	所属机构	内容形态	主要特征	典型场景
品牌带货主播	薇娅(谦寻)、李佳琦(美ONE)、陈洁kiki(宇佑文化)、商商sunny(纳斯)	直播	深耕直播行业、运营队伍专业	淘宝
电商网红达人	张大奕(如涵)、雪梨(宸帆)、辛巴(巴伽传媒)	直播＋短视频＋图文	拥有个人电商品牌、沉淀粉丝	淘宝、快手
明星艺人	小沈阳(喵喵互娱)、汪涵、古杰(银河众星)、王祖蓝(遥望网络)、林依轮(谦寻)	直播	自带流量、满足用户好奇心	淘宝
广电主持人	张丹丹的育儿经(湖南娱乐)、晏大小姐vivi(中广天泽)、芒果主播雪儿妈(门牙视频)	短视频＋直播	具有社会公信力	抖音
剧情内容达人	毛光光(嘻柚互娱)、叶公子(最美妆)、破产姐弟(古嘉麦禾)	短视频	营销植入、自然有趣	抖音
垂类专北达人	李子柒(微念科技)、小小莎老师(猫眼视频)、认真少女－颜九(微格)、豆豆Babe(朴若文化)	图文＋短视频	圈层号召力、干货内容	淘宝、抖音微博、小红书等

资料来源：张菁芮：《内容开道，人人带货》，《媒介》2020年第7期。

（四）我国搜索广告进入具有内卷化特点的瓶颈发展期，百度智能转型将推动AI汽车成为广告传播与网络经营的重要载体、传播场景与生态系统

搜索引擎用户规模呈增长态势，搜索广告市场受到新冠肺炎疫情影响。第47次《中国互联网络发展状况统计报告》显示，我国2020年搜索引擎用户数量为7.70亿，使用率为77.8%。手机搜索引擎用户数量达7.68亿，使用率为

77.9%。2020年前三季度，百度广告市场规模同比下降9.1%，搜狗同比下降16.0%。主要是受新冠肺炎疫情影响，第四季虽略有反弹，但我国搜索广告的市场规模仍然维持在1100亿元，与2019年基本持平。

我国互联网巨头以应用搜索形成生态闭环发展态势，我国搜索广告进入内卷化瓶颈期。除阿里、京东等电商应用搜索入口形成对百度等独立搜索的闭环隔绝外，腾讯与字节跳动进一步创新信息闭环、筑高传播壁垒，形成系统内部广告数据积淀，构建自在融通的传播生态。9月，腾讯147亿元全资并购搜狗，打造以微信为核心的移动搜索竞争力，成为腾讯内外融合发展的生态传播系统。2月，字节跳动推出“头条搜索”，以实现自身生态内容与视频搜索的传播闭环。《2020年度抖音数据报告》显示，抖音日均搜索量达4亿次。比达咨询数据显示，2020年我国垂直搜索领域用户增长率差距较大，中国搜索用户年增长率为38.6%，夸克搜索为24.6%，神马、搜狗、360分别为10.2%、10.1%、9.8%，百度仅为8.6%。

百度广告经营进入发展瓶颈期。一方面，百度形成了全球传播力，在国内竞争中具有相对优势。据Statcounter全球2020年搜索引擎市场排行榜，百度排名全球第四，占全球搜索引擎市场份额的1.36%，是我国唯一具有全球影响力的搜索引擎，仅低于谷歌、必应（Bing）和雅虎（Yahoo!）。在国内市场份额方面，百度占68.77%，搜狗占13.79%，UC与神马移动搜索占3.18%，360搜索占2.76%。另一方面，2020年百度净营收为1071亿元，与2019年的1074亿元基本持平。2020年网络广告营收为729亿元，年增长率为-6.66%。财报显示，2020年百家号创作者数量达380万，智能小程序数量同比增长124%。超30万托管页客户采用百度营销云服务平台，为其提供了三分之一的核心广告营收。2017年11月百度推出“熊掌号”内容聚合平台，2018年第一财季覆盖30%的搜索结果，2020年达80%。① 网络广告比重从2013年的99.56%下降到2020年的68.07%。自2016年以来，百度广告增长缓慢，处于徘徊发展期，2017~2020年广告营收一直徘徊在700亿~800亿元，2019~2020年甚至出现负增长。由此可见，百度独立搜索的地位仍然面临巨大的挑战。

---

① 王凤翔：《中国网络广告发展史（1997~2020）》，中国社会科学出版社，2021。

表3　百度广告营收态势概况

单位：亿元，%

项　目	2013年	2014年	2015年	2016年	2017年	2018年	2019年	2020年
净营收	319	495	663	705	848	1023	1074	1071
网络广告营收	318	485	640	645	731	783	781	729
网络广告营收占比	99.56	97.97	96.87	91.46	86.24	76.54	72.72	68.07
网络广告年增长率	42.96	52.49	32.05	0.76	13.36	7.11	-0.26	-6.66

资料来源：根据百度财报、Morketing整理。

百度转型发展对未来网络广告生态建设具有重要价值与发展参考。2019年，百度网络广告营收占净营收的三分之二，百度初步实现转型。2020年百度首次定位为“AI生态型公司”。百度2020年优化调整部门设置，强化人工智能与汽车在百度的部门价值与市场地位，深化阿波罗自动驾驶计划和百度大脑建设，智能驾驶技术取得突破进展，试图主导未来AI生态与市场发展方向。财报显示，智能驾驶、智能云等AI新业务发展强劲，年营收约130亿元，年增长率为67%。可以预言的是，百度未来AI汽车将是适合网络广告发展的，仅次于电视、手机等接收终端的智能载体、传播场景、广告平台与生态系统。

（五）直播、短视频、视频网站与游戏的广告经营呈现社交化与电商化的发展态势，彰显了我国网络广告业生态化经营的发展趋势

腾讯社交模式推动了我国社交广告发展。腾讯2020年网络广告收入为822.71亿元，年增长率为20.32%，为腾讯净收入的17.13%，是腾讯三大收入支柱之一。其中，基于社交的广告收入达680亿元，占网络广告收入的81.73%，其中，微信朋友圈广告收入较2019年增加了5%，移动广告联盟的视频广告收入增长较快，视频号直播打通小程序。

据公开报道，字节跳动2020年广告收入可能达1750亿元，是我国第二大数字广告企业，正在成为与阿里相匹敌的网络广告平台。其中，基于算法与大数据的抖音、今日头条、电商直播对其广告营收增长功不可没。快手2020年广告收入为218.55亿元，年增长率为194.58%，为净营收的37.18%。B站、斗鱼、虎牙、欢聚时代等平台广告收入虽占其净营收的比重不大，但是融入社交化、电商化，推动多元化发展，形成了生态化广告经营。

表 4 短视频、视频、直播平台广告发展概况

单位：亿元，%

平台	2020 年第一季度	2020 年第二季度	2020 年第三季度	2020 年第四季度	2020 年广告营收	2019 年广告营收	2020 年广告增长率	2020 年净营收
快手	133.44			85.11	218.55	74.19	194.58	587.76
爱奇艺	15.37	15.86	18.4	19	68.63	82.87	-17.02	297
B 站	2.14	3.49	5.58	7.22	18.43	8.18	125.31	120
斗鱼	1.65	1.88	1.98	1.99	7.5	5.02	49.40	96.19
虎牙	1.37	1.32	1.58	1.76	6.03	3.96	51.51	109.14

资料来源：根据财报整理。

快手财报显示，2020 年直播电商 GMV 为 3812 亿元，同比增长 540%。快手作为短视频的代表，打造平民化的社交电商直播，形成以人带货的电商模式。其中，直播分成比例为 30% ~50%，自有电商抽成 5%，第三方平台电商采取佣金制度（实际推广佣金的 50% 或订单实际成交额的 5%）。主要参与者是头部主播、专注电商的主播达人、外站的电商品牌与公会和线下个体卖家等，快手广告与内容传播形成新生态，以“老铁经济”（网红意见领袖）形成快手独特的电商广告经营模式。

2020 年 6 月，字节跳动成立一级部门——“电商部”，统筹公司旗下抖音、今日头条、西瓜视频等多个内容平台的电商业务运营。① 2017 年 8 月抖音放心购商城上线；2018 年 3 月上线购物功能，并支持跳转淘宝，4 月打通阿里“鲁班”电商广告投放系统，12 月全面开放抖音购物车功能。2019 年 1 月，抖音推出精选好物联盟（精选联盟），并接入放心购商城；4 月抖音打通京东、唯品会、考拉，支持红人带货，推出小程序电商；5 月上线商品搜索功能。抖音电商形成社交营销矩阵。商品来源通过抖音小店与第三方电商平台形成精选联盟。带货工具主要是商品分享橱窗、视频购物车与直播购物车，通过小视频与直播形成商品展现与视觉冲击。带货模式主要是自由经营商品，或与达人、MCN 机构合作，通过淘宝客、京挑客与广告，推动电商交易，并形成抖音特色广告经营。

① 《杀入电商，字节跳动疯狂变现流量》，https：//www.chinaz.com/2020/0627/1150675.shtml，2020 年 6 月 27 日。

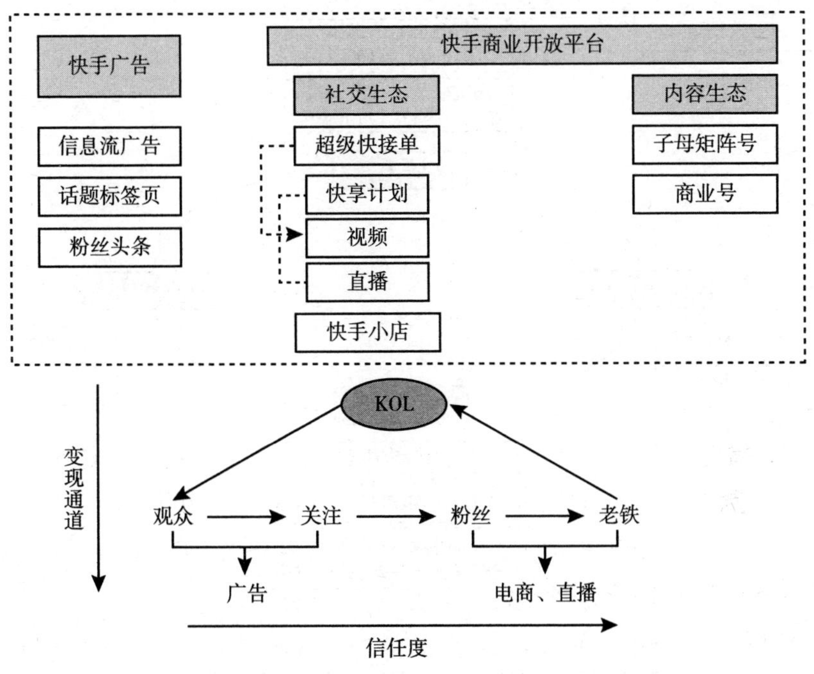

图6　快手小店以“老铁经济”形成快手电商广告传播模式

资料来源:《中国网络广告发展史（1997～2020）》、快手营销平台。

二　问题与挑战

（一）新冠肺炎疫情、逆全球化与政治化等因素冲击我国网络广告全球化发展

新冠肺炎疫情暴发，全球经济受到冲击，人们生活节奏被打乱，互联网生态受到较为严重影响，我国广告业全球化的区域经营、发展路径与市场经营遇到一定的发展阈限。2020 年全球广告支出较 2019 年下降 11%，海外广告市场发展面临挑战。

TikTok 形成巨大用户资源、广告优势与传播市场，受到美国政府和社交巨头的打压。尽管 TikTok 按照西方市场规则加强竞争，寻求避免落入政治陷阱，

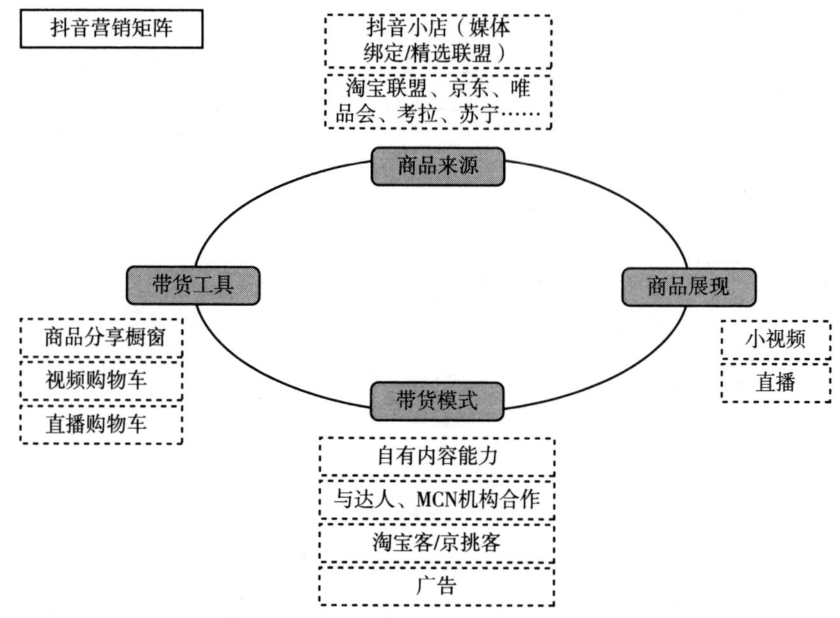

图7　抖音电商形成社交营销矩阵与广告经营特色

资料来源：《中国网络广告发展史（1997～2020）》、抖音官网。

但是美国政府仍然不断加码打压TikTok，试图并购并把控其算法推荐技术专利。2020年8月28日，商务部、科技部调整发布最新版《中国禁止出口限制出口技术目录》，增加了限制语音合成等AI技术、无人机技术、量子密码技术等的条款，以及“基于数据分析的个性化推送技术”出口的条款。31日，字节跳动声明遵守新目录规定。

印度滥用国家安全、隐私保护等概念，四次发布禁令，禁用267款中国App，其中59款被永久禁用。这是印度《敌国财产法案》的翻版恶行。尽管TikTok、欢聚时代BIG LIVE、Likee等出海平台2020年在海外取得了骄人业绩，但在印度损失惨重，甚至折戟沉沙。

美国《外国公司问责法》《关于保护美国投资者防范中国公司重大风险的报告》等法律法规文件对我国互联网公司海外发展与网络广告市场形成一定消极影响。美国对中国概念股的市场估值远低于沪市、深市、港市。在全球股票市场，中国内地—香港市场与美国市场（纳斯达克、纽交所）、欧洲市场

（英国、法国、德国等国股票交易所）形成鼎立新格局。新浪等公司私有化，在香港重现上市热潮，试图实现市场最大价值。①

（二）我国网络平台的数字广告系统在全球博弈中仍处于赶超阶段

麦克卢汉认为，“真正有意义、有价值的讯息不是各个时代的传播内容，而是这个时代所使用的传播工具的性质、它们所开创的可能性及其带来的社会变革”。② 网络广告系统以动态化运行、数据化市场与数字化交易推动网络广告的生产经营与市场营销，助力扩大数字便利，引导社会变革，维护国家利益。

美国以苹果、安卓两大操作系统，以及谷歌、脸书、推特等数字霸主，垄断全球广告市场，主导全球传播，参与全球事务。在市场博弈、技术博弈、规则博弈与话语权博弈上，我国与美国数字巨头的广告系统仍有较大差距。③ 利用基于美国利益的规则，美国数字寡头对 TikTok 等我国海外网络广告平台进行打击，如 2019 年字节跳动 Helo（社交软件名称）被脸书以违背广告透明度规则为由，删除了 Helo 在印度价值 7500 万元的广告。

（三）寡头垄断、数据剥削、用户隐私等安全隐患引发舆情事件与社会问题

数字寡头凭借垄断优势，滥用市场支配地位，对中小创新企业进行“数据剥削”，强化市场争夺与恶性竞争，试图通过网络广告等方式快速变现，实现自身利益最大化。时间一长，就形成了“大树底下不长草”的垄断态势，不利于产业生态与广告发展的动态平衡，存在扼杀互联网企业创新能力的风险。近年来，互联网巨头滥用数据、用户流量、排除市场竞争的反垄断案件及争议层出不穷，要求改变如此现状的舆论呼声越来越高。

---

① 王凤翔：《新浪经营发展路径及其影响》，《市场论坛》2020 年第 10 期。

② 〔加拿大〕马歇尔·麦克卢汉：《理解媒介——论人的延伸》，何道宽译，商务印书馆，2000，第 33 页。

③ 王凤翔：《管窥数字广告系统国际化》，《中国社会科学报》2020 年 12 月 3 日。

在移动互联网时代，智能手机 App 下载的 SDK（软件开发工具包）暗藏玄机，可以非法获取用户的个人隐私信息。中央电视台 2020 年“3・15”晚会列举了相关 App 应用、发布违法违规广告、获取隐私信息手段等，引发舆论惊叹，也是一种社会警示和舆论监督。数据隐私泄露形成的产业价值链、广告传播场与网络生态圈，以及如何形成风清气正的网络空间，监管部门如何加强监管，以切实维护用户的隐私权与合法权益，是较大的社会问题与空前的现实挑战。

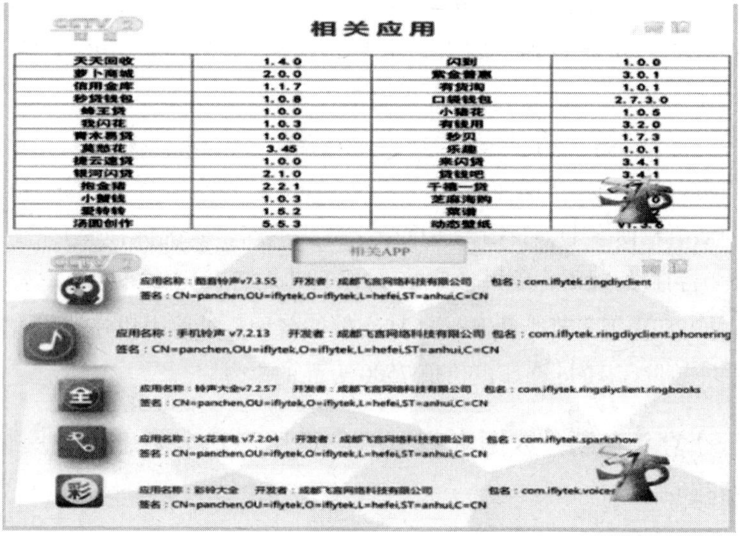

图 8　中央电视台 2020 年“3・15”晚会列举窃取信息的相关公司截图

资料来源：2020 年 CCTV2“3・15”晚会。

（四）广告异常流量、异常点击与网络黑产等成为网络广告行业恶习与潜规则

一是广告异常流量影响品牌广告良性发展。秒针系统《2020 年度中国异常流量报告》显示，2020 年我国网络广告异常流量占比 8.6%，2019 年为 31.9%，网络广告联盟与垂直媒体成为异常曝光重灾区。2020 年我国品牌广告市场因异常流量造成的损失约为 305 亿元，较 2018 ~ 2019 年持续上升，为近 3 年来最高。

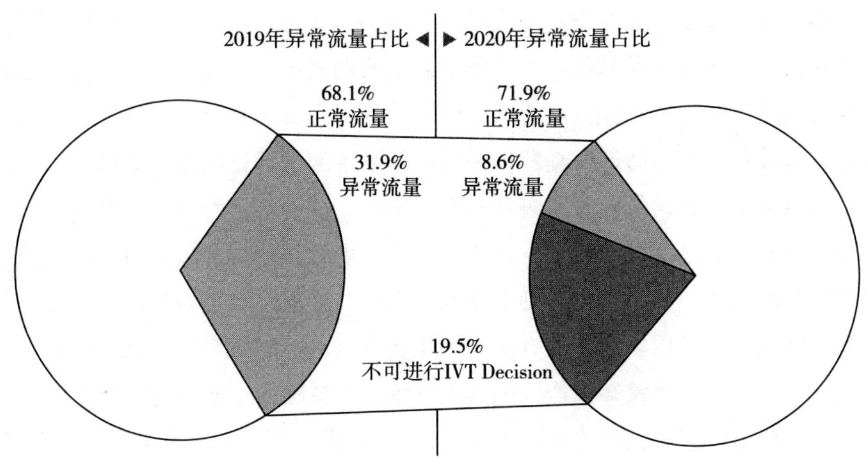

图 9　2019～2020 年我国网络广告异常流量对比

二是广告异常点击行为受到一定规制。国双《国内互联网广告异常流量白皮书2020》显示，2020 年网络广告异常曝光占比 29.4%，较 2019 年降低了 2.8 个百分点；异常点击占比 25.7%，较 2019 年降低了 8.1 个百分点。

三是广告为网络黑产“涂脂抹粉”。2020 年央视“3·15”晚会曝光了趣头条广告为虚假医疗广告与赌博广告服务，《网络黑产协同治理研究报告》呈现诈骗、色情、赌博和侵害个体数据权益等网络黑色产业链，引发社会舆论对网络黑产问题的重大关切。

三　对策与建议

我国网络广告既需要监管部门与新闻媒体进行有效监管与舆论监督，又需要互联网平台加强行业自律建设。同时，要契合我国新发展格局，形成战略性规划与创新驱动，推动我国网络广告的发展与繁荣。

（一）以网络广告与广告系统推动我国发展新格局建设，构建我国网络广告话语权

优化我国数字广告系统生态布局，完善广告产业链，探索我国全球化布局

的网络广告新技术、新业态与新模式，完善我国发展新格局。一是战略为先。以创新我国广告技术及其软件为要务，制定我国网络广告发展战略纲要，强化时间表与路线图，推动强强联合、协同攻关。二是自主发展。以我为主，张弛有度，有计划、有步骤地推动我国网络广告系统的全球化建设。支持阿里、百度、腾讯与字节跳动等巨头完善代码管理平台，成为自主网络广告系统的建设者与主导者。三是制定与完善海外数字经济发展负面清单，以网络广告系统融通中美两国数字经济市场，联动全球数字市场，凝聚互动合力共识，以数字化重塑全球化。四是以知识产权夯实数字化制高点。以网络广告专利权形成话语权主导权，并构建尊重知识产权的舆论环境。支持国内企业申请海外数字广告专利，依法维护广告技术专利权益，制定与完善广告专利转化为生产力的政策。① 五是建立中国的纳斯达克股票市场，推动我国互联网企业与广告企业“新三板”资本金融市场的创新发展。

（二）以数字规则、内容建设和智能化打造我国广告传播纵深，深化我国数字布局

完善我国数据与隐私保护相关法规法律，参与全球规则制定。促使数据巨头进行科学的广告合同权益规范和中外法理合轨，推动我国广告市场从纯粹数据驱动型向消费者选择型优先转变。② 以专门政策支持我国网络广告系统成为全球广告产业发展、市场规范与技术标准制定的主要参与者、重要维护者与利益相关者。以坦诚、开放、透明的态度，加强全球化的广告屏蔽与信息过滤的软件建设，维护市场规则与用户权益，构建正能量的传播环境。

以共性内容形成共识传播，形成有活力的网络广告市场。以娱乐、游戏、社交等软传播共性内容，如 TikTok、Kwai（快手海外版）的短视频、腾讯与网易的游戏等，形成海内外用户黏性与平台传播优势，通过视频与游戏的广告系统，提升海内外新生代的使用度。③ 以人工智能构建广告传播认同，以 AR（增强现实）、MR（混合现实）、VR（虚拟现实）技术，把中国故事、中国景

---

① 王凤翔：《管窥数字广告系统国际化》，《中国社会科学报》2020 年 12 月 3 日。

② 王凤翔：《2019 年中国网络广告发展报告》，载唐绪军、黄楚新主编《中国新媒体发展报告 No. 11（2020）》，社会科学文献出版社，2020。

③ 王凤翔：《管窥数字广告系统国际化》，《中国社会科学报》2020 年 12 月 3 日。

观与中国文化融入原生广告、动漫业态与视频表现等内容传播新业态，增强海内外网生代的认同感与支持度。

（三）深化5G移动建设，创新发展我国移动广告生态，占领广告发展制高点

在5G移动互联网时代，我国网络广告宜与时偕行、与时俱进、移动优先。一是移动支付为先。优化我国智能移动支付系统，如闪付、支付宝、微信支付、数字人民币等，完善我国广告支付系统。二是智能手机优先。以完善我国智能手机操作系统为契机，建设统一的应用商店，开发自身广告系统及其广告屏蔽软件，在其海外覆盖区域形成我国新闻信息与网络广告的传播优势。三是重视第三方合作。支持类似 Sinoclick（飞书）的第三方海外广告系统建设，推动手机后台不同语言语种内容预置功能的第三方数据平台建设。四是在新基建中有作为。优化 IaaS（基础设施即服务）、SaaS（软件即服务）、PaaS（平台即服务）、MaaS（出行即服务），推动数字巨头与制造企业的智能助手服务，布局物联网广告系统。五是主流媒体广告经营的生态系统宜有所突破。坚持阵地意识和生存战略并举，强化为用户服务的 C 位内容建设和微传播，及时推进党媒平台的资本市场改革，构建网络版权保护共识机制。

（四）以技术共性加强利益共生市场与广告伙伴建设，形成我国数字广告共鸣市场

网络广告客观上具有基于信息技术的连通性与系统性，广告经营要有“美美与共”的市场理念。一是发挥桥梁作用。以国内市场为支点，我国数字广告巨头应完善国内数字经济服务的产业价值链、信息传播场与网络生态圈，并推动我国网络广告与网络广告系统成为境外企业与数据巨头进入国内市场的联通桥梁与利益相关者。二是加强伙伴合作。重视在华的海外大企业广告主（如宝洁、联合利华等）的利益诉求，与其深化务实合作的市场伙伴关系，促成海外数字巨头对我国市场的积极进取态度，并推动我国网络广告与网络广告系统走向欧美、走向全球。三是共建共享。以撬动美欧市场为突破点，或在封杀我国巨头企业海外 App 的国家与地区，加强谷歌、脸书等应用编程接口

（API）的互联互通，优化与海内外技术公司、咨询公司、广告公司、第三方平台的协同合作，形成各类市场主体的利益共生市场。

参考文献

姜智彬：《媒介技术演化下广告运作流程的变迁研究》，《湖北大学学报》2021 年第 1 期。

刘珊、黄升民：《5G 时代中国传媒产业的解构与重构》，《现代传播》2020 年第 5 期。

唐绪军、黄楚新主编《中国新媒体发展报告 No. 11（2020）》，社会科学文献出版社，2020。

王凤翔：《中国网络广告发展史（1997 ~ 2020）》，中国社会科学出版社，2021。

B.24

2020年中国在线教育行业发展报告*

陈雪丽**

摘　要： 2020年，新冠肺炎疫情凸显了数字文化产业的价值，“停课不停学”给在线教育行业高速发展带来了契机，5G、人工智能、大数据等数字技术的落地应用更是为在线教育创造了广阔的发展空间，在线教育行业的用户规模、市场规模和融资规模均呈现了大幅上涨的趋势。与此同时，在线教育行业也暴露了教育与技术融合效果不佳、加剧社会教育焦虑、突出教育领域不公平问题、冲击我国传统教育理念、师资水平参差不齐、加重家庭经济负担、教学内容盗版普遍等诸多亟待解决的问题。为此，本报告提出加大研发力度，推动新兴技术与教育深度融合；明确学校教育的主体地位，避免补课依赖症；校内外教育协同合作，增强在线教育公益属性；严格市场监管，确保在线教育机构规范办学；强化资本市场引导，培育健康的教育舆论生态等对策建议。

关键词： 在线教育　教育出版　广告营销　舆论生态

一　发展现状

（一）教育部号召“停课不停学不停教”，助推在线教育走向常态化

2020年，受新冠肺炎疫情影响，教育部要求学校延期开学，并先后于1

---

* 本报告为国家社科基金“大数据驱动下出版业高质量发展策略研究”课题前期研究成果，主持人为陈雪丽。

** 陈雪丽，博士，中国社会科学院新闻与传播研究所助理研究员，研究方向为出版版权。

月27日和29日发布《关于2020年春季学期延期开学的通知》和《利用网络平台"停课不停学"》两个文件呼吁"停课不停学"，全国31个省区市纷纷响应教育部号召发布延期开学通知，暂停各类线下培训活动并积极部署信息化教育资源共享工作。截至2020年11月底，全国中小学（含教学点）互联网接入率为99.7%，包括52个贫困县在内基本实现了学校网络基础环境全覆盖①。教育部整合了大量优质教学资源，通过国家中小学网络云平台和中国教育电视台空中课堂供各地学生免费使用，提升了全社会对教育信息化的认知度和接受度。针对高等教育，截至2020年5月8日，全国已有1454所高校开展在线教学，103万教师在线开设了107万门课程，合计1226万门次，参加在线学习的大学生共计1775万人，合计23亿人次②。由此可见，疫情期间延期开学助推大规模在线教学活动在我国大中小学全面铺开。

（二）5G、人工智能、大数据等技术的应用，赋能在线教育蓬勃发展

在线教育蓬勃发展得益于我国5G新基建进程的加快和人工智能、大数据等信息技术的支撑与驱动。2020年我国5G技术商业化进程和人工智能技术加速推进发展，数据显示，截至12月底，我国累计开通5G基站71.8万个，5G手机终端连接数突破2亿户，5G网络已经覆盖我国所有地市③；我国人工智能行业核心产业市场规模已超过1500亿元，预计在2025年将超过4000亿元，未来中国有望成为全球最大的人工智能市场④。5G的大规模普及和人工智能应用场景不断丰富，对我国在线教育发展带来了深刻影响。凭借传输速率更快、时延更短、超大容量、超低能耗的优势，5G充分保障了在线教育直播的稳定性和即时性，在营造沉浸式教学体验、提高师生互动效率和提升教学服务能力

---

① 中国互联网络信息中心：第47次《中国互联网络发展状况统计报告》，http://www.cnnic.net.cn/hlwfzyj/hlwxzbg/hlwtjbg/202102/t20210203_71361.htm，2021年2月3日。

② 《截至5月8日，全国1454所高校已开展107万门在线课程》，https://www.sohu.com/a/395155759_260616，2020年5月14日。

③ 《工信部：到2020年底，我国累计开通5G基站71.8万个，5G手机终端连接数突破2亿户》，https://finance.ifeng.com/c/84FhyjhqSVU，2021年3月1日。

④ 艾媒前沿科技产业研究中心：《2020中国人工智能产业白皮书》，https://www.iimedia.cn/c400/76947.html，2021年2月8日。

等方面赋能在线教育发展。人工智能技术也给在线教育带来新的发展契机，不仅在自动批改、自动答疑、智能评测、拍照搜题等领域助力课程服务智能化，还能通过平台数据分析帮助完成课程教研、分班排课和教学评估等教学管理任务。而且，点读笔、学习机和脑电波可穿戴设备等智能硬件产品，能够通过提升学习体验和激发学习兴趣增强教学效果，不断释放在线教育的消费潜力。

（三）传统教培机构加速布局线上业务，线上线下教育边界日益模糊

近年来，传统的线下教育机构纷纷探索布局线上，疫情暴发更是加速了这个步伐，线上线下教育高度融合已是大势所趋。在“互联网 + 教育”的下半场，线下教育机构不断加入科技元素，尝试将招生、管理、教辅、教学等环节线上化，在线教育机构也辅以线下推广、开设线下体验店等运营方式，两者持续渗透与融合，线下教育和线上教育的边界日益模糊①。新东方、好未来、精锐教育等线下教培机构在疫情期间迅速反应并相继开设线上课程，数百万名学员相继转移到线上，数万名线下老师变身成为线上老师，各培训机构的在线教学平台和客户端也加速测试研发并广泛应用到教学中。而且，大部分传统教培机构在转战线上教学初期都致力于推出免费课程，既践行了培训机构的社会责任，又为获得市场认可积累了较好的口碑资源。实际上，当前我国基本上已经不再有纯粹的线上或线下教育机构了。

（四）出版机构践行文化企业责任担当，依托优质资源助力在线教学

2020 年我国出版机构积极探索数字化转型，依托优质内容资源制作数字教材并搭建在线教育平台，通过免费提供电子教材教辅资料和免费开放在线教育课程有力配合“停课不停学”，努力践行文化企业责任担当。例如，江苏凤凰数字传媒有限公司联合江苏凤凰教育出版社、译林出版社等教材出版社研发制作的中小学电子课本于 2 月 3 日发布，包括小、初、高学段各个学科最新版

---

① 《2020 年中国在线教育行业研究报告》，https：//www. iresearch. com. cn/Detail/report？ id = 3724&isfree =0，2021 年 1 月 17 日。

本的春季学期教材，可供全国约4000万名使用凤凰版教材的师生免费使用①；皖新传媒公司免费开放近7000节在线教育课程，通过皖新十分钟学校、美丽科学数字教学平台等渠道免费提供优质线上学习资源②；出版传媒公司精选辽海品牌教辅，搭建“辽海一起学习”在线教育平台并开发线上教育客户端，激活教育出版内容资源新潜力③；南方传媒公司开发粤教翔云数字教材应用平台，截至2020年6月广东省用户激活率已超过91%，实现了义务教育阶段数字教材全学科、全学段覆盖④。

（五）用户规模先增后降，手机成为接受在线教育服务的主要工具

“停课不停学”号召给在线教育行业带来较大利好，2020年初在线教育用户规模一度突破4亿，较上一年度呈现较大增幅。第47次《中国互联网络发展状况统计报告》显示，截至2020年3月，我国网络在线教育的用户规模为4.23亿，手机在校教育的用户规模为4.20亿，较2019年6月分别增长1.91亿和2.21亿，增幅高达81.95%和110.68%。⑤ 2020年下半年，随着疫情防控形势好转和大中小学正常教学秩序恢复，在线教育用户规模呈现小幅回落趋势，截至2020年12月，我国网络在线教育和手机在线教育的用户规模分别降至3.42亿和3.41亿，较2020年3月跌幅为19.2%和18.9%。⑥ 即便如此，较疫情暴发之前，2020年我国在线教育的用户规模还是实现了较大增长，且使用手机接受在校教育服务的用户占我国在线教育用户的比例全年都保持在99%以上。

---

① 《江苏凤凰出版传媒股份有限公司2020年半年度报告》，http：//www.sse.com.cn/assortment/stock/list/info/announcement/index.shtml？productId=601928，2020年8月28日。

② 《安徽新华传媒股份有限公司2020年半年度报告》，http：//www.sse.com.cn/assortment/stock/list/info/announcement/index.shtml？productId=600825，2020年8月28日。

③ 《北方联合出版传媒（集团）股份有限公司2020年半年度报告》，http：//www.sse.com.cn/assortment/stock/list/info/announcement/index.shtml？productId=601999，2020年8月29日。

④ 《南方出版传媒股份有限公司2020年半年度报告》，http：//www.sse.com.cn/assortment/stock/list/info/announcement/index.shtml？productId=601900，2020年8月22日。

⑤ 中国互联网络信息中心：第47次《中国互联网络发展状况统计报告》，http：//www.cnnic.net.cn/hlwfzyj/hlwxzbg/hlwtjbg/202102/t20210203_71361.htm，2021年2月3日。

⑥ 中国互联网络信息中心：第47次《中国互联网络发展状况统计报告》，http：//www.cnnic.net.cn/hlwfzyj/hlwxzbg/hlwtjbg/202102/t20210203_71361.htm，2021年2月3日。

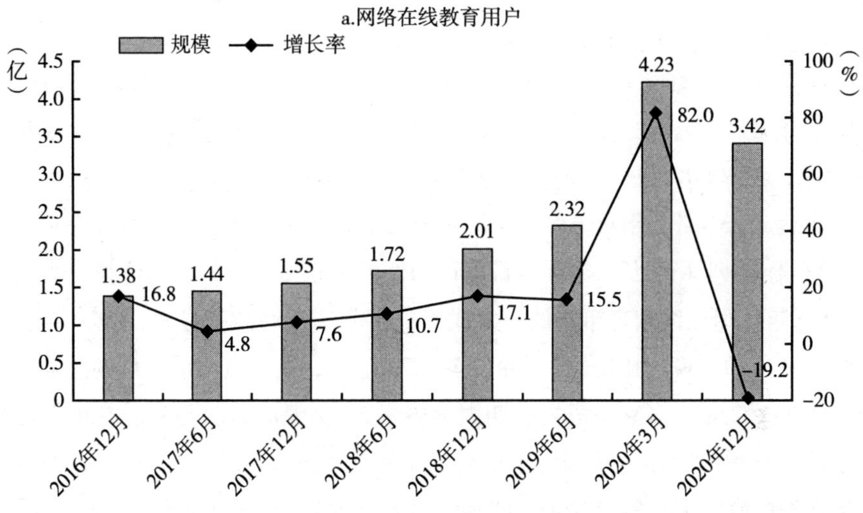

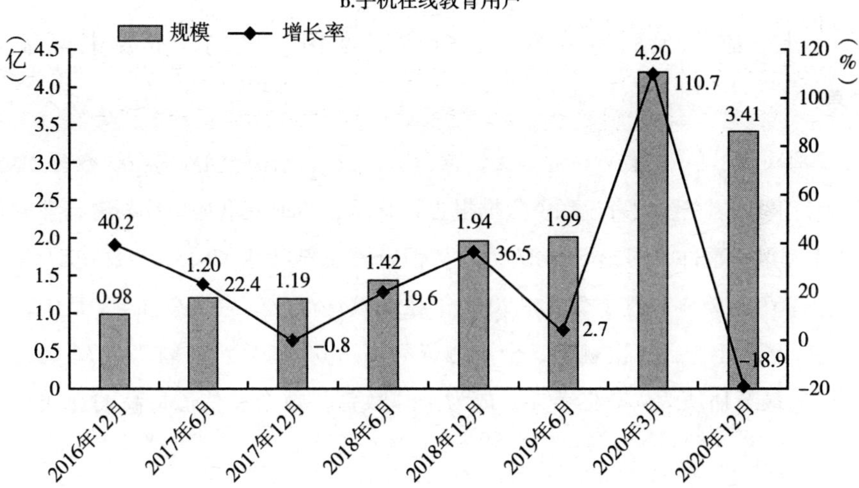

图1　2016～2020年中国网络在线教育和手机在线教育用户规模及增长率

资料来源：第46次《中国互联网络发展状况统计报告》、第47次《中国互联网络发展状况统计报告》。

（六）市场规模大幅上涨，低幼及素质教育和K12[①]市场份额持续扩大

2020年我国在线教育平台如雨后春笋般涌现，行业市场规模大幅增长。天眼查数据显示，过去十年，我国在线教育相关企业的总数从15万家增长到70万家，仅2020年1～10月，在线教育企业新增8.2万家，在整个教育行业中占比达17.3%[②]。相对于职业教育及成人语言培训、高等学历教育等常规在线教育领域的平稳增长，K12学科培训和低幼及素质教育的迅速增长有力推动了2020年我国在线教育市场的爆发式增长。艾瑞咨询数据显示，2020年我国在线教育市场规模同比增长35.49%至2573亿元，其中营收前五位的企业营收合计约392亿元，多家公司在短期内突破了50亿元的营收门槛。其中，低幼及素质教育和K12学科培训的市场份额分别扩大至24.5%和17.9%，两者占我国在线教育市场份额已接近50%[③]。

（七）融资金额持续攀高，行业资本集中度高、资源集聚效应显著

2020年我国在线教育行业颇受资本青睐，投资机构争相入局在线教育领域。《2020年度中国在线教育投融资数据报告》显示，2020年我国在线教育行业共披露111起融资事件，同比下降27.93%，但融资总额高达539.3亿元，较上年同期增长267.37%，超过了2016～2019年在线教育行业的融资总和[④]。其中，猿辅导在2020年进行三次融资，全年融资额高达35亿美元（约226.72亿元人民币），最新估值为170亿美元，成为全球教育科技企业估值最高的在线教育

---

① K12（Kindergarten through twelfth grade）是学前教育至高中教育的缩写，一般用于指代基础教育。

② 《天眼查发布企业大数据盘点：2020教育行业发展报告》，https：//www.sohu.com/a/438104403_112831，2020年12月4日。

③ 《2020年中国在线教育行业研究报告》，https：//www.iresearch.com.cn/Detail/report？id=3724&isfree=0，2021年1月17日。

④ 网经社电子商务研究中心：《2020年度中国在线教育投融资数据报告》，https：//www.100ec.cn/zt/2020zxyjtrzbg/，2021年1月13日。

品牌①。作业帮紧随其后，2020 年进行两次融资，全年融资额高达 23.5 亿美元，最新估值为 110 亿美元。这使得我国在线教育融资在 2020 年呈现非常明显的头部效应，K12 领域的猿辅导和作业帮融资额合计高达约 380.1 亿元人民币，占我国在线教育行业融资总额的 70.48%。从融资地域分布来看，北、上、广的在线教育行业融资次数占比达 80.18%，分别为 55 起、14 起和 20 起②。

表 1　2020 年中国在线教育融资金额前十位情况

单位：亿美元

序号	领域	融资方	融资金额		融资时间	融资轮次
1	K12	猿辅导	35	10	2020 年 3 月 31 日	G 轮
2	K12	猿辅导		22	2020 年 10 月 22 日	G1 + G2 轮
3	K12	猿辅导		3	2020 年 12 月 24 日	G 轮
4	K12	作业帮	23.5	16	2020 年 6 月 29 日	E 轮
5	K12	作业帮		7.5	2020 年 12 月 28 日	E1 轮
6	素质教育	编程猫	13		2020 年 11 月 20 日	D 轮
7	K12	翼鸥教育	2.65		2020 年 11 月 27 日	C 轮
8	素质教育	美术宝	2.1		2020 年 12 月 24 日	D 轮
9	K12	爱学习	2		2020 年 11 月 12 日	D2 轮
10	素质教育	豌豆思维	1.8		2020 年 9 月 9 日	C 轮

资料来源：根据《2020 年度中国在线教育投融资数据报告》和相关新闻报道整理。

（八）在线教育品牌营销费用占比居高不下，广告营销形式花样繁多

新冠肺炎疫情致使诸多行业受损严重，然而全国范围内延期开学引发的居家教学需求大增却助推在线教育行业火热发展并呈现激烈竞争态势。2020 年在线教育机构花费巨额融资收入用于广告营销而非课程研发，在线教育品牌跟谁学、网易有道、猿辅导、作业帮等 2020 年第三季度销售和营销费用占总收

① 《猿辅导一年 3 次融资 35 亿美金　在线教育进入资本寡头时代》，https://www.sohu.com/a/440404242_120964405，2020 年 12 月 25 日。

② 《猿辅导一年 3 次融资 35 亿美金　在线教育进入资本寡头时代》，https://www.sohu.com/a/440404242_120964405，2020 年 12 月 25 日。

入的100%以上[①]。具体来看，跟谁学2020年第三季度用于销售和营销的费用同比增长522%至20.56亿元，研发费用为2.20亿元，营销费用是研发费用的9.3倍[②]；网易有道在2020年第三季度用于销售和营销的费用同比增长397%至11.48亿元[③]；好未来2021财年第三个财季的销售和营销费用从上年同期的1.91亿美元增至4.21亿美元（约27亿元人民币），同比增长120.3%[④]。与上述在线教育品牌相比，猿辅导的广告投放规模更大，其2020年前三季度的整体营销费用高达70亿元[⑤]。如此数额巨大的在线教育广告广泛散布于地铁公交、高铁机场、电梯间、电视节目、抖音、微博、微信朋友圈等多个平台，致使人们所到之处和目光所及均充斥着大量在线教育广告。与之相应，在线教育品牌的广告营销形式更是花样繁多，包括邀请名人出镜代言、赞助综艺节目、免费赠送课程等，尤为醒目的是在线教育品牌成为2021年春节联欢晚会主力赞助商，通过知识福袋、拜年红包和节目植入等方式吸引了全国观众的注意力。

二　存在的问题

（一）与技术融合效果不佳，需深度探索开发

虽然我国在线教育呈现出繁荣发展的局面，但这仅是在线教育机构投入巨额资金用于营销创造的畸形景象，在深度融合人工智能、大数据等方面的研发与应用仍处于起步探索阶段，还不能充分利用现代信息技术实现在线教育的规模化发展与个性化教学服务的有机统一。例如，我国在线教育机构相继推出了

① 《在线教育乱象频发　猿辅导、作业帮等营销费用占总收入100%以上》，https://m.sohu.com/a/445970452_473325/，2021年1月21日。

② 《跟谁学、有道营销费用大于营业收入，在线教育企业烧钱大战何时休?》，https://m.sohu.com/a/435703081_250147，2020年12月2日。

③ 《跟谁学、有道营销费用大于营业收入，在线教育企业烧钱大战何时休?》，https://m.sohu.com/a/435703081_250147，2020年12月2日。

④ 《好未来2021财年Q3营收11.19亿美元，销售与营销费用同比增120.3%》，https://www.thepaper.cn/newsDetail_forward_10889709，2021年1月23日。

⑤ 《猿辅导的烧钱大战和李勇的路径依赖》，https://new.qq.com/rain/a/20210129A07RRF00，2021年1月29日。

“拍照搜题”工具，这是人工智能融入在线教育领域的应用成果之一，然而利用该工具搜题寻求答案的便捷性将助长学生直接抄作业的懒惰行为，对学生家长形成了困扰，被视为在线教育机构用于在营销过程中拉新引流的工具而非教学创新①。在线教育与人工智能、大数据等技术应用的深度融合，应将实现教育规模化和个性化之间的平衡、激发学生潜能并最大限度提升学习效果作为目标追求，深度探索和研发能够切实改善教学效果的应用工具，而非将教育与技术的融合作为营销噱头。

（二）行业低水平恶性竞争，加剧社会教育焦虑

我国在线教育机构陷入了花费巨额资金开展营销的低水平循环竞争模式，尤其是在寒暑假到来之前，为了快速吸引融资和抢占市场，一些在线教育机构甚至利用虚假广告进行宣传，2020 年媒体曝光的“猿辅导、作业帮、高途课堂、清北网校四家在线教育机构请同一位演员分别充当数学老师、英语老师做广告事件”不仅暴露了在线教育领域的竞争乱象，还折射出该行业仍处于同质化的低水平恶性竞争阶段。而且，目前我国已经形成了各大传统与新兴、线下与线上平台都充斥着大量在线教育广告的畸形局面，营造了所有学生都有必要参加教育培训的紧张氛围，隐约传递着教育培训可以帮助孩子快速提高分数、不参加教育培训就会导致自家孩子落后于其他孩子的错误信息，这些由辅导机构主观臆造的需求，严重加剧了全社会的教育焦虑。

（三）扩大教育鸿沟，突出教育领域不公平问题

在线教育降低了教育门槛并为推动优质教育资源共享创造了机会，然而教育领域的不公平问题非但没有因为在线教育行业的繁荣发展而大幅降低，还凸显出了更多不公平问题。一方面，在线教育有扩大教育鸿沟的趋势，对于农村贫困地区的学生，尤其是长期与爷爷奶奶生活在一起的数千万名留守儿童而言，由于自主学习能力弱且缺乏城镇学生那样完备的在线学习条件和父母积极

---

① 《在线教育乱象后续：拍搜题 App 已成了中国孩子抄作业工具?》，https：//new. qq. com/rain/a/20210202A0CQ4000，2021 年 2 月 2 日。

有效的辅助支持，在线教育的推动可能会造成其学习成绩越来越差①。而且，高昂的在线教育培训费用或使低收入家庭望而却步，而经济条件较好的家庭却能让孩子参加各种课外补习班并接受一对一辅导，最终造成新的教育不公平。另一方面，在线教育加剧了线上线下老师收入水平的不公问题，据媒体报道统计，作业帮、高途课堂、网易有道等在线教育机构在2021年校园春招中给出的教师年薪范围均高达百万元②，远高于学校老师的工资水平，这或将导致更多优秀毕业生或学校老师辞职加入在线教育师资队伍，进而使学校教育资源缺乏问题变得更加严重。

（四）逐利倾向严重，冲击我国传统教育理念

我国在线教育行业存在的逐利倾向严重问题，使资本性超越教育性，“以资为本”胜过“以人为本”，不断冲击着我国传统教育理念，扭曲了社会对于教育事业和教师职业的正确理解。暂且不论营销方面的逐利倾向，在教学培训内容上，当前我国的在线教育就已经偏离了“立德树人，培养德、智、体、美、劳全面发展的社会主义建设者和接班人”③ 的根本任务，教学内容紧扣考试涉及的考点，提升分数成为唯一目标，完全不顾学生身心健康与健全人格的培养，表现出极强的功利性和实用性倾向。此外，在线教育还使教师这份光荣且崇高的职业散发出了一股铜臭气，教师本是“学生锤炼品格的引路人、学习知识的引路人、创新思维的引路人、奉献祖国的引路人”④，但是一些在线培训机构的老师却无心授课，而是专注于钻研课程推销，使“授课”变“售课”⑤。

---

① 翁文艳：《“数字鸿沟”扩大，在线教育效果难以取代线下——今天的学习方式，将给未来教育带来哪些启发》，《光明日报》2020年10月15日。

② 《在线教育打响“挖角”大战，猿辅导名师出走带走大量学生》，http：//edu. ynet. com/2021/02/26/3160270t3294. html，2021年2月26日。

③ 顾明远：《守住教书育人的底线》，http：//www. moe. gov. cn/jyb_ xwfb/moe_ 2082/zl_ 2018n/2018_ zl86/201811/t20181115_ 354889. html，2018年11月16日。

④ 顾明远：《守住教书育人的底线》，http：//www. moe. gov. cn/jyb_ xwfb/moe_ 2082/zl_ 2018n/2018_ zl86/201811/t20181115_ 354889. html，2018年11月16日。

⑤ 王菲菲、李紫薇、李伟：《在线教育乱象：营销成主业，“授课”变“售课”》，《新华每日电讯》2021年2月22日。

（五）师资水平参差不齐，教学效果难以保障

在线教育市场规模的急速扩张使得对师资的需求大幅上涨，截至2020年9月，仅K12学科培训领域的十余家在线教育机构聚集的辅导老师就已接近10万人[①]，而且该领域对人才的需求仍在增加，2021年3月字节跳动旗下的大力教育更是直接表示未来4个月内将招聘1万人[②]。然而，相对于学校教师严格选拔和长时期锻炼培养，该领域教师准入门槛低，且缺乏长期系统培养优秀师资的能力，一些培训机构甚至聘任无证老师或不具备基本教学能力的老师对外授课，在对他们的资质加以虚构包装之后，以知名老师为噱头进行营销宣传，导致在线教育领域师资水平参差不齐。在线教育机构对师资的管理约束相对宽松，加之各大机构为了增强竞争力不惜花费重金吸引经验丰富的老师，导致师资流向竞争对手的情况频发，无法保证教学连贯性和教学效果。

（六）在线教育成本升高，加重家庭经济负担

在线教育在我国的快速发展，使学生在电子设备和课外补习方面的成本不断增加，无形中增加了一些学生家庭的经济负担。一方面，疫情暴发以来的“停课不停学不停教”使全国2.65亿名学生转为居家在线学习，导致一些家庭临时安装宽带并为孩子购置手机、电脑、打印机等用于线上学习和资料打印的电子设备，对于经济条件相对较差的家庭来说，这无疑会加重其经济负担。另一方面，与购置在线学习设备的一次性投入相比，参加校外辅导机构的补习课程则需要让家长付出数十倍于国家义务教育的费用给培训机构，在线教育领域的严重资本化不仅抵消了国家免费义务教育的成效，而且加重了学生家庭的经济负担[③]。此外，在教育与人工智能、大数据等新兴技术深度融合的进程中，学习机、AI点读笔、错题打印机等智能硬件产品或将大规模涌入在线教

① 《亮点教育网发布在线学习服务师新职业群体调研报告》，https：//www.sohu.com/a/418581414_216975，2020年9月15日。

② 《字节跳动加码教育　大力教育未来四个月招聘万人》，http：//finance.sina.com.cn/chanjing/gsnews/2021-03-01/doc-ikftpnnz0389087.shtml，2021年3月1日。

③ 《天价培训班一次课收费6000元！家长不堪重负》，http：//k.sina.com.cn/article_6497146893_18342980d02000x515.html?sudaref=www.baidu.com&display=0&retcode=0，2021年2月24日。

育领域，2021 年已有多家机构宣布布局教育硬件市场，这无疑将为部分家庭增加一笔新的教育开销。

（七）在线教育终端干扰学生，衍生问题严重

在线教育的普及使学生对电子产品的接触率大幅增加，不仅对保护视力带来挑战，而且网络空间的负面有害信息也会对学生的身心健康造成不利影响。2020 年疫情期间无论是学校教学还是校外辅导培训均转为线上，增加了学生盯着电子屏幕看的时间，提高了学生近视率，相关数据显示，2020 年上半年我国学生整体近视率增加 11.7%，看电子屏幕时长与近视检出率成正比关系①。一些在线教育机构为了获利通过弹窗、边栏、悬浮框等方式在教学平台中隐性植入与学习无关的内容，如课程推销和网络游戏广告，甚至一些平台还会植入低俗视频等对学生身心健康发展有害的内容，干扰正常的学习环境并分散了学生的注意力。此外，在线教育还模糊了学校学习和家庭生活的边界，即使是线下教学恢复之后，学生在学校完成上课任务之后，回家还要使用电子设备接受校外辅导课程，增加了学生的课业负担和焦虑情绪。

（八）版权侵害形式多样，教学内容盗版普遍

在线教育属于知识密集型产业，一些在线教育老师版权意识淡薄，再加上机构吸引消费者的需要和网络传播便捷性的辅助，该领域的版权侵害问题日益凸显，主要包括使用盗版教材、抄袭其他机构编撰的学习资料、课件及其中引用涉及版权问题的影音作品等。一方面，市场迅速扩张导致在线教育师资需求缺口较大，一些缺乏教学教育能力、教学经验和版权意识的老师混入授课队伍，参考借鉴其他机构已有的教材资料是帮助其快速进入教学状态的捷径，看似合情合理，但是该过程中难免出现抄袭，导致侵犯和损害原创作者权益的现象发生。另一方面，在线教育领域的老师流动性强，跳槽之后如果继续使用在之前机构录制的教学资料也会造成侵权行为发生。此外，在授课视频中使用存在版权保护的影视和音频素材，以及为了吸引流量将网络课程打包后在各类社交媒体平台转售的现象都是目前我国在线教育领域侵犯版权的常见形式。

---

① 《在线教育 = 损害视力?》，https：//www.sohu.com/a/416194571_ 380460，2020 年 9 月 3 日。

三　发展趋势与对策建议

（一）加大研发力度，推动新兴技术与教育深度融合

随着5G商业化普及，以及VR/AR全息投影和AI等技术的落地应用，教育数字化升级是未来在线教育行业的主要发展趋势。在教学研发上投入更大力度，实现教育与数字技术深度融合并保障教育信息化科学发展，将成为我国在线教育行业发展与竞争的着力点。为扎实推进教育信息化2.0行动计划，2021年初，我国教育部发文明确要在北京和西北增设两个教育部教育信息化战略研究基地。以此为导向，除自主开发教学平台外，建议在线教育机构还应切实履行企业社会责任担当，平衡用于营销和研发的费用比例，通过完善教学系统升级、打造沉浸式学习场景、开发智能学习硬件等，推动数字技术与教育的深度融合，提升学习体验和教学效果，并使之常态化和普及化。

（二）明确学校教育的主体地位，避免补课依赖症

被疫情催熟的在线教育行业不可能一直在资本的推动下保持快速前行，在经历了爆发式增长之后，其终将回归冷静期，并成为学校教育的有益补充。学校旨在培养德、智、体、美、劳全面发展的社会主义建设者和接班人，而不是单纯地把提高考试分数作为目标追求，仅从这方面来看，视分数为教学效果唯一评定标准的在线教育行业无法也不能替代学校在教书育人上的主体地位。我国教育部应进一步强化对在线教育行业的监管，一方面明确学校教育的主体地位，避免学生因对课外培训产生过度依赖而影响其在学校的听课效果；另一方面要着力引导在线教育行业树立“立德树人、秉持教育初心”的教育理念，并明确其作为学校教育有益补充的辅助地位。

（三）校内外教育协同合作，增强在线教育公益属性

在线教育行业在获得强大资本力量加持的同时，也聚集了大量致力于教学研发的技术人才，使其在专注于技术研发和推动我国教育现代化方面具备了一定的资本与技术优势，推进数字技术与教育融合已成为我国教育发展的重要趋

势，也是未来在线教育行业持续获得竞争优势的主要发力点。建议由各地教育等相关部门牵头，加强在线教育企业与学校的深度融合、协同合作，充分发挥在线教育的公益属性，一方面使其在缓解我国优质教育资源匮乏和覆盖范围不广、地区之间教育差距大和教育不公平等问题方面做出企业应有的贡献，降低国家和家庭的教育成本；另一方面使学校和在线教育机构共同推进我国教育现代化进程和教育事业长久发展。

（四）严格市场监管，确保在线教育机构规范办学

在线教育领域存在的诸多问题严重影响了消费者的切身利益并引起学生家长的强烈不满，在社会各界引发广泛关注与讨论，并再次成为2021年全国两会的热点议题，未来在线教育行业回归合理有序竞争与合法合规经营将是大势所趋。建议教育、市场监管等部门严格依照《国务院办公厅关于规范校外培训机构发展的意见》《关于规范校外线上培训的实施意见》等文件精神，提高在线教育行业的市场准入门槛并强化对现有相关机构的合规性审查，采取切实有力的措施对在线教育行业存在的广告营销造假、师资和课程质量参差不齐、课程收费偏高、教学内容盗版严重等问题进行监管、整顿与指导，推动在线教育行业尽快从“以资为本”回归“以人为本”，将提升教育品质作为核心竞争力。

（五）强化资本市场引导，培育健康的教育舆论生态

依靠巨额融资支撑的在线教育繁荣景象不具备可持续性，2021年初教育部基础教育司负责人表示，“教育部门将与有关主管部门联动，加强对资本市场的管控和对舆论氛围的引导，推动线上培训机构合法合规有序经营”①，随着国家对该领域监管的增强和行业内部的自我反思，在线教育或将逐渐回归理性。建议我国教育等相关部门细化对在线教育领域的监管措施，强化该领域的投融资引导，动员在线教育机构将主要精力和财力用于教学研发而非广告营销。在实际操作层面，建议我国各类媒体平台，尤其是国家主流媒体机构，通

① 《教育部：校外线上培训机构过于逐利　机构铺天盖地做广告加重焦虑》，https：//baijiahao. baidu. com/s？id = 1689232184360489792&wfr = spider&for = pc，2021年1月28日。

过平衡不同领域广告投放比例的方式，减少对在线教育培训大规模宣传，逐渐缓解目前社会上普遍存在的教育焦虑情绪，助力培育良性的教育舆论生态。

参考文献

艾瑞咨询：《2020 年中国在线教育行业研究报告》，2021 年 1 月 17 日。

胡乐乐：《在线教育是传统教育的补充而非颠覆》，《光明日报》2020 年 12 月 12 日。

《狂奔的在线教育亟待降温》，《人民日报海外版》2021 年 1 月 28 日。

中国互联网络信息中心：第 47 次《中国互联网络发展状况统计报告》，2021 年 2 月 3 日。

B.25
2020年中国数字报纸发展报告*

李 珠**

摘 要: 本报告是对2020年中国数字报纸发展情况的总结，主要分为两个部分：第一部分主要是介绍中国的数字报纸在2020年的发展状况，既有对总体情况的概括，也有对具体现象，如对5G、人工智能、区块链的进一步运用、媒体深度融合、版权维护的最新进展等方面的表述；第二部分则是对中国数字报纸发展趋势所做的分析，以及对国内数字报纸未来发展的建议。

关键词: 数字报纸 区块链 党报 版权保护

2020 年对中国报业来说是非常特殊的一年。年初突如其来的新冠肺炎疫情在一定程度上打乱了报纸的正常运作轨迹。防疫隔离的需要使得报纸数字化的重要性凸显，线上、云端成为报纸工作的常态。在疫情报道、两会报道等重大事件报道中，各种新技术如人工智能、区块链等以更快的速度、更灵活的形式得到运用，让人耳目一新。与此同时，11 月《著作权法》的修订出台，将为数字内容的版权保护提供更加切实的法律依据，也将为数字报纸的进一步发展提供保障，意义深远。

---

* 本文为上海市高校人文社会科学重点研究基地——上海大学影视与传媒产业研究基地“新媒体发展”研究课题成果，课题主持人为吴信训教授。

** 李珠，上海大学新闻传播学院讲师，博士。

一　2020年中国数字报纸发展情况

（一）印刷版报纸广告收入继续下滑

2020 年对中国报业来说是非常特殊的一年。年初突如其来的新冠肺炎疫情，在一定程度上打乱了报纸的正常运作轨迹。防疫隔离的需要使得报纸数字化的重要性凸显，线上、云端成为报纸工作的常态。在疫情报道、两会报道等重大事件报道中，各种新技术，如人工智能、区块链等以更快的速度、更灵活的形式被运用进来，让人耳目一新。与此同时，11 月《著作权法》的修订出台，将为数字内容的版权保护提供更加切实的法律依据，也将为数字报纸的进一步发展提供保障，意义深远。

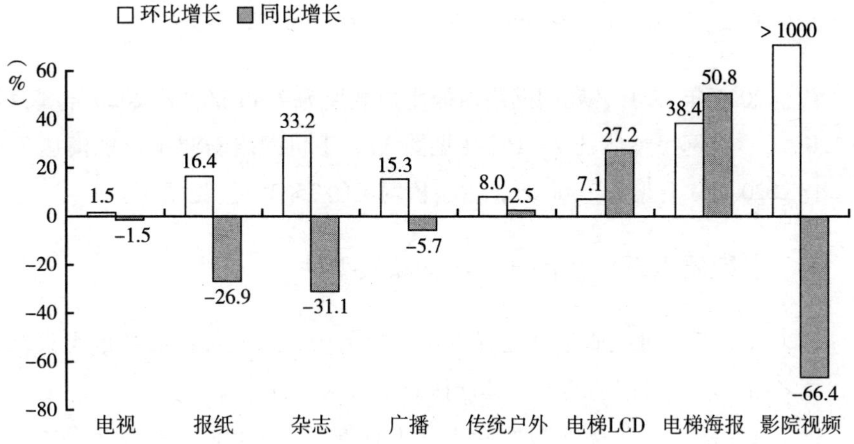

图 1　2020 年 9 月各投放渠道广告刊例花费变化

资料来源：CTR 媒介智讯。

（二）中国互联网络进一步发展

2021 年 2 月 3 日，CNNIC 发布的第 47 次《中国互联网络发展状况统计报告》显示，截至2020年12月，我国网民规模达到9.89亿，互联网普及率达到70.4%，比2020年3月提升5.9个百分点（见图2）。①

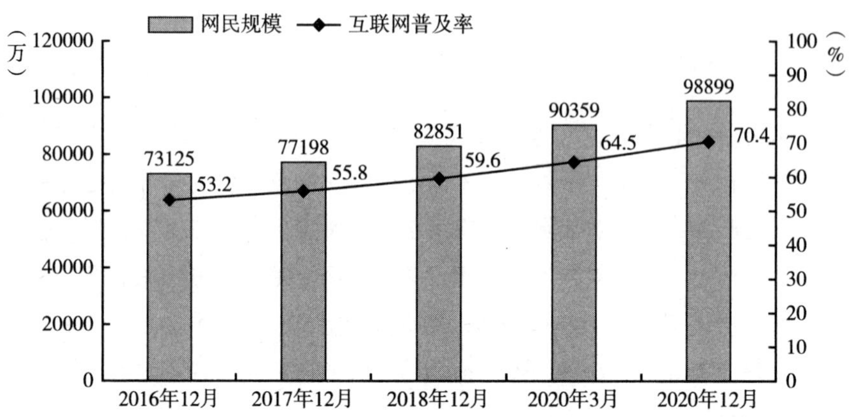

图2　中国网民规模和互联网普及率

资料来源：CNNIC中国互联网络发展状况统计调查。

截至2020年12月，我国网络新闻用户规模为7.43亿，比2020年3月增长1203万，占网民整体的75.1%（见图3）；手机网络新闻用户规模达7.41亿，比2020年3月增长1466万，占手机网民的75.2%（见图4）。②

（三）纸质报纸仍在停刊、休刊和转型中

2020年，又一批纸质报纸选择退出历史舞台，这些报纸以都市类报纸为主，读者减少、广告市场萎缩是其选择停刊、休刊的主因。

据不完全统计，宣布在2020年1月1日停刊、休刊的报纸有十多家，包括《生活日报》《武汉晨报》《上海金融报》《天府早报》《城市快报》《拉萨晚报》《退休生活》《七都晚刊》《本溪晚报》《吉安晚报》《自贡晚报》《北

---

① 中国互联网络信息中心：第47次《中国互联网络发展状况统计报告》，http://cnnic.cn/hlwfzyj/hlwxzbg/hlwtjbg/202102/P020210203334633480104.pdf，2021年2月3日。

② 中国互联网络信息中心：第47次《中国互联网络发展状况统计报告》，http://cnnic.cn/hlwfzyj/hlwxzbg/hlwtjbg/202102/P020210203334633480104.pdf，2021年2月3日。

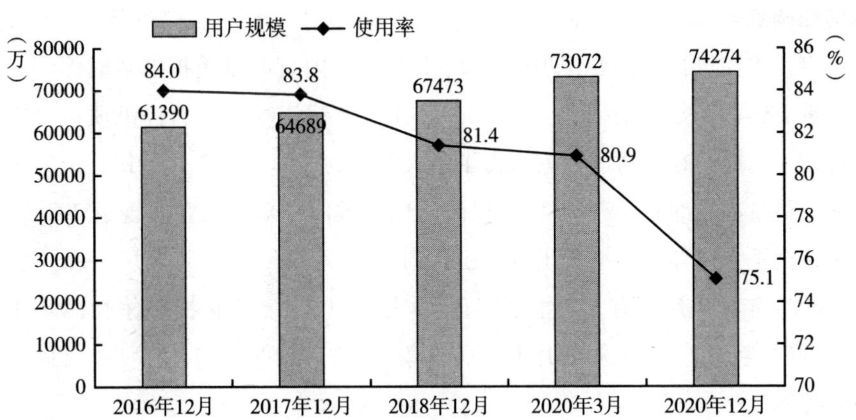

图 3　网络新闻用户规模及使用率

资料来源：CNNIC 中国互联网络发展状况统计调查。

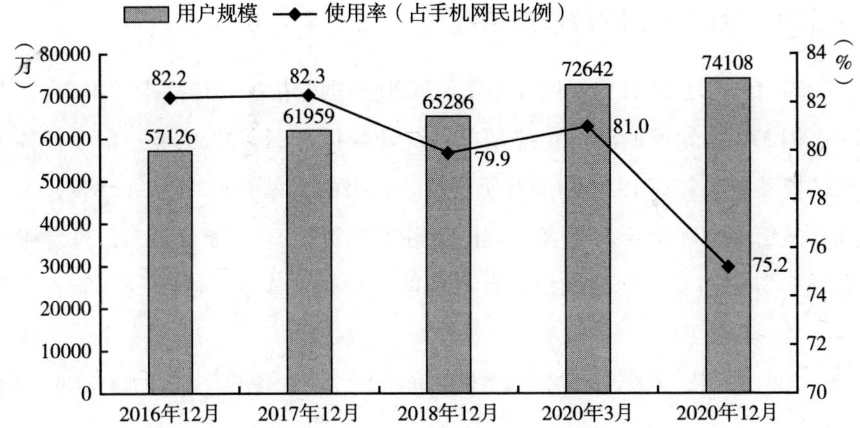

图 4　手机网络新闻用户规模及使用率

资料来源：CNNIC 中国互联网络发展状况统计调查。

方时报》《百色早报》等。① 其中，《生活日报》《武汉晨报》《天府早报》《拉萨晚报》《百色早报》等多家报纸的休刊是因媒体融合转型需要而进行的

① 《纸媒再迎休刊大潮：十余家纸媒宣布 2020 年 1 月 1 日起休刊》，http：//k. sina. com. cn/article_ 1618051664_ p6071825002700l1l1. html#p = 1，2020 年 1 月 2 日。

结构性调整。

出于防控疫情的需要，2020 年 2 ~ 3 月，国内有些纸质报纸暂时停刊，将工作重心转移到数字报纸上。2 月 5 ~ 16 日，《钱江晚报》暂停纸质版，全力进行线上传播，在短时间内就取得了令人瞩目的成绩：到 3 月下旬，新闻客户端的发稿量超过 5000 篇，总阅读量破 2 亿；微信公众号文章实现近 200 个 10 万 +；全平台媒体用户增长迅猛，已达到 3000 万。[①]

2020 年，先后还有多家报纸停刊。3 月 1 日，《新文化报》休刊；[②] 6 月 2 日，《联合晚报》停刊；[③] 8 月 19 日，《集邮报》停刊；[④] 11 月 5 日，《成都晚报》停刊。[⑤]

此外，还有《遵义晚报》《益阳城市报》《皖北晨报》《广元晚报》《德阳晚报》《都市消费晨报》《铜都晨报》等一批报纸宣布将于 2021 年元旦休刊。[⑥]

（四）全国党报融合传播情况[⑦]

2020 年 12 月 24 日人民网发布了《2020 全国党报融合传播指数报告》，考察了全国 377 家党报的融合传播情况，统计数据显示，2020 年，党报在各个渠道的覆盖率均较 2019 年同期有所增长。党报的网站开通率为 96.8%，占比最高；微信平台和聚合新闻客户端的入驻率接近 90%，排名第二；抖音账号的开通率为 84.4%，增长最快；自有新闻客户端（App）达到 78.8%；入驻

---

① 黄琳：《〈钱江晚报〉全媒体传播数据井喷的背后》，《中国新闻出版广电报》2020 年 3 月 27 日。

② 《〈新文化报〉自 2020 年 3 月 1 日起休刊》，http：//k. sina. com. cn/article_ 6456450127_ 180d59c4f02000wq27. html? from = news&subch = onews，2020 年 3 月 1 日。

③ 《创刊逾 32 年　台湾目前唯一晚报〈联合晚报〉停刊》，http：//www. huaxia. com/xw/twxw/2020/06/6429253. html，2020 年 6 月 2 日。

④ 《停刊公告》，《集邮报》2020 年 8 月 19 日。

⑤ 《11 月 5 日，成都晚报社发布事业单位注销公告》，https：//k. sina. com. cn/article_ 2698146894_ ma0d2744e056012d0j. html，2020 年 11 月 6 日。

⑥ 《又三十余家传统媒体阵亡，有的连休刊词都不留……》，https：//m. sohu. com/a/443716369_ 475768，2021 年 1 月 1 日。

⑦ 《人民网研究院发布〈2020 全国党报融合传播指数报告〉》，http：//yuqing. people. com. cn/n1/2020/1224/c434078 - 31978244. html，2020 年 12 月 24 日。

微博平台的为76.1%；入驻喜马拉雅FM并发布音频内容的比较少，仅占7%。

具体来说，2020年党报的融合传播有以下特点。①

1. 报纸发行量均值略有上升，原创率显著提高

377家党报发行量均值比2019年增长了2%。由于新冠肺炎疫情的原因，2020年1～8月，党报及其网站的平均原创率达到了45%，平均每篇报道被转载41次，较2019年有较大幅度的提高，说明在重大事件和重要时期，党报的传播力、影响力显著增强。

2. 市级党报微博传播力有所下降

2020年，377家党报开通了287个微博账号，平均粉丝量超过163万，比2019年增长13%，但粉丝量中位数为12.9万，比上年降低了18%，在党报中，@人民日报的粉丝量最高，超过1.2亿，@中国日报、@光明日报、@解放军报、@中国青年报、@广州日报、@南方日报的粉丝量超过千万，另有61个微博账号（1个省级党报和60个市级党报）粉丝量不足1万，这一数据比2019年增加了45%；日均发文14.7篇；平均转发量、平均评论量、平均点赞量的均值分别为45.3次、17.3次、254.5次，中位数分别为0.5次、0.3次、1.9次。综合以上几种指标，党报微博传播力排名前十的账号如表1所示。

表1　2020年党报微博账号传播力TOP10

排名	微博账号名称	所属机构	得分
1	人民日报	人民日报	99.80
2	中国日报	中国日报	83.89
3	中国青年报	中国青年报	82.34
4	广州日报	广州日报	80.23
5	南方日报	南方日报	75.48
6	光明日报	光明日报	73.87
7	北京日报	北京日报	73.83
8	经济日报	经济日报	73.18
9	长江日报	长江日报	72.81
10	人民日报海外版－海外网	人民日报海外版	71.01

① 《人民网研究院发布〈2020全国党报融合传播指数报告〉》，http://yuqing.people.com.cn/n1/2020/1224/c434078－31978244.html，2020年12月24日。

3. 地市级党报微信公众号进步明显

开通微信公众号的党报有 355 家，比 2019 年增长 15.3%；微信公众号日均发文 8.4 篇，比 2019 年增长了 44%；平均阅读量为 5540 次，比上年增长 17%，平均阅读量的中位数为 2240 次，比上年增长 85%。

微信传播力前 20 的微信公众号中，中央级有 6 个，省级有 4 个，地市级有 10 个。地市级党报微信公众号较 2019 年增加了 2 个（见表 2）。

表 2　2020 年党报微信公众号传播力 TOP20

排名	账号名称	排名	账号名称
1	人民日报	11	侠客岛
2	广州日报	12	河北日报
3	中国青年报	13	海南日报
4	湖北日报	14	西宁晚报
5	经济日报	15	青岛日报
6	长江日报	16	珠海特区报
7	北京日报	17	焦作日报
8	杭州日报	18	湛江日报
9	CHINA DAILY 中国日报	19	太行日报
10	光明日报	20	无锡日报

4. 自有客户端的下载量大幅增长，地市级党报增长尤其迅猛

自建新闻客户端的党报有 281 份。新闻客户端总下载量均值为 787.4 万，是 2019 年的 2.21 倍，地市级党报客户端平均下载量的增幅最大，为 2019 年的 3.51 倍；下载总量均超过 1 亿的有 4 个，其中最高的是人民日报客户端，接近 6.8 亿，下载总量达到千万级的有 19 个，百万级的有 27 个，十万级的有 79 个，万级的有 83 个，20% 的党报新闻客户端下载量不足 1 万。

各级党报自建客户端下载量前 10 名如表 3 所示。

表3　2020 年各级党报自建客户端下载量前 10 名

排名	微博账号名称	所属机构	得分
1	人民日报	人民日报	99.80
2	中国日报	中国日报	83.89
3	中国青年报	中国青年报	82.34
4	广州日报	广州日报	80.23
5	南方日报	南方日报	75.48
6	光明日报	光明日报	73.87
7	北京日报	北京日报	73.83
8	经济日报	经济日报	73.18
9	长江日报	长江日报	72.81
10	人民日报海外版 - 海外网	人民日报海外版	71.01

5. 近1/3党报聚合新闻客户端账号停更，头条号平均阅读量翻倍

295 份党报至少入驻 1 个聚合新闻客户端，平均每份党报入驻 2.3 个聚合客户端。党报入驻数量最多的是今日头条，其次是搜狐新闻、腾讯新闻。不过在客户端开通的账号中，31% 的未发布任何内容。从用户订阅量来看，平均每家党报在五大平台的账号订阅总量为 31.6 万，中位数为 1.6 万，其中头条号的平均订阅量最高，为 36.5 万，其次是网易新闻，为 3.5 万。

党报头条号订阅量前十名如表 4 所示。

表4　2020 年党报头条号订阅量前 10 名

排名	今日头条	
	账号	订阅量
1	人民日报	1195.0
2	人民日报海外网	966.7
3	光明网	834.3
4	中国经济网	707.1
5	解放军新闻传播中心融媒体	388.5
6	北京日报客户端	289.6
7	德宏团结报	288.0
8	科技日报	277.0
9	上观新闻	259.9
10	中国日报网	189.6

2020 年，党报账号在今日头条客户端的发文量增长了 30%，但在其余客户端发文量均大幅下降。阅读量方面，头条号发布的文章平均阅读量为 1.2 万次，比上年翻了一番。

6. 党报抖音号平均粉丝量增长近4倍，地市级党报新秀崭露头角

入驻抖音平台的党报有 318 家，平均粉丝量为 98.4 万，比上年增长将近 4 倍。粉丝量最多的是人民日报抖音号，达到 1.06 亿；党报抖音号日均发布短视频 1.3 条，比上年增长 2.6 倍，但短视频单条平均播放量为 73 万次，相比上年有所下降。

传播力排名前 10 的党报抖音号中，中央级党报抖音号有 5 个，地市级有 5 个，一批党报短视频新秀涌现（见表 5）。

表 5　2020 年党报抖音官方账号传播力排名 TOP10

排名	抖音账号名称	所属机构	得分
1	人民日报	人民日报	98.67
2	中国日报	中国日报	92.82
3	光明日报	光明日报	91.38
4	合肥晚报	合肥日报	87.55
5	中国青年报	中国青年报	87.52
6	广州日报	广州日报	86.70
7	十堰晚报	十堰日报	85.78
8	贵阳网	贵阳日报	85.65
9	经济日报	经济日报	85.39
10	新闻快报	德宏团结报	84.11

7. 党报音频内容生产与传播渠道有待拓展

入驻喜马拉雅 FM 并发布音频的党报只有 27 家，数量上虽然是 2019 年的 1.25 倍，但和其他平台相比，数量依然很少。日均发布音频节目 3.3 期，传播力显然还有待加强。

根据党报在各渠道的内容生产及传播情况，党报融合传播力综合排名前十及各渠道传播力排名前二十的名单如表 6、表 7 所示。

表 6　2020 年党报融合传播力 TOP10

排名	名称	排名	名称
1	人民日报	6	中国日报
2	光明日报	7	北京日报
3	广州日报	8	大众日报
4	经济日报	9	河南日报
5	南方日报	10	河北日报

表 7　2020 年党报各渠道传播力 TOP20

排名	纸报	网站	微博	微信	自有 App	入驻 App	入驻抖音
1	人民日报	人民日报	人民日报	人民日报	人民日报	人民日报	人民日报
2	广州日报	光明日报	中国日报	广州日报	广州日报	经济日报	中国日报
3	南方日报	经济日报	中国青年报	中国青年报	南方日报	光明日报	光明日报
4	人民日报海外版	大众日报	广州日报	湖北日报	河南日报	中国日报	合肥日报
5	中国日报	工人日报	南方日报	经济日报	经济日报	人民日报海外版	中国青年报
6	光明日报	北京日报	光明日报	长江日报	四川日报	广州日报	广州日报
7	经济日报	广州日报	北京日报	北京日报	北京日报	科技日报	十堰日报
8	浙江日报	法制日报	经济日报	杭州日报	大众日报	江西日报	贵阳日报
9	解放军报	天津日报	长江日报	中国日报	中国日报	中国教育报	经济日报
10	天津日报	河南日报	人民日报海外版	光明日报	浙江日报	北京日报	德宏团结报
11	大众日报	科技日报	解放军报	人民日报海外版	光明日报	岳阳日报	上饶日报
12	农民日报	河北日报	湖北日报	河北日报	湖南日报	新华日报	南方日报
13	新华日报	南方日报	四川日报	海南日报	解放日报	文汇报	河北日报
14	解放日报	中国日报	河北日报	西宁晚报	福建日报	辽宁日报	太行日报
15	工人日报	新华日报	工人日报	青岛日报	天津日报	河北日报	杭州日报
16	河南日级	中国青年报	法制日报	珠海特区报	成都日报	解放日报	日照日报
17	湖南日服	黑龙江日报	杭州日报	焦作日报	解放军报	广西日报	湖南日报
18	湖北日报	广西日报	南京日报	湘江日报	长沙晚报	西安日报	四川日报
19	北京日报	福建日报	广西日报	太行日报	苏州日报	大众日报	北京日报
20	河北日报	长江日报	新华日报	无锡日报	河北日报	厦门日报	抚州日报

（五）报纸与其他媒介的整合与重组

2020 年 1 月 3 日，武威市新闻传媒集团挂牌成立。该集团将武威日报社和武威市广播电视台的新闻资源进行有效整合，建立全媒体策采编播平台，以“一体策划、一次采集、多种生成、多元发布”的新闻生产机制，完成与中央、省级新闻媒体和县区融媒体中心技术的对接。①

2020 年 5 月 10 日，汕头融媒体集团挂牌成立。该集团将汕头日报、汕头市广播电视台、汕头橄榄台、汕头 Plus、大华网等媒体进行了整合，建立起全媒体传播体系。②

2020 年 5 月 29 日，上海报业集团、上海东方网股份有限公司重组，重组的目的在于通过资源整合，盘活资产，走“内容建设为根本、先进技术为支撑”的媒体融合道路。③

（六）人工智能、5G 等新兴技术的研究与运用

2020 年是人工智能和 5G 技术充分发展的一年。

一方面，技术领域不断开发新产品。新华智云（新华社和阿里巴巴共同投资成立的大数据人工智能科技公司，于 2017 年成立）在 2020 年推出了一系列新产品，对于数字报纸的内容生产起到了极大的推动作用：2 月，推出疫情报道机器人，可帮助媒体人对疫情进行快速、深入的报道；3 月，推出事实核查机器人，可对内容时效性与事实准确性进行管控；5 月，推出“两会机器人”，可帮助媒体对全国两会进行创新性报道；7 月，推出媒体大脑 MAGIC 移动版“剪贝”；11 月，推出实体 MAGIC 机器人（国内首款 VLOG 机器人）；同月，新华智云被认定为“媒体融合生产技术与系统”国家重点实验室的智能化视频生产系统研究部，将继续在智媒技术领域进行新技术的研发。④

另一方面，2020 年疫情使得这一年的两会与以往有很大不同。防控的特殊要求，给了各家媒体积极推广和运用新科技的动力。人民日报社使用了“智能云剪辑师”：记者在使用 5G + AR 采访眼镜现场直播时，后方编辑可以共享屏幕、实时互动；新华社推出了全球首位 3D 版 AI 合成主播，不仅能随

① 伏润之：《武威市成立新闻传媒集团》，《甘肃日报》2020 年 1 月 6 日。

② 吴绪山：《汕头融媒集团正式挂牌成立》，《深圳特区报》2020 年 5 月 11 日。

③ 许晓青：《媒体融合向纵深发展　上海报业集团、东方网联合重组》，http：//www. sh. xinhuanet. com/2020 -05/30/c_ 139099957. htm，2020 年 5 月 30 日。

④ 新华智云，https：//www. xinhuazhiyun. com/。

时以不同的形象出入于不同的虚拟场景中，还能根据语义网生成相对应的面部表情和肢体语言；中国网借助“两会 AI 看点”辅助生产平台，可以在几分钟内生成生动活泼的可视化图解产品。①

2020 年是检验 5G 融媒实验室成果的阶段。11 月 17 日，由光明网、中国电信集团和中国传媒大学新媒体研究院共同发起成立的 5G 融媒实验室正式挂牌，云导播、AI 虚拟主播、AI 内容审核、智能视频抠图、智能写稿、智能分拣等新技术的实践得到了全面展示。②

2020 年 12 月 24 日，人民日报社发布了人民日报“创作大脑”，该系统可覆盖全媒体策划、采集、编辑、传播效果分析的各个环节，并可进行关键人物、语句识别等智能化生产，从而大大提高新闻产品的生产效率。③

（七）全国首个区块链新闻编辑部成立

2020 年 5 月 20 日，全国首个区块链新闻编辑部正式成立。这个编辑部由湖北广播电视台长江云、北京广播电视台北京时间、上海报业集团澎湃新闻、贵州日报天眼新闻等 12 家省级主流新媒体共同组建，秉持“策划众筹”“传播去核”的运行理念，致力于开展媒体间的云端大型联合报道。④

两会期间，区块链新闻编辑部取得了不俗的成绩。短短 9 天时间里，编辑部推出了全国首份云端出版的《两会流媒体》杂志，生产了 141 件新媒体产品，在全国 20 多家主流媒体传播，全网综合点击量超过 2. 1 亿。⑤

（八）加强全媒体人才的培养

2020 年 5 月 9 日，天目融媒体学院上线。该学院由浙江日报报业集团主

---

① 赵新乐：《媒体“黑科技”让“云两会”更精彩》，http：//data. chinaxwcb. com/epaper2020/epaper/d7244/d1b/202005/106833. html，2020 年 5 月 27 日。

② 潘兴彪：《如何破局“5G + 融媒体”？这个成立一年的实验室这样回答》，https：//politics. gmw. cn/2020 – 11/19/content_ 34380126. htm，2020 年 11 月 19 日。

③ 《人民日报发布“创作大脑”　打造媒体一站式智能创作平台》，https：//www. sohu. com/a/440368366_ 104421，2020 年 12 月 25 日。

④ 康耀方：《全国首个区块链新闻编辑部正式成立》，http：//news. hbtv. com. cn/p/1843539. html，2020 年 5 月 20 日。

⑤ 汤广花：《区块链新闻编辑部交出首份成绩单　16 家媒体“云端”协作讲好两会故事》，https：//www. chinaxwcb. com/info/563518，2020 年 6 月 2 日。

办，浙江在线新闻网站、天目新闻客户端承办，以短视频传播为重点，为一线工作人员和爱好者提供技能培训及实战指导。①

2020年7月23日，“2020年重庆日报报业集团全媒体人才培训”活动在线上、线下同时举办。该活动由新华社与重庆日报报业集团共同发起，通过实例讲解，帮助地方报业的一线工作人员在思想和业务上进一步理解深度融合。②

2020年9月，南方报业传媒集团、《南方都市报》和粤港澳大湾区的高校签约，共同建设“视频实验室”，推动产学研合作，为人才培养提供更广的平台。③

2020年10月21~24日，2020年全国省级新闻网站和党报新媒体负责人培训班在南京举办，这是由中宣部传媒监管局发起的以践行全媒体时代媒体的责任使命为主题的重要培训。④

（九）版权保护获得新进展

2020年4月26日，“国家知识服务平台——数字内容正版化公示查询系统”推出。该系统可提供出版社登记、授权查询、代理商认证、机构采选校验、授权统计分析等服务，从而有效避免数字内容版权风险。⑤

2020年4月30日，《著作权法（修正案草案）》向社会征求意见；8月17日，《著作权法修正案（草案二次审议稿）》公开征求意见。11月11日，全国人大常委会通过修改《中华人民共和国著作权法》的决定，新修《著作权法》将于2021年6月1日起正式实施。新修《著作权法》对于版权保护，尤其是报纸数字内容的版权保护具有深刻的意义。

---

① 沈听雨、董洁：《天目融媒体学院上线》，https：//zjnews. zjol. com. cn/202005/t20200510_11950489. shtml，2020年5月10日。

② 杜一娜：《新华社与重报集团联动举办全媒体人才培训课》，《中国新闻出版广电报》2020年7月27日。

③ 刘爽：《N视频App上线！南方报业传播能力新名片亮相》，https：//www. sohu. com/a/420452704_ 161795，2020年9月24日。

④ 李雪昆：《全国省级新闻网站和党报新媒体负责人培训班举办》，《中国新闻出版广电报》2020年10月27日。

⑤ 王坤宁：《数字内容正版化公示查询系统发布》，《中国新闻出版广电报》2020年4月30日。

2020 年 10 月 28 日，甘肃媒体版权保护中心成立，这是甘肃省首家实现媒体版权确权、侵权监测、存证固证、运营交易、维权保护全链条的媒体版权服务平台。①

2020 年 12 月 10 日，区块链创新应用——“中国版权链”在珠海正式启动，它可以提供“一站式”版权服务，有效地简化流程，降低举证成本，提高司法效率。②

2020 年 12 月，上海市浦东新区设立了“国家版权创新发展基地”，这也是国家版权局近年来设立的第二个国家版权创新发展基地。③

（十）共建政务商务信息服务平台

2020 年 4 月 9 日，浙江日报报业集团与浙江省民政厅签署协议，为浙江省的养老服务等工作提供智力支撑，具体合作项目包括：共建民政宣传平台，以全媒体的新闻报道，帮助民政部门开展线上推广与宣传；浙报集团以自身的大数据、云计算优势，帮助建设养老服务等民政领域大数据系统④等。

2020 年 6 月 9 日，“新甘肃云”决战决胜脱贫攻坚智汇媒体平台正式上线运行，这是由甘肃日报社、甘肃日报报业集团公司、甘肃新媒体集团联合北京北大方正电子有限公司推出的，以新闻资讯和大数据查询为特色，以提供扶贫服务为主要任务的信息平台。⑤

2020 年 7 月 9 日，浙江省社会治理融媒体中心（浙报集团天目演播厅）正式运行。该中心利用自身拥有的大数据技术和媒体影响力，致力于推动政法宣传工作。⑥

2020 年 10 月 19 日，河南日报报业集团与腾讯公司合作推出顶端新闻客户

---

① 田野：《甘肃有了首家媒体版权保护中心》，《中国新闻出版广电报》2020 年 11 月 2 日。

② 赖名芳：《中国版权协会启动“中国版权链”》，《中国新闻出版广电报》2020 年 12 月 16 日。

③ 《国家版权局在上海浦东设立“国家版权创新发展基地”》，https：//www. sohu. com/a/437302099_ 120054912，2020 年 12 月 9 日。

④ 王璐怡、陈樱之：《浙报集团与省民政厅签署战略合作协议》，https：//zjnews. zjol. com. cn/zjnews/zjxw/202004/t20200410_ 11864919. shtml，2020 年 4 月 10 日。

⑤ 田野：《“新甘肃云”上线立体化服务脱贫攻坚》，《中国新闻出版广电报》2020 年 6 月 11 日。

⑥ 黄琳：《全国首家法治传媒集团成立》，《中国新闻出版广电报》2020 年 7 月 13 日。

端，该客户端的目标是成为“新闻＋政务＋服务＋商务”的智慧信息服务平台。①

2020年10月28日，甘肃新媒体集团正式挂牌成立，该集团由甘肃日报报业集团主办，将利用云计算、大数据技术，建设“新闻＋政务”的全媒体融合平台，同日，“新甘肃”客户端正式上线，打造“新闻＋党建＋政务＋服务”型的省委、省政府移动端权威信息发布平台。②

（十一）推出媒体融合的新频道和App

2020年5月15日，《广州日报》与《深圳特区报》共建的“广深联动”“深广联动”频道分别在两家报纸的客户端推出。这两个联动频道是为了推动粤港澳大湾区建设而建立的，以“新闻＋服务”的模式为两地的科创主体和市民提供服务。③

2020年9月，南方报业传媒集团推出N视频App，这是广东省的权威视频发布平台，将通过短视频制作和发布提升媒体传播能力。④

二　2020年中国数字报纸的发展趋势分析和发展建议

（一）中国数字报纸的发展趋势分析

2020年，报业在经历了疫情时期的困境与变革之后，对于数字化的认可度更高了，对于未来的发展趋势也有了更加明确的认知。

1. 从融合发展走向深度融合，内容生产始终是重中之重

2020年“十四五”规划中提出的“推进媒体深度融合”是以以往的发展

---

① 吴明娟：《顶端新闻首次“官宣”打造“新闻＋政务＋服务＋商务”平台》，https：//www. chinaxwcb. com/info/566920，2020年10月21日。

② 牟健：《甘肃新媒体集团正式挂牌“新甘肃”客户端同时上线》，http：//m. people. cn/n4/2018/1028/c1280－11802700. html，2020年10月28日。

③ 徐平：《广州深圳两地党报共建媒体融合平台》，https：//www. chinaxwcb. com/info/563142，2020年5月18日。

④ 刘爽：《N视频App上线！南方报业传播能力新名片亮相》，https：//www. sohu. com/a/420452704_ 161795，2020年9月24日。

实际为基础的，对中国报业来说，从触网到融入其他媒介元素、与其他媒介融合，再到媒体深度融合，是一个水到渠成的过程。目前我国的报纸已经普遍到达融媒体阶段，除纸质版外，报纸的电子版、网站、两微一端的全媒体矩阵已经在发挥作用。

2021 年 1 月，国家新闻出版署公布了“2020 年中国报业深度融合发展创新案例”评选结果，“人民日报社全媒体生产传播平台建设项目”、“人民日报健康客户端”以及“人民网—中科睿鉴新闻可信度识别支撑系统”三个案例当选。① 从这些案例可以看出，无论是生产传播平台、客户端，还是识别支撑系统，都不仅是技术层面的建设。全媒体生产传播平台是为了高效地生产内容，健康客户端传播的是有关“健康”的内容，而新闻可信度识别支撑系统则是为了保证内容的真实准确，其实都在说明一件事——“内容为王”。

在人人皆可为媒体的时代，专业媒体的存在价值在于内容，包括对材料的选择、鉴别、审核、加工等一系列的程序，既要保证内容的真实准确，也要保证内容具有深度、广度，最好还要让内容简单明了、生动有趣。大力发展技术设施，建设生产平台，研发各种软件，最终的目的是实现内容价值的最大化。

2. 新技术将持续影响数字报纸的发展，从业人员的培训不断加强

2020 年的疫情凸显了数字化的重要性，而报业的数字化离不开技术的不断发展。目前，报业使用的技术已经从辅助表达阶段发展到嵌入融合阶段，5G、大数据、人工智能、区块链被越来越多地应用到内容生产的过程中，如 2020 年报业推出的“智能云剪辑”、“5G + AI”报道、区块链新闻编辑部等。

当前报业对于技术赋能有较高的认可度，在条件许可的情况下也愿意引进新技术，将之融入内容生成、传播、服务的过程中。但新技术的引入也暴露了报业人才缺乏的短板，尤其是懂新闻传播、懂产品逻辑和懂技术研发的融媒体人才。2020 年 12 月 21 日，中国记协发布《中国新闻事业发展报告（2020 年发布）》。报告显示，报纸的采编及新媒体人员 50% 以上的为本科以上学历。② 但实际上，在面对不断更迭的新技术时，报纸的从业人员仍然常常处于力不从

---

① 宋心蕊：《人民日报社三个案例当选“2020 年中国报业深度融合发展创新案例”》，http://media.people.com.cn/n1/2021/0122/c120837-32008792.html，2021 年 1 月 22 日。

② 袁舒婕：《媒体从业人员结构　走向年轻化高学历》，《中国新闻出版广电报》2020 年 12 月 22 日。

心的状态，究其原因，要么是只专精于某一方面，要么是跟不上变化的脚步。

从2020年各大报纸举行的人员培训可以看出，新技能的学习占据了主导地位，比较注重地方报纸一线员工能力的提高。今后，类似的培训会越来越多，因为新技术的更新速度快，从业人员如果不及时参加培训，很快就会难以胜任现在的岗位。终身学习会成为常态，学习的内容也会越来越多。

3. 社会治理成为合作的方向，“新闻＋”模式将越来越普遍

2020年9月，中共中央办公厅、国务院办公厅下发的《关于加快推进媒体深度融合发展的意见》（以下简称《意见》）明确提出，“要发挥市场机制作用，增强主流媒体的市场竞争意识和能力，探索建立‘新闻＋政务服务商务’的运营模式，创新媒体投融资政策，增强自我造血机能”。①

在我国的县级融媒体中心建设中，就有跨界合作的尝试。作为全国第一家整合广电和报业资源的县级融媒体中心，长兴传媒开发“新闻＋政务＋民生”的“掌心长兴”App，将社会治理作为自己工作的一部分，取得较好效果。2020年，浙江日报报业集团、甘肃日报报业集团、河南日报报业集团分别与政府或者科技公司合作，打造“新闻＋政务服务商务”模式，借助自身在大数据方面的资源优势，将政务与民生服务新闻信息传播结合起来，在社会治理上帮助政府解决实际问题。

社会治理是一项系统性的大工程，政府难以面面俱到，其中一些方面如法制宣传、政策宣讲、信息收集等，恰恰是报业擅长的。报业的介入，其实不仅仅是《意见》中提到的经济效益，更是社会效益的体现，也是报业在自身能力许可的情况下应该承担的社会责任。

4. 版权保护的力度不断加大，新问题会出现也会被解决

经过了多年的努力，版权保护工作在2020年有了实质性的进展，多部法令于2020年颁布和修订，并将于2021年正式施行。在这些法令中，对于侵犯版权的违法行为的认定和处罚有了更准确的标准。如新修改的《刑法》将侵犯著作权罪的刑期提高到了10年；在《民法典》的统领下，最高人民法院正在制定、修改与审理著作权纠纷案件有关的司法解释，国务院将修订与新修

① 《中共中央办公厅　国务院办公厅印发〈关于加快推进媒体深度融合发展的意见〉》，http：//www. gov. cn/zhengce/2020－09/26/content_ 5547310. htm，2020年9月26日。

《著作权法》相配套的行政法规，其他部门也在进一步完善和制定相关的规章和规范性文件。

值得一提的是，新修《著作权法》针对之前版权纠纷中困扰专业人士的问题做了明确的规定，使之后的司法工作有法可依。比如，通过对“作品”的定义，将现行法无法囊括的作品类型、未来新作品类型都纳入了调整的范畴；将原本不受保护的“时事新闻”缩限为“单纯事实消息”等，对于界定新闻成果的版权归属具有重要的意义。另外，对于侵权损害赔偿的确定方法，新修《著作权法》增加了可以参照权利人的“权利使用费”给予赔偿的规定，为维权提供了便利。对于故意侵权且情节严重的情况，新修《著作权法》规定了“惩罚性赔偿原则”，法院可以根据侵权情节，判决给予权利人的实际损失、侵权人的违法所得、权利人的权利使用费1倍以上5倍以下的赔偿，且法定赔偿额的上限提高到了500万元，这一规定有力地打击了盗版侵权行为。

新修《著作权法》具有前瞻性，对于未来可能发生的新型侵权行为具有约束力，但是同样可以预见，新的版权问题还是会不断产生，因此对于相关法律法规的及时补充完善，保证版权拥有者的合法利益，将是今后版权保护工作的长远任务。

（二）对中国数字报纸的发展建议

2020年对数字报纸来说是成果丰硕的一年。转型到线上的报纸越来越多；党报在数字化进程中始终处于领先位置，具有很强的示范效应；新技术、新业态吸引着求新求变的报界从业人员；《著作权法》的修订引发了业界的热议，版权方面的问题将在很大程度上得到解决。基于此，提出以下发展建议。

1. 不要让音频内容成为报纸数字内容的短板

报业在媒体融合中的发展成果有目共睹。除了电子版、网站、微博、微信公众号、移动新闻客户端之外，抖音、快手等短视频平台的短视频号这两年正成为数字报纸的热点，得到报纸的重视和大力扶持。但与此同时，即便是报业龙头的党报，对于音频内容的重视度也是不够的，入驻喜马拉雅FM并发布音频的党报只有27家，占比仅7%。应该注意到，音频同样具有巨大的社会需求和发展潜力，其灵活、便利、多样的功能属性以及工具、场景、价值的极强延展性，得到了越来越多的用户青睐。《2020上半年中国在线音频市场研究报告》显示，在线音频用户量2019年已达到4.9亿，预计2020年可以达到5.4亿。[①] 相较于竞争激烈的短视频产品，音频产品市场前景可观，因此数字报纸在战略上应当对入驻音频平台和制作音频内容加以考虑。

2. 市级数字报纸的发展需要关注

我国的报纸可分为中央级、省级、市级和县级四级，进入数字化时代之后，这四级报纸的发展经历了不同的轨迹。中央级和省级的报纸有国家和各省的支持，在资金、人员、技术等方面具有较大的优势，发展相对较快；县级报纸在四级报纸中实力最弱，2018年8月习近平总书记提出“要扎实抓好县级融媒体中心建设，更好引导群众、服务群众”，为县级报纸数字化提供了机遇。相较而言，市级报纸的处境较为尴尬，有人将之形容为“腰部塌陷”。省会城市或者经济发达的城市凭借自身的影响力和经济实力，依然保持着良好的发展势头，而经济相对落后的城市则很难有力量支持报纸数字化变革，从而成为报纸数字化进程中的弱势群体，因此需要得到关注和帮助。

3. 给版权保护一个良好的社会氛围

2020年一系列法律的颁布和修订，为版权提供了切实的保护。但版权真正得到保护，光有法律是不够的，还需要一个尊重人才、尊重知识、尊重劳动、尊重创造的良好的社会氛围。我们要积极调动各方力量加入版权保护的行列，除了政府部门的大力支持、司法部门的严格执法之外，媒体的宣传教育也很重要。普通民众对于版权的概念往往比较片面，可能还存在误区，这就需要加强知识产权的宣传和教育。每年的世界知识产权日（4月26日）媒体都会利用不同的宣传渠道和宣传手段进行宣传，但这种宣传不应该集中在某一天，而应该作为日常工作，因地制宜，因时制宜，因事制宜。

---

① 《2020上半年中国在线音频市场研究报告》，https：//www. sohu. com/a/430777967_533924，2020年11月9日。

参考文献

周锡生：《坚持不懈强化内容建设　夯实媒体深度融合之根基》，《传媒》2021 年第 4 期。

黄楚新、许可：《2021：破局突围　智慧发展》，《中国新闻出版广电报》2021 年 1 月 5 日。

张洪波：《2021：我国版权保护事业将继续乘风破浪》，《中国新闻出版广电报》2021 年 1 月 7 日。

隋明照：《解决版权问题离不开好的法律环境》，《中国新闻出版广电报》2021 年 1 月 21 日。

黄楚新、曹曦予：《2020 年报业媒体融合发展状况、问题及趋势》，《中国报业》2021 年第 1 期。

汤代禄：《从两会报道看媒体深度融合的新趋势》，《青年记者》2020 年第 21 期。

黄楚新、朱常华：《顺势而为，因地制宜：我国地市级媒体深度融合的方向》，《视听界》2021 年第 1 期。

李华昌、刘莅、冯文波：《区块链应用于网络作品的传播跟踪和版权保护》，《今传媒》2020 年第 28 期。

Abstract

Annual Report on Development of New Media in China No. 12 (2021) is the latest annual report on the development of new media compiled by Journalism and Communication Research Center of Chinese Academy of Social Sciences. The 2020 volume is divided into general report, hot issues, researches, communication and industries. These five parts comprehensively analyze the development of China's new media, interpret its trends, summarize the problems and conclude on the profound impacts of new media.

The year of 2020 is the closing year of China's 13th Five Year Plan, and it also marks the rapid development and large-scale commercial use of 5G technology. Driven by policy guidance, industry demand and other factors, the new generation of information technology represented by 5G and artificial intelligence promotes the development of new media in China to realize continuous innovation and reform. The vigorous development of new media is becoming more and more prominent, and the situation and ecology of new media industry continue to be optimized. In 2020, the intellectualization of new media application in China has been significantly improved. The application scenarios have been more abundant, the embedding, penetration and impact on social production and life have been more profound, the social service capacity of new media has been significantly enhanced. As an important means to promote the construction of national governance system and modernization of governance capacity, new media has become more and more important in the last year.

The general report of this book comprehensively summarizes that faced with changes rarely seen in a century and the continuing impact of the COVID −19 epidemic, Chinese new media has been striving for opportunities and changes in crises. Overall, the development of Chinese new media presents some characteristics as follows: Since Year 2020, media convergence has entered a new phase of comprehensive development, deepening reform and building system, which promoting media convergence into strategic developmental window of opportunity. Digital economy has become an important driving force to form this new perspective, and digital governance continues to reform social governance. Internet head enterprises have entered the local life track, and new digital life service has become a hot topic for further development. Live e-commerce initiates changes of users' concept of consumption and lifestyle, and it brings to upgrading of the competing game between long video and short video enterprises. Digitization of cultural trade presents a strong momentum of development. Internet professional content generation shows vigorous vitality, and high-quality content and brand become the new favorite in the capital market. With the diversified and innovative development of micro economy, the online and offline consumption boundaries have continued to integrate. Furthermore, online consumption is characterize by personalization and differentiation. Generation Z, who is the focus of Internet market and new media research, has become more and more important in the network society. New media helps rural revitalization, meanwhile new media communication methods of urban image promotion are constantly innovated. Digital space anti-monopoly and copyright protection have become global issues.

This book contains reports from dozens of well-known experts and scholars in the field of new media research. These reports profoundly discussed essential topics of county-level convergence media centers and its public opinion guidance capacity building, digital newspaper, online education, children's cultural industry, audio visual new media technology application, live e-commerce, short video, medium video, social media user behavior, online advertisement, new media copyright and people's digital literacy. These reports also talked about the rumor spread and public opinion reversal under the background of COVID - 19 epidemic, and made an empirical study on the platform creators in the digital context.

The book holds the view that with the continuous development of new media in 2020, some problems can not be ignored: the innovative business model of media convergence still needs to be explored; the intermediary role of algorithms needs to be concerned and discussed; Internet governance still needs to be strengthened; and the construction of network social governance community needs to be enhanced.

Keywords: New media; Media Convergerce; Digital Economy; Micro-Economy

Contents

I General Report

Abstract: Faced with changes rarely seen in a century and the continuing impact of the COVID – 19 epidemic, Chinese new media has been striving for opportunities and changes in crises. Overall, the development of Chinese new media presents some characteristics as follows: Since Year 2020, media convergence has entered a new phase of comprehensive development, deepening reform and building system, which promoting media convergence into strategic developmental window of opportunity. Digital economy has become an important driving force to form this new perspective, and digital governance continues to reform social governance. Internet head enterprises have entered the local life track, and new digital life service has become a hot topic for further development. Live e-commerce initiates changes of users' concept of consumption and lifestyle, and it brings to upgrading of the competing game between long video and short video enterprises. Digitization of cultural trade presents a strong momentum of development. Internet professional content generation shows vigorous vitality, and high-quality content and brand become the new favorite in the capital market. With the diversified and innovative development of micro economy, the online and offline consumption boundaries have continued to integrate. Furthermore, online consumption is characterize by personalization and differentiation. Generation Z, who is the focus of Internet market and new media research, has become more and more important in the network society. New media helps rural revitalization, meanwhile new media communication methods of urban image promotion are constantly innovated. Digital space anti-monopoly and copyright protection have become global issues. With the continuous development of new media, some problems can not be ignored: the innovative business model of media convergence still needs to be explored; the intermediary role of algorithms needs to be concerned and discussed; Internet governance still needs to be strengthened; and the construction of network social governance community needs to be enhanced.

Keywords: Deepened Media Convergence; Omnimedia Communication; Digital Economy; Generation Z; Digital Governance

Ⅱ Hot Topics

Abstract: The outbreak and global spread of coronavirus have become major public health events that countries around the world need to face together. At the same time of the spread of virus, the spread of various rumors on the internet has spread rapidly like epidemics, causing "infodemic". This paper takes "COVID − 19" related rumors as research samples to construct a new rumor propagation model: R (rumor) = I (importance) ×A (ambiguity) ×E (emotion) /L (media literacy). The rationality of rumor propagation model was verified by empirical research. At last, the paper puts forward the countermeasures of network rumor information governance and provides some references for future research.

Keywords: Public Health Event; Rumor Propagation Model; Information Governance

B.3 The Report of China Media Convergence in 2020

Huang Chuxin, *Xu Ke* / 047

Abstract: In 2020, China's media convergence has entered a critical stage of comprehensive transformation and deep convergence under the influence of policy guidance and COVID - 19. In this year, institutional innovation has become a highlight, county-level media has been iteratively upgraded, media intelligence and live ecommerce have become normalize, organizational structure adjustment has promoted intensive development, and cross-border convergence has formed a scale effect. However, institutional constraints and convergence gaps have gradually become apparent, commercial platforms have compressed the development space, and the governance of Internet chaos shoulder heavy responsibilities. In the future, digital and intelligent are the media's main trends. Media convergence will seek innovation from the multidimensional perspectives of policy guidance, content technology, digital transformation, supply and demand structure, and social governance.

Keywords: Media Convergence; Policy Guidance; COVID - 19; County-level Media Convergence Center

B.4 Current Situation, Problems and Development Approach of Public Opinion Guidance Capability Construction of County-level Media Convergence Centers in China

Liu Jianhua, *Lu Jianfeng* / 066

Abstract: This study summarizes the current situation of capability construction of public opinion guidance of the county-level media convergence centers based on the analysis of three representative county-level media convergence centers. The study focuses on how to improve the capability of public opinion guidance of the county-level media convergence centers and how to facilitate the communication between governments and common people and improve the economic and social development of the county with the help of the county-level media convergence centers. The study also discusses the difficulties that the county-level media convergence centers have in the process of the capability construction of public opinion guidance, and points out the approach of reinforcing the capability construction of public opinion guidance.

Keywords: County-level Media Convergence Center; Capability of Public Opinion Guidance; Localization Innovation

B.5 Report on the Digital Literacy in China

Ouyang Rihui, *Du Wenbin* / 079

Abstract: Under the COVID-19, the digital society is accelerating, and digital literacy is regarded as one of the core literacy of citizens in the digital society. Governments of all countries value it. This report provides a comprehensive description of media literacy, information literacy, digital literacy development framework, digital literacy development status in major foreign countries, and current domestic digital literacy development. Summarize my country's digital literacy development characteristics and summarize the problems in my country's digital literacy development. In the context of the Digital China development strategy, it is proposed that the government needs to introduce a digital literacy development framework that meets the national conditions as soon as possible. Digital literacy education needs to fully puncture the existing teaching system, strengthen digital literacy "Soft power" to bridge the digital divide, and encourage enterprises to construct resources and Platforms in digital literacy.

Keywords: Digital Literacy; Digital Economy; Media Literacy

B.6 Research on the Characteristics and Countermeasures of Public Opinion Reversal in the Era of Mobile Internet: A Case Study of Domestic Reverse Public Opinion in 2020

Di Duohua, *Zhu Yuxi* / 096

Abstract: In recent years, the Internet has developed rapidly, and the phenomenon of reversal of online public opinion has emerged one after another. The study conducted a statistical analysis based on the case of reversal of public opinion in 2020 as a sample, and analyzed the deep-seated reasons and mechanism of the reversal of online public opinion in the new media era. In particular, the article studied the characteristics of each stage of public opinion occurrence, reversal and clarification. From this, we proposed a network public opinion governance strategy of "multiple participation, multiple interaction, and collaborative governance of the government, platforms, media, and netizens", so as to create a clear and upright online public opinion space.

Keywords: Reversal of Public Opinion; Internet; Governance

B.7 Research Report on the Development of China's Internet Public Opinion Field in 2020

Liu Pengfei, Qu Xiaocheng and Yang Weina / 113

Abstract: We has witnessed how the outbreak of COVID −19 has accelerated the arrival of the digital era in 2020. Since 2020, the spread of trending events has shown new features. First, the pattern of narratives on the Internet public opinion field has become diversified and stratified. Second, narratives on significant development issues remain to play the dominant role, while the integration of online and offline governance and the linkage of domestic and international propaganda have become a new trend. The public opinion field has concentrated on public events about people's livelihood, enterprises, international affairs, science, and public health. Meanwhile, the platforms providing live streaming and short videos have become an increasingly essential source to expose social issues and ignite public discussions. In the future, the digital government, the official social media, the digital transformations of enterprises, and the emergence of new occupations will boost the construction of a digital society in China, while problems on data security, digital divide, and international communication remain to be resolved.

Keywords: Public Opinion; Digital Government; Data Security

Abstract: In 2020, the national governance system and governance capabilities in the context of the 2019 –nCoV epidemic have withstood a "big test". While the fight against the epidemic has achieved major strategic results, General Secretary Xi Jinping has repeatedly emphasized, "There are both experiences and lessons. We must take a long-term view, sum up experience and lessons, and speed up the correction of shortcomings and weaknesses in the governance system." In this report, under the background of the "additional test" of the 2020 epidemic, the Political New Media with party and government agencies as the main body perform their duties online and practice social governance innovations, And related performance, cases and data are empirically analyzed and reviewed. At the same time, the report uses the National Cyber Development Strategy as the theoretical scale, and proposes that the Political New Media has generally departed from the Internet mass line in practice and has fallen into "self-marginalization" and "involution". The report states, the Political New Media must Self-revolution, Improve the top-level design, and establish development suggestions such as comprehensive evaluation indicators and performance management systems for Political New Media that meet the characteristics of governance affairs and people's expectations under the leadership of the party and government officials.

Keywords: National Cyber Development Strategy; Social Governance; National Governance System; Modernization of National Governance Capacity; Political New Media.

Ⅲ Investigation Reports

Abstract: At the beginning of 2020, the "stay-at-home economy" under the

COVID -19 and government support gave a development opportunity for livestreaming e-commerce, the development of the livestreaming e-commerce industry presents new characteristics. The platforms which joined livestreaming e-commerce business are diversified, the trend of network flow is cephalization as well as privatization, and the types of anchors are more diversified, and business self- livestreaming is becoming more and more normal. However, while the livestreaming e-commerce industry continues to flourish, it also faces many problems and dilemmas, the quality of anchors is uneven, livestreaming marketing is homogeneity and full of false publicity and fake goods, most businesses have little actual benefits and are difficult to sustainably maintain, the quality of goods is difficult to guarantee, after-sales service is poor, and it is difficult for users to defend their rights. In the future, the livestream e-commerce industry requires market participants from all parties including policies, platforms, merchants, MCNs, anchors, and consumers, to develop rationally, standardized, and meticulously effective.

Keywords: Livestreaming E-commerce; Cephalization; Privatization; Standardization; Refinement

B.10 2020 China Internet Mid-Video Development Report

Li Mingde, *Wang Hanyang* / 166

Abstract: In 2020, the mid-video field in China has become a new track for Internet platforms. In terms of the industry structure, it is represented as a two strong competitive landscape dominated by Xigua video and Bilibili, with the joint participation of video platforms, social platforms and mainstream media. In terms of users, potential users of the China mid-video industry are currently scattered on various platforms, and becomes younger. In terms of content production, the video industry has developed in-depth in subdivisions under the hierarchical production chain. In terms of profit model, content payment and e-commerce diversion have become its profit growth points. However, the difficulties in the development of China mid-video are focused on the contradictions between the creativity and randomness of video production and standardization and standardized production processes, the difficulties of copyright issues, and the lack of social responsibility. In the future, China video industry should establish a collaborative supervision mechanism to strengthen the social responsibility construction of the video platforms, achieve differentiated development with high-quality content and high-quality IP, introduce user social relationships in the distribution model, and assist algorithms to achieve the widespread dissemination of high-quality content.

Keywords: Mid-Video; PUGC; Bilibili; Content Production

Abstract: This paper studies China's short-video in the mobile internet era in 2020 from four parts, including overview, focus, problems and trends. Overall, in 2020, with the increasing integration of short-video, live video streaming and e-commerce, the growth rate of users was tending to become slower, and the stickiness was getting stronger. The commercial scale expanded significantly. The duopoly competition of DOU and KUAI was in dynamic equilibrium. Content growth was slowing down. Focusing on the industry, there were two distinct features. Firstly, Short-video Apps strengthened e-commerce live streaming business, and the construction of short-video e-commerce platform began to take shape. Secondly, the duration of short-video became longer, and short-video broke through the boundaries of traditional short-video content, expanded to multi-dimensional content forms. However, in the rapid development of live streaming in e-commerce of short-video Apps, "rollover" accidents occurred frequently, the industry chaos and bubbles emerged. Furthermore, the commercial drive of live selling in the short-video Apps made the creation and production of short-video content affected to a certain extent. Looking forward to 2021, the leading short-video APPS will accelerate the expansion of their boundaries, and content production will present the trend of high quality and professionalization.

Keywords: Short-video ; Short-video Apps; Live Streaming of E-commerce; Short-video Content

Abstract: As a new sales model, live broadcast of E-commerce integrate social media and e-commerce platforms. Some head of counties use the live broadcast of E-commerce to expand the new direction of county economic development, and regard the kind of live as an innovative direction of economic development for the region. During the epidemic period of COVID −19 in 2020, the live broadcast lead by county head has a blowout growth. Live broadcast of e-commerce has become an important new way of targeted poverty alleviation. Many e-commerce live streaming platforms have started to organized the lead of country to participate in live broadcast. KOL drainage, the head of county endorsement, and farmers selling goods, the reasonable closed loop of platform +KOL + county magistrate + farmers realize a multi-win-win situation. Also, live broadcasting of county head faces many difficulties. In the future, county head live broadcasting should find the correct position and choose to active reform, adapt to the form of e-commerce live broadcasting, and lead the development of county e-commerce with its long-term and efficient development.

Keywords: The Head of County Live Broadcasting; E-commerce in Country; County Convergence Media; County Brand

Abstract: In 2020, under the situation of special domestic and overseas economy and the outbreak, live-broadcasting sales has transformed as a powerful boost for resumption of work and production, which effectively assists enterprises to realize product sales and brand amplification, and also becomes the most important label of the entire audiovisual industry; As new popular forms at the content industry of live broadcast, slow live broadcast, public welfare live broadcast, and live broadcast variety have brought undeniable impact at aspects of public opinion creation, value guidance, and consumption habits of media; Furthermore, their successful practice in the fields of education, entertainment, and traditional media has increasingly strengthened the tool attribute of live broadcast "taking real-time interaction as the core", and also deeply stimulated its "new construction" role to own a wider space for development in the health care, cultural tourism and other sectors. It can be said that the influence of live broadcast in the social pattern is not what it was, however, in terms of illegal reward, data fraud, counterfeit and shoddy, soft pornography dissemination and vulgar content production, the regulators need to assert its authority to ensure the healthy and green development of live broadcast industry.

Keywords: Live-broadcasting Sales; Slow Live Broadcast; Public Welfare; Soft Pornography

Abstract: In 2020, COVID－19 raged across the world and evolved into a global crisis event, becoming a sudden "big test" for media or social platforms in a risky society. The media faced the crisis of survival, and layoffs and salary cuts have become extraordinary measures taken during the transitional period of the epidemic. The traditional media that have been pressed by the epidemic to accelerate the digital transformation. And many media ushered in the watershed of digital revenue surpassing the printing revenue, and switched to digital subscribers to pay for subscription. Constructive Journalism that pursues problem-solving and emotional value care highlighted the "light of humanity" in 2020. The user dispute between the platform and the media was still fierce, and the development of streaming media ushered in a golden period. Media and platforms seized the e-commerce dividend, gradually forming a closed loop of user services. Countries had stepped up their governance of platforms, but how to regulate platforms and promote healthy competition and friendly cooperation between platforms and media in the news arena was still an issue that governors urgently need to think about.

Keywords: Paid Subscription; Streaming Media; E-commerce

Abstract: The study is based on Youth Project supported by the National Social Science Fund of China named "Research on Public Opinion Construction of National Identity in Social Media". In order to delineate the behavioral characteristics of social media users, this article analyzes the differentiation of media preference and credibility cognition of information channels based on 2566 questionnaires collected in June 2020. The study illuminates that TV is still the main channel that influences the mobile phone users' media access. Meanwhile the diversity of social media channels builds a complex ecology of media access. Specially, the channel of political news is occupied by CCTV, Weibo and traditional portals, and the channel credibility is held by the central traditional media, government websites and traditional portals.

Keywords: Social Media; Media Access Preference; Information Channel; Media Credibility

Ⅳ Communication Research

Abstract: In 2020, the copyright protection of new media mainly focused on the improvement of the legal system. On the 30th anniversary of the promulgation of the Copyright Law of the People's Republic of China, China completed the third revision of the "Copyright Law" and issued a number of normative documents to solve the problems of identification of new media works, difficulties for right holders to provide evidence and low infringement compensation, etc. At the same time, the courts have completed the trials of controversial and important cases such as the communication of live online games and live sports events to the public over information networks, responded to the intractable problems that have plagued the copyright protection of new media for several years. The frequent occurrence of copyright infringements in variety shows, the investigation of fansubs, and the copyright issues of audiobooks have also attracted attention this year. In the end, the report puts forward relevant suggestions from the judicial, administrative, media, social and market levels for reference.

Keywords: New Media; Copyright Protection; Copyright Infringement; Copyright Management

Abstract: Since Jiangxi Province has been promoting the construction of county-level media convergence center, it has achieved the provincial coverage of the county-level media convergence center in June 2019 at a nationally leading speed. After more than two years of exploration and practice, county-level media convergence center in Jiangxi Province have formed distinctive characteristics: three-level linkage mechanism from top to bottom, the scientific development model based on diversified and efficient, the "three centers and one platform". However, there are also problems such as insufficient output of original products, service quality and user experience to be improved, lack of talents and structural imbalance. In the future, the county-level media convergence center in Jiangxi Province needs to further cultivate new forms of local content, strengthen smart and efficient service supply, develop a well-balanced talent team, and realize a seamlessly connected multi-cloud system, and realize the "platform reengineering" in the digital age. County-level Media Convergence Center should strengthen the deep convergence with the social ecology of the county through the function of smart city.

Keywords: County-level Media Convergence Center; Jiangxi Province; Deep Media Convergence; Smart Society

B.18 The Spread of Rumors in the Context of COVID -19

Lei Xia / 287

Abstract: The COVID - 19 broke out and the public suddenly involved in it. Besides, various new media information production and dissemination platforms continuously improved the convenience of information sharing for users. This created a new information dissemination scenario. In particular, the presentation of "on-site" content provided by short video and live broadcast platforms is very instructive, which brings great challenges for audiences to distinguish the authenticity of information. In the context of COVID -19, some rumors are extremely harmful and become obstacles in the fight against COVID -19. It is necessary to strengthen the prevention power. As to the governance of rumors after the outbreak of COVID -19, firstly, the concept of rumor would need to be clarified and unified; secondly, news media and professional organizations, including the individual working in the relevant professional organizations, should be more responsible; thirdly, by using AI, the more effective information recommendation and information search mechanism could be established and by recommending the uses of clarified information, their internet literacy could be improved.

Keywords: Rumor Propagation; Information Recommendation; Information Search; Clarify the Rumors

B.19 Research Report on the Application and Innovation of China's New Audio-visual Media Technology in 2020

Gao Hongbo, *Guo Jing* / 301

Abstract: In 2020, the new generation of information technology, represented by 5G and artificial intelligence, further develop in the application and innovation of audio-visual new media in China. The four major telecom operators take advantage of 5G network resources to develop vertical application scenarios, releasing the new momentum of audio-visual media in creation and communication. In line with the trend of "one network integration", the listed companies of radio and television network make efforts to build "radio and television 5G" and "5G + AI" has become the annual key word of technology application innovation in network audio-visual industry. Facing the future, 5G construction will continue to accelerate the deepening of cooperation among various media industries, intelligent application upgrading will promote the gradual maturity of relevant standard systems, open up new application scenarios, improve the social service capacity of media, strengthen the integrated development of "Production, study, research and application" and consolidate the carrier of technological innovation, which will become the main trend of the technological application and innovation development of audio-visual new media in China.

Keywords: Audio-visual New Media; 5G; Artificial Intelligence

Abstract: The rise of Internet platforms and the development of digital culture have triggered changes in the work field and given rise to platform creators. This new occupational group differs from the work patterns of traditional organizations in terms of subject willingness, work style, and collaborative relationships. Focusing on individuals, the study takes platform creators in Beijing as an example, and adopts a combination of quantitative and qualitative research methods to explore the connotations, characteristics, work practices and dilemmas of this occupational group, and proposes an optimal path for the professionalization of platform creators, which helps to solve the dilemmas in practice on the basis of a full understanding of their real survival picture, promotes platform creators as an emerging employment increment, and also inspires us to re-understand the impact of changing work forms on individuals and society in the context of digitalization.

Keywords: Platform Creators; Digitalization; Work Practice; Creativity

V　Sector Reports

Abstract: The NCP epidemic has hindered offline transactions and exchanges, and indirectly accelerated the migration of users and industries to the Internet. The urban-rural digital divide has narrowed. Compared with the overall economy and traditional industries, China's new media industry, including Internet advertising, online games, live streaming and e-sports, achieved high growth and further increased its market share in 2020. Behind it is the emergence of new business giants such as ByteDance and Kuaishou by Internet giants through a large amount of investment to further improve their ecosystem.

Keywords: Internet Migration; Internet Advertising; Game Industry; Live Broadcast Industry

Abstract: In the era of new media, under the guidance and promotion of policies, China's children's cultural industry has reached a new height, and it has also shown new characteristics and new trends. New technologies continue to empower, create new ideas for the development of the children's cultural industry, provide new momentum for the content production of the children's cultural industry, make the deep integration of China's children's cultural industry and new media, and promote the future development of the children's cultural industry. In 2020, with the introduction of a series of policies by the central, provincial and municipal governments and relevant departments to encourage the technological integration and development of the children's cultural industry, the children's cultural industry has formed a vigorous development momentum.

Keywords: Cultural Industry; Children's Cultural Industry; New Media

Abstract: China's online advertising business witnessed a slow development due to COVID -19 in 2020. China's online advertising platform pattern has basically shaped up, and the overall development presents intelligent situation. E-commerce advertising has built a new development pattern tendency, while search advertising has formed the trend of involution. Socialized and e-commercialized video advertising has developed towards ecological management. Meanwhile, problems and challenges like the COVID -19, anti-globalization and politicization and other factors have impacted and damaged the development opportunities of the globalization of China's online advertising. The digital advertising system of China's online platform is still in the overtaking stage in the global game. Security problems such as oligopoly, data exploitation, user privacy have become public events and social problems. Abnormal advertising traffic, abnormal click and network dark industry etc. have become vacious phenomena in this industry. Thus, the development and operation of China's online advertising should fit the new development pattern, and forma strategic planning and innovation-driven situation. We need to promote the construction of the new pattern of China's development with the network advertising and advertising system, and construct the discourse power of China's network advertising. And Digital rules, content construction and intelligentization are used to deepen the China's advertising communication and China's digital layout. We need to deepen 5G mobile construction, innovate and develop China's mobile advertising ecology, occupy the commanding heights of advertising development, strengthen the construction of interest symbiosis market and advertising partner with technical commonness, and form the resonance market of digital advertising in China.

Keywords: China's Internet Advertising; Digital Advertising; Internet Advertising System

B.24 The Report of China's Online Education Industry in 2020

Abstract: In 2020, the COVID – 19 (Corona Virus Disease 2019) has highlighted the value of the digital cultural industry. The policy of "Suspension of classes without stop learning" has brought opportunities for the rapid development of the online education industry. Besides, the application of digital technologies such as 5G, artificial intelligence, and big data has created an opportunity for online education. The user scale, market scale and financing scale of the online education industry are all showing a trend of sharp rise in this year. At the same time, the online education industry has exposed many problems that need to be solved urgently, such as the education is not well integrated with technology, aggravates social education anxiety, highlights inequities in education, the traditional Chinese education philosophy is challenged, the level of teachers is uneven, increase the family financial burdens, widespread piracy of teaching content, and so on. In order to solve these problems, this report proposes the following suggestions: increase research and development efforts to promote the deep integration of emerging technologies and education; clarify the main status of school education and avoid dependence on supplementary lessons outside school; promote education collaboration inside and outside the school, and enhance the public welfare attributes of online education; strengthen market supervision to ensure the standardized operation of online education institutions; strengthen the guidance of the capital market to cultivate a healthy educational public opinion ecology.

Keywords: Online Education; Educational Publishing; Advertise Marketing; Public Opinion Ecology

Abstract: This report is a summary of the development of China's digital newspapers in 2020, and is divided into two main parts: the first part focuses on the development of China's digital newspapers in 2020, with both an overview of the general situation and representations of specific phenomena, such as the further use of 5G, artificial intelligence, blockchain, deep media integration, and the latest progress in copyright maintenance; the second part is an analysis of the development trend of digital newspapers in China, and suggestions for the future development of domestic digital newspapers.

Keywords: Digital Newspaper; Blockchain; Party Newspaper; Copyright Protection

皮 书

智库报告的主要形式
同一主题智库报告的聚合

❖ 皮书定义 ❖

皮书是对中国与世界发展状况和热点问题进行年度监测，以专业的角度、专家的视野和实证研究方法，针对某一领域或区域现状与发展态势展开分析和预测，具备前沿性、原创性、实证性、连续性、时效性等特点的公开出版物，由一系列权威研究报告组成。

❖ 皮书作者 ❖

皮书系列报告作者以国内外一流研究机构、知名高校等重点智库的研究人员为主，多为相关领域一流专家学者，他们的观点代表了当下学界对中国与世界的现实和未来最高水平的解读与分析。截至 2021 年，皮书研创机构有近千家，报告作者累计超过 7 万人。

❖ 皮书荣誉 ❖

皮书系列已成为社会科学文献出版社的著名图书品牌和中国社会科学院的知名学术品牌。2016 年皮书系列正式列入“十三五”国家重点出版规划项目；2013~2021 年，重点皮书列入中国社会科学院承担的国家哲学社会科学创新工程项目。

中国皮书网

（网址：www.pishu.cn）

发布皮书研创资讯，传播皮书精彩内容

引领皮书出版潮流，打造皮书服务平台

栏目设置

◆ **关于皮书**

何谓皮书、皮书分类、皮书大事记、皮书荣誉、皮书出版第一人、皮书编辑部

◆ **最新资讯**

通知公告、新闻动态、媒体聚焦、网站专题、视频直播、下载专区

◆ **皮书研创**

皮书规范、皮书选题、皮书出版、皮书研究、研创团队

◆ **皮书评奖评价**

指标体系、皮书评价、皮书评奖

◆ **皮书研究院理事会**

理事会章程、理事单位、个人理事、高级研究员、理事会秘书处、入会指南

◆ **互动专区**

皮书说、社科数托邦、皮书微博、留言板

所获荣誉

◆ 2008 年、2011 年、2014 年，中国皮书网均在全国新闻出版业网站荣誉评选中获得“最具商业价值网站”称号；

◆ 2012 年，获得“出版业网站百强”称号。

网库合一

2014年，中国皮书网与皮书数据库端口合一，实现资源共享。

中国皮书网

权威报告·一手数据·特色资源

皮书数据库

ANNUAL REPORT(YEARBOOK) DATABASE

分析解读当下中国发展变迁的高端智库平台

所获荣誉

- 2019年，入围国家新闻出版署数字出版精品遴选推荐计划项目
- 2016年，入选“‘十三五’国家重点电子出版物出版规划骨干工程”
- 2015年，荣获“搜索中国正能量 点赞2015”“创新中国科技创新奖”
- 2013年，荣获“中国出版政府奖·网络出版物奖”提名奖
- 连续多年荣获中国数字出版博览会“数字出版·优秀品牌”奖

成为会员

通过网址www.pishu.com.cn访问皮书数据库网站或下载皮书数据库APP，进行手机号码验证或邮箱验证即可成为皮书数据库会员。

会员福利

- 已注册用户购书后可免费获赠100元皮书数据库充值卡。刮开充值卡涂层获取充值密码，登录并进入“会员中心”—“在线充值”—“充值卡充值”，充值成功即可购买和查看数据库内容。
- 会员福利最终解释权归社会科学文献出版社所有。

社会科学文献出版社 皮书系列
SOCIAL SCIENCES ACADEMIC PRESS (CHINA)
卡号：585667512825
密码：

数据库服务热线：400-008-6695
数据库服务QQ：2475522410
数据库服务邮箱：database@ssap.cn
图书销售热线：010-59367070/7028
图书服务QQ：1265056568
图书服务邮箱：duzhe@ssap.cn

S 基本子库
UB DATABASE

中国社会发展数据库（下设 12 个子库）

整合国内外中国社会发展研究成果，汇聚独家统计数据、深度分析报告，涉及社会、人口、政治、教育、法律等 12 个领域，为了解中国社会发展动态、跟踪社会核心热点、分析社会发展趋势提供一站式资源搜索和数据服务。

中国经济发展数据库（下设 12 个子库）

围绕国内外中国经济发展主题研究报告、学术资讯、基础数据等资料构建，内容涵盖宏观经济、农业经济、工业经济、产业经济等 12 个重点经济领域，为实时掌控经济运行态势、把握经济发展规律、洞察经济形势、进行经济决策提供参考和依据。

中国行业发展数据库（下设 17 个子库）

以中国国民经济行业分类为依据，覆盖金融业、旅游、医疗卫生、交通运输、能源矿产等 100 多个行业，跟踪分析国民经济相关行业市场运行状况和政策导向，汇集行业发展前沿资讯，为投资、从业及各种经济决策提供理论基础和实践指导。

中国区域发展数据库（下设 6 个子库）

对中国特定区域内的经济、社会、文化等领域现状与发展情况进行深度分析和预测，研究层级至县及县以下行政区，涉及省份、区域经济体、城市、农村等不同维度，为地方经济社会宏观态势研究、发展经验研究、案例分析提供数据服务。

中国文化传媒数据库（下设 18 个子库）

汇聚文化传媒领域专家观点、热点资讯，梳理国内外中国文化发展相关学术研究成果、一手统计数据，涵盖文化产业、新闻传播、电影娱乐、文学艺术、群众文化等 18 个重点研究领域。为文化传媒研究提供相关数据、研究报告和综合分析服务。

世界经济与国际关系数据库（下设 6 个子库）

立足“皮书系列”世界经济、国际关系相关学术资源，整合世界经济、国际政治、世界文化与科技、全球性问题、国际组织与国际法、区域研究 6 大领域研究成果，为世界经济与国际关系研究提供全方位数据分析，为决策和形势研判提供参考。

法律声明

“皮书系列”（含蓝皮书、绿皮书、黄皮书）之品牌由社会科学文献出版社最早使用并持续至今，现已被中国图书市场所熟知。“皮书系列”的相关商标已在中华人民共和国国家工商行政管理总局商标局注册，如LOGO（ ）、皮书、Pishu、经济蓝皮书、社会蓝皮书等。“皮书系列”图书的注册商标专用权及封面设计、版式设计的著作权均为社会科学文献出版社所有。未经社会科学文献出版社书面授权许可，任何使用与“皮书系列”图书注册商标、封面设计、版式设计相同或者近似的文字、图形或其组合的行为均系侵权行为。

经作者授权，本书的专有出版权及信息网络传播权等为社会科学文献出版社享有。未经社会科学文献出版社书面授权许可，任何就本书内容的复制、发行或以数字形式进行网络传播的行为均系侵权行为。

社会科学文献出版社将通过法律途径追究上述侵权行为的法律责任，维护自身合法权益。

欢迎社会各界人士对侵犯社会科学文献出版社上述权利的侵权行为进行举报。电话：010-59367121，电子邮箱：fawubu@ssap.cn。

社会科学文献出版社